실전!
**파이토치 딥러닝
프로젝트**
기본 아키텍처부터 글쓰기/작곡, 스타일 전이,
게임, 클라우드와 분산 훈련까지

실전!
파이토치 딥러닝 프로젝트

기본 아키텍처부터 글쓰기/작곡, 스타일 전이,
게임, 클라우드와 분산 훈련까지

지은이 아쉬쉬 란잔 자

옮긴이 김정인

펴낸이 박찬규 엮은이 최용 디자인 북누리 표지디자인 Arowa & Arowana

펴낸곳 위키북스 전화 031-955-3658, 3659 팩스 031-955-3660

주소 경기도 파주시 문발로 115 세종출판벤처타운 311호

가격 32,000 페이지 416 책규격 188 x 240mm

초판 발행 2022년 02월 16일

ISBN 979-11-5839-305-2 (93000)

등록번호 제406-2006-000036호 등록일자 2006년 05월 19일

홈페이지 wikibook.co.kr 전자우편 wikibook@wikibook.co.kr

실전!
파이토치 딥러닝 프로젝트

기본 아키텍처부터 글쓰기/작곡, 스타일 전이,
게임, 클라우드와 분산 훈련까지

아쉬쉬 란잔 자 지음
김정인 옮김

위키북스

어머니이자 최고의 벗인 라니 자(Rani Jha)와 아버지이자 나의 우상인 비부티 부샨 자(Bibhuti Bhushan Jha)께 그들이 보인 희생과 한결 같은 지원에, 그리고 내 인생과 경력에 원동력이 되어 주신 점에 감사드린다. 부모님의 사랑보다 중요한 것은 없다. 내 누이, 수슈미타(Sushimita), 니베디타(Nivedita), 샬리니(Shalini)는 인생에서 해야 할 것과 하지 말아야 할 것들을 가르쳐줬다. 이들에게 고마운 마음을 전한다.

추천사

8년 전 인도 루르키 공과대학교(IIT Roorkee)에서 인공 신경망을 가르쳤던 제자 아쉬쉬가 다양한 딥러닝 주제를 깊이 있게(그렇지만 너무 심오하지는 않게) 다루는 실습 책을 썼다는 사실을 알게 되어 기쁘다.

코딩을 통한 학습은 딥러닝을 배우고자 하는 사람은 꼭 해보고 싶어하지만 대부분 중도에 포기한다. 딥러닝 프로젝트를 수행하기 위해 문서를 읽고 내게 필요한 유용한 정보를 찾아내는 일은 번거롭다. 이 과정에서 너무 많은 학생들이 좌절하는 것을 보았다. 초보자가 전문가로 성장하는 데 활용할 수 있는 자원은 무한히 많다. 그렇지만 초보자가 개념 중심의 교육과정과 코딩 지식이 필요한 수많은 교육 프로그램 사이에서 균형을 유지하려고 애쓰다가 배움을 포기하기 쉽다.

파이토치(PyTorch)는 파이썬의 특징을 가지고 있으면서도 매우 유연하다는 점에서 독보적이다. 파이토치는 머신러닝 모델 코딩을 막 시작한 초보자나 모델을 설계하고 훈련시키기 위해 매개변수를 미세하게 조정하는 전문가에게 모두 매력적이다. 파이토치는 전문 지식의 수준에 상관없이 모든 애호가에게 추천하는 라이브러리다.

머신러닝, 딥러닝 모델을 배우는 가장 좋은 방법은 파이토치로 코딩을 실습하면서 배우는 것이다. 이 책은 매우 매력적인 방식으로 파이토치를 통해 딥러닝 세계를 탐색한다. 이를 위해 먼저 딥러닝 기본 구성 요소부터 알아본다. 데이터 파이프라인을 시각적으로 설명한다는 점도 이 책의 장점이다. 모델을 생성하고 훈련할 때 사용하는 파이토치 모듈은 가장 간단한 방식으로 소개한다. 모든 학생은 이 책의 현실적인 접근 방식을 높이 평가할 것이다. 모든 개념은 코드를 통해 설명되며, 코드의 모든 단계는 문서로 잘 정리돼 있다. 이 책이 초보자만을 위한 것이라고 착각해서는 안 된다. 대신 이 책을 따라가다 보면 어떤 초보자라도 전문가가 될 수 있다.

인기 있는 VGG16, ResNet 같은 기본 모델 생성부터 AutoML, 분산 학습과 같은 고급 주제에 이르기까지 이 책에서 모두 다룬다. 나아가 이 책은 AI 설명 가능성, 심층 강화학습, GAN 같은 개념도 포함한다. 이 책에서는 이미지 캡션 모델을 구축하는 것부터 음악 작곡, 신경망 스타일 전이 모델에 이르기까지 다양한 예제를 실습하며 운영 시스템에서 파이토치 모델 서버를 구축한다. 이러한 내용은 틈새시장을 공략하는 딥러닝 벤처를 준비하는 데 도움이 될 것이다.

최신 라이브러리로 딥러닝 모델을 배포하기 위해 파이토치를 완벽하게 이해하고자 하는 모두에게 이 책을 추천한다.

IIT 루르키 전기공학부 학부장
고피나스 필라이(Gopinath Pillai) 박사

저자 소개

아쉬쉬 란잔 자(Ashish Ranjan Jha)는 인도 IIT 루르키(IIT Roorkee) 전기공학부에서 학사를 마치고, 스위스 EPFL에서 컴퓨터 과학 석사 학위를 받고 미국 워싱턴에 위치한 Quantic School of Business에서 MBA를 마쳤다. 그는 모든 학위 과정을 우수한 성적으로 마쳤다. 그는 오라클, 소니, 레볼루트 같은 스타트업에서 머신러닝 엔지니어로 근무했다.

수년간의 경력 외에, 아쉬쉬는 프리랜서 머신러닝 컨설턴트, 저자, 블로거(datashines)로 활동 중이다. 그는 센서 데이터로 차량 유형을 예측하는 것부터 보험 청구 내역에서 사기를 탐지하는 것까지 다양한 프로젝트를 수행했다. 여가 시간에는 오픈소스 ML 프로젝트를 하고 스택오버플로(StackOverflow)와 캐글(Kaggle)에서 활동하고 있다 (arj7192).

감수자 소개

하비에르 아바스칼 카라스코(Javier Abascal Carrasco)는 스페인 세빌 대학 (University of Seville)에서 통신 공학 석사 학위를 받았다. 또한 독일 드레스덴 공과 대학(TU Dresden)에서 공부했고 미국 토마스 대학(Thomas College)에서 MBA 학위를 받았다. 하비에르는 경력을 시작한 이래 데이터와 분석 분야에서 열정적으로 활동했다. 그는 소규모 스타트업부터 컨설팅 회사 EY와 페이스북 등 대기업에 이르기까지 다양한 종류의 기업과 함께 일해왔다. 또한 지난 3년간 데이터 사이언스 분야에서 시간 강사로 활동했다. 그는 파이토치가 딥러닝 관련 프로그래밍과 작업에 새롭고 신선한 스타일을 가져와 텐서플로와 우호적인 경쟁 구도를 만들고 있다고 믿는다.

머리말

파이토치(PyTorch)를 활용하면 누구나, 그 어느 때보다 쉽게 딥러닝 애플리케이션을 구축해 AI 혁명에 동참할 수 있다. 이 책은 여러분이 가진 데이터를 최대한 활용해 복잡한 신경망 모델을 구축하는 전문 기술을 익히는 데 도움이 될 것이다.

파이토치를 개괄하는 것으로 시작해 이미지를 분류하는 **합성곱 신경망(CNN)** 아키텍처를 예로 들어 파이토치를 살펴본다. 그런 다음 **순환신경망(RNN)**과 트랜스포머 아키텍처를 살펴보고 감성분석에 활용한다. 또한 생성적 모델을 음악, 텍스트, 이미지 생성 등 다양한 영역에 적용해 봄으로써 **생성적 적대 네트워크(GAN)** 분야를 탐구한다. 파이토치로 심층 강화학습 모델을 직접 구축하고 훈련시키며 모델을 운영 환경에 배포하는 전문적인 기술과 팁을 배운다. 대규모 모델을 분산 방식으로 효율적으로 훈련시키고, AutoML을 사용해 신경망 아키텍처를 효과적으로 검색하고, 파이토치와 fast.ai로 모델을 빠르게 프로토타이핑하는 방법을 익힌다.

이 책을 모두 읽은 후에는 파이토치로 복잡한 딥러닝 작업을 수행해 스마트한 인공지능 모델을 구축할 수 있게 될 것이다.

대상 독자

이 책은 파이토치 1.x를 사용해 고급 딥러닝 패러다임을 구현하려는 데이터 사이언티스트, 머신러닝 연구자, 딥러닝 실무자를 대상으로 한다. 이 책을 읽으려면 파이썬 프로그래밍과 딥러닝에 대한 실무 지식이 있어야 한다.

이 책이 다루는 내용

1장 '파이토치를 이용한 딥러닝 소개'에서는 앞으로 나올 내용을 이해할 수 있게 다양한 딥러닝 용어와 개념을 간략하게 설명한다. 이 장에서는 이 책에서 딥러닝 모델을 만들기 위해 사용할 언어이자 도구인 파이토치를 간략하게 살펴보고, 파이토치를 이용해 신경망을 훈련한다.

2장 'CNN과 LSTM 결합하기'에서는 파이토치를 사용해 이미지를 입력으로 받았을 때 출력으로 텍스트/캡션을 생성하는 신경망 모델을 CNN과 LSTM으로 구성하는 예제를 단계별로 차례차례 설명한다.

3장 '심층 CNN 아키텍처'에서는 최근 가장 발전된 형태의 심층 CNN 모델 아키텍처를 설명한다. 여기서 파이토치로 이 모델 대부분을 생성하고 다양한 작업을 위해 훈련한다.

4장 '심층 순환 신경망 아키텍처'에서는 순환 신경망 아키텍처에서 최근 어떤 발전이 있었는지, 특히 RNN, LSTM, GRU에 대해 살펴본다. 이 장을 마치면 파이토치에서 복잡한 순환 신경망 아키텍처를 직접 생성할 수 있게 될 것이다.

5장 '하이브리드 고급 모델'에서는 자연어 처리 분야에 혁명을 가져온 트랜스포머 같은 진화된 형태의 독특한 하이브리드 신경망 아키텍처를 설명한다. 또한 RandWireNN을 다루면서, 파이토치로 신경망을 검색하는 방식을 살짝 엿볼 것이다.

6장 '파이토치를 활용한 음악, 텍스트 생성'에서는 실행 시간에 모델에 아무것도 제공하지 않아도 음악을 작곡하고 작문할 수 있는 딥러닝 모델을 생성하기 위해 파이토치를 사용하는 법을 설명한다.

7장 '신경망 스타일 전이'에서는 여러 입력 이미지를 섞고 예술 작품처럼 보이는 이미지를 임의로 생성할 수 있는 특수한 형태의 생성 신경망 모델을 알아본다.

8장 '심층 합성곱 GAN'에서는 GAN을 설명하고 파이토치로 특정 작업에 대해 GAN을 훈련하는 것을 살펴본다.

9장 '심층 강화학습'에서는 파이토치로 비디오 게임 같은 심층 강화학습 작업에서 에이전트를 훈련하는 방법을 살펴본다.

10장 '파이토치 모델을 운영 환경에 이관하기'에서는 플라스크(Flask)와 도커(Docker)는 물론 토치서브(TorchServe)를 사용해 파이토치로 작성된 딥러닝 모델을 운영 시스템에 배포하는 절차를 따라간다. 그런 다음 토치스크립트(TorchScript)와 ONNX를 써서 파이토치 모델을 내보내는 방법을 배운다. 또한 파이토치 코드를 C++ 애플리케이션으로 만드는 방법을 배운다. 주요 클라우드 플랫폼에서 파이토치를 사용하는 방법도 배운다.

11장 '분산 훈련'에서는 파이토치에서 분산 훈련 실습을 통해 제한된 자원으로 규모가 큰 모델을 효율적으로 훈련시키는 방법을 알아본다.

12장 '파이토치와 AutoML'에서는 파이토치에서 AutoML을 이용해 머신러닝 실험을 효과적으로 설정하는 방법을 단계별로 살펴본다.

13장 '파이토치와 설명 가능한 AI'에서는 파이토치와 결합한 Captum 같은 도구로 머신러닝 모델을 비전문가에게도 해석 가능하게 만드는 방법을 설명한다.

14장 '파이토치로 빠르게 프로토타이핑하기'에서는 파이토치에서 모델 훈련 절차를 몇 배나 빠르게 하는 fast.ai와 파이토치 라이트닝(PyTorch Lightning) 등 다양한 도구와 라이브러리를 살펴본다.

이 책을 최대한 활용하는 법

파이썬을 직접 코딩할 수 있을 뿐 아니라 파이토치의 기초 지식도 갖춰야 한다. 이 책에서는 실습 대부분이 노트북 형태로 제공되므로 주피터 노트북을 사용할 수 있어야 한다. 이 책의 예제 중 일부는 모델 훈련 속도를 높이기 위해 GPU를 필요로 하므로 NVIDIA GPU가 있으면 좋다. AWS, 구글 클라우드, 마이크로소프트 애저(Azure) 같은 클라우드 컴퓨팅 플랫폼에 계정을 가지고 있으면 10장 '파이토치 모델을 운영 환경에 이관하기'와 모델 훈련을 여러 가상 머신에 분산시키는 11장 '분산 훈련'을 학습할 때 도움이 될 것이다.

소프트웨어/하드웨어	OS
주피터 노트북	윈도우, 맥OS X, 리눅스
NVIDIA GPU(필수 사항은 아님)	윈도우, 맥OS X, 리눅스
파이썬, 파이토치	윈도우, 맥OS X, 리눅스
AWS, 구글 클라우드, 애저 계정	윈도우, 맥OS X, 리눅스

예제 코드 파일 내려받기

이 책의 예제 코드는 아래 사이트에서 내려받을 수 있다.

- **위키북스 깃허브**

  https://github.com/wikibook/mpytc

- **원서 깃허브**

  https://github.com/PacktPublishing/Mastering-PyTorch

컬러 이미지 내려받기

또한 이 책의 화면/그래프의 컬러 이미지를 담은 PDF 파일(9781789614381_ColorImages.pdf)이 깃허브 저장소에 있다.

표기법

이 책에는 다양한 표기법이 사용된다.

본문코드(CodeInText): 본문 내에 작성된 코드, 데이터베이스 테이블명, 폴더명, 파일명, 파일 확장자, 경로명, URL, 사용자 입력을 가리킨다. 예: "batch_size는 world_size와 연결되므로 훈련 인터페이스를 쉽게 하기 위해 batch_size를 입력 인수로 제공한다."

코드 블록은 다음처럼 표기한다.

```
# 데이터셋 생성하기
X = np.zeros((N, d))
for i in range(N):
    for j in range(d):
        if np.random.rand() < conversionRates[j]:
            X[i][j] = 1
```

명령줄 입출력은 다음처럼 표기한다.

```
git clone https://github.com/wikibook/mpytc.git
```

굵은 글씨체: 새로운 용어, 중요한 단어, 화면에서 나오는 단어를 가리킨다. 메뉴나 대화 상자에서 텍스트로 표현되는 단어가 여기에 해당한다. 예를 들어 "우선 크기가 **64**인 랜덤 노이즈 입력 벡터의 형상을 변경하고 크기가 **16×16**인 특징 맵 **128**개로 투영한다."

> **참고**
>
> 팁과 중요한 정보는 이렇게 표시한다.

03부

**생성 모델과
심층 강화학습**

1부

파이토치 개요

1부에서는 딥러닝 개념은 물론 파이토치 기초 지식을 되짚어본다. 1부를 마치면 파이토치를 사용해 입력으로 이미지가 주어졌을 때 출력으로 텍스트/캡션을 출력으로 생성하는 신경망 모델을 만드는 방법뿐 아니라, 자기만의 파이토치 모델을 훈련하는 방법을 알아낼 수 있게 될 것이다.

1부에서 다루는 내용:

- 1장, 파이토치를 이용한 딥러닝 소개
- 2장, CNN과 LSTM 결합하기

01

파이토치를 이용한
딥러닝 소개

딥러닝(Deep Learning)은 컴퓨터/머신이 실제 현실에서 인식 작업을 수행하는 방법을 혁신해온 머신 러닝 기법의 하나다. 딥러닝은 심층 신경망의 수학 개념을 기반으로 대량의 데이터를 사용해 입력과 출력 사이의 단순하지 않은 관계를 복합 비선형 함수 형태로 학습한다. 각 딥러닝 모델의 입력과 출력은 다음과 같다.

표 1.1 딥러닝 모델의 입력과 출력

딥러닝 모델	입력	출력
텍스트 탐지	텍스트의 이미지	텍스트
텍스트-음성 변환	텍스트	텍스트를 말하는 자연스러운 음성
음성 인식	텍스트를 말하는 자연스러운 음성	변환된 텍스트

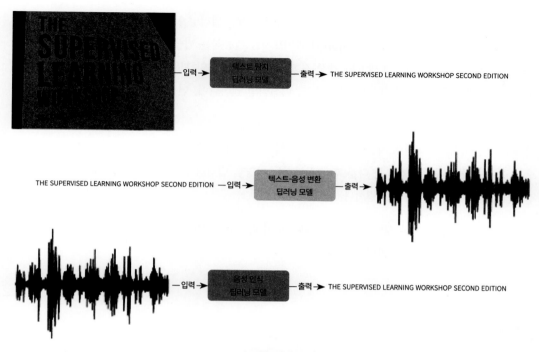

그림 1.1 딥러닝 모델의 예

심층 신경망은 방대한 수학 연산, 선형 대수 방정식, 복합 비선형 함수, 다양한 최적화 알고리즘을 포함한다. 파이썬 같은 프로그래밍 언어로 심층 신경망을 처음부터 구성하고 훈련하려면 필요한 모든 방정식, 함수, 최적화 스케줄을 모두 작성해야 한다. 더구나 이 코드는 대용량 데이터를 효율적으로 로딩하고 적절한 시간 내에 훈련이 가능하게 작성돼야 한다. 딥러닝 애플리케이션을 만들 때마다 이 같은 세부 사항을 구현해야 한다.

테아노(Theano)와 **텐서플로(TensorFlow)** 같은 딥러닝 라이브러리는 이러한 세부 사항을 추상화하도록 발전했다. **파이토치(PyTorch)**는 딥러닝 모델을 만드는 데 활용할 수 있는 파이썬 기반의 딥러닝 라이브러리다.

2015년 후반 구글에서는 파이썬 및 C++ 기반의 오픈소스 딥러닝 라이브러리인 텐서플로를 발표해 응용 딥러닝 분야에 혁신을 일으켰다. 페이스북은 이에 대응해 2016년에 자체 오픈소스 딥러닝 라이브러리인 **토치(Torch)**를 내놓았다. 토치는 초기에 **루아(Lua)**라는 스크립트 언어를 사용했다. 곧이어 등장한 **파이토치(PyTorch)**는 토치와 동일한 기능을 제공하되 스크립트 언어로 파이썬을 사용한다. 비슷한 시기에 마이크로소프트에서도 독자적으로 **CNTK** 라이브러리를 출시했다. 치열한 경쟁 속에 파이토치는 빠르게 성장하여, 가장 널리 쓰이는 딥러닝 라이브러리 중 하나로 자리 잡았다.

이 책은 가장 진보된 딥러닝 문제 중 일부를 다루고, 복합적인 딥러닝 아키텍처로 이 문제를 해결하는 법과 이 복합 모델을 구현·훈련·평가하는 데 파이토치를 활용하는 법을 다루는 실습서다. 이 책은 파이토치를 중심으로 하되, 최근에 발표된 가장 진화된 딥러닝 모델 일부도 함께 다룬다. 이 책은 파이썬에 대한 실용적 지식을 갖춘 데이터 사이언티스트, 머신러닝 엔지니어, 연구원을 대상으로 하며, 이전에 파이토치를 다룬 경험이 있다면 더 좋다.

이 책은 실습서이므로 파이토치 코드를 작성하는 데 능숙해지도록 직접 각 장의 예제를 코딩하고 실습해보는 것이 좋다. 1장에서 개요를 다룬 후, 2장부터는 다양한 딥러닝 문제를 살펴보고 파이토치의 다양한 기능을 활용해 아키텍처를 모델링한다.

이 장에서는 딥러닝의 기본 개념을 살펴보고 파이토치 라이브러리를 개괄한 뒤, 파이토치로 딥러닝 모델을 훈련하는 실습으로 마무리한다.

이 장에서는 다음 주제를 다룬다.

- 딥러닝 되짚어보기
- 파이토치 살펴보기
- 파이토치로 신경망 훈련하기

준비 사항

이 책의 실습은 모두 주피터 노트북을 사용한다. 다음은 이 장에서 pip로 설치할 라이브러리 목록이다. 예를 들어 pip install torch==1.4.0을 명령줄에서 실행한다.[1]

```
jupyter==1.0.0
torch==1.4.0
torchvision==0.5.0
matplotlib==3.1.2
```

이 장의 코드 파일은 모두 Chapter01 폴더에서 확인할 수 있다.

---

1 (엮은이) 번역서를 편집하면서 아나콘다 가상 환경에 파이토치 1.7.1 버전을 설치해 예제 코드를 테스트했다. 이때 구성한 환경은 깃허브 저장소의 environment.yml 파일에서 확인할 수 있다.

딥러닝 되짚어보기

신경망은 인간의 뇌 구조와 기능에서 영감을 받아 만들어진 머신러닝의 한 분야다. 신경망에서 각 연산 단위(비유적으로 뉴런이라 부른다)는 층(layer)을 이뤄 다른 뉴런과 연결된다. 층의 개수를 두 개보다 많게 구성한 신경망을 **심층 신경망**(deep neural network)이라고 하고, 이런 모델을 일반적으로 **딥러닝 모델**(deep learning model)이라 한다.

딥러닝 모델은 입력 데이터와 출력(정답) 사이의 상당히 복잡한 관계를 학습하는 능력 덕분에 기존 머신러닝 모델보다 우수하다는 사실을 입증했다. 최근 딥러닝은 다음 두 가지 이유로 많은 관심을 받고 있다.

- 강력한 연산 능력을 갖춘 머신을 활용할 수 있게 됐다(특히 클라우드 환경에서).
- 막대한 양의 데이터를 활용할 수 있게 됐다.

2년마다 컴퓨터 처리 능력이 두 배씩 증가한다는 무어의 법칙 덕분에, 수백 층으로 이뤄진 딥러닝 모델을 현실적이고 합리적인 시간 안에 훈련할 수 있는 시대에 살고 있다. 동시에 어디에서나 사용할 수 있는 디지털 디바이스가 기하급수적으로 증가해 매 순간 전 세계에서 방대한 양의 데이터가 발생하고 있다.

따라서 이전에 다루기 힘들었거나 어쩔 수 없이 차선으로 다른 머신러닝 기법을 설루션(solution)으로 썼던 가장 난해한 인식 작업을 위해 딥러닝 모델을 훈련시킬 수 있게 됐다.

일반적으로 신경망이라 부르는 딥러닝은 전통적인 머신러닝 모델에 비해 또 다른 이점을 가지고 있다. 일반적으로 전통적인 머신러닝 기반의 접근법에서는 **특징 공학**(feature engineering)이 훈련된 모델의 전반적인 성능에 결정적인 역할을 한다. 그렇지만 딥러닝 모델에서는 특징을 공들여 수동으로 만들 필요가 없다. 딥러닝 모델은 특징을 직접 다루지 않고도 대용량의 데이터를 잘 다루면서 전통적인 머신러닝 모델을 능가할 수 있다. 다음 그래프는 딥러닝 모델이 전통적인 머신러닝 모델보다 대용량의 데이터를 얼마나 잘 활용할 수 있는지 보여준다.

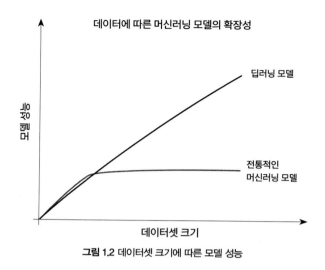

그림 1.2 데이터셋 크기에 따른 모델 성능

그래프에서 볼 수 있듯이 딥러닝 성능은 반드시 특정 데이터셋 크기에 따라 구분되는 것은 아니다. 그렇지만 데이터셋 크기가 더 커질수록 심층 신경망은 딥러닝이 아닌 모델보다 성능이 우수해진다.

수년에 걸쳐 개발된 다양한 유형의 신경망 아키텍처를 기반으로 딥러닝 모델을 만들 수 있다. 신경망을 구성하는 계층의 유형과 조합에 따라 아키텍처를 몇 가지로 구분한다. 잘 알려진 계층 중 일부만 꼽아보면 다음과 같다.

- **완전 연결(Fully-connected) 계층** 혹은 **선형(linear) 계층**: 다음 그림에서 보듯이 완전 연결 계층에서는 이 계층에 앞서 나온 계층의 모든 뉴런이 뒤에 나오는 계층의 모든 뉴런과 연결된다.

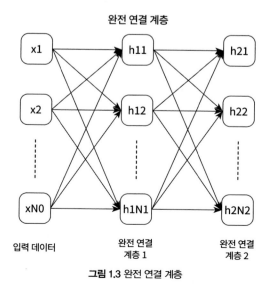

그림 1.3 완전 연결 계층

이 예제는 각각 N1개와 N2개의 뉴런으로 구성된 연속된 완전 연결 계층을 보여준다. 완전 연결 계층은 대부분의 딥러닝 분류 모델의 기초 단위다.

- **합성곱(Convolutional) 계층**: 다음 그림은 합성곱 커널(또는 필터)이 입력 위에서 이동하는 합성곱 계층을 보여준다.

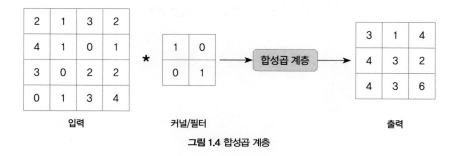

그림 1.4 합성곱 계층

합성곱 계층은 컴퓨터 비전 문제를 위한 가장 효과적인 모델인 **합성곱 신경망**(convolutional neural networks, CNN)의 기초 단위다.

- **순환(Recurrent) 계층**: 다음 그림은 순환 계층을 보여준다. 완전 연결 계층과 비슷하게 생겼지만 (두꺼운 곡선 화살표로 표시된) 순환 연결이 핵심 차이점이다.

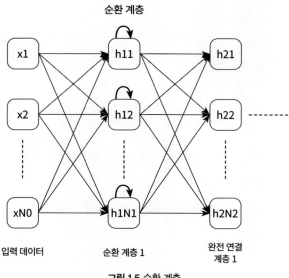

그림 1.5 순환 계층

순환 계층은 기억하는 능력을 보여준다는 점에서 완전 연결 계층에 비해 장점이 있으며 이는 현재 입력과 함께 과거 입력을 기억해야 하는 순차 데이터(sequential data)를 다룰 때 편리하다.

- **디컨볼루션(DeConv, 합성곱 계층의 역) 계층**: 합성곱 계층과는 정반대인 **디컨볼루션 계층**은 다음 그림처럼 작동한다.

그림 1.6 디컨볼루션 계층

이 계층은 입력 데이터를 공간적으로 확장하므로, 이미지를 생성하거나 재구성하는 것을 목표로 하는 모델에서는 핵심적인 계층이다.

- **풀링(Pooling) 계층**: 다음 그림은 풀링 계층 중 가장 널리 쓰이는 최대 풀링(max-pooling) 계층을 보여준다.

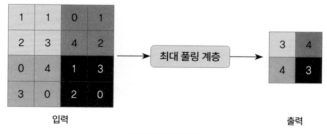

그림 1.7 풀링 계층

입력을 2×2 크기 단위로 나눠 각 부분에서 가장 높은 숫자를 뽑는다. 다른 유형의 풀링으로는 **최소 풀링(min-pooling)**과 **평균 풀링(mean-pooling)**이 있다.

- **드롭아웃(Dropout) 계층**: 다음 그림은 드롭아웃 계층의 작동 방식을 보여준다. 드롭아웃 계층에서 일부 뉴런의 스위치(그림에서 X로 표시된)가 일시적으로 꺼진다. 즉, 이 뉴런은 네트워크에서 연결이 끊어진다.

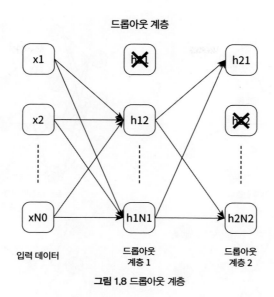

드롭아웃 계층

입력 데이터　　　드롭아웃　　　드롭아웃
　　　　　　　　계층 1　　　계층 2

그림 1.8 드롭아웃 계층

드롭아웃은 모델이 전체 훈련 데이터셋을 기억하는 대신 일반화 가능한 패턴을 학습하게 해서 이따금 특정 뉴런이 없더라도 모델이 잘 기능하도록 만들므로 모델 정칙화(regularization)[2]에 도움이 된다.

다음 그림에는 앞서 언급한 계층을 기반으로 구성된 여러 유명한 아키텍처가 있다.

2　(엮은이) 'regularization'은 '정규화', '정칙화', '규제' 등으로 번역된다. 이 책에서는 'regularization'을 '정칙화'로, 'normalization'을 '정규화'로 옮겼다.

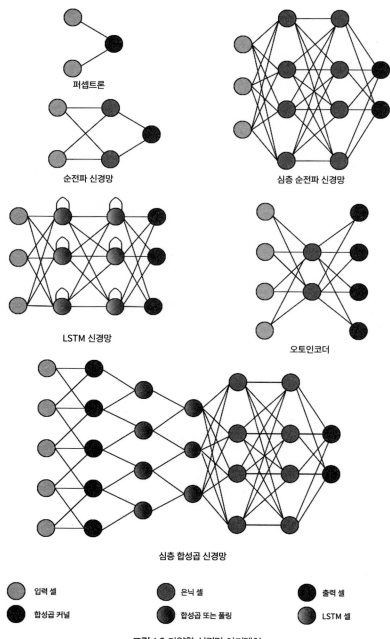

퍼셉트론

순전파 신경망

심층 순전파 신경망

LSTM 신경망

오토인코더

심층 합성곱 신경망

입력 셀	은닉 셀	출력 셀
합성곱 커널	합성곱 또는 풀링	LSTM 셀

그림 1.9 다양한 신경망 아키텍처

https://www.asimovinstitute.org/neural-network-zoo/에 방문하면 더 많은 신경망 아키텍처를 확인할 수 있다.

계층의 유형과 네트워크에 연결되는 방식 외에 **활성화 함수**(activation function)와 **최적화 스케줄**(optimization schedule) 같은 다른 요인도 모델을 정의한다.

활성화 함수

활성화 함수는 신경망에 비선형성을 추가하므로 매우 중요하다. 비선형성이 없으면 아무리 많은 계층을 추가하더라도 전체 신경망은 단순 선형 모델로 축소된다. 여기에서 보여주는 다양한 유형의 활성화 함수는 서로 다른 비선형 수학 함수다.

이 중 유명한 활성화 함수는 다음과 같다.

- **시그모이드(sigmoid)**: 시그모이드(또는 로지스틱) 함수는 다음과 같이 나타낸다.

$$y = f(x) = \frac{1}{1 + e^{-x}}$$

이 함수를 그래프 형태로 표현하면 다음과 같다.

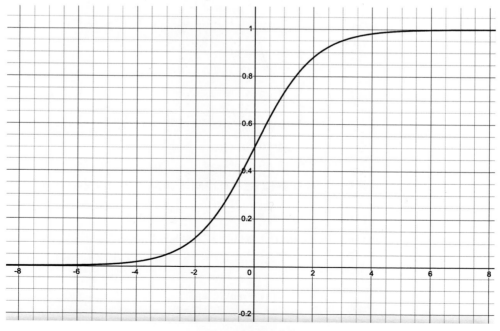

그림 1.10 시그모이드 함수

그래프에서 볼 수 있듯이 시그모이드 함수는 x에서 숫자 값을 입력으로 취해 (0, 1) 범위 사이의 값 y를 출력한다.

- **TanH**: 쌍곡선 탄젠트(Hyperbolic Tangent, TanH) 함수는 다음 방정식으로 표현된다.

$$y = f(x) = \frac{e^x - e^{-x}}{e^x + e^{-x}}$$

이 함수를 그래프로 그리면 다음과 같다.

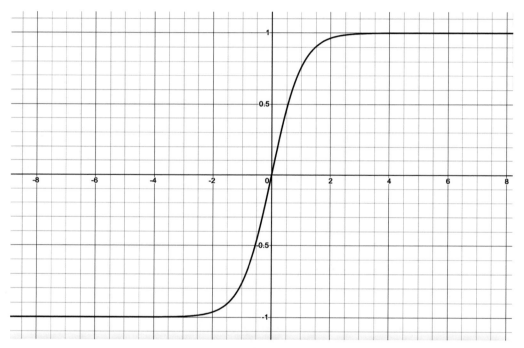

그림 1.11 TanH 함수

시그모이드와는 다르게 TanH 활성화 함수의 출력값 y는 −1과 1 사이의 값이다. 따라서 출력으로 양수와 음수가 모두 필요할 때 유용하다.

- **정류 활성화 유닛(Rectified linear units, ReLUs)**: ReLU는 시그모이드와 TanH 이후에 나온 것으로, 간단히 다음 방정식으로 표현된다.

$$y = f(x) = max(0, x)$$

이 함수를 그래프로 표현하면 다음과 같다.

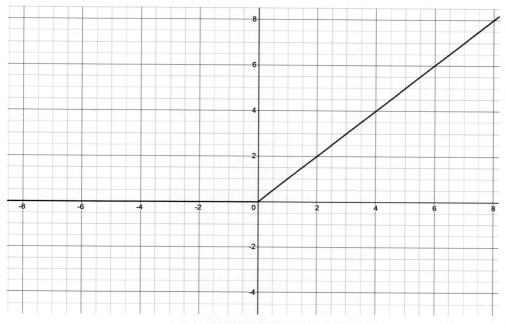

그림 1.12 ReLU 함수

시그모이드, TanH 활성화 함수에 비해 ReLU가 갖는 특징은 입력값이 0보다 크다면 항상 출력값은 계속 증가한다는 점이다. 이 특징은 앞의 두 활성화 함수의 경우처럼 함수의 경사가 0으로 감소하는 것을 방지한다. 그렇지만 입력이 음수이면 출력과 경사 모두 0이 된다.

- Leaky ReLU: ReLU는 음수 입력값이 들어오면 0을 출력함으로써 이 음수 입력값을 전적으로 감춘다. 하지만 음수 입력을 처리할 필요가 있을 때도 있다. Leaky ReLU는 음수 입력을 k로 나눈 값을 출력함으로써 처리한다. 이 k가 이 활성화 함수의 매개변수로 수학적으로 표현하면 다음과 같다.

$$y = f(x) = max(kx, x)$$

다음 그래프는 leaky ReLU에서 입력과 출력 관계를 보여준다.

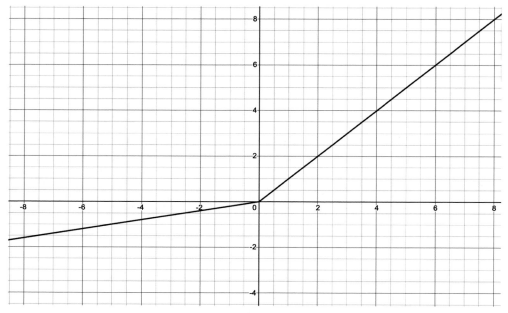

그림 1.13 Leaky ReLU 함수

활성화 함수는 딥러닝에서 활발하게 발전하는 분야다. 여기에서 활성화 함수를 모두 나열할 수는 없지만 최근 이 분야가 어떻게 발전하고 있는지 확인해보기 바란다. 수많은 활성화 함수는 이 절에서 언급한 함수를 미세하게 수정한 것이다.

최적화 스케줄

지금까지 신경망을 구성하는 방법을 알아봤다. 신경망을 훈련시키려면 **최적화 스케줄**을 택해야 한다. 매개변수 기반 머신러닝 모델들이 그렇듯이, 딥러닝 모델도 매개변수를 조정함으로써 훈련된다. 매개변수는 **역전파(backpropagation)** 과정을 통해 조정되며, 신경망의 최종(출력) 계층은 손실을 계산한다. 이 손실은 신경망의 최종 계층의 출력과 그에 대응하는 정답을 취하는 손실함수에 의해 계산된다. 그런 다음, 이 손실은 이전 계층으로 역전파되는데, 이때 **경사 하강법(gradient descent)**과 **미분의 연쇄 법칙**이 쓰인다.

각 계층의 매개변수나 가중치는 손실을 최소화하도록 적절히 수정된다. 수정 범위는 0과 1사이 값을 갖는 계수인 **학습률(learning rate)**에 의해 결정된다. 신경망의 가중치를 업데이트하는 이러한 모든 절차를 **최적화 스케줄**이라 한다. 최적화 스케줄은 모델이 얼마나 잘 훈련되는지에 지대한 영향을 미친다.

최적화 스케줄에 관한 연구가 많이 이루어졌고 여전히 진행 중이다. 다음은 몇 가지 유명한 최적화 스케줄이다.

- **확률적 경사 하강법(Stochastic Gradient Descent, SGD):** 이 방법은 다음 방식으로 모델 매개변수를 업데이트한다.

$$\beta = \beta - \alpha * \frac{\delta L(X, y, \beta)}{\delta \beta}$$

β는 모델 매개변수이고 X와 y는 각각 입력 훈련 데이터와 그에 대응하는 레이블이다. L은 손실 함수이고 α는 학습률이다. SGD는 모든 훈련 예의 (X, y) 쌍에 대해 이 업데이트를 수행한다. 이 방법의 변형인 미니 배치 경사 하강법은 k개 예마다(여기서 k는 배치 크기) 업데이트를 수행한다. 경사는 전체 미니 배치에 대해 모두 합쳐 계산된다. 다른 변형으로 배치 경사 하강법은 전체 데이터셋에 대해 경사를 계산하여 매개변수를 업데이트한다.

- **Adagrad:** 이전 최적화 스케줄에서 모델의 모든 매개변수에 대해 하나의 학습률을 사용했다. 그렇지만 다양한 매개변수는 서로 다른 속도로 업데이트될 필요가 있을 수 있다. 특히 일부 매개변수가 다른 매개변수보다 특징 추출에 더 적극적으로 영향을 미치는 희소 데이터(sparse data)인 경우 그렇다. Adagrad는 다음 방정식에서 보듯이 매개변수별로 업데이트하는 방식을 도입한다.

$$\beta_i^{t+1} = \beta_i^t - \frac{\alpha}{\sqrt{SSG_i^t + \epsilon}} * \frac{\delta L(X, y, \beta)}{\delta \beta_i^t}$$

여기에서 아래 첨자 i는 i번째 매개변수를 나타내고 위 첨자 t는 경사 하강법 반복 과정에서 시간 단계 t를 나타낸다. SSG_i^t는 시간 단계 0에서 시간 단계 t까지 i 번째 매개변수에 대한 기울기 제곱의 합이다. ϵ는 0으로 나누는 경우를 피하기 위해 SSG에 더하는 아주 작은 값을 나타낸다. 전역 학습률 α를 SSG의 제곱근으로 나누면 자주 바뀌는 매개변수에 대한 학습률이 거의 업데이트되지 않는 매개변수의 학습률보다 더 빨리 낮아진다.

- **Adadelta:** Adagrad에서 학습률의 분모는 시간 단계마다 더해지는 제곱항 때문에 계속 값이 증가하는 항이다. 따라서 학습률이 0에 가까운 작은 값으로 소실된다. 이 문제를 해결하기 위해 Adadelta는 이전 시간 단계까지만 경사의 제곱 값의 합을 계산하는 방법을 도입한다. 실제로 이것을 과거 경사 평균이 연속적으로 소실하는 것으로 표현할 수 있다.

$$SSG_i^t = \gamma * SSG_i^{t-1} + (1-\gamma) * (\frac{\delta L(X, y, \beta)}{\delta \beta_i^t})^2$$

여기에서 γ은 이전 경사 제곱의 합에 적용할 소실률(decaying factor)이다. 이 공식을 쓰면 소실되는 평균 때문에 경사 제곱의 합이 큰 값으로 누적되지 않는다. SSG_i^t가 정의되면 Adadelta의 업데이트 단계를 정의하기 위해 Adagrad 공식을 이용할 수 있다.

그렇지만 Adagrad 방정식을 자세히 보면 경사를 평균 제곱해 제곱근을 구한 값은 무차원량(dimensionless quantity)이 아니므로 이상적으로 학습률에 대한 계수로 사용해서는 안 된다. 이를 해결하기 위해 이번에는 매개변수 증분 값의 제곱에 대해 이동 평균을 정의한다. 먼저 매개변수 증분을 정의하자.

$$\Delta\beta_i^t = \beta_i^{t+1} - \beta_i^t = -\frac{\alpha}{\sqrt{SSG_i^t + \epsilon}} * \frac{\delta L(X, y, \beta)}{\delta\beta_i^t}$$

그런 다음 과거 경사의 소실된 평균과 유사하게 매개변수 증분의 제곱합을 정의할 수 있다.

$$SSPU_i^t = \gamma * SSPU_i^{t-1} + (1 - \gamma) * (\Delta\beta_i^t)^2$$

여기에서 $SSPU$는 매개변수 증분의 제곱의 합이다. 이 값이 있으면 최종 Adadelta 방정식을 사용해 Adagrad 방정식의 차원수 문제를 위해 조정하면 된다.

$$\beta_i^{t+1} = \beta_i^t - \frac{\sqrt{SSPU_i^t + \epsilon}}{\sqrt{SSG_i^t + \epsilon}} * \frac{\delta L(X, y, \beta)}{\delta\beta_i^t}$$

마지막 Adadelta 방정식에서는 학습률이 필요 없다는 것이 눈에 띈다. 하지만 누군가는 곱수로 학습률을 넣을 수 있다. 따라서 이 최적화 스케줄에서 반드시 필요한 초매개변수는 감소율뿐이다.

- **RMSprop**: Adadelta와 RMSprop는 상당히 유사하므로 Adadelta를 설명하면서 RMSprop 내부 작동 방식을 이미 어느 정도 설명했다. 두 방식의 유일한 차이는 RMSProp은 차원수 문제를 위해 조정하지 않으므로 업데이트 방정식이 Adagrad에서 보여준 방정식과 동일하게 유지된다는 것이다. 여기에서 SSG_i^t는 Adadelta의 첫 번째 방정식에서 구한 값이다. 이는 RMSProp의 경우 기본 학습률과 감소율 모두 지정해야 함을 뜻한다.

- **적응형 모멘트 추정(Adaptive Moment Estimation, Adam)**: 각 매개변수마다 맞춤 학습률을 계산하는 최적화 스케줄이다. Adadelta와 RMSProp처럼 Adam도 Adadelta 부분에서 첫 번째 방정식에서 설명한 대로 이전 경사들의 제곱값의 감소 평균을 사용한다. 그렇지만 이전 경삿값의 감소 평균을 사용한다.

$$SG_i^t = \gamma' * SG_i^{t-1} + (1 - \gamma') * \frac{\delta L(X, y, \beta)}{\delta\beta_i^t}$$

SG와 SSG는 수학적으로 경사의 첫 번째, 두 번째 모멘트를 추정하는 것과 같아서 이 방식을 **적응형 모멘트 추정**이라고 한다. 일반적으로 γ와 γ'는 1에 가깝고 이 경우 SG와 SSG의 초깃값 모두 거의 0에 가까울 것이다. 이에 대응하여 이 두 값은 편향 보정(bias correction)을 사용해 다시 만들어진다.

$$SG_i^t = \frac{SG_i^t}{1 - \gamma'} \quad, \quad SSG_i^t = \frac{SSG_i^t}{1 - \gamma}$$

두 값이 정의되면 매개변수는 다음 공식에 따라 업데이트된다.

$$\beta_i^{t+1} = \beta_i^t - \frac{\alpha}{\sqrt{SSG_i^t + \epsilon}} * SG_i^t$$

방정식의 맨 오른쪽에 있는 경사가 경사의 감소 평균으로 대체된다. Adam 최적화에서는 3가지 초매개변수(기본 학습률, 경사 감소율, 경사 제곱값의 감소율)가 눈에 띈다. Adam은 최근 복합적인 딥러닝 모델을 훈련하는 데 가장 성공적인 것까지는 아니더라도 가장 성공적인 최적화 스케줄 중 하나다.

그렇다면 어떤 옵티마이저(optimizer)를 사용할 것인가? 경우마다 다르다. 희소 데이터를 다룬다면 매개변수마다 학습률을 업데이트하므로 적응형 옵티마이저(숫자 2~5)가 유리하다. 앞서 언급했듯이 희소 데이터를 사용하면 다양한 매개변수가 서로 다른 속도로 작동할 수 있으므로 매개변수마다 학습률을 맞춤 변경하는 방법은 모델이 최적의 설루션에 도달하는 데 대단히 도움이 될 수 있다. SGD도 적절한 설루션을 찾을 수 있지만 훈련 시간이 훨씬 더 오래 걸린다. 적응형 모델 중 Adagrad에는 학습률의 분모가 단조롭게(monotonically) 증가해 학습률이 사라지는 단점이 있다.

RMSProp, Adadelta, Adam은 다양한 딥러닝 작업에서 성능 측면에서 상당히 비슷하다. RMSProp은 Adadelta와 상당히 유사한데 RMSProp은 기본 학습률을 사용하는 반면 Adadelta는 이전 매개변수 업데이트 값의 감소 평균을 사용한다는 점이 다르다. Adam은 경사의 첫 번째 모멘트를 계산하고 편향 보정을 사용한다는 점에서 조금 다르다. Adam은 대체로 사용할 만한 옵티마이저이며 나머지는 모두 같다. 이 책의 실습에서 여기서 다룬 최적화 스케줄 중 일부를 사용할 것이다. 자유롭게 이 최적화 모델을 다른 것으로 바꿔가며 다음의 관점에서 어떻게 바뀌는지 관찰하자.

- 모델 훈련 시간, 궤적(수렴)
- 최종 모델 성능

앞으로 나올 부분에서 파이토치로 지금까지 살펴본 여러 아키텍처, 계층, 활성화 함수, 최적화 스케줄을 사용해 다양한 종류의 머신러닝 문제를 해결할 것이다. 이 장에 포함된 예제에서 합성곱, 선형, 최대 풀링, 드롭아웃 계층을 포함한 합성곱 신경망을 만들 것이다. 마지막 계층에서는 **로그-소프트맥스**를 사용하고 그 외 계층에서는 활성화 함수로 ReLU를 사용한다. 이 모델은 학습률을 0.5로 고정한 Adadelta 옵티마이저를 사용해 훈련된다.

파이토치 살펴보기

파이토치는 토치 라이브러리 기반에서 파이썬을 지원하는 머신러닝 라이브러리다. 파이토치는 연구 분야뿐 아니라 산업 애플리케이션을 만들기 위한 딥러닝 도구로 광범위하게 사용된다. 파이토치의 개발은 페이스북 머신러닝 연구실이 주도했으며 구글의 유명한 딥러닝 라이브러리인 텐서플로와 경쟁 관계에 있다. 그래프를 생성하지 않는 **즉시실행**(eager execution) 방식의 파이토치와 달리 텐서플로는 **그래프 기반 지연실행**(graph-based deferred execution) 방식을 취했다. 지금은 텐서플로에서도 즉시실행 모드를 제공한다.

즉시실행 방식은 수학 연산이 바로 실행되는 명령형(imperative) 프로그래밍 모드다. 한편 지연실행 방식에서는 계산을 바로 하지 않고, 모든 연산을 계산 그래프로 저장한 뒤 전체 그래프를 평가한다. 즉시실행 방식은 흐름을 직관적으로 파악할 수 있고, 디버깅이 쉬우며, 스캐폴딩 코드[3]가 적다는 장점이 있다.

파이토치는 단지 딥러닝 라이브러리 이상의 기능을 가지고 있다. 파이토치는 넘파이와 유사한 구문/인터페이스를 제공함으로써 GPU를 사용해 텐서(tensor) 계산 능력을 강력하게 가속화한다. 그렇다면 텐서란 무엇일까? 텐서는 계산 단위로 넘파이 배열과 매우 비슷하지만 계산을 가속화하기 위해 GPU상에서 사용될 수 있다는 점에서 다르다.

가속화된 계산과 동적 계산 그래프를 생성하는 기능을 갖춘 파이토치는 딥러닝 프레임워크를 완전하게 만들어준다. 게다가 파이토치는 정말로 파이썬답게(Pythonic) 만들어져 있어 파이토치 사용자는 파이썬 데이터 사이언스 생태계를 포함해 파이썬이 제공하는 모든 기능을 활용할 수 있다.

---

3 (엮은이) 스캐폴딩은 건축물 외부 공사를 위해 임시로 설치하는 발판을 가리키는 비계(scaffold)에서 유래한 용어로, 애플리케이션의 뼈대를 재빨리 세우는 기법을 가리킨다 (https://wikidocs.net/152533).

이 절에서는 데이터 로딩, 모델 구성, 모델 훈련 동안 최적화 스케줄을 지정하는 데 도움이 되는 다양한 기능을 확장하는 몇 가지 유용한 파이토치 모듈을 살펴본다. 또한 텐서가 무엇인지, 그리고 파이토치에서 텐서의 모든 속성을 사용해 텐서를 구현하는 방법을 함께 알아보겠다.

파이토치 모듈

파이토치 라이브러리는 넘파이에서 제공하는 계산 기능 외에, 개발자가 딥러닝 모델을 빠르게 설계하고, 훈련하고, 테스트할 수 있게 지원하는 모듈도 제공한다. 다음은 그중 가장 유용한 모듈이다.

torch.nn

신경망 아키텍처를 구축할 때, 네트워크가 구축되는 기본 특징은 계층 수, 각 계층의 뉴런 수, 그중 학습 가능한 뉴런 등이다. 파이토치 nn 모듈을 사용하면 사용자가 자세한 사항을 직접 지정하는 대신 이러한 특징 중 일부를 고수준에서 정의함으로써 신경망 아키텍처를 빠르게 인스턴스화할 수 있다. 다음은 nn 모듈을 사용하지 않고 단일 계층 신경망을 초기화하는 코드다.

```
import math

# 이 단일 계층 신경망의 입력값은 256차원, 출력은 4차원으로 가정한다.
# 따라서 랜덤값으로 채워진 256x4 행렬을 초기화한다.
weights = torch.randn(256, 4) / math.sqrt(256)

# 가중치를 훈련 가능하게, 즉 256x4 행렬의 숫자가 경사 역전파를 통해 조정될 수 있게 만든다.
weights.requires_grad_()

# 4 차원 출력을 위한 편향값을 더하고 이 편향값도 훈련 가능하게 설정한다.
bias = torch.zeros(4, requires_grad=True)
```

앞의 코드 대신 torch.nn 모듈을 사용해 nn.Linear(256, 4)로 표현할 수 있다.

torch.nn 모듈에는 torch.nn.functional이라는 하위 모듈이 있다. 이 하위 모듈은 torch.nn 모듈 내부의 모든 함수를 포함하며, 이 외 다른 하위 모듈은 모두 클래스다. **손실 함수, 활성화 함수**, 함수적 방식[4]으로 신경망을 생성하기 위해 사용될 수 있는 풀링, 합성곱, 선형 함수 같은 **신경망 함수**가 모두 이 모듈에 포함된다. torch.nn.functional 모듈을 사용한 손실 함수를 예로 들면 다음과 같다.

---

4 뒤이어 나오는 각 계층이 이전 계층의 함수로 표현되는 방식.

```
import torch.nn.functional as F

loss_func = F.cross_entropy
loss = loss_func(model(X), y)
```

여기에서 X는 입력이고 y는 타깃 출력이고 모델은 신경망 모델이다.

torch.optim

신경망을 훈련시키는 동안, 네트워크의 가중치나 매개변수를 조정하기 위해 오차를 역전파한다. 이 과정을 **최적화(optimization)**라고 한다. optim 모듈은 딥러닝 모델을 훈련하는 동안 다양한 유형의 최적화 스케줄을 실행하는 것과 관련된 도구와 기능을 모두 포함한다. 다음 코드에서 보여주듯이 torch.optim 모듈을 사용해 훈련 세션 동안 옵티마이저를 정의한다고 하자.

```
opt = optim.SGD(model.parameters(), lr=lr)
```

그러면 여기서 보여주듯이 최적화 단계를 직접 작성할 필요가 없다.

```
with torch.no_grad():
# 확률적 경사 하강법을 사용해 매개변수 업데이트를 적용한다.
    for param in model.parameters(): param -= param.grad * lr
    model.zero_grad()
```

그 대신 다음과 같이 쓸 수 있다.

```
opt.step()
opt.zero_grad()
```

다음으로 utils.data 모듈을 살펴보겠다.

torch.utils.data

토치에서 utils.data 모듈을 통해 제공하는 자체 데이터셋과 DatasetLoader 클래스들은 추상적이면서도 유연하게 구현되어 상당히 사용하기 쉽다. 이 클래스들을 이용하면 직관적인 방법으로 텐서에 대한 이터레이션 및 기타 연산을 수행할 수 있고, 최적화된 텐서 계산으로 높은 성능이 보장되며, 데이터 입출력 오류도 피할 수 있다. 예를 들어, torch.utils.data.DataLoader를 다음과 같이 사용한다고 하자.

```
from torch.utils.data import (TensorDataset, DataLoader)
train_dataset = TensorDataset(x_train, y_train)
train_dataloader = DataLoader(train_dataset, batch_size=bs)
```

그러면 다음처럼 데이터 배치를 수작업으로 이터레이션 할 필요 없이,

```
for i in range((n-1)//bs + 1):
    x_batch = x_train[start_i:end_i]
    y_batch = y_train[start_i:end_i]
    pred = model(x_batch)
```

다음과 같이 간단한 코드만 작성하면 된다.

```
for x_batch,y_batch in train_dataloader:
    pred = model(x_batch)
```

이제 텐서 모듈을 살펴보자.

텐서 모듈

앞서 언급했듯이 텐서는 개념적으로 넘파이 배열과 비슷하다. 텐서는 수학 함수를 연산할 수 있고 GPU를 통해 계산 속도를 높일 수 있는 n 차원 배열이며, 딥러닝에 필수적인 계산 그래프와 경사를 기록하는 데 사용할 수 있다.

다음은 파이토치에서 텐서를 인스턴스화하는 방법을 보여준다.

```
points = torch.tensor([1.0, 4.0, 2.0, 1.0, 3.0, 5.0])
```

첫 번째 항목을 가져오려면 다음과 같이 하면 된다.

```
float(points[0])
```

또한 다음 코드로 텐서의 모양을 확인할 수 있다.

```
points.shape
```

파이토치에서 텐서는 연속된 메모리에 저장된 숫자 데이터의 1차원 배열의 뷰로 구현된다. 이 배열을 스토리지 인스턴스라 한다. 모든 파이토치 텐서는 다음 예제와 같이 텐서의 기본 스토리지 인스턴스를 출력하기 위해 호출할 수 있는 스토리지 속성을 가지고 있다.

```
points = torch.tensor([[1.0, 4.0], [2.0, 1.0], [3.0, 5.0]])
points.storage()
```

[실행 결과]

```
1.0
4.0
2.0
1.0
3.0
5.0
[torch.FloatStorage of size 6]
```

텐서가 스토리지 인스턴스의 뷰라고 하면 텐서는 그 뷰를 구현하기 위해 다음 정보를 사용한다.

- 크기
- 스토리지
- 오프셋
- 스트라이드(보폭)

앞의 예제에 이어 보자.

```
points = torch.tensor([[1.0, 4.0], [2.0, 1.0], [3.0, 5.0]])
```

이 텐서를 가지고 앞의 다양한 항목이 의미하는 바를 알아보자.

```
points.size()
```

[실행 결과]

```
torch.Size([3, 2])
```

앞에서 볼 수 있듯이 size는 각 차원의 요소 개수를 알려준다는 점에서 넘파이의 shape 속성과 비슷하다. 두 숫자를 곱하면 기반 스토리지 인스턴스의 길이(이 예에서는 6)가 된다.

앞에서 이미 storage 속성은 알아봤으니, offset을 살펴보자.

```
points.storage_offset()
```

[실행 결과]

```
0
```

여기서 오프셋은 storage 배열에서 텐서의 첫 번째 요소의 인덱스를 나타낸다.

확인해보자.

```
points[1].storage_offset()
```

[실행 결과]

```
2
```

points[1]이 [2.0, 1.0]이고 storage 배열은 [1.0, 4.0, 2.0, 1.0, 3.0, 5.0]이므로, [2.0, 1.0] 텐서의 첫 번째 요소인 2.0은 storage 배열의 인덱스 2에 위치한다.

마지막으로 stride 속성을 살펴보자.

```
points.stride()
```

[실행 결과]

```
(2, 1)
```

stride는 각 차원에 대해, 텐서의 다음 요소로 접근하기 위해 건너뛰어야 할 요소의 개수를 포함하고 있음을 알 수 있다. 따라서 이 경우 첫 번째 차원을 따라 첫 번째 요소인 1.0의 다음 요소인 2.0에 접근하려면 2개의 요소(1.0과 4.0)를 건너뛰어야 한다. 마찬가지로 두 번째 차원을 따라 1.0 다음 요소에 접근하려면 한 개의 요소(4.0)를 건너뛰어야 한다. 따라서 이 모든 속성을 사용하면 연속적인 1차원 스토리지 배열에서 텐서를 유도할 수 있다.

텐서 내에 포함된 데이터 타입은 숫자다. 특히, 파이토치에서 제공하는 텐서에 포함시킬 수 있는 데이터 타입은 다음과 같다.

표 1.2 텐서에 포함할 수 있는 데이터 타입

데이터 타입	설명
torch.float32 혹은 torch.float	32비트 부동소수점
torch.float64 혹은 torch.double	64비트, 배정밀도(double-precision) 부동소수점
torch.float16 혹은 torch.half	16비트, 반정밀도(half-precision) 부동소수점
torch.int8	부호가 있는 8비트 정수
torch.uint8	부호가 없는 8비트 정수
torch.int16 혹은 torch.short	부호가 있는 16비트 정수
torch.int32 혹은 torch.int	부호가 있는 32비트 정수
torch.int64 혹은 torch.long	부호가 있는 64비트 정수

텐서에서 사용할 데이터 타입을 지정하는 방법은 다음과 같다.

```
points = torch.tensor([[1.0, 2.0], [3.0, 4.0]], dtype=torch.float32)
```

데이터 타입 외, 파이토치의 텐서는 데이터를 저장할 장치를 지정해야 한다. 장치는 인스턴스화할 때 지정할 수 있다.

```
points = torch.tensor([[1.0, 2.0], [3.0, 4.0]], dtype=torch.float32, device='cpu')
```

또는 원하는 장치에 텐서의 사본을 생성할 수 있다.

```
points_2 = points.to(device='cuda')
```

두 예제에서 보듯이, 텐서를 CPU에 할당할 수도 있고(device='cpu'가 기본값), GPU에 할당할 수도 있다(device='cuda'를 사용).

Note

현재 파이토치는 CUDA를 지원하는 GPU만 지원한다.

텐서를 GPU에 저장하면 계산 속도가 빨라진다. 파이토치에서 텐서 API는 텐서가 위치한 CPU와 GPU에 대체로 동일하므로, 똑같은 텐서를 장치 간 이동시키고, 계산을 수행하고 다시 이동시킬 수 있어 상당히 편리하다.

동일한 유형의 장치가 여러 개 있다면, 즉 GPU가 두 개 이상 있다면 다음처럼 장치의 인덱스를 사용해 텐서를 저장할 장치를 정확하게 지정할 수 있다.

```
points_3 = points.to(device='cuda:0')
```

파이토치에서 CUDA를 사용하는 방법에 대해 더 자세히 알고 싶다면 다음 주소의 문서를 참조한다.

https://pytorch.org/docs/stable/notes/cuda.html

CUDA에 대한 일반적인 사항을 알고 싶다면 다음 주소를 참조한다.

https://developer.nvidia.com/about-cuda

이제 파이토치 라이브러리를 살펴보고 파이토치와 텐서 모듈을 이해했으니, 파이토치로 신경망을 훈련시키는 방법을 배워보자.

파이토치로 신경망 훈련하기

이 실습에는 0부터 9까지 손으로 쓴 우편번호 숫자 이미지 배열에 레이블을 달아 둔 유명한 MNIST 데이터셋[5]을 사용한다. MNIST 데이터셋은 6만 개의 훈련 샘플과 1만 개의 테스트 샘플로 구성되며, 각 샘플은 28×28 픽셀의 흑백 이미지다. 파이토치는 Dataset 모듈에서 MNIST 데이터셋을 제공하기도 한다.

---

5 http://yann.lecun.com/exdb/mnist/

여기에서는 파이토치를 사용해 이 데이터셋에서 딥러닝의 다중 클래스 분류 모형을 훈련시키고, 훈련된 모델이 테스트 샘플에서 얼마나 잘 작동하는지 테스트해볼 것이다.

1. 이 실습에 필요한 라이브러리를 임포트해야 한다. 다음의 import 문을 실행한다.

```
import torch
import torch.nn as nn
import torch.nn.functional as F
import torch.optim as optim
from torch.utils.data import DataLoader
from torchvision import datasets, transforms
import matplotlib.pyplot as plt
```

2. 다음 그림과 같이 모델 아키텍처를 정의한다.

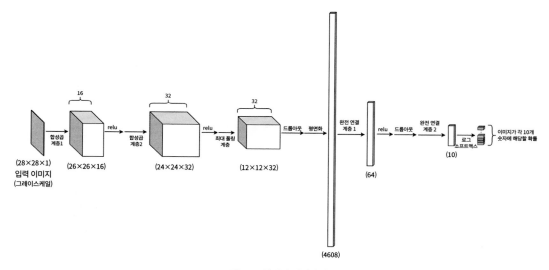

그림 1.14 신경망 아키텍처

이 모델은 합성곱 계층, 드롭아웃 계층, 선형/완전 연결 계층으로 구성되며, 이 모든 계층은 torch.nn 모듈을 통해 사용할 수 있다.

```
class ConvNet(nn.Module):
    def __init__(self):
        super(ConvNet, self).__init__()
        self.cn1 = nn.Conv2d(1, 16, 3, 1)
        self.cn2 = nn.Conv2d(16, 32, 3, 1)
```

```
        self.dp1 = nn.Dropout2d(0.10)
        self.dp2 = nn.Dropout2d(0.25)
        self.fc1 = nn.Linear(4608, 64)   #4608 = 12 x 12 x 32
        self.fc2 = nn.Linear(64, 10)

    def forward(self, x):
        x = self.cn1(x)
        x = F.relu(x)
        x = self.cn2(x)
        x = F.relu(x)
        x = F.max_pool2d(x, 2)
        x = self.dp1(x)
        x = torch.flatten(x, 1)
        x = self.fc1(x)
        x = F.relu(x)
        x = self.dp2(x)
        x = self.fc2(x)
        op = F.log_softmax(x, dim=1)
        return op
```

__init__ 함수는 모델의 중추 아키텍처, 즉 각 계층의 뉴런 개수와 함께 모든 계층을 정의한다. forward 함수는 이름에서도 알 수 있듯이 신경망에서 정보를 앞으로 전달한다. 따라서 이 함수는 각 계층에서 쓸 수 있는 모든 활성화 함수와 계층 뒤에 올 풀링이나 드롭아웃 계층을 포함한다. 이 함수는 마지막 계층의 출력, 즉 모델의 예측을 반환한다. 이 출력은 타깃 출력(정답)과 동일한 차원을 갖는다.

첫 번째 합성곱 계층의 입력은 1채널, 출력은 16채널, 커널 크기는 3, 스트라이드는 1이다. 1채널 입력은 모델에 공급할 흑백 이미지를 위한 것이다. 커널 크기는 여러 이유로 3×3으로 정했다. 일반적으로 커널 크기는 홀수로 정하는데, 입력 이미지 픽셀이 중앙 픽셀을 둘러싸고 대칭으로 분포하기 때문이다. 1×1은 너무 작아서 해당 픽셀을 처리하는 커널이 이웃 픽셀에 대한 정보를 전혀 가지지 못한다. 그다음으로 3을 생각해볼 수 있는데 왜 그보다 더 큰 수, 예를 들어 5나 7, 아니면 27을 쓰지 않을까?

커널 크기를 가장 크게 잡아 27×27 커널을 사용해 28×28 이미지에서 합성곱을 수행하면 매우 정밀하지 못한 특징을 얻게 되기 때문이다. 이미지의 가장 중요한 시각적 특징은 특정 범위에서 발견되므로, 시각적 패턴을 찾으려면 한 번에 인접한 픽셀 몇 개만을 보는 작은 커널을 쓰는 것이 낫다. 그래서 CNN으로 컴퓨터 비전 문제를 풀 때 3×3의 커널 크기를 가장 많이 쓴다.

이 아키텍처에는 합성곱 계층 두 개가 연속으로 있고, 각 계층은 커널 크기가 3×3이다. 공간 커버리지 관점에서는 커널 크기가 5×5인 합성곱 계층을 하나 사용하는 것과 같다. 그렇지만 작은 커널을 쓰는 계층을 여러 개 사용하면 네트워크가 더 깊어져서 더 복잡한 특징을 학습할 수 있고, 커널 크기가 작아 매개변수가 적기 때문에 즐겨 쓰는 방식이다.

합성곱 계층의 출력 채널 수는 일반적으로 입력 채널 수와 같거나 크다. 첫 번째 합성곱 계층은 1채널 데이터를 취해 16채널을 출력한다. 즉, 이 계층은 입력 이미지로부터 16가지 정보를 탐지한다. 각 채널을 **특징 맵**(feature map)이라고 하고 각각에는 특징을 추출하는 전용 커널이 있다.

두 번째 합성곱 계층은 이미지에서 더 많은 종류의 특징을 추출하려고 채널 수를 16에서 32로 늘렸다. CNN에서는 이렇게 채널 수(또는 이미지 깊이)를 늘리는 일이 많다. 3장 '심층 CNN 아키텍처'의 **너비 기반** CNN에서 이에 대해 더 알아볼 것이다.

마지막으로 커널 크기가 겨우 3이므로 스트라이드를 1로 설정하는 것은 당연하다. 스트라이드 값을 크게, 예를 들어 10으로 설정하면 커널이 이미지에서 너무 많은 픽셀을 건너뛰어 바람직하지 않다. 그렇지만 커널 크기가 100이라면 스트라이드 값을 10으로 설정하는 것은 합리적이다. 스트라이드가 커지면 합성곱 연산의 횟수가 적어지는 대신, 커널이 볼 수 있는 영역이 줄어든다.

3. 그런 다음 훈련 루틴, 즉 실제 역전파 단계를 정의한다. torch.optim 모듈을 활용해 코드를 간결하게 작성할 수 있다.

```
def train(model, device, train_dataloader, optim, epoch):
    model.train()
    for b_i, (X, y) in enumerate(train_dataloader):
        X, y = X.to(device), y.to(device)
        optim.zero_grad()
        pred_prob = model(X)
        loss = F.nll_loss(pred_prob, y) # nll: 음의 로그 우도 손실
        loss.backward()
        optim.step()
        if b_i % 10 == 0:
            print('epoch: {} [{}/{} ({:.0f}%)]\t training loss: {:.6f}'.format(
                epoch, b_i / len(train_dataloader), loss.item()))
```

이 코드는 데이터셋에서 배치 단위로 반복하고, 주어진 장치에 데이터셋 사본을 만들고, 신경망 모델에서 추출된 데이터를 앞으로 전달하고, 모델의 예측값과 정답 사이의 손실을 계산하고, 주어진 옵티마이저를 사용해 모델 가중치를 조정하고, 배치 10개마다 훈련 로그를 출력한다. 이 전체 과정을 한 번 수행하는 것을 1세대(epoch)라고 한다. 즉, 1세대는 데이터셋 전체를 한 번 읽는 기간을 뜻한다.

4. 이전 훈련 루틴과 비슷하게 테스트 셋에서 모델 성능을 평가할 때 사용될 테스트 루틴을 작성한다.

```python
def test(model, device, test_dataloader):
    model.eval()
    loss = 0
    success = 0
    with torch.no_grad():
        for X, y in test_dataloader:
            X, y = X.to(device), y.to(device)
            pred_prob = model(X)

            # 배치별 손실 합
            loss += F.nll_loss(pred_prob, y, reduction='sum').item()

            # 가장 가능성이 높은 예측을 얻기 위해 argmax 사용
            pred = pred_prob.argmax(dim=1, keepdim=True)

            success += pred.eq(y.view_as(pred)).sum().item()
    loss /= len(test_dataloader.dataset)
    print('\nTest dataset: Overall Loss: {:.4f}, Overall Accuracy: {}/{} ({:.0f}%)\n'.format(
        loss, success, len(test_dataloader.dataset),
        100. * success / len(test_dataloader.dataset)))
```

이 함수의 대부분은 앞에서 본 train 함수와 유사하다. 유일한 차이는 모델 예측값과 정답을 가지고 계산한 손실이 옵티마이저를 사용해 모델 가중치를 조정하는 데 사용되지 않는다는 것이다. 그 대신, 손실을 사용해 전체 테스트 배치에서 테스트 오차 총합을 계산한다.

5. 다음으로 이 실습의 또 다른 핵심 요소인 데이터셋 로딩을 알아보겠다. 파이토치의 DataLoader 모듈 덕분에 코드 몇 줄로 데이터셋을 로딩하는 방법을 설정할 수 있다.

```python
# 평균값과 표준 편차 값은 훈련 데이터셋의 이미지 전체의 픽셀값 전체에 대한 평균으로 계산된다.
train_dataloader = torch.utils.data.DataLoader(
    datasets.MNIST('../data', train=True, download=True,
                transform=transforms.Compose([transforms.ToTensor(),
                    transforms.ToTensor(),
                    transforms.Normalize((0.1302,), (0.3069,))])),
    batch_size=32, shuffle=True)

test_dataloader = torch.utils.data.DataLoader(
    datasets.MNIST('../data', train=False,
```

```
            transform=transforms.Compose([
                transforms.ToTensor(),
                transforms.Normalize((0.1302,), (0.3069,))
            ])),
    batch_size=500, shuffle=False)
```

보다시피, batch_size는 보편적으로 사용되는 크기인 32로 설정했다. 일반적으로 배치 크기를 결정하는 데는 트레이드오프가 있다. 배치 크기가 너무 작으면 경사를 자주 계산해야 해서 훈련 속도가 느려지고 불필요하게 많은 경삿값이 생기게 된다. 경사를 한 번 업데이트하기까지 오래 기다리는 것은 바람직하지 않다. 그보다는 덜 정확하더라도 자주 경사를 업데이트해야 모델이 더 나은 매개변수를 학습할 수 있다.

훈련 데이터셋과 테스트 데이터셋 모두에 대해 저장할 수 있는 로컬 스토리지 위치와 훈련과 테스트 실행의 한 단계를 구성하는 데이터 인스턴스 수를 결정하는 배치 크기를 지정한다. 또한 배치 간 데이터 샘플이 균등 분포를 갖도록 훈련 데이터 인스턴스를 무작위로 셔플링할 것인지 지정한다. 마지막으로 데이터셋이 특정 평균과 표준편차를 갖는 정규 분포를 띠도록 데이터셋을 정규화(normalize)한다.

6. 앞에서 훈련 루틴을 정의했다. 이제 모델을 훈련시킬 때 사용할 옵티마이저와 장치를 실제로 정의한다. 그렇게 작성하게 될 코드는 다음과 같다.

```
torch.manual_seed(0)
device = torch.device("cpu")

model = ConvNet()
optimizer = optim.Adadelta(model.parameters(), lr=0.5)
```

이번 실습에는 cpu를 사용한다. 또한 예측할 수 없는 무작위성을 피하고 재현 가능하도록 시드 값을 설정한다. 이 실습에서는 옵티마이저로 AdaDelta를 사용하고 학습률은 0.5로 설정한다. 이 장 앞 부분에서 최적화 스케줄을 설명할 때 데이터가 희소성이 있을 경우 AdaDelta를 사용하는 것이 좋다고 말했다. 이 실습의 경우, 이미지의 모든 픽셀에 유효한 정보가 있는 것이 아니므로, 다루는 데이터가 희소성이 있다. 그렇긴 해도, Adam 같은 옵티마이저를 동일한 문제에 적용해 봄으로써 훈련 과정과 모델 성능에 어떤 영향을 미치는지 알아보기 바란다.

7. 그런 다음 k 세대 동안 모델을 실제로 훈련시키면서 한 세대가 끝날 때마다 모델을 테스트한다.

```
for epoch in range(1, 3):
    train(model, device, train_dataloader, optimizer, epoch)
    test(model, device, test_dataloader)
```

데모 삼아 이 훈련 과정을 2 세대 실행한다. 출력은 다음과 같다.

```
epoch: 1 [0/60000 (0%)]        training loss: 2.306125
epoch: 1 [320/60000 (1%)]      training loss: 1.623073
epoch: 1 [640/60000 (1%)]      training loss: 0.998695
epoch: 1 [960/60000 (2%)]      training loss: 0.953389
epoch: 1 [1280/60000 (2%)]     training loss: 1.054391
epoch: 1 [1600/60000 (3%)]     training loss: 0.393427
epoch: 1 [1920/60000 (3%)]     training loss: 0.235708
epoch: 1 [2240/60000 (4%)]     training loss: 0.284237
epoch: 1 [2560/60000 (4%)]     training loss: 0.203838
epoch: 1 [2880/60000 (5%)]     training loss: 0.292076
epoch: 1 [3200/60000 (5%)]     training loss: 0.541438
epoch: 1 [3520/60000 (6%)]     training loss: 0.411091
epoch: 1 [3840/60000 (6%)]     training loss: 0.323946
epoch: 1 [4160/60000 (7%)]     training loss: 0.296546

(생략)

epoch: 2 [56000/60000 (93%)]   training loss: 0.072877
epoch: 2 [56320/60000 (94%)]   training loss: 0.112689
epoch: 2 [56640/60000 (94%)]   training loss: 0.003503
epoch: 2 [56960/60000 (95%)]   training loss: 0.002715
epoch: 2 [57280/60000 (95%)]   training loss: 0.089225
epoch: 2 [57600/60000 (96%)]   training loss: 0.184287
epoch: 2 [57920/60000 (97%)]   training loss: 0.044174
epoch: 2 [58240/60000 (97%)]   training loss: 0.097794
epoch: 2 [58560/60000 (98%)]   training loss: 0.018629
epoch: 2 [58880/60000 (98%)]   training loss: 0.062386
epoch: 2 [59200/60000 (99%)]   training loss: 0.031968
epoch: 2 [59520/60000 (99%)]   training loss: 0.009200
epoch: 2 [59840/60000 (100%)]  training loss: 0.021790

Test dataset: Overall Loss: 0.0489, Overall Accuracy: 9850/10000 (98%)
```

8. 모델을 훈련시켜 테스트셋에서 적절한 수준의 성능을 얻었으니, 샘플 이미지에서 모델 추론 값이 정확한지 직접 확인할 수 있다.

```
test_samples = enumerate(test_dataloader)
b_i, (sample_data, sample_targets) = next(test_samples)

plt_imshow(sample_data[0][0], cmap='gray', interpolation='none')
```

그 출력은 다음과 같다.

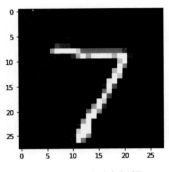

그림 1.15 손글씨 이미지 샘플

이제 이 이미지에 모델 추론을 실행하고 그 결과를 정답(ground truth)과 비교한다.

```
print(f"Model prediction is : {model(sample_data).data.max(1)[1][0]}")
print(f"Ground truth is : {sample_targets[0]}")
```

예측할 때 먼저 **axis=1** 축에서 max 함수로 확률이 가장 높은 클래스를 먼저 계산한다. max 함수는 sample_data에서 샘플마다 클래스의 확률을 저장한 리스트와 각 샘플에 대한 클래스 레이블 리스트를 출력한다. 따라서 인덱스 [1]을 사용해 두 번째 리스트를 선택할 수 있다. 또한 sample_data에서 첫 번째 샘플만 보려면 인덱스 [0]을 사용해 첫 번째 클래스 레이블을 선택한다. 출력은 다음과 같다.

```
Model prediction is : 7
Ground truth is : 7
```

모델의 예측 결과가 정확함을 확인했다. model()을 사용해 신경망에서 앞으로 전달하면서 확률을 만든다. 그런 다음 max 함수로 확률이 가장 높은 클래스를 출력한다.

> **Note**
>
> 이 실습 과제에서 다룬 코드 패턴은 공식 파이토치 예제 리포지토리에서 가져온 것으로 다음 주소에서 확인할 수 있다.
>
> https://github.com/pytorch/examples/tree/master/mnist

요약

이 장에서는 계층, 활성화 함수, 최적화 스케줄 등 딥러닝 개념을 되짚어 보고 이 개념들이 다양한 딥러닝 아키텍처를 구성하는 데 어떤 기여를 하는지 알아봤다. torch.nn, torch.optim, torch.data 등의 주요 모듈과 텐서 모듈을 포함한 파이토치 딥러닝 라이브러리를 살펴봤다.

그런 다음 실습으로 딥러닝 모델을 처음부터 훈련시켰다. 파이토치 모듈을 사용해 실습용 CNN을 구성했다. 또한 데이터셋을 로딩하고 모델을 훈련/평가하고 훈련된 모델에서 예측을 만드는 파이토치 코드를 작성했다.

다음 장에서는 여러 하위 모델을 포함한 약간 더 복잡한 모델 아키텍처를 알아보고 이 유형의 하이브리드 모델을 사용해 이미지를 자연스러운 텍스트로 설명하는 실제 과제를 수행한다. 파이토치로 이러한 시스템을 구현하고, 본 적 없는 이미지에 대한 캡션을 생성한다.

02

CNN과 LSTM
결합하기

합성곱 신경망은 이미지 분류, 객체 탐지, 분할 등 이미지나 동영상과 관련된 머신러닝 문제를 해결하는 일종의 딥러닝 모델이다. 그 이유는 학습 가능한 매개변수를 공유하는 **합성곱 계층**이라는 특수한 유형의 계층을 사용하기 때문이다. 테두리(edge)나 윤곽선(contour) 등 이미지에서 학습한 패턴은 이미지의 픽셀 위치에 독립적인 것으로 가정하므로 가중치나 매개변수를 공유할 수 있다. CNN을 이미지에 적용하는 것과 마찬가지로, **장단기 메모리(Long Short-Term Memory, LSTM) 네트워크(순환 신경망[Recurrent Neural Network, RNN]의 일종)**는 **순차 데이터**와 관련한 머신러닝 문제를 해결하는 데 효과적이다. 순차 데이터의 예는 텍스트다. 예를 들면, 문장에서 각 단어는 앞의 단어에 종속된다. LSTM 모델은 이러한 순차적 종속성을 모델링하기 위한 것이다.

CNN과 LSTM을 연결해, 이미지나 동영상을 가져와 텍스트를 출력하는 하이브리드 모델을 구성할 수 있다. 이러한 하이브리드 모델의 응용 분야로는 이미지를 가져와 그 이미지에 대한 그럴듯한 텍스트 설명을 출력하는 이미지 캡션이 유명하다. 2010년 이후 머신러닝은 이미지 캡션 작업에 사용됐다.[1]

그렇지만 이 작업에 신경망이 성공적으로 사용된 것은 2014, 2015년 무렵이 최초다.[2] 그 후로 이미지 캡션 작업에 대한 연구가 활발하게 이어지고 있다. 이미지 캡션 분야는 해마다 괄목할만한 성장을 이루고 있으며 시각 장애인이 세상을 시각적으로 더 잘 이해할 수 있도록 도울 것이다.

---

1 https://dl.acm.org/doi/10.5555/1858681.1858808
2 https://www.cv-foundation.org/openaccess/content_cvpr_2015/html/Vinyals_Show_and_Tell_2015_CVPR_paper.html

이 장에서 먼저 이러한 하이브리드 모델의 아키텍처와 함께 세부적으로 파이토치에서 어떻게 구현할지 살펴보고 이 장의 끝부분에서는 파이토치로 이미지 캡션 시스템을 처음부터 구축할 것이다. 이 장은 다음 주제를 다룬다.

- CNN과 LSTM으로 신경망 만들기
- 파이토치로 이미지 캡션 생성하기

준비 사항

모든 실습에서 주피터 노트북을 사용한다. 다음은 이 장의 실습을 위해 pip로 설치해야 할 파이썬 라이브러리다. 예를 들어 명령줄에서 pip install torch==1.4.0을 실행하는 등이다.

```
jupyter==1.0.0
torch==1.4.0
torchvision==0.5.0
nltk==3.4.5
Pillow==6.2.2
pycocotools==2.0.0
```

이 장과 관련된 모든 코드 파일은 Chapter02 폴더에 있다.

CNN과 LSTM으로 신경망 만들기

CNN-LSTM 네트워크 아키텍처는 입력 데이터(이미지)에서 특징을 추출하는 합성곱 계층에 뒤이어 순차적 예측을 수행하는 LSTM 계층이 나오는 형태로 구성된다. 이런 종류의 모델은 공간적으로도 시간적으로도 '깊다'고 하겠다. 이 모델에서 합성곱 계층은 주로 입력 이미지를 가져와 고차원 특징이나 임베딩을 출력하는 **인코더**로 사용된다.

실제로 이러한 하이브리드 네트워크에 사용되는 CNN은 이미지 분류 작업 등에서 사전 훈련된(pre-trained) 모델이다. 사전 훈련된 CNN 모델의 마지막 은닉 계층은 LSTM의 입력으로 사용되며, LSTM은 텍스트를 생성하는 **디코더** 역할을 한다.

텍스트 데이터를 다룰 때는 **토큰**(단어 및 문장 부호)을 숫자로 나타내야 한다. 그 방법으로, 텍스트의 각 토큰을 그에 대응하는 고유한 숫자로 표현한다. 텍스트 인코딩이 어떻게 이뤄지는지 예제를 통해 알아보자.

텍스트 인코딩 데모

텍스트 데이터를 이용하는 머신러닝 모델을 만든다고 가정하자. 예를 들어, 다음과 같은 텍스트가 있다고 하자.

```
<start> PyTorch is a deep learning library. <end>
```

그러면 각 단어/토큰을 다음과 같이 숫자에 매핑한다.

```
<start> : 0
PyTorch : 1
is : 2
a : 3
deep : 4
learning : 5
library : 6
. : 7
<end> : 8
```

매핑이 끝나면 이 문장을 숫자 리스트로 수치적으로 표현할 수 있다.

```
<start> PyTorch is a deep learning library. <end> → [0, 1, 2, 3, 4, 5, 6, 7, 8]
```

또한, 예를 들어 <start> PyTorch is deep. <end>를 인코딩하면 [0, 1, 2, 4, 7, 8]이 된다. 이와 같은 매핑을 **사전(vocabulary)**이라고 하며, 사전을 만드는 것이 텍스트 관련 머신러닝 문제에서 가장 핵심적인 부분이다.

디코더 역할을 하는 LSTM 모델은 t=0일 때 CNN 임베딩을 입력으로 가져온다. 그러면 LSTM의 각 셀은 시간 단계마다 토큰을 예측해, 다음 LSTM 셀에 입력으로 제공한다. 그렇게 생성된 전체 아키텍처를 다음 다이어그램처럼 나타낼 수 있다.

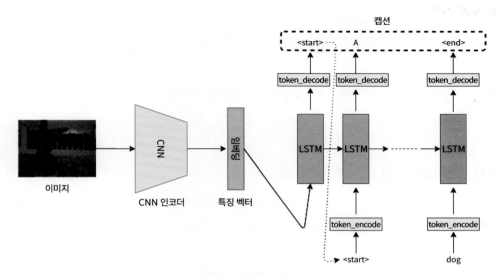

그림 2.1 CNN–LSTM 아키텍처 예제

이 아키텍처는 이미지 캡션 작업에 적합하다. 단일 이미지 대신 이미지 시퀀스(동영상)를 CNN 계층에 입력으로 넣는다면, t=0에서만이 아니라 각 시간 단계에서 LSTM 셀의 입력으로 CNN 임베딩이 포함된다. 이러한 아키텍처는 행동 인식이나 동영상 설명 같은 응용분야에 유용하다.

다음 절에서 하이브리드 모델 아키텍처뿐 아니라 데이터 로딩, 전처리, 모델 훈련, 모델 평가 파이프라인 구축을 포함한 이미지 캡션 시스템을 파이토치로 구현할 것이다.

파이토치로 이미지 캡션 생성하기

이 실습에서는 큰 규모의 객체 탐지, 분할, 캡션 데이터셋인 COCO(Common Objects in Context) 데이터셋[3]을 사용할 것이다.

이 데이터셋은 20만 개의 레이블이 있는 이미지로 구성되며, 각 이미지에는 5개의 캡션이 있다. COCO 데이터셋은 2014년에 등장해 컴퓨터 비전 작업 중 객체 인식 관련 분야가 발전하는 데 상당히 기여했다. 이 데이터셋은 객체 탐지, 객체 분할, 인스턴스 분할, 이미지 캡션 같은 벤치마킹 작업을 위한 데이터셋으로 가장 보편적으로 사용된다.

---

3 https://cocodataset.org/#overview

여기서는 파이토치로 CNN-LSTM 모델을 이 데이터셋에 훈련시키고 이 훈련된 모델을 사용해 아직 본 적 없는 샘플에 캡션을 생성할 것이다. 하지만 그 전에 마쳐야 할 몇 가지 선행 조건이 있다.

> 참고
> 이 책에서는 설명에 필요한 주요 코드 부분만 발췌해 설명하겠다. 전체 실습 코드는 image_captioning_pytorch.ipynb에서 확인할 수 있다.

이미지 캡션 데이터셋 다운로드

이미지 캡션 시스템을 구축하기 전에 필요한 데이터셋을 내려받아야 한다. 내려받은 데이터셋이 없다면 주피터 노트북에서 다음 스크립트를 실행한다. 그러면 데이터셋을 로컬 컴퓨터에 내려받을 수 있다.

> 참고
> 여기서는 약간 오래된 버전의 데이터셋을 사용하는데, 데이터셋 크기가 조금 더 작아서 결과를 좀 더 빠르게 얻을 수 있기 때문이다.

훈련 데이터셋과 검증 데이터셋은 각각 13GB, 6GB 용량을 차지한다. 데이터셋 파일을 다운로드하고 추출하는 것은 물론, 데이터를 정제하고 처리하는 작업에 시간이 많이 걸린다. 따라서 이 단계는 밤새 다음 코드를 실행해 완료하는 것이 좋다.[4]

```
# 이미지와 애너테이션을 데이터 디렉터리에 다운로드
!wget http://msvocds.blob.core.windows.net/annotations-1-0-3/captions_train-val2014.zip -P ./data_dir/
!wget http://images.cocodataset.org/zips/train2014.zip -P ./data_dir/
!wget http://images.cocodataset.org/zips/val2014.zip -P ./data_dir/
# 압축된 이미지와 애너테이션을 추출하고 zip 파일은 삭제
!unzip ./data_dir/captions_train-val2014.zip -d ./data_dir/
!rm ./data_dir/captions_train-val2014.zip
!unzip ./data_dir/train2014.zip -d ./data_dir/
!rm ./data_dir/train2014.zip
!unzip ./data_dir/val2014.zip -d ./data_dir/
!rm ./data_dir/val2014.zip
```

---

4 (엮은이) 번역서의 깃허브 저장소에 있는 노트북에는 운영체제에 관계없이 실행 가능한 파이썬 코드를 실었다.

코드를 실행하면 이미지 및 애너테이션(annotation)의 압축 파일을 내려받아 데이터 폴더(./data_dir)
에 압축을 해제한다.

```
--2020-05-19 06:45:20--  http://msvocds.blob.core.windows.net/annotations-1-0-3/captions_train-
val2014.zip
Resolving msvocds.blob.core.windows.net (msvocds.blob.core.windows.net)... 52.176.224.96
Connecting to msvocds.blob.core.windows.net (msvocds.blob.core.windows.net)|52.176.224.96|:80...
connected.
HTTP request sent, awaiting response... 200 OK
Length: 19673183 (19M) [application/octet-stream Charset=UTF-8]
Saving to: './data_dir/captions_train-val2014.zip'

captions_train-val2 100%[====================>]  18.76M  220KB/s    in 6m 46s

2020-05-19 06:52:07 (47.4 MB/s) - './data_dir/captions_train-val2014.zip' saved [19673183/19673183]

(생략)

 extracting: ./data_dir/val2014/COCO_val2014_000000382438.jpg
 extracting: ./data_dir/val2014/COCO_val2014_000000488693.jpg
 extracting: ./data_dir/val2014/COCO_val2014_000000324492.jpg
 extracting: ./data_dir/val2014/COCO_val2014_000000543836.jpg
 extracting: ./data_dir/val2014/COCO_val2014_000000551804.jpg
 extracting: ./data_dir/val2014/COCO_val2014_000000045516.jpg
 extracting: ./data_dir/val2014/COCO_val2014_000000347233.jpg
 extracting: ./data_dir/val2014/COCO_val2014_000000154202.jpg
 extracting: ./data_dir/val2014/COCO_val2014_000000038210.jpg
 extracting: ./data_dir/val2014/COCO_val2014_000000113113.jpg
 extracting: ./data_dir/val2014/COCO_val2014_000000441814.jpg
```

캡션(텍스트) 데이터 전처리

내려받은 이미지 캡션 데이터셋은 텍스트(캡션)와 이미지로 구성된다. 이 절에서는 텍스트 데이터를 전
처리해 CNN-LSTM 모델에서 사용할 수 있게 만든다. 이 실습은 일련의 단계로 설계된다. 처음 세 단계
에서는 텍스트 데이터를 처리한다.

1. 이 실습을 위해 몇 가지 라이브러리를 임포트해야 한다. 이 장에서 임포트할 주요 모듈은 다음과 같다.

```
import nltk
from pycocotools.coco import COCO
import torch.utils.data as data
import torchvision.models as model
import torchvision.transforms as transform
from torch.nn.utils.rnn import pack_padded_sequence
```

nltk는 자연어 툴킷으로 사전을 구축할 때 유용하고, pycocotools는 COCO 데이터셋을 가지고 작업할 때 유용하다. 마지막 줄의 pack_padded_sequence를 제외하면, 여기서 임포트한 다양한 토치 모듈은 앞 장에서 이미 설명했다. 이 함수는 다양한 길이(단어 개수)의 문장에 패딩을 적용해 고정된 길이의 문장으로 변환할 때 사용된다.

nltk 라이브러리를 임포트하는 것 외에 다음처럼 punkt 토크나이저 모델을 내려받아야 한다.

```
nltk.download('punkt')
```

이 모델을 사용하면 주어진 텍스트를 구성된 단어로 토큰화할 수 있다.

2. 다음으로 실제 텍스트 토큰(단어 등)을 숫자 토큰으로 전환할 수 있는 사전을 구축한다. 이 단계는 모든 텍스트 관련 작업에 핵심적인 부분이다. 여기서 보여주는 대략의 코드는 이 단계에서 수행되는 작업이 무엇인지 보여준다.

```
def build_vocabulary(json, threshold):
    """사전 래퍼(wrapper)를 구축"""
    coco = COCO(json)
    counter = Counter()
    ids = coco.anns.keys()
    for i, id in enumerate(ids):
        caption = str(coco.anns[id]['caption'])
        tokens = nltk.tokenize.word_tokenize(caption.lower())
        counter.update(tokens)
        if (i+1) % 1000 == 0:
            print("[{}/{}] Tokenized the captions.".format(i+1, len(ids)))
```

먼저 사전 구축 함수 내에서 JSON 텍스트 애너테이션을 로딩하고 애너테이션/캡션 내의 개별 단어를 토큰화하거나 숫자로 전환하고 카운터에 저장한다.

그런 다음 사전 구축 함수 내에서 특정 횟수 이하로 발생한 토큰을 제거하고 나머지 토큰을 사전 객체에 추가한다. 사전 객체에는 이렇게 추가된 토큰 외에 문장의 시작(start), 끝(end), 모르는 단어(unknown_word), 패딩 토큰 같은 와일드카드 토큰이 포함된다.

```
    # 단어 발생 빈도가 임곗값보다 작으면, 해당 단어는 제거한다.
    tokens = [token for token, cnt in counter.items() if cnt >= threshold]
    # vocab 래퍼를 생성하고 특수 토큰을 추가한다.
    vocab = Vocab()
    vocab.add_token('<pad>')
    vocab.add_token('<start>')
    vocab.add_token('<end>')
    vocab.add_token('<unk>')
    # 단어를 vocab에 추가
    for i, token in enumerate(tokens):
        vocab.add_token(token)
    return vocab
```

끝으로 사전 객체라고 하는 사전 구축 함수를 생성하고 나중에 재사용할 수 있게 로컬 시스템에 저장한다.

```
vocab = build_vocabulary(json='data_dir/annotations/captions_train2014.json',
                        threshold=4)
vocab_path = './data_dir/vocabulary.pkl'
with open(vocab_path, 'wb') as f:
    pickle.dump(vocab, f)
print("Total vocabulary size: {}".format(len(vocab)))
print("Saved the vocabulary wrapper to '{}'".format(vocab_path))
```

이 코드의 출력은 다음과 같다.

```
loading annotations into memory...
Done (t=0.79s)
creating index...
index created!
[1000/414113] Tokenized the captions.
[2000/414113] Tokenized the captions.
[3000/414113] Tokenized the captions.
[4000/414113] Tokenized the captions.
[5000/414113] Tokenized the captions.
[6000/414113] Tokenized the captions.
[7000/414113] Tokenized the captions.
[8000/414113] Tokenized the captions.
[9000/414113] Tokenized the captions.
[10000/414113] Tokenized the captions.
```

(생략)

```
[407000/414113] Tokenized the captions.
[408000/414113] Tokenized the captions.
[409000/414113] Tokenized the captions.
[410000/414113] Tokenized the captions.
[411000/414113] Tokenized the captions.
[412000/414113] Tokenized the captions.
[413000/414113] Tokenized the captions.
[414000/414113] Tokenized the captions.
Total vocabulary size: 9956
Saved the vocabulary wrapper to './data_dir/vocabulary.pkl'
```

이 단계에서 사전 객체인 vocab을 정의하고 여기에 토큰을 추가하고, 끝으로 텍스트 토큰과 숫자 토큰의 매핑을 제공한다. 또한 사전 객체를 로컬 시스템에 저장함으로써 나중에 모델을 재훈련하기 위해 사전 구축 함수를 재실행하는 수고를 덜 수 있다.

build_vocabulary 함수는 1 단계에 pycocotools 헬퍼 라이브러리를 통해 내려받은 애너테이션 파일에서 애너테이션을 읽어 들인다. 모든 애너테이션을 읽어 들인 후 텍스트 토큰에 루프를 실행하고 새로 텍스트를 발견할 때마다 매핑에 추가한다.

사전을 구축했으면 실행 시간에 텍스트 데이터를 숫자로 전환해 다룰 수 있다.

이미지 데이터 전처리

데이터를 다운로드하고 텍스트 캡션에 대해 사전을 구축한 다음 이미지 데이터를 전처리해야 한다.

데이터셋의 이미지 크기와 모양은 다양할 수 있으므로, CNN 모델의 첫 번째 계층에 입력으로 제공될 수 있도록 다음처럼 전체 이미지를 고정된 모양으로 변형해야 한다.

```python
def reshape_images(image_path, output_path, shape):
    images = os.listdir(image_path)
    num_im = len(images)
    for i, im in enumerate(images):
        with open(os.path.join(image_path, im), 'r+b') as f:
            with Image.open(f) as image:
```

```
            image = reshape_image(image, shape)
            image.save(os.path.join(output_pah, im), image.format)
        if (i+1) % 100 == 0:
            print ("[{}/{}] Resized the images and saved into '{}'."
                    .format(i+1, num_im, output_path))

reshape_images(image_path, output_path, image_shape)
```

이 코드의 출력은 다음과 같다.

```
[100/82783] Resized the images and saved into './data_dir/resized_images/'.
[200/82783] Resized the images and saved into './data_dir/resized_images/'.
[300/82783] Resized the images and saved into './data_dir/resized_images/'.
[400/82783] Resized the images and saved into './data_dir/resized_images/'.
[500/82783] Resized the images and saved into './data_dir/resized_images/'.
[600/82783] Resized the images and saved into './data_dir/resized_images/'.
[700/82783] Resized the images and saved into './data_dir/resized_images/'.
[800/82783] Resized the images and saved into './data_dir/resized_images/'.
[900/82783] Resized the images and saved into './data_dir/resized_images/'.
[1000/82783] Resized the images and saved into './data_dir/resized_images/'.

(생략)

[82000/82783] Resized the images and saved into './data_dir/resized_images/'.
[82100/82783] Resized the images and saved into './data_dir/resized_images/'.
[82200/82783] Resized the images and saved into './data_dir/resized_images/'.
[82300/82783] Resized the images and saved into './data_dir/resized_images/'.
[82400/82783] Resized the images and saved into './data_dir/resized_images/'.
[82500/82783] Resized the images and saved into './data_dir/resized_images/'.
[82600/82783] Resized the images and saved into './data_dir/resized_images/'.
[82700/82783] Resized the images and saved into './data_dir/resized_images/'.
```

CNN 모델 아키텍처에 맞도록 전체 이미지를 256×256 픽셀로 모양을 변경했다.

이미지 캡션 데이터 로더 정의하기

우리는 이미 이미지 캡션 데이터를 내려받아 전처리했다. 이제 이 데이터를 파이토치 데이터셋 객체로 캐스팅한다. 이 데이터셋 객체는 나중에 훈련 루프에서 데이터 배치를 가져오기 위해 사용할 파이토치 데이터 로더 객체를 정의하는 데 사용될 수 있다.

1. 이제 우리만의 맞춤형 Dataset 모듈과 맞춤형 데이터 로더를 구현한다.

```python
class CustomeCocoDataset(data.Dataset):
    """torch.utils.data.DataLoader와 호환되는 COCO Dataset"""

    def __init__(self, data_path, coco_json_path, vocabulary, transform=None):
        """이미지, 텍스트, 사전 래퍼를 저장한 경로 설정

        Args:
            data_path: image directory.
            coco_json_path: coco annotation file path.
            vocabulary: vocabulary wrapper.
            transform: image transformer.
        """
        ...

    def __getitem__(self, idx):
        """데이터 샘플 (X, y) 한 개 반환"""
        ...
        return image, ground_truth

    def __len__(self):
        return len(self.indices)
```

우선 맞춤형 파이토치 Dataset 객체를 정의하기 위해 인스턴스화를 위한 __init__ 메서드, 아이템을 가져오기 위한 __getitem__ 메서드, 데이터셋 크기를 반환하는 __len__ 메서드를 정의했다.

2. 다음으로 X, y 형태로 데이터의 미니 배치를 반환하는 collate_function을 정의한다.

```python
def collate_function(data_batch):
    """데이터 미니 배치를 생성한다.
    표준 수집 함수는 패딩을 지원하지 않으므로, 대신 맞춤형 수집 함수를 구성한다.
    Args:
        data: list of (image, caption) tuples.
```

```
        - image: tensor of shape(3, 256, 256).
        - caption: tensor of shape (:); variable length.
  Returns:
      images: tensor of size (batch_size, 3, 256, 256)/
      targets: tensor of size (batch_size, padded_length).
      lengths: list.
  """
  ...
  return imgs, tgts, cap_lens
```

일반적으로는 collate 함수를 작성할 필요가 없지만 다양한 길이의 문장을 다뤄야 하므로 별도로 작성한다. 그렇게 함으로써 문장 길이(k)가 고정된 길이 n보다 작을 때 pack_padded_sequence 함수로 n-k 개의 패딩 토큰을 추가한다.

3. 마지막으로 다음 코드에서 COCO 데이터셋을 위한 맞춤형 데이터 로더를 반환하는 get_loader 함수를 구현한다.

```
def get_loader(
    data_path,
    coco_json_path,
    vocabulary,
    transform,
    batch_size,
    shuffle,
    num_workers
):
    # COCO 데이터셋
    coco_dataset = CustomCocoDataset(
        data_path=data_path,
        coco_json_path=coco_json_path,
        vocabulary=vocabulary,
        transform=transform
    )
    custom_data_loader = torch.utils.data.DataLoader(
        dataset=coco_dataset,
        batch_size=batch_size,
        shuffle=shuffle,
        num_workers=num_workers,
        collate_fn=collate_function
    )
    return custom_data_loader
```

훈련 루프에서 이 함수는 데이터의 미니 배치를 가져오는 데 매우 유용하다.

이것으로 모델 훈련을 위한 데이터 파이프라인 설정에 필요한 작업이 모두 끝났다. 이제 실제 모델을 구현하겠다.

CNN-LSTM 모델 정의하기

이 절에서는 CNN과 LSTM으로 구성되는 모델 아키텍처를 정의한다.

지금까지 데이터 파이프라인을 설정했으니, 그림 2.1에서 설명한 대로 모델 아키텍처를 정의한다.

```python
class CNNModel(nn.Module):
    def __init__(self, embedding_size):
        """사전 훈련된 ResNet-152 로딩 & 마지막 완전 연결 계층을 대체"""
        super(CNNModel, self).__init__()
        resnet = models.resnet152(pretrained=True)
        module_list = list(resnet.children()) [:-1] # 마지막 완전 연결 계층 삭제
        self.resnet_module = nn.Sequential(*module_list)
        self.linear_layer = nn.Linear(resnet.fc.in_features, embedding_size)
        self.batch_norm = nn.BatchNorm1d(embedding_size, momentum=0.01)

    def forward(self, input_images):
        """이미지로부터 특징 추출"""
        with torch.no_grad():
            resnet_features = self.resnet_module(input_images)
        resnet_features = resnet_features.reshape(resnet_features.size(0), -1)
        final_features = self.batch_norm(self.linear_layer(resnet_features))
        return final_features
```

여기서는 하위 모델로 CNN 모델과 RNN 모델을 정의했다. CNN 모델에서는 사전 훈련된 모델로 파이토치 모델 리포지토리에서 받을 수 있는 ResNet 152 아키텍처를 사용한다. ResNet에 대한 자세한 내용은 다음 장에서 설명하겠다. 이 심층 CNN 모델은 152개 계층으로 구성되며 ImageNet 데이터셋 (https://image-net.org/)에서 사전 훈련됐다. ImageNet 데이터셋에는 1,000개 이상의 클래스 레이블이 지정된 140만 개 이상의 RGB 이미지가 포함돼 있다. 이 1,000개의 클래스는 식물, 동물, 음식, 스포츠 등과 같은 범주에 속한다.

이 사전 훈련된 ResNet 모델의 마지막 계층을 제거하고 완전 연결 계층으로 대체하며 그 뒤에 배치 정규화 계층을 추가한다. 왜 완전 연결 계층으로 대체할까? 신경망은 입력 계층과 첫 번째 은닉 계층 사이의 가중치 행렬부터 끝에서 두 번째 계층과 출력 계층 사이의 가중치 행렬에 이르기까지 일련의 가중치 행렬로 볼 수 있다. 따라서 사전 훈련된 모델은 일련의 잘 튜닝된 가중치 행렬로 볼 수 있다.

마지막 계층을 대체함으로써 마지막 가중치 행렬($K \times 1000$ 차원, 여기서 K는 끝에서 두 번째 계층의 뉴런 개수)을 임의로 초기화한 새로운 가중치 행렬($K \times 256$ 차원, 여기서 256은 새로운 출력 크기)로 대체한다.

배치 정규화 계층에서는 전체 배치에서 완전 연결 계층의 출력을 평균 0, 표준편차 1을 갖도록 정규화한다. 이는 torch.transforms를 사용한다는 점에서 표준 입력 데이터 정규화와 비슷하다. 배치 정규화를 수행하면 은닉 계층 출력값의 변동폭을 제한할 수 있다. 또한 일반적으로 학습 속도를 높일 수 있다. 더 균등한(평균 0, 표준편차 1) 최적화 초평면으로 인해 더 높은 학습률을 사용할 수 있다.

이것이 CNN 하위 모델의 마지막 계층이므로, 배치 정규화는 CNN에서 비롯될 수 있는 데이터 시프트(data shift) 문제로부터 LSTM 하위 모델을 보호하는 데 도움이 된다. 배치 정규화를 사용하지 않는다면, 최악의 경우 CNN 마지막 계층이 훈련하는 동안 평균 > 0.5이고 표준편차 = 1인 값들을 출력할 수 있다. 그러다가 특정 이미지에 대해 추론할 때 CNN이 평균 < 0.5, 표준편차 = 1인 값을 출력하면 LSTM 하위 모델은 이 본 적 없는 데이터 분포에 대해 제대로 작동하기 어렵다.

완전 연결 계층으로 돌아와서 ResNet 모델의 1,000개 클래스에 대한 확률이 필요하지 않으므로 별도의 계층을 도입한다. 대신 이 모델을 사용해 각 이미지에 대한 임베딩 벡터를 생성한다. 이 임베딩은 주어진 입력 이미지를 1차원의 숫자로 인코딩한 버전이라 볼 수 있다.

LSTM에 대해서는 4장에서 자세히 살펴보겠다. 그렇지만 그림 2.1에서 봤듯이 LSTM 계층은 입력으로 임베딩 벡터를 가져와 임베딩이 생성된 이미지를 완벽하게 설명하는 일련의 단어를 출력한다.

```python
class LSTMModel(nn.Module):
    def __init__(
        self,
        embedding_size,
        hidden_layer_size,
        vocabulary_size,
        num_layers,
```

```
        max_seq_len=20
    ):
        …
        self.lstm_layer = nn.LSTM(
            embedding_size, hidden_layer_size, num_layers, batch_first=True
        )
        self.linear_layer = nn.Linear(hidden_layer_size, vocabulary_size)
        …

    def forward(self, input_features, capts, lens):
        …
        hidden_variables, _=self.lstm_layer(lstm_input)
        model_outputs = self.linear_layer(hidden_variables[0])
        return model_outputs
```

LSTM 모델은 LSTM 계층과 뒤따라 나오는 완전 연결 계층으로 구성된다. LSTM 계층은 순환 계층으로 LSTM 셀이 시간 차원을 따라 펼쳐져(unfold) LSTM 셀의 시간 배열을 구성하는 것으로 생각할 수 있다. 여기서 이 셀은 각 시간 단계마다 단어의 예측 확률을 출력하고 가장 확률이 높은 단어가 출력 문장 뒤에 추가된다.

각 시간 단계에서 LSTM 셀은 내부 셀 상태를 생성하고 이 상태는 다음 시간 단계의 LSTM 셀의 입력으로 전달된다. LSTM 셀이 <end> 토큰/단어를 출력할 때까지 이 과정은 계속된다. <end> 토큰이 출력문에 추가된다. 완전한 문장은 이미지에 대해 예측한 캡션이 된다.

또한 문장 길이는 max_seq_len 변수 하에 최대 20까지 허용하도록 지정한다. 이는 20 단어보다 짧은 문장은 끝에 빈 단어 토큰이 채워지고, 20 단어보다 긴 문장은 앞에서부터 20 단어로 축소된다는 것을 뜻한다.

왜 그래야 할까? 그리고 왜 20 단어일까? 어떤 길이의 문장이라도 처리하는 LSTM을 만들고 싶다면 이 변수를 9,999 단어와 같이 매우 큰 값으로 설정할 수 있다. 하지만 그렇게 많은 단어로 이미지 캡션을 쓸 경우는 많지 않고, 무엇보다 그렇게 긴 문장이라면 LSTM이 그 긴 시간 단계를 거쳐 시간 패턴을 학습하기 어렵다.

LSTM은 길이가 긴 배열을 다루는 데 있어 RNN보다 뛰어나지만 그러한 배열 길이에 메모리를 유지하기 어렵다. 따라서 일반적인 이미지 캡션 길이와 여기서 모델이 생성할 캡션의 최대 길이를 고려해 합리적인 숫자로 20을 선택했다.

앞서 본 코드의 LSTM 계층과 선형 계층 객체는 모두 nn.module에서 가져왔고 모델을 구성하는 __init__ 메서드와 모델을 통해 순전파를 실행할 forward 메서드를 정의했다. LSTM 모델의 경우 다음 코드에서 볼 수 있듯이 추가적으로 sample 메서드를 구현하는데 이 메서드는 주어진 이미지에 대한 캡션을 생성하는 데 유용할 것이다.

```
def sample(self, input_features, lstm_states=None):
    """탐욕적 탐색(greedy search)으로 특징에 대한 캡션을 생성한다."""
    sampled_indices = []
    ...
    for i in range(self.max_seq_len):
        ...
        sampled_indices.append(predicted_outputs)
        ...
    sampled_indices = torch.stack(sampled_indices, 1)
    return sampled_indices
```

sample 메서드는 문장을 생성하기 위해 탐욕적 탐색 방법을 사용한다. 즉, 이 메서드는 전반적으로 가장 높은 확률을 갖는 문장을 선택한다.

이로써 이미지 캡션 모델 정의 단계의 마지막까지 왔다. 이제 이 모델을 훈련시킬 준비가 됐다.

CNN-LSTM 모델 훈련하기

앞 절에서 모델 아키텍처를 정의했으니, 이제 CNN-LSTM 모델을 훈련시키겠다. 이 단계의 세부 내용을 하나씩 살펴보자.

1. 먼저 장치를 정의한다. GPU를 사용할 수 있다면 훈련시킬 때 GPU를 사용하고 그렇지 않으면 CPU를 사용한다.

```
# 장치 설정
device = torch.device('cuda' if torch.cuda.is_available() else 'cpu')
```

이미 이미지를 고정된 모양(256, 256)으로 바꿨지만 그것만으로 충분하지 않다. 데이터를 정규화하는 과정이 남았다. 데이터 차원에 따라 분포가 서로 다르므로 전체 최적화 공간이 왜곡되고 비효율적인 경사 하강이 발생할 수 있어 (타원과 원을 비교해 생각해보면 된다) 정규화가 중요하다.

2. 파이토치의 transform 모듈을 사용해 입력 이미지 픽셀 값을 정규화한다.

```
# 사전 훈련된 resnet을 위해 이미지 전처리, 정규화
transform = transform.Compose([
    transform.RandomCrop(224),
    transform.RandomHorizontalFlip(),
    transform.ToTensor(),
    transform.Normalize((0.485, 0.456, 0.406), (0.229, 0.224, 0.225))])
```

이에 더해 가능한 데이터셋을 보강한다. 이로써 훈련 데이터의 크기를 키울 수 있을 뿐 아니라 입력 데이터에 변화가 있더라도 모델이 안정적이게 만든다. 여기서는 파이토치의 transform 모듈을 사용해 2 개의 데이터 보강 기법을 수행한다.

- 이미지를 무작위로 잘라 이미지 크기를 (256, 256)에서 (224, 224)로 줄인다.
- 이미지를 수평으로 뒤집는다.

3. 다음으로 캡션(텍스트) 데이터 전처리 절에서 구성한 사전을 로딩한다. 또한 이미지 캡션 데이터 로더 정의하기 절에서 정의한 get_loader 함수를 사용해 데이터 로더를 초기화한다.[5]

```
# vocab wrapper 로딩
with open('data_dir/vocabulary.pkl', 'rb') as f:
    vocabulary = pickle.load(f)

# 데이터 로더 인스턴스화
custom_data_loader = get_loader(
    'data_dir/resized_images',
    'ata_dir/annotations/captions_train2014.json',
    vocabulary,
    transform,
    128,
    shuffle=True,
    num_workers=2
)
```

4. CNN과 LSTM 모델을 인코더와 디코더 모델 형태로 인스턴스화한다. 손실 함수로 **교차 엔트로피 손실**(cross entropy loss)을, 최적화 스케줄에는 **아담 옵티마이저**(Adam optimizer)를 정의한다.

---

5 (옮긴이) 윈도우 환경에서 실습할 때 BrokenPipeError가 발생하면 num_workers=0으로 바꿔 실행해 보라.

```
# 모델 구성
encoder_model = CNNModel(256).to(device)
decoder_model = LSTMModel(256, 512, len(vocabulary), 1).to(device)

# 손실 함수 & 최적화 함수
loss_criterion = nn.CrossEntropyLoss()
parameters = list(decoder_model.parameters()) + list(encoder_model.linear_layer.parameters())
+ list(encoder_model.batch_norm.parameters())
optimizer = torch.optim.Adam(parameters, lr=0.001)
```

1장 파이토치를 이용한 딥러닝 소개에서 설명했듯이, 아담은 희소성 있는 데이터를 다룰 때 선택할 수 있는 가장 좋은 최적화 스케줄이다. 여기서는 이미지와 텍스트를 다루는데, 이미지는 모든 픽셀이 유용한 정보를 포함하지 않으며 수치화 또는 벡터화한 텍스트 자체가 희소 행렬이므로 희소성 있는 데이터의 가장 대표적인 예라 할 수 있다.

5. 마지막으로 데이터 로더를 사용해 COCO 데이터셋의 미니 배치를 가져오고, 미니 배치를 인코더와 디코더 네트워크를 통해 순전파하고, 역전파(LSTM 네트워크의 경우 시간을 통해 역전파)를 사용해 CNN–LSTM 모델 매개변수를 조정하는 훈련 루프를 5 세대 동안 실행한다.

```
for epoch in range(5):
    for i, (imgs, caps, lens) in enumerate(custom_data_loader):
        tgts = pack_padded_sequence(caps, lens, batch_first=True)[0]
        # 순전파, 역전파
        feats = encoder_model(imgs)
        outputs = decoder_model(feats, caps, lens)
        loss = loss_criterion(outputs, tgts)
        decoder_model.zero_grad()
        encoder_model.zero_grad()
        loss_backward()
        optimizer.step()
```

훈련 루프로 1,000회 이터레이션할 때마다 모델 체크 포인트를 저장한다. 데모를 위해 다음처럼 두 세대에 대해서만 훈련을 실행했다.

```
        # 훈련 로그 출력
        if i % 10 == 0:
            print(
                'Epoch [{}/{}], Step [{}/{}], Loss: {:.4f}, Perplexity: {:5.4f}'.format(
                    epoch,
```

```
                    5,
                    i,
                    total_num_steps,
                    loss.item(),
                    np.exp(loss.item())
                )
            )


        # 모델 체크포인트 저장
        if (i+1) % 1000 == 0:
            torch.save(decoder_model.state_dict(), os.path.join(
                'models_dir/', 'decoder-{}-{}.ckpt'.format(epoch+1, i+1)))
            torch.save(encoder_model.state_dict(), os.path.join(
                'models_dir/', 'encoder-{}-{}.ckpt'.format(epoch+1, i+1)))
```

출력은 다음과 같다.

```
loading annotations into memory...
Done (t=0.95s)
creating index...
index created!
Downloading: "https://download.pytorch.org/models/resnet152-b121ed2d.pth" to /Users/
ashish.jba/.cache/torch/checkpoints/resnet152-b121ed2d.pth
100%                                230M/230M [21:30:44<00:00, 3.12kB/s]


Epoch [0/5], Step [0/3236], Loss: 9.2069, Perplexity: 9965.6803
Epoch [0/5], Step [10/3236], Loss: 5.8838, Perplexity: 359.1789
Epoch [0/5], Step [20/3236], Loss: 5.1500, Perplexity: 172.4289
Epoch [0/5], Step [30/3236], Loss: 4.9295, Perplexity: 138.3147
Epoch [0/5], Step [40/3236], Loss: 4.5292, Perplexity: 92.6851
Epoch [0/5], Step [50/3236], Loss: 4.3870, Perplexity: 80.3971
Epoch [0/5], Step [60/3236], Loss: 4.2046, Perplexity: 66.9942


(생략)


Epoch [1/5], Step [3170/3236], Loss: 2.0086, Perplexity: 7.4526
Epoch [1/5], Step [3180/3236], Loss: 2.0680, Perplexity: 7.9090
Epoch [1/5], Step [3190/3236], Loss: 2.1530, Perplexity: 8.6106
Epoch [1/5], Step [3200/3236], Loss: 1.9798, Perplexity: 7.2412
```

```
Epoch [1/5], Step [3210/3236], Loss: 2.0868, Perplexity: 8.0591
Epoch [1/5], Step [3220/3236], Loss: 2.0150, Perplexity: 7.5010
Epoch [1/5], Step [3230/3236], Loss: 2.0978, Perplexity: 8.1480
```

훈련된 모델로 이미지 캡션 생성하기

이전 절에서 이미지 캡션 모델을 훈련시켰다. 이 절에서는 훈련된 모델을 사용해 이 모델이 이전에 본 적 없는 이미지에 대한 캡션을 생성한다.

1. 추론할 샘플 이미지 sample.jpg를 저장했다. 훈련 단계와 마찬가지로 GPU를 가지고 있다면 장치로 GPU를 정의한 다. GPU가 없다면 CPU로 정의한다. 그런 다음 이미지를 로딩하고 그 크기를 (224, 224) 픽셀로 바꾸는 함수를 정의 한다. 끝으로 이미지 픽셀을 정규화하는 변환 모듈을 다음과 같이 정의한다.

```python
image_file_path = 'sample.jpg'
# 장치 설정
device = torch.device('cuda' if torch.cuda.is_available()) else 'cpu')

def load_image(image_file_path, transform=None):
    img = Image.open(image_file_path).convert('RGB')
    img = img.resize([224, 224], Image.LANCZOS)
    if transform is not None:
        img = transform(img).unsqueeze(0)
    return img
# 이미지 전처리
transform = transforms.Compose(
    [
        transforms.ToTensor(),
        transforms.Normalize((0.485, 0.456, 0.406), (0.229, 0.224, 0.225)),
    ]
)
```

2. 다음으로 사전을 로딩하고 인코더와 디코더 모델을 인스턴스화한다.

```python
# 사전 래퍼 로딩
with open('data_dir/vocabulary.pkl', 'rb') as f:
    vocabulary = pickle.load(f)
# 모델 구성
encoder_model = CNNModel(256).eval()  #평가 모드(배치 노름은 이동 평균/편차 사용)
```

```
decoder_model = LSTMModel(256, 512, len(vocabulary), 1)
encoder_model = encoder_model.to(device)
decoder_model = decoder_model.to(device)
```

3. 모델의 스캐폴드가 준비됐으면, 두 세대 동안 훈련시키는 동안 최근에 저장된 체크포인트를 사용해 모델 매개변수를 설정한다.

```
# 훈련된 모델 매개변수 로딩
encoder_model.load_state_dict(torch.load('models_dir/encoder-2-3000.ckpt'))
decoder_model.load_state_dict(torch.load('models_dir/decoder-2-3000.ckpt'))
```

여기까지 끝나면 추론에 사용할 모델이 준비된 것이다.

4. 이 단계의 주요 부분으로 실제로 이미지를 로딩하고 해당 이미지에 대해 추론을 실행한다. 즉, 처음으로 인코더 모델을 사용해 이미지에서 임베딩을 생성한 다음 이 임베딩을 디코더 네트워크로 전달해 다음처럼 단어의 배열을 생성한다.

```
# 이미지 준비
img = load_image(image_file_path, transform)
img_tensor = img.to(device)
# 이미지에서 캡션 텍스트를 생성
feat = encoder_model(img_tensor)
sampled_indices = decoder_model.sample(feat)
# (1, max_seq_length) -> (max_seq_length)
sampled_indices = sampled_indices[0].cpu().numpy()
```

5. 이 단계에서 캡션 예측은 수치로 변환된 토큰 형태로 예측하는 것을 말한다. 사전을 이용해 텍스트 토큰과 숫자 토큰 간의 매핑을 역으로 적용하여 숫자 토큰을 실제 텍스트로 변환해야 한다.

```
# 숫자 토큰을 텍스트 토큰으로 변환
predicted_caption = []
for token_index in sampled_indices:
    word = vocabulary.i2w[token_index]
    predicted_caption.append(word)
    if word == '<end>':
        break
predicted_sentence == ' '.join(predicted_caption)
```

6. 출력을 텍스트로 변환하면, 이미지와 함께 생성된 캡션을 시각화할 수 있다.

```
# 이미지와 생성된 캡션 텍스트를 출력
print(predicted_sentence)
img = Image.open(image_file_path)
plt.imshow(np.asarray(img))
```

출력 결과는 다음과 같다.[6]

그림 2.2 샘플 이미지에 대한 모델 추론 결과

두 세대 훈련만으로 모델이 완벽하지 않더라도 이미 적합한 캡션을 생성할 수 있을 만큼 충분히 훈련됐음을 알 수 있다.

요약

이 장에서는 인코더-디코더 프레임워크에서 CNN 모델과 LSTM 모델을 결합하고, 같이 훈련시킨 뒤 이 결합된 모델을 이용해 이미지에 캡션을 생성하는 것에 대해 알아봤다. 먼저 이런 시스템의 모델 아키텍처가 어떻게 생겼는지, 그 아키텍처를 약간 변경해 활동 인식이나 동영상 설명 같은 다양한 애플리케이션을 만드는 방법을 설명했다. 또한 텍스트 데이터셋에 대한 사전 구축이 실제로 의미하는 바를 알아봤다.

---

6 (엮은이) 캡션 내용이 똑같이 나오지 않을 수 있다.

이 장의 두번째와 마지막 부분에서는 실제로 파이토치를 사용해 이미지 캡션 시스템을 실제로 구현했다. 데이터셋을 다운로드하고 맞춤형 파이토치 데이터셋 로더를 코딩하고 캡션 텍스트 데이터셋 기반으로 사전을 구축했으며 이미지에 형상 변경, 정규화, 임의로 자르기, 위아래 반전 같은 변환 기법을 적용했다. 그런 다음 CNN-LSTM 모델 아키텍처와 함께 손실 함수, 최적화 스케줄을 정의했고 마지막으로 훈련 루프를 실행했다. 모델을 훈련시킨 다음 샘플 이미지에 캡션을 생성했으며 모델이 상당히 잘 작동하는 것을 확인했다.

1장과 2장 모두에서 CNN을 사용했다.

다음 장에서는 수년간 개발된 다양한 CNN 아키텍처 전반을 살펴보고 각 아키텍처가 고유하게 유용한 부분과 이 아키텍처를 파이토치로 쉽게 구현하는 방법을 자세히 살펴보겠다.

2부

고급
신경망 아키텍처

2부에서는 파이토치를 사용해 이 책을 집필하는 시점 기준 가장 진화된 신경망 아키텍처를 소개하고 실제 문제에 적용하는 방법을 보여준다. 2부를 마치면 합성곱 신경망, 순환 신경망, 하이브리드 딥러닝 모델 분야에서 최신의 테크놀로지를 이해하고, 진화된 머신러닝 작업에 이 모델을 적용할 수 있게 될 것이다.

2부에서 다루는 내용:

- 3장, 심층 CNN 아키텍처

- 4장, 심층 순환 신경망 모델 아키텍처

- 5장, 하이브리드 고급 모델

03

심층
CNN 아키텍처

이 장에서는 먼저 CNN의 진화 과정을 아키텍처 관점에서 간략히 살펴보고, 다양한 CNN 아키텍처를 자세히 공부하겠다. 파이토치로 이 CNN 아키텍처를 구현하고 그렇게 함으로써 파이토치가 **심층 CNN**을 구성할 때 제공하는 여러 도구(모듈과 빌트인 함수)를 톺아볼 것이다. 파이토치에서 CNN 전문지식을 강화하면 CNN과 관련한 여러 딥러닝 문제를 해결할 수 있다. 이로써 더 복합적인 딥러닝 모델이나 CNN을 포함한 애플리케이션을 만들 수 있다.

이 장은 다음 주제를 다룰 것이다.

- 왜 CNN이 막강한가?
- CNN 아키텍처의 발전
- LeNet을 처음부터 구현하기
- AlexNet 모델 미세 조정하기
- 사전 훈련된 VGG 모델 실행하기
- GoogLeNet과 Inception v3 살펴보기
- ResNet과 DenseNet 아키텍처
- EfficientNet과 CNN 아키텍처의 미래

준비 사항

여기서 하는 실습은 모두 주피터 노트북을 사용한다. 다음은 이 장의 실습을 위해 pip로 설치할 파이썬 라이브러리 목록이다. 예를 들어 명령줄에서 run pip install torch==1.4.0을 사용하는 등을 말한다.

```
jupyter==1.0.0
torch==1.4.0
torchvision==0.5.0
nltk==3.4.5
Pillow==6.2.2
pycocotools==2.0.0
```

이 장과 관련된 코드 파일은 모두 Chapter03 폴더에서 찾아볼 수 있다.

왜 CNN이 막강한가?

CNN은 이미지 분류, 객체 탐지, 객체 분할, 동영상 처리, 자연어 처리, 음성 인식 등 까다로운 문제를 푸는 데 가장 강력한 머신러닝 모델 중 하나다. 이렇게 성공을 거둘 수 있었던 데는 여러 이유가 있다.

- **가중치 공유**: CNN은 가중치를 공유함으로써 매개변수를 효율적으로 활용한다. 즉 동일한 가중치 또는 매개변수로 다양한 특징을 추출한다. **특징**은 모델이 매개변수를 사용해 생성하는 입력 데이터의 고수준 표현이다.

- **자동 특징 추출**: 특징 추출 단계를 여럿 둠으로써 CNN은 데이터셋에서 자동으로 특징 표현을 학습할 수 있다.

- **계층적 학습**: 여러 계층으로 구성된 CNN 구조 덕분에 CNN은 저수준부터 고수준까지의 특징을 학습할 수 있다.

- 동영상 처리 작업처럼, 데이터에서 **공간적 · 시간적** 상관관계를 탐색할 수 있다.

이러한 기존의 본질적인 특징 외에 CNN은 다음 영역에서 개선을 이룬 덕분에 수년에 걸쳐 발전했다.

- **경사 소실 문제**를 극복하기 위해 ReLU 같은 더 나은 **활성화 함수**와 **손실 함수**를 사용한다. 경사 소실 문제란 무엇일까? 신경망에서 역전파는 **미분의 연쇄 법칙**을 기반으로 작동한다.
  연쇄 법칙에 따르면 입력 계층 매개변수에 대한 손실 함수의 경사는 각 계층의 경사의 곱으로 나타낼 수 있다. 이 경사가 모두 1보다 작고, 게다가 0을 향하는 경향이 있는 경우 이 경사의 곱은 사라질 정도로 작은 값이 된다. 경사 소실 문제는 네트워크 매개변수의 값을 변경할 수 없게 만들어 최적화 프로세스에 심각한 문제를 일으키고 학습을 저해한다.

- **매개변수 최적화:** 단순한 **확률적 경사 하강법** 대신 **적응형 모멘트 추정(Adam,** Adaptive Momentum) 기법에 기반한 옵티마이저 등을 사용한다.

- **정칙화:** L2 정칙화 외에 드롭아웃과 배치 정규화를 적용한다.

그렇지만 수년에 걸친 CNN 발전의 가장 중요한 견인 역할을 한 것은 다양한 **아키텍처 혁신**에 있다.

- **공간 탐색 기반 CNN: 공간 탐색**은 입력 데이터에서 다양한 수준의 시각적 특징을 탐색하기 위해 다양한 커널 크기를 사용하는 것을 기본 아이디어로 삼는다. 다음 그림은 공간 탐색 기반의 CNN 모델 아키텍처의 예시다.

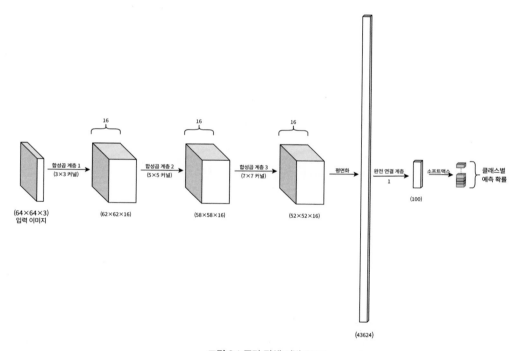

그림 3.1 공간 탐색 기반 CNN

- **깊이 기반 CNN:** 여기서 **깊이**란 신경망 깊이, 즉 계층 수를 말한다. 따라서 여기서는 고도로 복합적인 시각 특징을 추출하기 위해 여러 개의 합성곱 계층을 두어 CNN 모델을 생성한다. 다음 그림은 이러한 모델 아키텍처 예시를 보여준다.

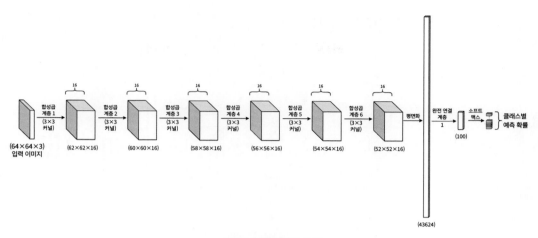

그림 3.2 깊이 기반 CNN

- **너비 기반 CNN:** 너비는 데이터에서 채널이나 특징 맵 개수, 또는 데이터로부터 추출된 특징 개수를 말한다. 따라서 너비 기반 CNN은 다음 그림에 나온 것처럼 입력 계층에서 출력 계층으로 이동할 때 특징 맵 개수를 늘린다.

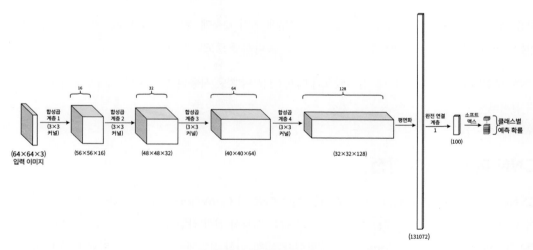

그림 3.3 너비 기반 CNN

- **다중 경로 기반 CNN:** 지금까지 앞선 세 가지 유형의 아키텍처는 계층 간 단조롭게 연결돼 있다. 즉, 연이은 계층 사이에 직접 연결만 존재한다. **다중 경로 기반 CNN**은 연이어 있지 않은 계층 간 숏컷 연결(shortcut connections) 또는 스킵 연결(skip connections) 등의 방식을 채택한다. 다음 그림은 다중 경로 CNN 모델 아키텍처의 예를 보여 준다.

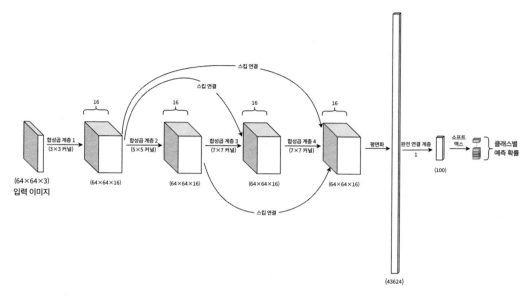

그림 3.4 다중 경로 CNN

다중 경로 아키텍처의 핵심 장점은 스킵 연결 덕분에 여러 계층에 정보가 더 잘 흐르게 된다는 것이다. 이는 또한 너무 많은 손실 없이 경사가 입력 계층으로 다시 흐르도록 한다.

CNN 모델의 다양한 아키텍처를 살펴봤으니 이제 CNN이 처음 사용된 이후 수년간 어떻게 발전해 왔는지 살펴보자.

CNN 아키텍처의 발전

CNN은 얀 르쿤(Yann LeCun)이 최초 다중 계층 CNN인 **ConvNet**을 개발한 1989년부터 존재했다. 이 모델은 필기체 숫자 이미지를 식별하는 것과 같은 시각적 인식 작업을 수행할 수 있다. 1998년에 르쿤은 **LeNet**이라는 개선된 ConvNet을 개발했다. 과학 인식 작업에서 정확도가 높았던 덕에 LeNet은 발명 직후부터 산업 현장에서 사용됐다. 그 이후로 CNN은 학계뿐 아니라 업계에서도 가장 성공적인 머신러닝 모델로 인정받고 있다. 다음 그림은 1989년부터 2020년에 이르기까지 CNN의 발전사를 시간대순으로 보여준다.

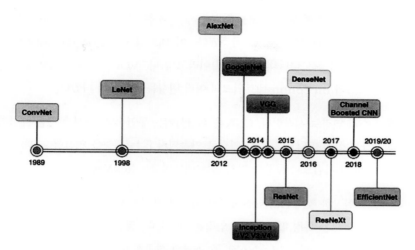

그림 3.5 CNN 아키텍처 진화

보다시피 1998년과 2012년 사이에는 상당한 공백이 있다. CNN, 특히 심층 CNN의 기능을 입증하는 데 적합한 큰 데이터셋이 없었던 것이 주된 이유다. 그리고 MNIST 같은 당시의 작은 데이터셋에서는 SVM 같은 전통적인 머신러닝 모델이 CNN의 성능을 넘어섰다. 그 기간 동안 몇 가지 CNN의 개선이 이뤄졌다.

ReLU 활성화 함수는 역전파하는 동안 경사 폭발 혹은 소실 문제를 다루기 위해 설계됐다. 네트워크 매개변수 값을 임의로 초기화하지 않는 것이 매우 중요하다는 것을 알게 됐다. **최대 풀링**은 서브샘플링을 위한 효과적인 방법으로 발명됐다. GPU는 신경망, 특히 CNN을 대규모로 훈련시키는 데 인기를 얻고 있다. 마지막으로 가장 중요한 것은 **ImageNet**(http://www.image-net.org/)이라는 대규모의 애너테이션이 달린 이미지 전용 데이터셋이 스탠퍼드 연구 그룹에서 만들어졌다는 것이다. 이 데이터셋은 지금도 CNN 모델의 기본 벤치마킹에 쓰인다.

이러한 모든 개발이 수년에 걸쳐 복합적으로 진행되면서 2012년에는 다양한 아키텍처 설계가 ImageNet 데이터셋에서 CNN 성능이 크게 향상됐다. 이 네트워크를 **AlexNet**(최초 발명자 Alex Krizhevsky의 이름에서 따옴)이라고 한다. AlexNet은 무작위 자르기, 사전 훈련 등 다양한 새로운 특징과 함께 균일한 모듈식 합성곱 계층 설계 방식을 유행시켰다. 균일하고 모듈화된 계층 구조는 이러한 모듈(합성곱 계층으로 이루어진)을 반복적으로 쌓음으로써 발전하게 됐고 그 결과 **VGG**라고도 하는 매우 깊은 CNN이 발명됐다.

또 다른 방법으로 합성곱 계층 블록 또는 모듈을 분기하고 이 분기된 블록을 서로 위에 쌓는 방식이 맞춤형 시각적 작업에 매우 효과적인 것으로 입증됐다. 이 네트워크를 **GoogLeNet**이나 **Inception v1**(inception은 분기된 블록을 나타내는 용어임)이라고 한다. **VGG16**, **VGG19**, **Inception v2**, **Inception v3** 등 VGG와 Inception 네트워크의 여러 변형들이 뒤따라 나왔다.

개발의 다음 단계는 **스킵 연결**로 시작한다. CNN을 훈련시키는 동안 경사 소실 문제를 해결하기 위해 경삿값이 작아서 정보가 손실되지 않도록 스킵 연결로 연속되지 않는 계층을 연결했다. 배치 정규화 같은 그 외 새로운 특성 중에 이 기법으로 등장한 인기 있는 네트워크는 **ResNet**이다.

ResNet을 논리적으로 확장한 것이 **DenseNet**으로 여기서 계층은 서로 밀도 높게 연결돼 있고 각 계층은 이전 계층에서 출력된 모든 특징 맵으로부터 입력을 가져온다. 뿐만 아니라, 그 후 블록 내 병렬 분기 수를 증가시킨 **Inception-ResNet**, **ResNeXt** 등 과거의 성공적인 아키텍처를 섞어 하이브리드 아키텍처가 개발됐다.

최근에 채널 부스팅 기법이 CNN 성능을 개선하는 데 유용함이 입증됐다. 여기서 아이디어는 새로운 특징을 학습하고 전이 학습을 통해 사전에 학습된 특징을 활용하는 데 있다. 가장 최근에는 CNN 연구 분야에서 새로운 블록을 자동으로 설계하고 최적의 CNN 아키텍처를 찾아내는 것이 추세로 자리 잡고 있다. 이러한 CNN의 예로 **MnasNet**과 **EfficientNet**이 있다. 이러한 모델의 배경이 되는 접근 방식은 모델을 균일하게 스케일링하면서 신경망 아키텍처 검색을 수행함으로써 최적의 CNN 아키텍처를 추론하는 것이다.

다음 절에서는 가장 초기 CNN 모델 중 하나로 돌아가 그때부터 개발된 다양한 CNN 아키텍처를 자세히 살펴보겠다. 파이토치로 이 아키텍처를 구성하고 실제 데이터셋에서 모델을 훈련시키겠다. 또한 파이토치에서 제공하는 사전에 훈련된 CNN 모델 리포지토리, 그 유명한 **model-zoo**를 탐색하겠다. 이 사전 훈련된 모델을 미세 조정(fine-tune)하는 것과 함께 이를 통해 예측을 수행하는 방법을 알아보겠다.

LeNet을 처음부터 구현하기

원래 **LeNet-5**로 알려진 LeNet은 1998년에 개발된 초기 CNN 모델 중 하나다. LeNet-5의 숫자 5는 이 모델의 *전체 계층 수*, 즉 2개의 합성곱 계층과 3개의 완전 연결 계층을 나타낸다. 대략 총 6만 개의 매개변수를 사용하는 이 모델은 1998년에 필기체 숫자 이미지 인식 작업에서 최신의 성능을 보여준다. CNN 모델에서 예상할 수 있는 것과 같이, LeNet은 회전, 위치, 크기에 대한 불변성(invariance)과 함께 이미지 왜곡에 대해서도 견고한 성능을 보였다. 이미지의 각 픽셀을 별도로 다루는 SVM 같은 전통적인 머신러닝 모델과 달리, LeNet은 인접한 픽셀 간의 상관관계를 이용한다.

LeNet이 필기체 숫자 인식을 위해 개발됐지만 다음 실습에서 볼 수 있듯이 확실히 다른 이미지 분류 작업으로 확장될 수 있다. 오른쪽 그림은 LeNet 모델 아키텍처를 보여준다.

앞서 언급했듯이 2개의 합성곱 계층 뒤에 3개의 완전 연결 계층(출력 계층 포함)이 뒤따라 나온다. 합성곱 계층 뒤에 완전 연결 계층을 쌓아 올리는 이 방법은 CNN 연구 분야에서 유행이 되었고 최신 CNN 모델에도 여전히 적용된다. 이 외에도 계층 사이에 풀링 계층이 있다. 풀링 계층은 이미지 표현의 공간 크기를 줄이는 서브샘플링(subsampling) 계층이다. 그 때문에 매개변수와 계산 수가 감소한다. LeNet에 사용된 풀링 계층은 훈련 가능한 가중치를 갖는 평균 풀링 계층이다. 얼마 지나지 않아 **최대 풀링**이 CNN에서 가장 일반적으로 사용되는 풀링 함수로 등장했다.

그림의 각 계층에서 괄호 안의 숫자는 입력 계층 / 출력 계층 / 완전 연결 계층의 경우 차원을, 합성곱 계층 / 풀링 계층의 경우 윈도 크기를 나타낸다. 흑백 이미지의 경우 예상되는 입력의 크기는 32×32 픽셀이다. 입력받은 이미지는 5×5 합성곱 커널에서 연산을 거친 후 2×2 풀링 등을 차례로 거치게 된다. 출력 계층의 크기는 10개의 클래스를 대표하므로 10이다.

이 절에서는 파이토치로 LeNet을 처음부터 구축하고, 이미지 분류 작업을 위한 이미지 데이터셋에서 훈련시키고 평가하겠다. 그림 3.6의 개요도를 사용해 파이토치에서 네트워크 아키텍처를 구성하는 일이 얼마나 쉽고 직관적인지 알게 될 것이다.

아울러 LeNet이 원래 개발됐던 데이터셋(MNIST)과 전혀 다른 데이터셋에서도 얼마나 효과적인지, 그리고 파이토치에서 코드 몇 줄로 쉽게 모델을 훈련시키고 테스트하는 방법을 보여줄 것이다.[1]

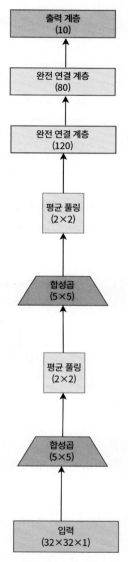

그림 3.6 LeNet 아키텍처

---

1 (엮은이) 전체 코드는 lenet.ipynb에 있다.

파이토치로 LeNet 구성하기

모델을 구축하는 단계를 살펴보자.

1. 이 실습에 필요한 라이브러리를 임포트한다. 다음 import 문을 실행한다.

```python
import numpy as np
import matplotlib.pyplot as plt
import torch
import torchvision
import torch.nn as nn
import torch.nn.functional as F
import torchvision.transforms as transforms
torch.manual_seed(55)
```

여기서 실습에 필요한 torch 모듈을 모두 임포트한다. 또한 실습하는 동안 이미지를 표시하기 위해 numpy와 matplotlib을 임포트한다. 이 실습을 재현할 수 있게 랜덤 시드 값도 설정한다.

2. 다음으로 그림 3.6의 개요도를 기반으로 모델 아키텍처를 정의한다.

```python
class LeNet(nn.Module):
    def __init__(self):
        super(LeNet, self).__init__()
        # 3개의 입력 이미지 채널, 6개의 출력 특징 맵, 5x5 합성곱 커널
        self.cn1 = nn.Conv2d(3, 6, 5)
        # 6개의 입력 이미지 채널, 16개의 출력 특징 맵, 5x5 합성곱 커널
        self.cn2 = nn.Conv2d(6, 16, 5)
        # 크기 120, 84, 10의 완전 연결 계층
        self.fc1 = nn.Linear(16 * 5 * 5, 120) # 5*5는 이 계층의 공간 차원임
        self.fc2 = nn.Linear(120, 84)
        self.fc3 = nn.Liner(84, 10)

    def forward(self, x):
        # 커널 크기가 5x5인 합성곱
        x = F.relu(self.cn1(x))
        # (2, 2) 윈도에 최대 풀링
        x = F.max_pool2d(x, (2, 2))
        # 커널 크기가 5x5인 합성곱
        x = F.relu(self.cn2(x))
        # (2, 2) 윈도에 최대 풀링
```

```
        x = F.max_pool2d(x, (2, 2))
        # 공간, 깊이 차원을 단일 벡터로 평면화
        x = x.view(-1, self.flattened_features(x))
        # 완전 연결 연산
        x = F.relu(self.fc1(x))
        x = F.relu(self.fc2(x))
        x = self.fc3(x)
        return x

    def flattened_features(self, x):
        # 첫 번째 (배치) 차원을 제외하고
        size = x.size()[1:]
        num_feats = 1
        for s in size:
            num_feats *= s
        return num_feats

lenet = LeNet()
print(lenet)
```

마지막 두 줄에서 모델을 인스턴스화하고 네트워크 아키텍처를 출력한다. 결과는 다음과 같다.

```
LeNet(
  (cn1): Conv2d(3, 6, kernel_size=(5, 5), stride=(1, 1))
  (cn2): Conv2d(6, 16, kernel_size=(5, 5), stride=(1, 1))
  (fc1): Linear(in_features=400, out_features=120, bias=True)
  (fc2): Linear(in_features=120, out_features=84, bias=True)
  (fc3): Linear(in_features=84, out_features=10, bias=True)
)
```

아키텍처 정의를 위한 `__init__` 메서드와 전방 전달을 위한 `forward` 메서드가 있다. 추가적인 `flattened_features` 메서드는 이미지 표현 계층에서 특징(일반적으로 합성곱 계층이나 풀링 계층의 출력)의 전체 개수를 계산하는 데 쓰인다. 이 메서드는 특징의 공간적 표현을 단일 숫자 벡터로 평면화하여 완전 연결 계층의 입력으로 사용될 수 있도록 해준다.

앞서 언급했던 아키텍처 세부 사항 외에도, ReLU는 네트워크에서 활성화 함수로 사용된다. 또한 단일 채널 이미지를 취하는 초기 LeNet 네트워크와 달리 현재 모델은 입력으로 RGB 이미지, 즉 3개 채널을 받아 들이게 수정됐다. 이는 이 실습에서 사용되는 데이터셋에 맞추기 위한 것이다.

3. 이제 훈련 루틴, 즉 실제 역전파 단계를 정의한다.

```python
def train(net, trainloader, optim, epoch):
    # 손실 초기화
    loss_total = 0.0
    for i, data in enumerate(trainloader, 0):
        # 입력을 가져옴, 데이터는 [입력, 레이블]의 리스트
        # ip는 입력 이미지, ground_truth는 ip가 속한 이미지의 출력 클래스를 말함
        ip, ground_truth = data
        # 매개변수인 경사를 0으로 설정
        optim.zero_grad()
        # 순전파 + 역전파 + 최적화 단계
        op = net(ip)
        loss = nn.CrossEntropyLoss() (op, ground_truth)
        loss.backward()
        optim.step()
        # 손실 업데이트
        loss_total += loss.item()
        # 손실 통계 출력
        if (i + 1) % 1000 == 0:  # 1000 미니 배치 간격으로 출력
            print(
                '[Epoch number : %d, Mini-batches: %5d] loss: %.3f'
                % (epoch + 1, i + 1, loss_total / 1000)
            )
            loss_total = 0.0
```

train() 함수에서는 각 세대마다 전체 훈련 데이터셋을 이터레이션하고, 네트워크를 통해 순전파를 실행하고, 역전파를 이용해 지정된 옵티마이저 기반으로 모델 매개변수를 업데이트한다. 훈련 데이터셋의 미니 배치를 1,000개 실행할 때마다 손실을 계산해 출력한다.

4. 훈련 루틴과 유사하게 모델 성능을 평가하기 위해 사용되는 테스트 루틴도 정의한다.

```python
def test(net, testloader):
    success = 0
    counter = 0
    with torch.no_grad():
        for data in testloader:
            im, ground_truth = data
            op = net(im)
            _, pred = torch.max(op.data, 1)
```

```
            counter += ground_truth.size(0)
            success += (pred == ground_truth).sum().item()
    print(
        'LeNet accuracy on 10000 images from test dataset: %d %%'
        % (100 * success / counter)
    )
```

이 함수는 각 테스트셋 이미지에 대해 모델을 통한 순전파를 실행하고 정확히 예측한 수를 계산하고 테스트셋에서 정확히 예측한 비율을 출력한다.

5. 모델 훈련을 시작하기 앞서 데이터셋부터 로딩해야 한다. 이 실습에서는 CIFAR-10 데이터셋을 사용한다.

┌ 데이터셋 참고 문헌 ───
│ *Learning Multiple Layers of Features from Tiny Images*, Alex Krizhevsky, 2009
└ ─

이 데이터셋은 10개 클래스에 대해 레이블이 있는 32x32 RGB 이미지 6만 개(클래스 당 6천 개 이미지)로 구성된다. 6만 개 이미지는 5만 개의 훈련 이미지와 1만 개의 테스트 이미지로 나뉜다. 더 자세한 내용은 https://www.cs.toronto.edu/~kriz/cifar.html에서 확인할 수 있다. 토치는 torchvision.datasets 모듈을 통해 CIFAR 데이터셋을 지원한다. 이 모듈은 다음 코드에서 보여주듯이 데이터를 직접 로딩하고 훈련 데이터와 테스트 데이터로더를 인스턴스화하는 데 사용된다.

```
# 픽셀 값은 원래 0~1 사이이므로 픽셀 값을 정규화하기 위해 평균과 표준편차를 0.5로 유지
train_transform = transform.Compose(
    [
        transforms.RandomHorizontalFlip(),
        transforms.RandomCrop(32, 4),
        transforms.ToTensor(),
        transforms.Normalize((0.5, 0.5, 0.5), (0.5, 0.5, 0.5))
    ]
)
trainset = torchvision.datasets.CIFAR10(
    root='./data', train=True, download=True, transform=train_transform
)
trainloader = torch.utils.data.DataLoader(
    trainset, batch_size=8, shuffle=True, num_workers=1
)
test_transform = transforms.Compose(
    [transforms.ToTensor(), transforms.Normalize((0.5, 0.5, 0.5), (0.5, 0.5, 0.5))])
testset = torchvision.datasets.COFAR10(
```

```
    root='./data', train=False, download=True, transform=test_transform
)
testloader = torch.utils.data.DataLoader(
    testset, batch_size=10000, shuffle=False, num_workers=2
)
# 순서에 주의할 것
classes = ('plane', 'car', 'bird', 'cat', 'deer', 'dog', 'frog', 'horse', 'ship', 'truck')
```

참고
> 이전 장에서는 데이터셋을 수작업으로 내려받고 맞춤형 데이터셋 클래스와 dalaloader 함수를 직접 작성했다. 여기서는 torchvision.datasets 모듈 덕분에 그럴 필요가 없다.

download 플래그를 True로 설정했으므로 데이터셋이 로컬 PC로 다운로드된다.

```
Downloading https://www.cs.toronto.edu/~kriz/cifar-10-python.tar.gz to ./data\cifar-10-
python.tar.gz
                                           170500096/? [00:40<00:00, 9939422.85it/s]
Extracting ./data\cifar-10-python.tar.gz to ./data
Files already downloaded and verified
```

훈련 데이터셋과 테스트 데이터셋 변환 작업은 다른데, 훈련 데이터셋에만 이미지를 뒤집거나 자르는 등의 데이터 보강 기법을 적용하기 때문이다. 또한 trainloader와 testloader를 정의한 후, 사전에 정의된 순서로 이 데이터셋에서 10개 클래스를 선언한다.

6. 데이터셋을 로딩한 다음 데이터가 어떻게 생겼는지 살펴보자.

```
# 이미지를 표시하는 함수 정의
def imageshow(image):
    # 이미지를 비정규화
    image = image/2 + 0.5
    npimage = image.numpy()
    plt.imshow(np.transpose(npimage, (1, 2, 0)))
    plt.show()
# 훈련 데이터셋의 샘플 이미지
dataiter = iter(trainloader)
images, labels = dataiter.next()
# 그리드에 이미지 표시
num_images = 4
```

```
imageshow(torchvision.utils.make_grid(images[:num_images]))
# 레이블 출력
print('    '+'  ||  '.join(classes[labels[j]] for j in range(num_images)))
```

앞의 코드는 훈련 데이터셋에서 뽑은 4개의 샘플 이미지를 각각에 해당하는 레이블과 함께 보여준다. 결과는 다음과 같다.

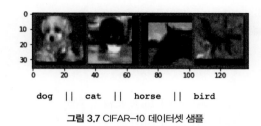

dog || cat || horse || bird

그림 3.7 CIFAR-10 데이터셋 샘플

앞의 결과는 크기가 32×32 픽셀인 4개의 컬러 이미지를 보여준다. 이 4개의 이미지는 이미지 아래에 있는 텍스트에서 알 수 있듯이 4개의 다른 레이블에 해당한다.

그럼 LeNet 모델을 훈련시키자.

LeNet 훈련하기

이제 모델을 훈련시킬 준비가 끝났다. 다음 단계에 따라 훈련시키자.

1. 옵티마이저를 정의하고 훈련 루프를 시작한다.

```
# 옵티마이저 정의
optim = torch.optim.Adam(lenet.parameters(), lr=0.001)
# 데이터셋에서 여러 차례 훈련시키는 루프
for epoch in range(50):
    train(lenet, trainloader, optim, epoch)
    print()
    tes(lenet, testloader)
    print()
print('Finished Training')
```

결과는 다음과 같다.

```
[Epoch number : 1, Mini-batches: 1000] loss: 9.901
[Epoch number : 1, Mini-batches: 2000] loss: 8.828
[Epoch number : 1, Mini-batches: 3000] loss: 8.350
[Epoch number : 1, Mini-batches: 4000] loss: 8.125
[Epoch number : 1, Mini-batches: 5000] loss: 7.935
[Epoch number : 1, Mini-batches: 6000] loss: 7.619
LeNet accuracy on 10000 images from test dataset: 48 %

(생략)

[Epoch number : 50, Mini-batches: 1000] loss: 5.027
[Epoch number : 50, Mini-batches: 2000] loss: 5.143
[Epoch number : 50, Mini-batches: 3000] loss: 5.079
[Epoch number : 50, Mini-batches: 4000] loss: 5.159
[Epoch number : 50, Mini-batches: 5000] loss: 5.065
[Epoch number : 50, Mini-batches: 6000] loss: 4.977
LeNet accuracy on 10000 images from test dataset: 67 %
Finished Training
```

2. 훈련이 끝나면 모델 파일을 로컬 PC에 저장할 수 있다.

```
model_path = './cifar_model.pth'
torch.save(lenet.state_dict(), model_path)
```

LeNet 모델을 훈련시켰으니, 다음 절에서는 테스트 데이터셋에서 모델 성능을 테스트한다.

LeNet 테스트하기

LeNet 모델을 테스트하기 위해 다음 단계를 관찰해야 한다.

1. 저장된 모델을 로딩하고 테스트 데이터셋에서 실행해 예측 결과를 만들자.

```
# 테스트 데이터셋 이미지 로딩
d_iter = iter(testloader)
im, ground_truth = d_iter.next()
# 이미지와 실젯값 출력
imageshow(torchvision.utils.make_grid(im[:4]))
```

```
print('Label:      '. ' '.join('%5s' % classes[ground_truth[j]] for j in range(4)))
# 모델 로딩
lenet_cached = LeNet()
lenet_cached.load_state_dict(torch.load(model_path))
# 모델 추론
op = lenet_cached(im)
# 예측 결과 출력
_, pred = torch.max(op, 1)
print('Prediction: ', ' '.join('%5s' % classes[pred[j]] for j in range(4)))
```

결과는 다음과 같다.

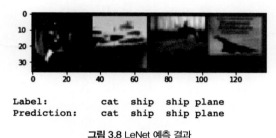

```
Label:         cat  ship  ship plane
Prediction:    cat  ship  ship plane
```

그림 3.8 LeNet 예측 결과

4개 예측 결과 모두 정확하다.

2. 마지막으로 테스트 데이터셋에서 이 모델의 전반적인 정확도뿐 아니라 클래스별 정확도를 함께 확인한다.

```
success = 0
counter = 0
with torch.no_grad():
    for data in testloader:
        im, ground_truth = data
        op = lenet_cached(im)
        _m pred = torch.max(op.data, 1)
        counter += ground_truth.size(0)
        success += (pred == ground_truth).sum().item()
print('Model accuracy on 10000 images from test dataset: %d %%' % (100 * success / counter))
```

결과는 다음과 같다.

```
Model accuracy on 10000 images from test dataset: 67 %
```

3. 클래스별 정확도를 구하는 코드는 다음과 같다.

```python
class_success = list(0. for i in range(10))
class_counter = list(0. for i in range(10))
with torch.no_grad():
    for data in testloader:
        im, ground_truth = data
        op = lenet_cached(im)
        _, pred = torch.max(op, 1)
        c = (pred == ground_truth).squeeze()
        for i in range(10000):
            ground_truth_curr = ground_truth[i]
            class_success[ground_truth_curr] += c[i].item()
            class_counter[ground_truth_curr] += 1
for i in range(10):
    print('Model accuracy for class %5s : %2d %%' % (classes[i], 100 * class_sucess[i] /
class_counter[i]))
```

결과는 다음과 같다.

```
Model accuracy for class plane : 68 %
Model accuracy for class   car : 87 %
Model accuracy for class  bird : 57 %
Model accuracy for class   cat : 56 %
Model accuracy for class  deer : 59 %
Model accuracy for class   dog : 39 %
Model accuracy for class  frog : 83 %
Model accuracy for class horse : 62 %
Model accuracy for class  ship : 82 %
Model accuracy for class truck : 75 %
```

어떤 클래스는 다른 클래스에 비해 더 나은 성능을 보인다. 전체적으로 이 모델은 완벽함(정확도 100%)
과는 거리가 멀다. 그렇지만 정확도가 10%인(클래스가 10개이므로) 임의로 예측하는 모델보다는 훨씬
낫다.

파이토치로 LeNet 모델을 처음부터 만들고 성능을 평가했으니 이제 LeNet의 후속 모델인 **AlexNet**으로 넘어가겠다. LeNet은 처음부터 만들고 훈련시켜 테스트했지만 AlexNet은 사전 훈련된 모델을 사용하고 작은 데이터셋에서 미세하게 조정한 뒤 테스트하겠다.

AlexNet 모델 미세 조정하기

이 절에서는 먼저 AlexNet 아키텍처를 간단히 살펴보고 파이토치로 모델을 구축하는 방법을 알아보겠다. 그런 다음 파이토치의 사전 훈련된 CNN 모델 리포지토리를 탐색하고, 끝으로 사전 훈련된 AlexNet 모델을 이미지 분류 작업에 맞게 미세 조정하고 예측을 수행한다.

AlexNet은 LeNet 모델의 아키텍처를 증가시켜 만든 후속 모델이다. LeNet 모델이 5개 계층, 6만 개 모델 매개변수를 사용하고 평균 풀링 방식을 썼다면 AlexNet 모델은 8개 계층(5개 합성곱 계층, 3개 완전 연결 계층)에 6천만 개 모델 매개변수를 사용하고 최대 풀링 방식을 썼다. 게다가 LeNet은 몇 MB 되지 않는 양의 MNIST 데이터셋에서 훈련됐다면, AlexNet은 그보다 훨씬 큰 100GB를 넘는 ImageNet 데이터셋에서 훈련되고 테스트됐다. AlexNet은 SVM과 같은 다른 고전적인 머신러닝 모델보다 이미지 관련 작업에서 훨씬 더 강력한 모델 클래스로 등장하면서 CNN에 혁명을 일으켰다. 그림 3.9는 AlexNet 아키텍처를 보여준다.

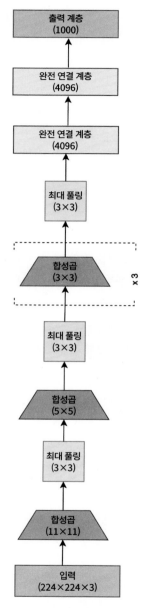

그림 3.9 AlexNet 아키텍처

보다시피 아키텍처는 합성곱 계층을 순차적으로 쌓은 다음, 마지막 출력까지 일련의 완전 연결 계층을 잇는 LeNet 방식을 따른다. 파이토치를 사용하면 모델 아키텍처를 실제 코드로 변환하기 쉽다. 이는 이 아키텍처를 그대로 구현한 다음 파이토치 코드를 보면 알 수 있다.

```
class AlexNet(nn.Module):
    def __init__(self, number_of_classes):
        super(AlexNet, self).__init__()
        self.feats = nn.Sequential(
            nn.Conv2d(in_channels=3, out_channels=64, kernel_ size=11, stride=4, padding=5),
            nn.ReLU(),
            nn .MaxPool2d(kernel_size=2, stride=2),
            nn.Conv2d(in_channels=64, out_channels=192, kernel_ size=5, padding=2),
            nn.ReLU(),
            nn.MaxPool2d(kernel_size=2, stride=2),
            nn.Conv2d(in_channels=192, out_channels=384, kernel_size=3, padding=1),
            nn.ReLU(),
            nn.Conv2d(in_channels=384, out_channels=256, kernel_size=3, padding=1),
            nn.ReLU(),
            nn.Conv2d(in_channels=256, out_channels=256, kernel_size=3, padding=1),
            nn.ReLU(),
            nn.MaxPool2d(kernel_size=2, stride=2),
        )
        self. clf = nn.Linear(in_features=256, out_ features=number_of_classes)

    def forward(self, inp):
        op = self.feats(inp):
        op = op.view(op.size(0), -1)
        op = self.clf(op)
        return op
```

코드를 이해하기 명확하다. __init__ 함수에서 합성곱, 풀링, 완전 연결 계층, ReLU 활성화 함수로 구성된 전체 계층 구조를 초기화하는 과정이 포함돼 있다. forward 함수는 이 초기화된 네트워크를 통해 데이터 포인트 x를 전달한다. forward 함수의 두 번째 줄에서 이미 평면화 작업을 수행했으므로 LeNet에서 한 것처럼 평면화 함수를 따로 정의할 필요는 없다.

그렇지만 모델 아키텍처를 초기화하고 훈련시키는 일을 직접 하는 것 외에 torchvision 패키지를 갖춘 파이토치는 이미지 분류, 의미론적 분할, 객체 탐지 등 다양한 작업을 수행하기 위한 CNN 모델의 정의를 포함하는 서브 패키지인 models를 제공한다. 다음은 이미지 분류 작업을 위해 사용할 수 있는 모델 목록이다.[2]

---

2 https://pytorch.org/vision/stable/models.html

- AlexNet

- VGG

- ResNet

- SqueezeNet

- DenseNet

- Inception v3

- GoogLeNet

- ShuffleNet v2

- MobileNet v2

- ResNeXt

- Wide ResNet

- MNASNet

다음 절에서 사전 훈련된 AlexNet 모델을 예로, 파이토치로 모델을 미세 조정하는 방법을 실습할 것이다.

파이토치로 AlexNet 미세 조정하기

이번 실습에서는 사전 훈련된 AlexNet 모델을 로딩하고 ImageNet(이 모델이 원래 훈련된 데이터셋)과 다른 이미지 분류 데이터셋에서 미세조정한다. 끝으로 미세 조정된 모델 성능을 테스트해 새로운 데이터셋으로 전이학습이 가능한지를 알아보겠다. 이번 실습 코드의 일부는 가독성을 위해 생략됐다. 전체 코드는 transfer_learning_alexnet.ipynb에서 확인할 수 있다.

이 실습을 위해 몇 가지 중요한 라이브러리를 임포트해야 한다. 다음 import문을 실행하자.

```
import os
import time
import copy
import numpy as np
import matplotlib.pyplot as plt
```

```
import torch
import torchvision
import torch.nn as nn
import torch.optim as optim
from torch.optim import lr_scheduler
from torchvision import datasets, models, transforms

torch.manual_seed(0)
```

다음으로 데이터셋을 다운로드받고 변환한다. 모델을 미세 조정하는 이번 실습을 위해 벌과 개미 이미지로 구성된 작은 데이터셋을 사용한다. 여기에는 240개의 훈련 이미지와 150개의 검증 이미지가 두 개의 클래스(벌과 개미)에 균등하게 나누어져 있다.

데이터셋은 https://www.kaggle.com/ajayrana/hymenoptera-data에서 다운로드받아 현재 작업 디렉터리에 저장할 수 있다. 데이터셋에 대한 더 자세한 정보는 https://hymenoptera.elsiklab.missouri.edu/에서 찾아볼 수 있다.

데이터셋 참고 문헌
Elsik CG, Tayal A, Diesh CM, Unni DR, Emery ML, Nguyen HN, Hagen DE. Hymenoptera Genome Database: integrating genome annotations in HymenopteraMine. Nucleic Acids Research 2016 Jan 4;44(D1):D793–800. doi:10.1093/nar/gkv1208. Epub 2015 Nov 17. PubMed PMID: 26578564.

데이터셋을 다운로드받기 위해 캐글에 로그인해야 한다. 캐글 계정이 없다면 등록부터 해야 한다.

```
ddir = 'hymenoptera_data'

# 훈련 데이터셋을 위해 데이터 정규화 및 데이터 보강
# 검증 데이터셋에는 데이터 정규화만 적용
# 정규화를 위한 평균과 표준편차는 이미지 채널(R, G, B)당 훈련셋의 모든 이미지의 모든 픽셀값의
평균으로 계산한다.
data_transformers = {
    'train': transforms.Compose(
        [
            transforms.RandomResizedCrop(224),
            transforms.RandomHorizontalFlip(),
            transforms.ToTensor(),
```

```
                transforms.Normalize([0.490, 0.449, 0.411], [0.231, 0.221, 0.230])
            ]
        ),
        'val': transforms.Compose(
            [
                transforms.Resize(256),
                transforms.CenterCrop(224),
                transforms.ToTensor(),
                transforms.Normalize([0.490, 0.449, 0.411], [0.231, 0.221, 0.230])
            ]
        )
    }


img_data = {
    k: datasets.ImageFolder(os.path.join(ddir, k), data_transformers[k])
    for k in ['train', 'val']
}
dloaders = {
    k: torch.utils.data.DataLoader(
        img_data[k], batch_size=8, shuffle=True, num_workers=2
    )
    for k in ['train', 'val']
}
dset_sizes = {x: len(img_data[x]) for x in ['train', 'val']}
classes = img_data['train'].classes
dvc = torch.device("cuda:0" if torch.cuda.is_available() else "cpu")
```

이제 사전 준비 작업이 끝났으니 시작하자.

1. 일부 훈련 데이터셋 이미지를 시각화한다.

```
def imageshow(img, text=None):
    img = img.numpy().transpose((1, 2, 0))
    avg = np.array([0.490, 0.449, 0.411])
    stddev = np.array([0.231, 0.221, 0.230])
    img = stddev * img + avg
    img = np.clip(img, 0, 1)
    plt.imshow(img)
    if text is not None:
```

```
        plt.title(text)

# 훈련 데이터셋 배치를 하나 생성
imgs, cls = next(iter(dloaders['train']))
# 배치에서 그리드 생성
grid = torchvision.utils.make_grid(imgs)
imageshow(grid, text=[classes[c] for c in cls])
class_success = list(0. for i in range(10))
```

결과는 다음과 같다.

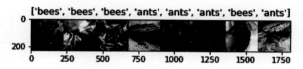

그림 3.10 bees와 ants 데이터셋 비교

2. 이제 사전 훈련된 모델을 훈련시키는 미세 조정 루틴을 정의한다.

```
def finetune_model(pretrained_model, loss_func, optim, epochs=10):
    …
    for e in range(epochs):
        for dset in ['train', 'val']:
            if dset == 'train':
                pretrained_model.train()  # 모델을 훈련 모드로 설정(훈련가능한 가중치)
            else:
                pretrained_model.eval()   # 모델을 검증 모드로 설정

            loss = 0.0
            successes = 0

            # (훈련/검증) 데이터에서 이터레이션
            for imgs, tgts in dloaders[dset]:
                …
                optim.zero_grad()
                with torch.set_grad_enabled(dset == 'train'):
                    ops = pretrained_model(imgs)
                    _, preds = torch.max(ops, 1)
                    loss_curr = loss_func(ops, tgts)
```

```
              # 훈련 모드인 경우에만 역전파
             if dset == 'train':
                 loss_curr.backward()
                 optim.step()
         loss += loss_curr.item() * imgs.size(0)
         successes += torch.sum(preds == tgts.data)
     loss_epoch = loss / dset_sizes[dset]
     accuracy_epoch = successes.double() / dset_sizes[dset]
     if dset == 'val' and accuracy_epoch > accuracy:
         accuracy = accuracy_epoch
         model_weights = copy.deepcopy(pretrained_model.state_dict())
 # 최고의 모델 버전(가중치) 로딩
 pretrained_model.load_state_dict(model_weights)
 return pretrained_model
```

이 함수는 입력으로 사전 훈련된 모델(아키텍처와 가중치)과 함께 손실 함수, 옵티마이저, 세대 수가 필요하다. 가중치를 임의로 인스턴스화하는 대신 AlexNet의 사전 훈련된 가중치로 시작한다. 이 함수의 다른 부분은 이전 실습과 매우 비슷하다.

3. 모델을 미세 조정(훈련)하기 전 모델 예측을 시각화하는 함수를 정의한다.

```
def visualize_predictions(pretrained_model, max_num_imgs=4):
    torch.manual_seed(1)
    was_model_training = pretrained_model.training
    pretrained_model.eval()
    imgs_counter = 0
    fig = plt.figure()

    with torch.no_grad():
        for i, (imgs, tgts) in enumerate(dloaders['val']):
            imgs = imgs.to(dvc)
            tgts = tgts.to(dvc)
            ops = pretrained_model(imgs)
            _, preds = torch.max(ops, 1)

            for j in range(imgs.size()[0]):
                imgs_counter += 1
                ax = plt.subplot(max_num_imgs//2, 2, imgs_counter)
                ax.axis('off')
```

```
            ax.set_title(f'pred: {classes[preds[j]]} || target: {classes[tgts[j]]}')
            imageshow(imgs.cpu().data[j])

            if imgs_counter == max_num_imgs:
                pretrained_model.train(mode=was_model_training)
                return
    pretrained_model.train(mode=was_model_training)
```

4. 마지막으로 이 실습에서 흥미로운 부분을 살펴보자. 파이토치의 서브패키지인 torchvision.models를 사용해 사전 훈련된 AlexNet 모델을 로딩하자.

```
model_finetune = models.alexnet(pretrained=True)
```

이 모델 객체는 다음 두 영역으로 구성된다.

- features: 특징을 추출하는 영역으로, 합성곱 계층과 풀링 계층을 전부 포함한다.

- classfier: 분류기 영역으로, 출력 계층 앞에 위치한 완전 연결 계층을 모두 포함한다.

5. 이 요소들은 다음과 같이 시각화할 수 있다.

```
print(model_finetune.features)
```

이 코드는 다음 내용을 출력한다.

```
Sequential(
  (0): Conv2d(3, 64, kernel_size=(11, 11), stride=(4, 4), padding=(2, 2))
  (1): ReLU(inplace=True)
  (2): MaxPool2d(kernel_size=3, stride=2, padding=0, dilation=1, ceil_mode=False)
  (3): Conv2d(64, 192, kernel_size=(5, 5), stride=(1, 1), padding=(2, 2))
  (4): ReLU(inplace=True)
  (5): MaxPool2d(kernel_size=3, stride=2, padding=0, dilation=1, ceil_mode=False)
  (6): Conv2d(192, 384, kernel_size=(3, 3), stride=(1, 1), padding=(1, 1))
  (7): ReLU(inplace=True)
  (8): Conv2d(384, 256, kernel_size=(3, 3), stride=(1, 1), padding=(1, 1))
  (9): ReLU(inplace=True)
  (10): Conv2d(256, 256, kernel_size=(3, 3), stride=(1, 1), padding=(1, 1))
  (11): ReLU(inplace=True)
  (12): MaxPool2d(kernel_size=3, stride=2, padding=0, dilation=1, ceil_mode=False)
)
```

6. 이제 다음과 같이 classifier 특징을 실행한다.

```
print(model_finetune.classifier)
```

이 코드는 다음을 출력한다.

```
Sequential(
    (0): Dropout(p=0.5, inplace=False)
    (1): Linear(in_features=9216, out_features=4096, bias=True)
    (2): ReLU(inplace=True)
    (3): Dropout(p=0.5, inplace=False)
    (4): Linear(in_features=4096, out_features=4096, bias=True)
    (5): ReLU(inplace=True)
    (6): Linear(in_features=4096, out_features=1000, bias=True)
)
```

7. 알다시피 사전 훈련된 모델의 출력 계층의 크기는 1000이지만 미세 조정할 데이터셋에는 2개의 클래스만 있다. 따라서 다음과 같이 조정해야 한다.

```
# 마지막 계층을 1000개 클래스에서 2개 클래스로 변경
model_finetune.classifier[6] = nn.Linear(4096, len(classes))
```

8. 이제 옵티마이저, 손실 함수를 정의한 다음 훈련 루틴을 실행하면 된다.

```
loss_func = nn.CrossEntropyLoss()
optim_finetune = optim.SGD(model_finetune.parameters(), lr=0.0001)

# 모델 훈련(미세 조정) 및 검증
model_finetune = finetune_model(model_finetune, loss_func, optim_finetune, epochs=10)
```

결과는 다음과 같다.

```
Epoch number 0/9
========

 train loss in this epoch: 0.7761217306871884, accuracy in this epoch: 0.4959016393442623
 val loss in this epoch: 0.6042805251732372, accuracy in this epoch: 0.6666666666666666


Epoch number 1/9
========

 train loss in this epoch: 0.5759895355975042, accuracy in this epoch: 0.6639344262295082
 val loss in this epoch: 0.4689261562684003, accuracy in this epoch: 0.7908496732026143
```

```
Epoch number 2/9
━━━━━━━━━
train loss in this epoch: 0.5033335646644967, accuracy in this epoch: 0.75
val loss in this epoch: 0.3966531710687026, accuracy in this epoch: 0.8431372549019608

(생략)

Epoch number 8/9
━━━━━━━━━
train loss in this epoch: 0.3300624494669867, accuracy in this epoch: 0.860655737704918
val loss in this epoch: 0.27101927756764044, accuracy in this epoch: 0.934640522875817

Epoch number 9/9
━━━━━━━━━
train loss in this epoch: 0.3026028309689193, accuracy in this epoch: 0.8729508196721312
val loss in this epoch: 0.2609025729710565, accuracy in this epoch: 0.9215686274509803

Training finished in 4.0mins 30.213629007339478secs
Best validation set accuracy: 0.934640522875817
```

9. 모델이 이 작은 데이터셋에서 관련 특징을 제대로 학습했는지 확인하기 위해 모델 예측 중 일부를 시각화한다.

```
visualize_predictions(model_finetune)
```

이 코드는 다음을 출력한다.

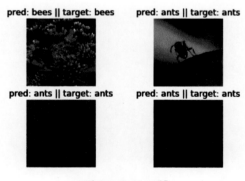

그림 3.11 AlexNet 예측

확실히 사전 훈련된 AlexNet 모델은 이 작은 이미지 분류 데이터셋에서 전이 학습할 수 있었다. 이는 파이토치를 사용해 잘 알려진 모델을 미세 조정하는 것이 쉽고 빠름을 보여줄 뿐 아니라 전이 학습이 얼마나 강력한지 보여준다.

다음 절에서는 AlexNet보다 더 깊고 더 복잡한 후속 모델인 VGG 네트워크를 알아보겠다. 여기에서 LeNet과 AlexNet의 모델 정의, 데이터셋 로딩, 모델 훈련(미세 조정), 평가 단계를 자세히 설명했다. 데이터 로딩이나 모델 평가 등에 쓰이는 파이토치 코드는 비슷하므로, 앞으로는 모델 아키텍처 정의에 주로 집중하겠다.

사전 훈련된 VGG 모델 실행하기

앞에서 기초적인 CNN 아키텍처로 LeNet과 AlexNet을 살펴봤다. 계속해서 점점 더 복잡한 CNN 모델을 알아보겠다. 모델 아키텍처를 만드는 핵심 원리는 같다. 여기서는 합성곱 계층, 풀링 계층, 완전 연결 계층을 블록/모듈로 결합한 다음 이러한 블록을 순차적으로 혹은 분기하는 방식으로 쌓는 모듈식으로 모델을 구축하는 방법을 보게 될 것이다. 이 절에서는 AlexNet의 뒤를 잇는 VGGNet을 알아보겠다.

VGG라는 이름은 이 모델을 발명한 옥스포드 대학 Visual Geometry Group에서 따왔다. AlexNet이 계층 8개와 6천만 개 매개변수로 구성된다면, VGG는 13개 계층(10개 합성곱 계층과 3개 완전 연결 계층)과 1억3천8백만 개 매개변수로 구성된다. VGG는 AlexNet 아키텍처 위에 계층을 더 많이 쌓고 더 작은 크기의 합성곱 커널(2×2, 3×3)을 택한다. 따라서 VGG의 참신함은 아키텍처와 함께 전례 없는 수준의 깊이를 제공하는 데 있다. 그림 3.12는 VGG 아키텍처를 보여준다.

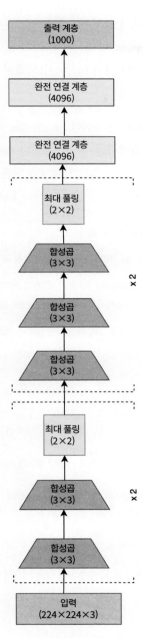

그림 3.12 VGG16 아키텍처

앞의 VGG 아키텍처는 13개 계층으로 구성됐기 때문에 **VGG13**이라고 부른다. 이를 변형한 아키텍처로는 각각 16개, 19개 계층으로 구성된 VGG16, VGG19가 있다. 또 다른 변형으로는 **VGG13_bn, VGG16_bn, VGG19_bn**이 있는데 여기에서 **bn**은 이 모델이 배치 정규화 계층으로 구성됨을 뜻한다.

파이토치 서브 패키지인 torchvision.model은 사전에 ImageNet 데이터셋에서 훈련된 VGG 모델(앞서 설명한 6개의 변형)을 제공한다. 다음 실습에서는 사전에 훈련된 VGG13 모델을 사용해 이전에 사용했던 벌과 개미의 작은 데이터셋에서 예측을 만든다. 코드가 대체로 이전 실습과 겹치므로 여기서는 핵심 코드에만 집중하겠다. 전체 코드는 vgg13_pretrained_run_inference.ipynb에서 확인할 수 있다.

1. 우선 torchvision.models를 포함해 라이브러리를 임포트한다.

2. 데이터를 다운로드하고 개미와 벌 데이터셋, 데이터로더와 함께 변환 로직을 설정한다.

3. 이 이미지에서 예측을 만들기 위해 ImageNet 데이터셋의 1,000개 레이블이 필요하다. 이 데이터셋은 다음 링크에서 확인할 수 있다. https://gist.github.com/yrevar/942d3a0ac09ec9e5eb3a

4. 다운로드했으면, 0~999까지 클래스 인덱스와 그에 대응하는 클래스 레이블 간의 매핑을 생성해야 한다.

```
import ast
with open('./imagenet1000_clsidx_to_labels.txt') as f:
    classes_data = f.read()
classes_dict = ast.literal_eval(classes_data)
print({k:classes_dict[k] for k in list(classes_dict)[:5]})
```

이렇게 하면 다음 화면에서 보듯이 첫 다섯 개의 클래스 매핑 결과를 보여준다.

```
{0: 'tench, Tinca tinca', 1: 'goldfish, Carassius auratus', 2: 'great white shark, white shark,
man-eater, man-eating shark, Carcharodon carcharias', 3: 'tiger shark, Galeocerdo cuvieri', 4:
'hammerhead, hammerhead shark'}
```

5. 모델 예측 시각화 함수를 정의한다. 이 함수는 사전 훈련된 모델 객체와 예측을 실행할 이미지 개수를 취해 이미지와 예측값을 함께 출력한다.

6. 사전 훈련된 VGG13 모델을 로딩한다.

```
model_finetune = models.vgg13(pretrained=True)
```

그 결과는 다음과 같다.

```
Downloading: "https://download.pytorch.org/models/vgg13-c768596a.pth" to /Users/
ashish.jha/.cache/torch/checkpoints/vgg13-c768596a.pth
100% ████████████████████████████ 508M/508M [21:36<00:00, 411kB/s]
```

이 단계에서 508MB 크기의 VGG13 모델을 다운로드한다.

7. 마지막으로 이 사전 훈련된 모델을 사용해 개미와 벌 데이터셋에서 예측을 실행한다.

```
visualize_predictions(model_finetune)
```

그 결과는 다음과 같다.

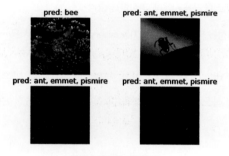

그림 3.13 VGG13 예측

완전히 다른 데이터셋에서 훈련된 VGG13 모델이 개미와 벌 데이터셋에서 추출한 테스트 샘플을 모두 정확하게 예측한 것 같다. 이 모델은 데이터셋에서 1,000개 클래스 중 가장 비슷한 두 개의 동물을 잡아 이미지에서 이 둘을 찾아낸다. 이 실습을 통해 모델이 여전히 이미지에서 관련한 시각적 특징을 추출할 수 있고 파이토치에서 즉시 사용할 수 있는 추론 기능이 얼마나 유용한지 보여준다.

다음 절에서는 다중 병렬 합성곱 계층을 갖는 모듈을 포함한 다양한 유형의 CNN 아키텍처를 알아보겠다. 이 모듈을 Inception 모듈이라 하며 이것으로 구성된 네트워크를 Inception 네트워크라 한다. 이 네트워크의 다양한 부분과 그 성공의 이유를 살펴보겠다. 또한 파이토치로 Inception 모듈과 Inception 네트워크 아키텍처를 구성하겠다.

GoogLeNet과 Inception v3 살펴보기

지금까지 LeNet에서 VGG까지 CNN 모델의 발전 과정을 따라가면서 더 많은 합성곱 계층과 완전 연결 계층을 순차적으로 쌓는 것을 보았다. 그 결과 수많은 매개변수를 훈련시키는 심층 신경망이 출현했다. GoogLeNet은 inception 모듈이라고 하는 병렬 합성곱 계층의 모듈로 구성된 근본적으로 다른 유형의 CNN 아키텍처로 등장했다. 이 때문에 GoogLeNet은 **Inception v1**(v1은 뒤따라 나올 더 많은 버전과 구분해 첫 번째 버전을 표시하기 위함이다)이라고 한다.

- Inception 모듈 – 여러 병렬 합성곱 계층으로 구성된 모듈
- 모델 매개변수 개수를 줄이기 위해 1×1 **합성곱**을 사용
- 완전 연결 계층 대신 **전역 평균 풀링**을 사용해 과적합을 줄임
- 훈련 시 정칙화 및 경사 안정성을 위해 **보조 분류기**(auxiliary classifier)를 사용

GoogLeNet에는 VGG 모델 변형에서 볼 수 있는 계층 개수보다 더 많은 22개 계층을 사용한다. 그렇지만 일부 최적화 기법을 사용하므로 GoogLeNet은 VGG의 1억 3천 8백만 개보다 훨씬 작은 5백만 개의 매개변수를 사용한다.

Inception 모듈

이 모델의 가장 중요한 공헌 하나만 꼽으라면, 여러 합성곱 계층이 병렬로 실행되어 최종적으로 단일 출력 벡터를 생성하기 위해 연결되는 합성곱 모듈을 개발했다는 것이다. 이 병렬 합성곱 계층은 1×1, 3×3, 5×5에 이르기까지 다양한 크기의 커널을 사용해 동작한다. 아이디어는 이미지에서 여러 층위의 시각 정보를 추출하는 것이다. 이 합성곱 외에 3×3 최대 풀링 계층은 다른 층위의 특징 추출을 더한다. 그림 3.14는 전체 GoogLeNet 아키텍처와 함께 Inception 블록 다이어그램을 보여준다.

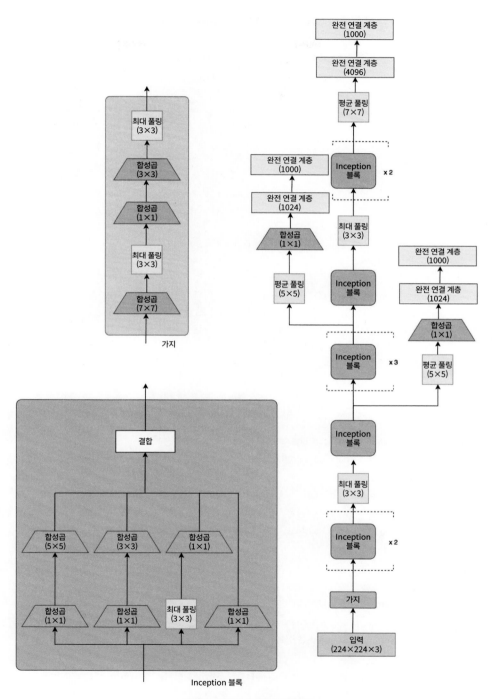

그림 3.14 GoogLeNet 아키텍처

이 아키텍처 다이어그램을 사용해 다음처럼 파이토치에서 inception 모듈을 만들 수 있다.

```python
class InceptionModule(nn.Module):
    def __init__(
        self,
        input_planes,
        n_channels1x1,
        n_channels3x3red,
        n_channels3x3,
        n_channels5x5red,
        n_channels5x5,
        pooling_planes
    ):
        super(InceptionModule, self).__init__()
        # 1x1 합성곱 가지
        self.block1 = nn.Sequential(
            nn.Conv2d(input_planes, n_channels1x1, kernel_size=1),
            nn.BatchNorm2d(n_channels1x1),
            nn.ReLU(True),
        )

        # 1x1 합성곱 -> 3x3 합성곱 가지
        self.block2 = nn.Sequential(
            nn.Conv2d(input_planes, n_channels3x3red, kernel_size=1),
            nn.BatchNorm2d(n_channels3x3red),
            nn.ReLU(True),
            nn.Conv2d(n_channels3x3red, n_channels3x3, kernel_size=3, padding=1),
            nn.BatchNorm2d(n_channels3x3),
            nn.ReLU(True),
        )

        # 1x1 합성곱 -> 5x5 합성곱 가지
        self.block3 = nn.Sequential(
            nn.Conv2d(input_planes, n_channels5x5red, kernel_size=1),
            nn.BatchNorm2d(n_channels5x5red),
            nn.ReLU(True),
            nn.Conv2d(n_channels5x5red, n_channels5x5, kernel_size=3, padding=1),
            nn.BatchNorm2d(n_channels5x5),
```

```
            nn.ReLU(True),
            nn.Conv2d(n_channels5x5, n_channels5x5, kernel_size=3, padding=1),
            nn.BatchNorm2d(n_channels5x5),
            nn.ReLU(True),
        )

        # 3x3 풀링 -> 1x1 합성곱 가지
        self.block4 = nn.Sequential(
            nn.MaxPool2d(3, stride=1, padding=1),
            nn.Conv2d(input_planes, pooling_planes, kernel_size=1),
            nn.BatchNorm2d(pooling_planes),
            nn.ReLU(True),
        )

    def forward(self, ip):
        op1 = self.block1(ip)
        op2 = self.block2(ip)
        op3 = self.block3(ip)
        op4 = self.block4(ip)
        return torch.cat([op1,op2,op3,op4], 1)
```

다음으로 GoogLeNet의 또 다른 중요한 특징인 1×1 합성곱에 대해 알아보겠다.

1×1 합성곱

Inception 모듈의 병렬 합성곱 계층 외에 각 병렬 계층의 맨 앞에는 **1×1 합성곱 계층**이 있다. 이 1×1 합성곱 계층을 사용하는 이유는 *차원* 축소에 있다. 1×1 합성곱 계층은 이미지 표현의 넓이와 높이를 변경하지 않지만 이미지 표현의 깊이를 바꿀 수 있다. 이 기법은 1×1, 3×3, 5×5 합성곱을 병렬로 수행하기 전에 입력 시각 특징의 깊이를 축소하는 데 사용된다. 매개변수 개수를 줄이면 모델이 가벼워질 뿐 아니라 과적합을 피할 수 있다.

전역 평균 풀링

그림 3.14에서 전반적인 GoogLeNet 아키텍처를 보면, 모델 끝에서 두 번째 출력 계층 앞에 7×7 평균 풀링 계층이 있다. 이 계층은 다시 모델의 매개변수 개수를 줄이는 데 도움이 되어 과적합을 줄인다. 이 계층이 없으면 모델은 완전 연결 계층의 조밀한 연결로 인해 수백만 개의 추가 매개변수를 갖게 된다.

보조 분류기

그림 3.14는 모델에서 두 개의 부가적인 혹은 보조적인 출력 분기도 보여준다. 이 보조 분류기는 특히 입력에 가까운 계층인 경우, 역전파하는 동안 경사의 크기를 더함으로써 경사가 소실되는 문제를 해결해준다. 이러한 모델에는 계층이 많아서 경사가 소실되면 병목 현상이 발생할 수 있다. 따라서 보조 분류기를 사용하는 것이 이 22개 계층을 갖는 심층 모델에 유용한 것으로 입증됐다. 또한 보조 분류 분기는 정칙화에도 도움이 된다. 예측하는 동안에는 이 보조 분기가 꺼지거나 폐기된다는 점에 유의하자.

파이토치로 inception 모듈을 정의했다면 다음과 같이 전체 Inception v1 모델을 쉽게 인스턴스화할 수 있다.

```python
class GoogLeNet(nn.Module):
    def __init__(self):
        super(GoogLeNet, self).__init__()
        self.stem = nn.Sequential(
            nn.Conv2d(3, 192, kernel_size=3, padding=1),
            nn.BatchNorm2d(192),
            nn.ReLU(True),
        )

        self.im1 = InceptionModule(192,  64,  96, 128, 16, 32, 32)
        self.im2 = InceptionModule(256, 128, 128, 192, 32, 96, 64)

        self.max_pool = nn.MaxPool2d(3, stride=2, padding=1)

        self.im3 = InceptionModule(480, 192,  96, 208, 16,  48,  64)
        self.im4 = InceptionModule(512, 160, 112, 224, 24,  64,  64)
        self.im5 = InceptionModule(512, 128, 128, 256, 24,  64,  64)
        self.im6 = InceptionModule(512, 112, 144, 288, 32,  64,  64)
        self.im7 = InceptionModule(528, 256, 160, 320, 32, 128, 128)

        self.im8 = InceptionModule(832, 256, 160, 320, 32, 128, 128)
        self.im9 = InceptionModule(832, 384, 192, 384, 48, 128, 128)

        self.average_pool = nn.AvgPool2d(7, stride=1)
        self.fc = nn.Linear(4096, 1000)
```

```
def forward(self, ip):
    op = self.stem(ip)
    out = self.im1(op)
    out = self.im2(op)
    op = self.maxpool(op)
    op = self.a4(op)
    op = self.b4(op)
    op = self.c4(op)
    op = self.d4(op)
    op = self.e4(op)
    op = self.max_pool(op)
    op = self.a5(op)
    op = self.b5(op)
    op = self.avgerage_pool(op)
    op = op.view(op.size(0), -1)
    op = self.fc(op)
    return op
```

모델을 인스턴스화하는 것 외에도 코드 단 두 줄로 사전 훈련된 GoogLeNet을 로딩할 수 있다.

```
import torchvision.models as models
model = models.googlenet(pretrained=True)
```

마지막으로 앞서 언급했듯이 이후에 여러 버전의 Inception 모델이 개발됐다. 유명한 모델 중 하나는 Inception v3으로 다음 절에서 간략히 설명하겠다.

Inception v3

Inception v3는 Inception v1의 후속 모델로, v1에서 5백만 개였던 매개변수가 v3에서는 총 2천4백만 개로 늘었다. 몇 가지 더 많은 계층을 추가하는 것 외에도 이 모델은 순차적으로 쌓인 다양한 종류의 inception 모듈을 도입했다. 그림 3.15는 다양한 inception 모듈과 전체 모델 아키텍처를 보여준다.

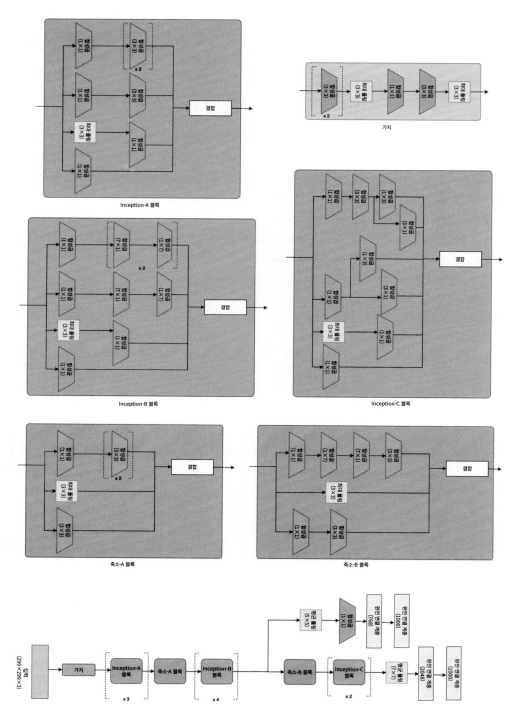

그림 **3.15** Inception v3 아키텍처

아키텍처를 보면 이 모델이 Inception v1 모델 아키텍처의 확장 버전임을 알 수 있다. 다시 한번 말하지만 모델을 수동으로 만드는 것 외에도 다음과 같이 파이토치 저장소에서 사전 훈련된 모델을 사용할 수 있다.

```
import torchvision.models as models
model = models.inception_v3(pretrained=True)
```

다음 절에서는 매우 깊은 CNN(**ResNet**과 **DenseNet**)의 경사 소실 문제를 효과적으로 해결한 CNN 모델 클래스를 알아보겠다. 스킵 연결과 밀집 연결의 새로운 기법을 배우고 이러한 고급 아키텍처를 뒷받침하는 기본 모듈을 파이토치로 코딩해 보겠다.

ResNet과 DenseNet 아키텍처

앞 절에서는 1×1 합성곱과 전역 평균 풀링 덕분에 계층 수가 증가함에 따라 모델 매개변수 개수가 감소하는 Inception 모델을 살펴봤다. 게다가 보조 분류 모델을 사용해 경사 소실 문제를 해결했다.

ResNet은 **스킵 연결** 개념을 도입했다. 이 단순하지만 효과적인 기법은 매개변수가 넘쳐나는 것과 경사가 소실되는 문제를 모두 해결한다. 다음 다이어그램에서 보듯이 아이디어는 꽤 간단하다. 입력은 먼저 비선형 변환(합성곱 다음에 비선형 활성화)을 통과한 다음 이 변환의 출력(잔차라고 함)을 원래 입력에 더한다. 이러한 계산이 포함된 각 블록을 **잔차 블록**(residual block)이라고 하며, **잔차 네트워크** 또는 **ResNet**은 이 이름에서 비롯됐다.

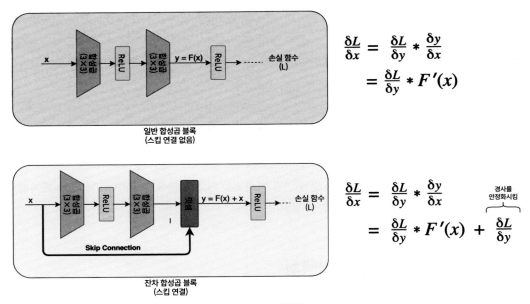

그림 3.16 스킵 연결

이 스킵(또는 숏컷) 연결을 사용하면 전체 50개 계층(ResNet-50)에 대해 매개변수 개수를 2천 6백만 개로 제한한다. 매개변수 개수가 제한되므로 ResNet은 계층 수가 152개로 늘어나더라도 (ResNet-152) 과적합 없이 일반화가 잘 될 수 있다. 다음 다이어그램은 ResNet-50 아키텍처를 보여 준다.

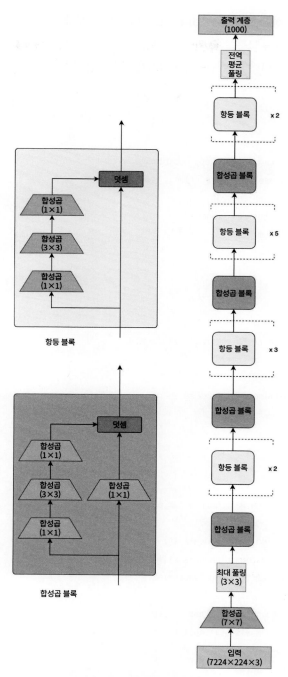

그림 3.17 ResNet 아키텍처

ResNet 아키텍처에는 **합성곱 블록(convolutional block)**과 **항등 블록(identity block)**, 두 종류의 잔차 블록이 있다. 이 두 블록 모두 스킵 연결이 있다. 합성곱 블록에는 1×1 합성곱 계층이 추가되어 차원을 축소하는 데 도움이 된다. ResNet의 잔차 블록은 다음처럼 파이토치에서 구현될 수 있다.

```python
class BasicBlock(nn.Module):
    multiplier=1

    def __init__(self, input_num_planes, num_planes, strd=1):
        super(BasicBlock, self).__init__()
        self.conv_layer1 = nn.Conv2d(
            in_channels=input_num_planes,
            out_channels=num_planes,
            kernel_size=3,
            stride=stride,
            padding=1,
            bias=False
        )
        self.batch_norm1 = nn.BatchNorm2d(num_planes)
        self.conv_layer2 = nn.Conv2d(
            in_channels=num_planes,
            out_channels=num_planes,
            kernel_size=3,
            stride=1,
            padding=1,
            bias=False
        )
        self.batch_norm2 = nn.BatchNorm2d(num_planes)

        self.res_connnection = nn.Sequential()
        if strd > 1 or input_num_planes != self.multiplier*num_planes:
            self.res_connnection = nn.Sequential(
                nn.Conv2d(
                    in_channels=input_num_planes,
                    out_channels=self.multiplier * num_planes,
                    kernel_size=1,
                    stride=strd,
                    bias=False
                ),
```

```
        nn.BatchNorm2d(self.multiplier*num_planes)
    )

def forward(self, inp):
    op = F.relu(self.batch_norm1(self.conv_layer1(inp)))
    op = self.batch_norm2(self.conv_layer2(op))
    op += self.res_connnection(inp)
    op = F.relu(op)
    return op
```

ResNet을 빠르게 시작하려면 파이토치 리포지토리에서 사전 훈련된 ResNet 모델을 사용하면 된다.

```
import torchvision.models as models
model = models.resnet50(pretrained=True)
```

ResNet은 역전파하는 동안 경사를 보존하기 위해 (입력과 출력을 바로 연결함으로써) 항등 함수를 사용한다. 그렇지만 극단적으로 깊은 네트워크의 경우 이 원칙만으로 출력 계층에서 입력 계층에 도달할 때까지 경사를 큰 값으로 유지하기 충분치 않을 수 있다.

다음에 설명할 CNN 모델은 경사가 소실되지 않고 흐를 수 있을 뿐 아니라 필요한 매개변수 개수를 더 줄이도록 설계됐다.

DenseNet

ResNet에서 스킵 연결은 잔차 블록의 입력을 출력에 바로 연결한다. 하지만 잔차 블록 간에는 순차적으로 연결된다. 즉, 잔차 블록 3은 잔차 블록 2와 직접 연결되지만 잔차 블록 1과는 바로 연결되지 않는다.

DenseNet 또는 밀집 네트워크에서는 **밀집 블록(dense block)** 내의 모든 합성곱 계층이 서로 연결된다. 게다가 모든 밀집 블록은 DenseNet 전체 안에서 다른 밀집 블록과 모두 연결된다. 밀집 블록은 3 × 3으로 밀집 연결된 합성곱 계층 두 개로 구성된 모듈이다.

이렇게 밀집 연결하면 모든 계층은 네트워크에서 자기보다 앞선 계층 전체로부터 정보를 받는다. 이로써 마지막 계층에서 제일 처음에 위치한 계층까지 경사값을 크게 유지하며 흐를 수 있다. 놀랍게도 이런 네트워크 설정의 매개변수 개수도 작다. 모든 계층이 이전에 위치한 모든 계층에서 특징 맵을 받으므로 필요한 채널 수(깊이)가 작아질 수 있다. 이전 모델에서는 깊이가 깊어진다는 것은 이전 계층에서 축적된 정보를 나타냈지만, 밀집 연결 덕분에 네트워크의 모든 곳에서 이렇게 축적된 정보는 더 이상 필요하지 않게 됐다.

ResNet과 DenseNet의 주요 차이점 중 하나는 ResNet에서는 스킵 연결을 사용해 입력을 출력에 더했다는 것이다. 그렇지만 DenseNet의 경우 이전 계층의 출력은 현재 계층의 출력과 결합된다. 그리고 이 결합은 깊이의 차원에서 이뤄진다.

이것은 네트워크를 따라가면서 출력의 크기가 폭발적으로 증가하게 된다는 문제를 야기한다. 이런 복합적인 효과를 방지하기 위해 이 네트워크를 위한 **전환 블록**(transition block)이라는 특수한 유형의 블록이 고안됐다. 1×1 합성곱 계층과 2×2 풀링 계층으로 구성된 이 블록은 깊이 차원의 크기를 표준화 또는 재설정하여 이 블록의 출력이 이어 나오는 밀집 블록에 제공될 수 있게 한다. 그림 3.18에 DenseNet 아키텍처를 나타냈다.

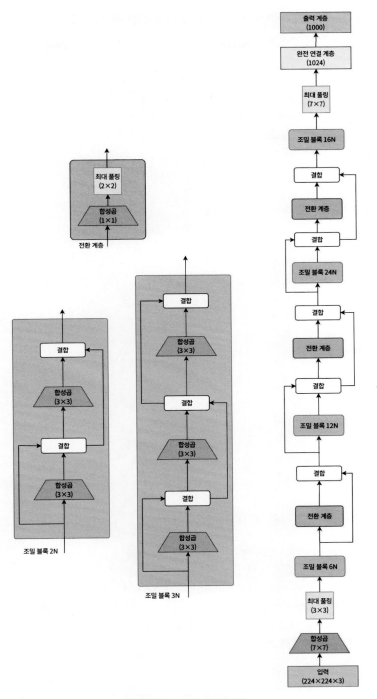

그림 3.18 DenseNet 아키텍처

앞서 언급했듯이 DenseNet 아키텍처에는 **밀집 블록**과 **전환 블록**의 두 가지 유형의 블록이 포함된다. 이 블록은 다음에서 보듯이 파이토치에서 코드 몇 줄로 클래스로 작성될 수 있다.

```python
class DenseBlock(nn.Module):
    def __init__(self, input_num_planes, rate_inc):
        super(DenseBlock, self).__init__()
        self.batch_norm1 = nn.BatchNorm2d(input_num_planes)
        self.conv_layer1 = nn.Conv2d(
            in_channels=input_num_planes,
            out_channels=4 * rate_inc,
            kernel_size=1,
            bias=False
        )
        self.batch_norm2 = nn.BatchNorm2d(4 * rate_inc)
        self.conv_layer2 = nn.Conv2d(
            in_channels=4 * rate_inc,
            out_channels=rate_inc,
            kernel_size=3,
            padding=1,
            bias=False
        )

    def forward(self, inp):
        op = self.conv_layer1(F.relu(self.batch_norm1(inp)))
        op = self.conv_layer2(F.relu(self.batch_norm2(op)))
        op = torch.cat([op,inp], 1)
        return op

class TransBlock(nn.Module):
    def __init__(self, input_num_planes, output_num_planes):
        super(TransBlock, self).__init__()
        self.batch_norm = nn.BatchNorm2d(input_num_planes)
        self.conv_layer = nn.Conv2d(
            in_channels=input_num_planes,
            out_channels=output_num_planes,
            kernel_size=1,
            bias=False
        )
```

```
    def forward(self, inp):
        op = self.conv_layer(F.relu(self.batch_norm(inp)))
        op = F.avg_pool2d(op, 2)
        return op
```

이 블록을 조밀하게 쌓아서 전반적인 DenseNet 아키텍처를 구성한다. DenseNet은 ResNet과 마찬가지로 **DenseNet121, DenseNet161, DenseNet169, DenseNet201** 같은 변형들이 파생됐으며 여기서 숫자는 전체 계층 개수를 뜻한다. 이렇게 많은 계층은 밀집 블록과 전환 블록을 반복적으로 쌓고 입력단에 고정된 7×7 합성곱 계층과 출력단에 고정된 완전 연결 계층을 추가해 얻을 수 있다. 파이토치는 이 모든 변형에 대해 사전 훈련된 모델을 제공한다.

```
import torchvision.models as models
densenet121 = models.densenet121(pretrained=True)
densenet161 = models.densenet161(pretrained=True)
densenet169 = models.densenet169(pretrained=True)
densenet201 = models.densenet201(pretrained=True)
```

DenseNet은 ImageNet 데이터셋에서 지금까지 논의한 모델보다 탁월한 성능을 보인다. 이전 절에서 설명한 아이디어를 짜맞춰서 다양한 하이브리드 모델이 개발됐다. Inception-ResNet과 ResNeXt 모델이 이러한 하이브리드 네트워크의 대표적인 예다. 다음 다이어그램은 ResNeXt 아키텍처를 보여준다.

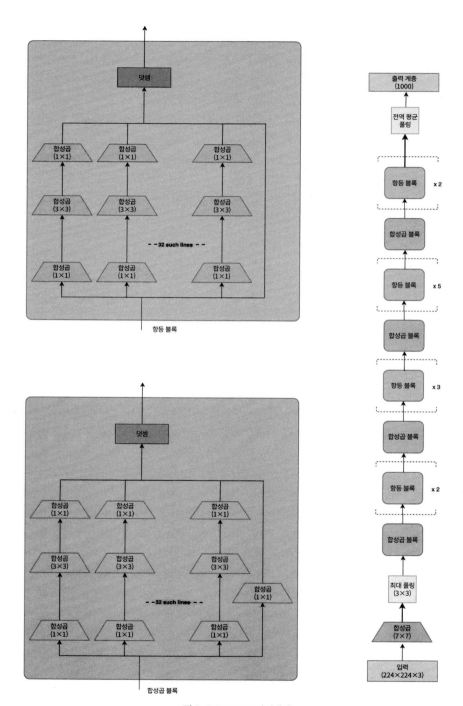

그림 3.19 ResNeXt 아키텍처

보다시피 ResNeXt는 광범위하게 보면 ResNet과 Inception 하이브리드의 변형처럼 보인다. 잔차 블록에 병렬 합성곱 분기가 많고 병렬 처리는 Inception 네트워크에서 파생되기 때문이다.

다음 절에서는 현재 가장 성능이 좋은 CNN 아키텍처인 EfficientNet을 살펴보겠다. 또한 이미지 분류를 넘어서는 작업에 CNN 아키텍처를 사용하는 방법을 다루면서 CNN 아키텍처의 미래를 알아보겠다.

EfficientNet과 CNN 아키텍처의 미래

LeNet에서 DenseNet까지 다루는 동안 CNN 아키텍처의 발전에 밑바탕이 된 개념을 이해하게 됐다. 그 개념은 다음 방법 중 하나를 통해 CNN 모델을 확장 또는 스케일링하는 것이다.

- 계층 수 증가
- 합성곱 계층에서 특징 맵 또는 채널 수 증가
- LeNet의 32×32 픽셀 이미지를 AlexNet의 224×224 픽셀 이미지로 공간 차원을 증가

모델을 스케일링하는 이 세 가지 관점을 각각 *깊이*, *너비*, *해상도*라 한다. **EfficientNet**은 이 세 가지 속성을 수동으로 조정하는 대신, 신경망 아키텍처를 검색함으로써 각 아키텍처에 대한 최적의 스케일링 계수를 계산한다.

네트워크가 깊어질수록 모델은 더 복잡해지고 그에 따라 상당히 복잡한 특징을 학습할 수 있으므로 깊이를 깊게 만드는 것이 중요하다. 그러나 깊이가 증가함에 따라 경사 소실 문제가 과적합의 일반적인 문제와 함께 확대되므로 절충점을 찾아야 한다.

마찬가지로 채널 수가 많아질수록 네트워크가 더 세밀한 특징을 학습할 수 있으므로 이론적으로는 너비를 증가시키는 것이 도움이 된다. 그렇지만 모델이 극도로 넓어지면 정확도가 빠르게 포화(saturate)되는 경향이 있다.

마지막으로 고해상도 이미지는 더 세분화된 정보를 포함하므로 이론적으로 더 잘 작동해야 한다. 그러나 경험적으로 해상도가 높아진다고 모델 성능이 동일한 수준으로 선형적으로 증가하는 것은 아니다. 이로써 스케일링 인자를 결정할 때 이뤄져야 할 트레이드오프가 있고 따라서 신경망 아키텍처 검색은 최적의 스케일링 인자를 찾는 데 도움이 된다.

EfficientNet은 깊이, 너비, 해상도 사이에 적절한 균형을 갖는 아키텍처를 찾는 방법을 제안한다. 이세 가지 관점은 전역 스케일링 인자를 사용해 함께 스케일링된다. EfficientNet 아키텍처는 두 단계로 구성된다. 첫 번째 단계에서 스케일링 인자를 1로 고정해 기본 아키텍처(기본 네트워크)를 만든다. 이 단계에서 주어진 작업과 데이터셋에 대해 길이, 너비, 해상도의 상대적 중요도가 결정된다. 기본 네트워크는 유명한 CNN 아키텍처인 MnasNet(Mobile Neural Architecture Search Network의 약자)과 매우 유사한 방법으로 얻는다. 파이토치는 사전 훈련된 MnasNet 모델을 제공하며, 다음 코드를 사용해 로딩할 수 있다.

```
import torchvision.models as models
model=models.mnasnet1_0()
```

첫 번째 단계에서 기본 네트워크를 얻게 되면 모델 정확도를 최대화하고 계산(또는 실패) 수를 최소화하는 최적의 전역 스케일링 인자가 계산된다. 기본 네트워크를 EfficientNet B0라고 하며, 다양한 최적 스케일링 인자로부터 유래된 후속 네트워크를 EfficientNet B1~B7이라고 한다.

앞으로 CNN 아키텍처를 효율적으로 확장하는 방법은 inception, 잔차, 밀집 모듈에서 영감을 받아 더욱 정교한 모듈을 개발하는 방법과 함께 중요한 연구 방향으로 자리 잡을 것이다. CNN 아키텍처 개발에서 고려해야 할 또 다른 측면은 성능을 유지하면서 모델 크기를 최소화하는 것이다. **MobileNets**[3]가 대표적인 예로 이 분야에서 많은 연구가 진행 중이다.

기존 모델의 아키텍처를 수정하는 방식 외에, CNN을 구성하는 요소(합성곱 커널, 풀링 메커니즘, 좀 더 효율적인 평면화 방식 등)를 근본적으로 개선하려는 노력도 이어졌다. 구체적인 예로는 이미지의 세 번째 차원(깊이)에 맞게 합성곱 구성 단위를 개조한 **CapsuleNet**[4]을 들 수 있다.

CNN은 그 자체로 거대한 연구 주제다. 이 장에서는 주로 이미지 분류를 예로 CNN 아키텍처 개발에 대해 다뤘다. 그렇지만 이 동일한 아키텍처가 다양한 응용 분야에서 사용된다. 잘 알려진 예로는 ResNets를 객체 감지 및 분할에 **RCNN**[5] 형태로 사용하는 것이다. RCNN을 개선한 변형으로는 **Faster R-CNN, Mask-RCNN, Keypoint-RCNN**을 들 수 있다. 파이토치는 이 세 가지 변형 모두에 대해 사전 훈련된 모델을 제공한다.

---

3 https://pytorch.org/hub/pytorch_vision_mobilenet_v2/
4 https://en.wikipedia.org/wiki/Capsule_neural_network
5 https://en.wikipedia.org/wiki/Region_Based_Convolutional_Neural_Networks

```
faster_rcnn = models.detection.fasterrcnn_resnet50_fpn()
mask_rcnn = models.detection.maskrcnn_resnet50_fpn()
keypoint_rcnn = models.detection.keypointrcnn_resnet50_fpn()
```

또한 파이토치는 동영상 분류 같은 동영상과 관련한 작업에 적용되는 ResNet의 사전 훈련된 모델도 제공한다. 이처럼 동영상 분류에 사용되는 ResNet 기반의 모델로는 **ResNet3D**와 **ResNet Mixed Convolution**이 있다.

```
resnet_3d = models.video.r3d_18()
resnet_mixed_conv = models.video.mc3_18()
```

여기서는 이처럼 다양한 응용 분야 및 그에 대응하는 CNN 모델을 모두 다루지 못하지만 이 내용을 직접 읽고 공부해보기 바란다. 파이토치 웹사이트[6]에서 시작하면 좋다.

요약

이 장에서는 CNN 아키텍처에 대해서만 다뤘다. 우선 CNN 역사와 발전에 대해 간단히 설명했다. 그런 다음 CNN의 가장 초기 모델인 LeNet을 자세히 살펴봤다. 파이토치로 모델을 처음부터 만들고 이미지 분류 데이터셋에서 훈련시키고 테스트했다. 그런 다음 LeNet의 후속 모델인 AlexNet을 살펴봤다. 이 모델은 처음부터 만드는 대신 파이토치의 사전 훈련된 모델 리포지토리를 사용해 사전 훈련된 AlexNet 모델을 로딩했다. 그런 다음 로딩된 모델을 다른 데이터셋에서 미세 조정하고 그 성능을 평가했다.

다음으로 AlexNet을 잇는 더 깊고 더 발전된 후속 모델인 VGG 모델을 살펴봤다. 파이토치로 사전 훈련된 VGG 모델을 로딩하고 이 모델을 사용해 다른 이미지 분류 데이터셋에서 예측을 수행했다. 이어서 GoogLeNet과 여러 인셉션 모듈로 구성된 Inception v3 모델을 설명했다. 파이토치로 인셉션 모듈과 전체 네트워크를 구현했다. 이어서 ResNet과 DenseNet을 알아봤다. 이 아키텍처 각각에 대해 파이토치로 이 아키텍처를 구성하는 블록인 잔차 블록과 밀집 블록을 구현했다. 또한 하이브리드 CNN 아키텍처인 ResNeXt를 간단히 살펴봤다.

마지막으로 최신 CNN 모델인 EfficientNet을 간략히 설명했다. 그 배경이 되는 아이디어와 MnasNet 등 파이토치에서 이와 관련한 사전 훈련된 모델을 설명했다. 또한 객체 탐지와 동영상 분류에 특화된 다

---

6 https://pytorch.org/vision/stable/models.html#object-detection-instance-segmentation-and-person-keypoint-detection

른 CNN 아키텍처(각각 RCNN과 ResNet3D)를 간략히 다루고 미래의 CNN 아키텍처의 타당한 발전 방향을 보여줬다.

3장에서 CNN 아키텍처 개념에서 가능한 모든 주제를 다루지는 않았지만 LeNet에서 EfficientNet, 그 너머에 이르기까지 CNN의 발전 과정을 상세히 설명했다. 또한 여기서 논의했던 다양한 CNN 아키텍처를 파이토치로 효과적으로 구현하고 적용하는 것을 보여줬다.

다음 장에서는 유사한 여정을 탐색하지만 또 다른 중요한 유형의 신경망인 순환 신경망에 대해 살펴보겠다. 다양한 순환 신경망 아키텍처에 대해 논의하고 파이토치로 효과적으로 구현, 훈련, 테스트할 것이다.

04

심층 순환 신경망
아키텍처

신경망은 데이터셋의 입력(X)과 출력(y) 사이의 복잡한 패턴을 학습하는 데 사용되는 강력한 머신러닝 도구다. 이전 장에서는 각 입력 X가 다른 입력에 독립적이며, 각 출력 y가 데이터셋의 다른 출력과 독립적인 X와 y 사이 1:1 매핑을 학습하는 합성곱 신경망을 다뤘다.

이 장에서는 X(혹은 y)가 단일의 독립 데이터 포인트뿐 아니라 데이터 포인트의 시간 순서 $[X1, X2, ..Xt]$ (또는 $[y1, y2, .. yt]$)인 순서를 모델링할 수 있는 종류의 신경망을 설명한다. $X2$(시간 단계 2에서 데이터 포인트)는 $X1$에 종속되고 $X3$는 $X2$와 $X1$에 종속되는 식이다.

이런 네트워크를 **순환 신경망**(RNN, recurrent neural network)으로 분류한다. 이 네트워크는 네트워크에서 주기를 생성하는 모델에 추가적인 가중치를 포함해 데이터의 시간적 측면을 모델링할 수 있다. 이렇게 하면 다음 다이어그램에서 보듯이 상태를 유지하는 데 도움이 된다.

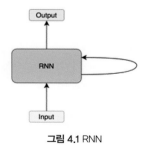

그림 4.1 RNN

주기(cycle)의 개념은 순환(recurrence)이라는 용어를 설명하고, 이 순환은 RNN에서 기억(memory)의 개념을 수립하는 데 도움이 된다. RNN에서는 숨겨진 내부 상태를 유지하면서 *시간 단계 t*에서 중간 출력을 *시간 단계 t*+1의 입력으로 쉽게 사용할 수 있다. 이러한 시간 단계에 걸친 연결을 **순환 연결**(**recurrent connection**)이라고 한다.

이 장에서는 수년에 거쳐 개발된 다양한 종류의 RNN, **LSTM**(**장단기 메모리**, long short-term memory), **GRU**(**게이트 순환 유닛**, Gated recurrent unit) 같은 다양한 순환 신경망을 중점적으로 다루겠다. 파이토치로 이 아키텍처 일부를 구현하고 실제 순차적 모델링 작업에서 순환 모델을 훈련시키고 테스트한다. 모델 훈련과 테스트 외에 파이토치를 사용해 효율적으로 순차 데이터를 로딩하고 전처리하는 방법을 배울 것이다. 이 장을 마치면 파이토치에서 RNN을 사용해 순차 데이터셋으로 머신러닝 문제를 해결할 수 있게 될 것이다.

이 장에서 다음 주제를 다룬다.

- 순환 신경망의 발전
- 감성 분석을 위해 RNN 훈련하기
- 양방향 LSTM 만들기
- GRU와 어텐션 기반 모델

준비 사항

여기서 모든 실습은 주피터 노트북을 사용할 것이다. 다음은 pip로 설치해야 할 파이썬 라이브러리 목록이다. 예를 들어 명령줄에서 `pip install torch==1.4.0`을 실행한다.

```
jpyter==1.0.0
torch==1.4.0
tqdm=4.43.0
matplotlib==3.1.2
torchtext==0.5.0
```

이 장에 관련한 모든 코드 파일은 Chapter04 폴더에서 확인할 수 있다.

순환 신경망의 발전

순환 신경망은 80년대부터 있었다. 이 절에서는 그 초기부터 순환 신경망 아키텍처의 발전 과정을 알아본다. RNN 진화의 주요 이정표를 통해 아키텍처가 어떻게 발전했고 왜 그렇게 발전했는지 설명하겠다. 그 역사를 알아보기 전에 간단히 RNN의 종류를 알아보고 이 모델이 일반적인 순전파 신경망과 어떤 연관이 있는지 알아보겠다.

순환 신경망 유형

지도 머신러닝 모델은 대체로 일대일 관계를 모델링하지만 RNN은 다음 유형의 입출력 관계를 모델링할 수 있다.

- **다대다(동시적인)**

  예: 명명된 개체 인식: 문장/텍스트가 주어지면 이름, 조직, 위치 등과 같이 명명된 개체 범주로 단어를 태깅한다.

- **다대다(인코더–디코더)**

  예: 기계 번역(영어 텍스트를 독일어 텍스트로 번역): 자연어로 된 문장/텍스트를 가져와 통합된 고정 크기의 표현으로 인코딩하고 해당 표현을 디코딩해 다른 언어로 된 같은 뜻의 문장/텍스트를 생성한다.

- **다대일**

  예: 감성 분석: 문장이나 텍스트 일부가 주어졌을 때 긍정적인 표현인지, 부정적인 표현인지, 중립적인 표현인지 등을 분류한다.

- **일대다**

  예: 이미지 캡션 생성: 이미지가 주어지면 이를 설명하는 문장/텍스트 일부를 생성한다.

- **일대일(그다지 유용하지는 않다)**

  예: 이미지 분류(이미지 픽셀을 순차적으로 처리함으로써)

다음 다이어그램은 일반적인 NN과 비교해 RNN 유형을 보여준다.

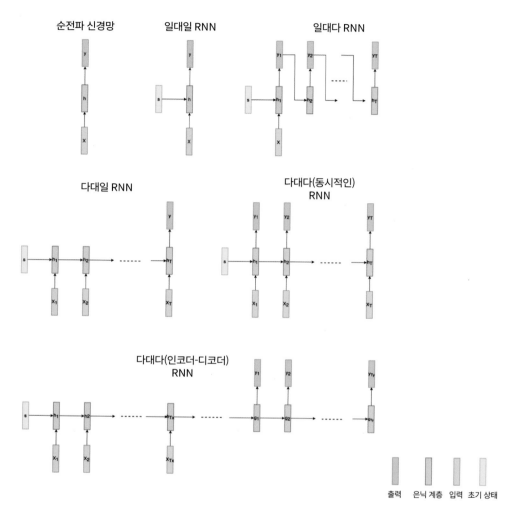

그림 4.2 RNN 종류

보다시피 순환 신경망에는 일반적인 신경망에는 없는 순환 연결이 있다. 이 순환 연결은 이전 다이어그램에서 시간 차원을 따라 펼친다. 다음 다이어그램은 RNN 구조를 시간으로 **펼친(time-unfolded)** 모습과 **펼치지 않은(time-folded)** 모습을 보여준다.

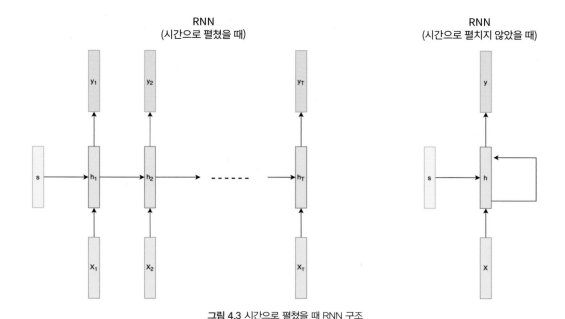

그림 4.3 시간으로 펼쳤을 때 RNN 구조

이어서 RNN 아키텍처를 설명할 때는 시간으로 펼친 버전을 사용하겠다. 앞의 다이어그램에서 RNN 계층은 신경망의 은닉 계층으로 빨간색으로 표시했다. 이 네트워크에서는 은닉 계층이 하나만 있지만, 이 은닉 계층을 시간 차원을 따라 펼치면 이 네트워크에는 실제로 T개의 은닉 계층이 있다는 것을 알 수 있다. 여기에서 T는 순차 데이터에서 전체 시간 단계의 수를 말한다.

RNN의 막강한 특징 중 하나는 다양한 길이(T)의 순차 데이터를 다룰 수 있다는 것이다. 길이가 서로 달라도 처리할 수 있는 방법은 길이가 짧은 데이터에 패딩을 추가하고 길이가 긴 데이터는 잘라내는 것이다. 이 방법은 이 장의 실습 문제에서 살펴보겠다.

다음으로 기초 RNN으로 시작해 순환망 아키텍처의 역사와 발전을 자세히 살펴보겠다.

RNN

RNN을 뒷받침하는 아이디어는 사람이 기억하는 방식을 모방하고자 했던 특별한 RNN인 홉필드 네트워크(Hopfield network)가 1982년에 등장하면서 분명해졌다. 나중에 RNN은 1986년 데이비드 러멜하트(David Rumelhart)의 연구 결과를 기반으로 탄생했다. 여기에서부터 다음 다이어그램과 같이 개선 사항이 아키텍처에 적용됐다.

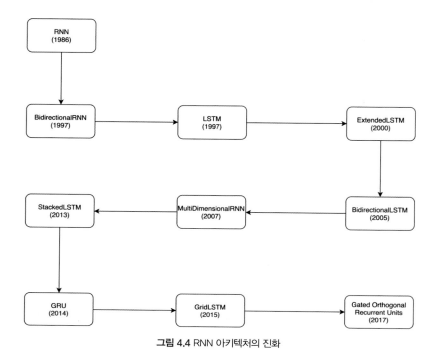

그림 4.4 RNN 아키텍처의 진화

앞의 다이어그램이 RNN 아키텍처의 진화 과정 전체를 다루지 않지만 중요한 지점을 다루고 있다. 다음으로 양방향 RNN을 시작으로 RNN의 후예들을 연대순으로 알아보겠다.

양방향 RNN

RNN이 순차 데이터에서 성능이 좋지만, 언어 번역 같은 일부 순서가 중요한 작업은 과거와 미래 정보를 모두 살펴봄으로써 더 효율적으로 수행할 수 있음을 나중에 깨달았다. 예를 들어 영어 'I see you'는 프랑스어 'Je te vois'로 번역된다. 여기서 'te'는 'you'를 뜻하고, 'voi'는 'see'를 뜻한다. 따라서 영어를 프랑스어로 올바르게 번역하려면, 프랑스어로 두 번째와 세 번째 단어를 쓰기 전에 영어 세 단어 모두를 알아야 한다.

이 한계를 극복하기 위해, 1997년에 **양방향 RNN**이 개발됐다. 양방향 RNN은 내부적으로 작동하는 2개의 RNN이 있다는 점을 제외하면 전형적인 RNN과 매우 비슷하다. 이 2개의 RNN은 다음 다이어그램처럼 하나는 처음부터 끝까지 순서대로 실행되고, 다른 하나는 끝에서 처음으로 가는 순서대로 실행된다.

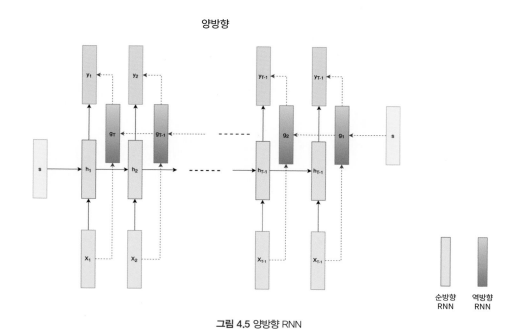

그림 4.5 양방향 RNN

다음으로 LSTM을 알아보자.

LSTM

RNN은 순차 데이터를 다룰 수 있고 정보를 기억할 수 있지만 경사가 폭발하거나 소실되는 문제를 안고 있다. 이 문제는 순환 신경망을 시간 축에 따라 펼치면 네트워크가 극단적으로 깊어지기 때문에 일어난다.

1997년에 이 문제를 해결하기 위한 다양한 접근법이 고안됐다. RNN 셀이 더 정교한 메모리 셀인 **LSTM**(장단기 메모리) 셀로 교체됐다. RNN 셀에는 일반적으로 **시그모이드**(sigmoid)나 **tanh** 활성화 함수가 사용된다. 시그모이드 함수는 출력값을 0(보낼 정보 없음)과 1(보낼 정보 있음) 사이로 제어할 수 있으며 tanh 함수는 −1과 1 사이로 제어할 수 있다.

tanh는 출력값 평균이 0이고 일반적으로 경사가 크므로 학습(수렴) 속도를 빠르게 해줘서 더 유리한 점이 있다. 이 활성화 함수는 다음 다이어그램처럼 현재 시간 단계의 입력과 이전 시간 단계의 은닉 상태를 결합할 때 적용된다.

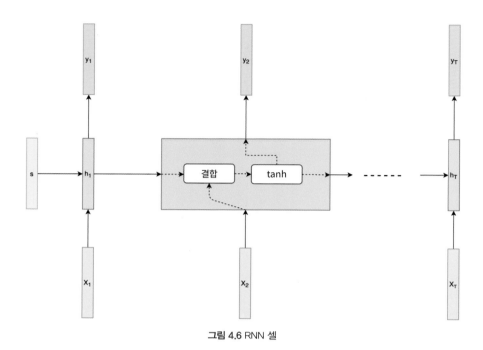

그림 4.6 RNN 셀

시간 축을 따라 펼쳐진 RNN 셀에서 경사 항을 곱하기 때문에, 경삿값은 **역전파**되는 동안 이 RNN 셀에서 지속적으로 소실하거나 계속 증가한다. 따라서 RNN이 짧은 길이에서 순차적 정보를 기억할 수는 있어도 길이가 길어지면 곱셈이 많아져 기억하기 힘들어진다. LSTM은 게이트로 입력과 출력을 제어함으로써 이 이슈를 해결한다.

LSTM 계층은 시간에 따라 펼쳐진 다양한 LSTM 셀로 구성된다. 정보는 하나의 셀에서 다른 셀로 셀 상태의 형태로 전달된다. 이 셀 상태는 게이트의 메커니즘을 통해 곱셈과 덧셈을 사용해 제어되거나 가공된다. 이 게이트는 다음 다이어그램에서 보듯이, 이전 셀에서 오는 정보를 보존하거나 잊어버리면서 다음 셀로 흐르는 정보를 제어할 수 있다.

LSTM은 훨씬 더 긴 순차 데이터를 효율적으로 다룰 수 있다는 점에서 순환 신경망에 혁신을 일으켰다. 다음으로 더 진화된 형태의 LSTM 변형을 알아보겠다.

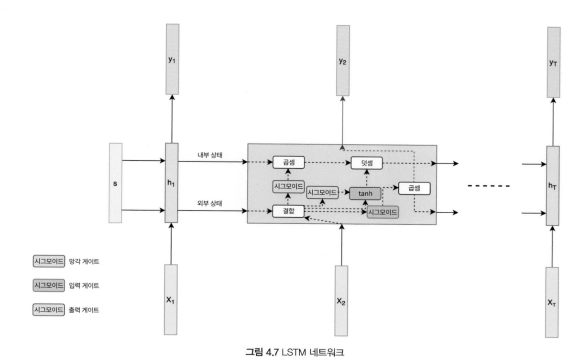

그림 4.7 LSTM 네트워크

확장된 LSTM과 양방향 LSTM

원래 1997년에 개발된 LSTM은 입력 게이트와 출력 게이트만 있었다. 그 직후 2000년에 망각 게이트를 갖춘 확장된 형태의 LSTM이 개발되어 오늘날 주로 사용되는 모델이 됐다. 2005년에는 양방향 RNN과 유사한 개념의 양방향 LSTM이 개발됐다.

다차원 RNN

2007년 다차원 RNN(MDRNN)이 개발됐다. 이때 RNN 셀 간 순환 연결이 하나였던 것을 데이터의 차원 수만큼 늘렸다. 이는 데이터가 일련의 이미지여서 2차원 형태를 갖는 동영상을 처리할 때 유용하다.

적층 LSTM

단일 계층의 LSTM 네트워크에서도 경사가 소실되거나 폭발하는 문제를 극복하는 것 같지만, LSTM 계층을 여러 개 쌓으면 음성 인식처럼 다양한 순차 처리 작업에서 상당히 복잡한 패턴을 학습하는 데 더 많은 도움이 된다. 이 강력한 모델을 **적층 LSTM**(stacked LSTM)이라고 한다. 다음 다이어그램은 두 개의 LSTM 계층으로 이뤄진 적층 LSTM 모델을 보여준다.

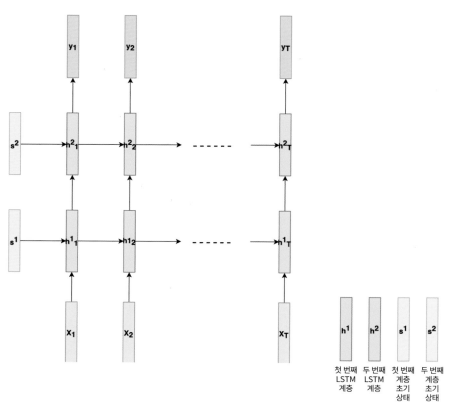

그림 4.8 적층 LSTM

LSTM 셀은 본래 LSTM 계층을 시간 차원으로 쌓은 것이다. 공간 차원에서 그런 계층을 몇 개 쌓으면 공간상에 필요한 추가적인 깊이를 제공하게 된다. 이 모델의 단점이라면 깊이가 늘어나고 순환 연결이 늘어나서 훈련 속도가 상당히 느리다는 것이다. 게다가 LSTM 계층이 추가되면 모든 훈련 이터레이션에서 시간 차원으로 펼쳐져야 한다. 따라서 여러 겹 쌓인 순환망 모델을 훈련시키는 것은 일반적으로 병렬 수행이 불가능하다.

GRU

LSTM 셀에는 내부 상태와 외부 상태가 있고 **입력 게이트, 망각 게이트, 출력 게이트**가 있다. **게이트 순환 유닛(GRU, gated recurrent unit)**이라는 비슷한 유형의 셀이 2014년에 개발되어 경사가 소실하거나 폭발하는 문제를 효과적으로 처리하면서 장기 종속성을 학습했다. GRU에는 하나의 상태와 **리셋 게이트**(입력 게이트와 망각 게이트의 조합)와 **업데이트 게이트**가 있다. 다음 다이어그램은 GRU 네트워크를 보여준다.

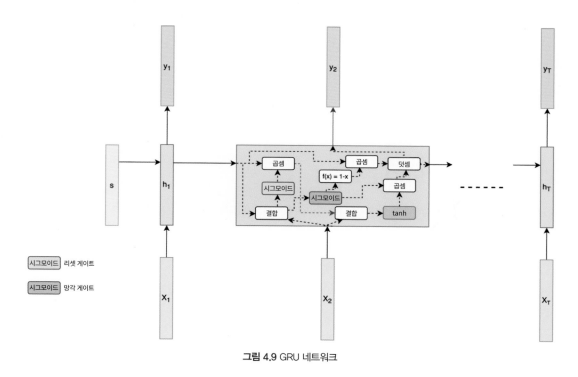

그림 4.9 GRU 네트워크

다음으로 그리드 LSTM을 알아보겠다.

그리드 LSTM

1년 뒤 2015년에 그리드 LSTM 모델이 MDLSTM 모델의 후속 모델로 개발됐다. MDLSTM 모델은 다차원 RNN 모델의 LSTM 버전이라 보면 된다. 그리드 LSTM 모델에서 LSTM 셀은 다차원 그리드로 배열된다. 이러한 셀은 데이터의 시공간 차원에 따라 네트워크 계층 간에 연결된다.

게이트 직교 순환 유닛

2017년 GRU 아이디어와 **유니타리 RNN**(unitary RNN)을 결합한 **게이트 직교 순환 유닛**(gated orthogonal recurrent units)이 개발됐다. 유니타리 RNN은 경사가 폭발하거나 소실하는 문제를 해결하기 위해 **유니타리 행렬**(직교 행렬)을 RNN의 **은닉 상태 루프 행렬**로 사용하는 아이디어를 기반으로 만들어졌다. 경삿값이 벗어나면 **은닉-은닉** 가중치 행렬의 **고윳값**(eigenvalues)이 1에서 벗어나기 때문에 작동된다. 이로 인해 이 행렬은 경사 문제를 해결하기 위해 직교 행렬로 교체됐다. 유니타리 RNN에 대한 자세한 내용은 이를 제안한 논문[1]에서 확인할 수 있다.

이 절에서는 순환 신경망 아키텍처의 진화를 간략히 다뤘다. 다음으로 텍스트 분류 작업을 기반으로 하는 간단한 RNN 모델 아키텍처로 실습하면서 RNN에 대해 자세히 알아보겠다. 또한 파이토치가 순차 데이터를 처리하고 순환 모델을 구축하고 평가하는 데 있어 어떻게 중요한 역할을 담당하는지 살펴보겠다.

감성 분석을 위해 RNN 훈련하기

이 절에서는 텍스트 분류 작업인 감성 분석을 위해 파이토치로 RNN 모델을 훈련하겠다. 이 작업에서 모델은 텍스트 조각(단어 시퀀스)을 입력으로 받아 1(긍정적인 감정) 또는 0(부정적인 감정)을 출력한다. 순차 데이터에 대해 이진 분류 작업을 하려면 **단방향 단층 RNN**을 사용한다.

모델을 훈련시키기 전에 텍스트 데이터를 수작업으로 처리하고 활용할 수 있는 숫자 형태로 전환하겠다. 모델을 훈련시킬 때 일부 샘플 텍스트에서 모델을 테스트할 것이다. 다양한 파이토치 기능을 사용해 이 작업을 효율적으로 수행하는 방법을 보여주겠다. 이 실습을 위한 코드는 rnn.ipynb에서 찾아볼 수 있다.

텍스트 데이터셋 로딩 및 전처리

이 실습을 위해 몇 가지 라이브러리를 임포트해야 한다.

1. 우선 import 문을 실행한다.

```
import os
import time
```

---

[1] https://arxiv.org/pdf/1511.06464.pdf

```
import numpy as np
from tqdm import tqdm
from string import punctuation
from collections import Counter
import matplotlib.pyplot as plt

import torch
import torch.nn as nn
import torch.optim as optim
from torch.utils.data import DataLoader, TensorDataset
device = torch.device('cuda' if torch.cuda.is_available() else 'cpu')
torch.manual_seed(123)
```

보통 임포트하던 torch 라이브러리 외에 텍스트 처리를 위해 punctuation과 Counter를 임포트했다. 또한 이미지를 표시하기 위해 maplotlib, 배열 연산을 위해 numpy, 프로그레스 바를 시각화하기 위해 tqdm을 임포트했다. 임포트 외에도 이 실습을 재현할 수 있게 코드 마지막 줄에서 랜덤 시드를 설정했다.

2. 다음으로 텍스트 파일로부터 데이터를 읽어 들인다. 이 실습을 위해 IMDb 감성 분석 데이터셋[2]을 사용하겠다. IMDb 데이터셋은 영화 리뷰 텍스트와 그에 해당하는 감성 레이블(긍정 또는 부정)로 구성된다. 먼저 데이터셋을 다운로드하고[3] 텍스트와 그에 해당하는 감성 레이블을 읽어 들여 저장하기 위해 다음 코드를 실행한다.

```
# 텍스트 파일에서 리뷰 데이터와 감성을 읽어 들인다.
review_list = []
label_list = []
for label in ['pos', 'neg']:
    for fname in tqdm(os.listdir(f'./aclImdb/train/{label}/')):
        if 'txt' not in fname:
            continue
        with open(
            os.path.join(f'./aclImdb/train/{label}/', fname), encoding="utf8"
        ) as f:
            review_list += [f.read()]
            label_list += [label]
print('Number of reviews :', len(review_list))
```

이 코드의 결과는 다음과 같다.

---

2 https://ai.stanford.edu/~amaas/data/sentiment/

3 데이터셋은 https://ai.stanford.edu/~amaas/data/sentiment/에서 직접 다운로드해야 한다. 다운로드한 압축 파일을 현재 작업 디렉터리에 풀면 aclImdb 폴더가 만들어진다.

```
100%|          | 12500/12500 [00:03<00:00, 3393.39it/s]
100%|          | 12500/12500 [00:03<00:00, 3707.12it/s]
Number of reviews : 25000
```

보다시피 전체 25,000개의 영화 리뷰가 있고 이 중 12,500개는 긍정적인 리뷰이며 나머지 12,500개는 부정적이다.

> 데이터셋 참고 문헌
>
> Andrew L. Maas, Raymond E. Daly, Peter T. Pham, Dan Huang, Andrew Y. Ng, and Christopher Potts. (2011). Learning Word Vectors for Sentiment Analysis. The 49th Annual Meeting of the Association for Computational Linguistics(ACL 2011).

3. 다음 데이터 로딩 단계에서 텍스트 데이터 처리를 시작한다.

```python
# 리뷰 텍스트 전처리
review_list = [review.lower() for review in review_list]
review_list = [
    ''.join([letter for letter in review if letter not in punctuation])
    for review in tqdm(review_list)
]

# 전체 리뷰 텍스트 축적
reviews_blob = ' '.join(review_list)

# 전체 리뷰에서 나오는 모든 단어를 리스트로 생성
review_words = reviews_blob.split()

# 단어 등장 횟수 가져오기
count_words = Counter(review_words)

# 등장 횟수로 단어 정렬(내림차순)
total_review_words = len(review_words)
sorted_review_words = count_words.most_common(total_review_words)

print(sorted_review_words[:10])
```

결과는 다음과 같다.

```
[('the', 334691), ('and', 162228), ('a', 161940), ('of', 145326), ('to', 135042), ('is',
106855), ('in', 93028), ('it', 77099), ('i', 75719), ('this', 75190)]
```

보다시피 먼저 전체 텍스트 말뭉치(corpus)를 소문자로 처리한 다음, 리뷰 텍스트에서 구두점을 모두 제거했다. 그런 다음 전체 리뷰에 나오는 단어를 모두 모아 단어 등장 횟수를 계산하고 가장 많이 사용되는 단어를 확인하기 위해 단어 등장 횟수 기준으로 내림차순 정렬했다. 결과에서 알 수 있듯이 가장 많이 등장하는 단어는 명사가 아닌 한정사, 대명사 같은 것들이다.

이론적으로 이렇게 명사가 아닌 단어(**불용어**라고도 함)는 많은 의미를 전달하지 않으므로 말뭉치에서 제거된다. 여기 서는 일을 단순하게 유지하기 위해 고급 텍스트 처리 단계를 건너뛰겠다.

4. 이러한 개별 단어를 숫자나 토큰으로 변환해 데이터 처리를 계속 하겠다. 머신러닝 모델은 단어가 아니라 숫자만 이 해하므로 이 단계가 중요하다.

```
#텍스트를 숫자로 인코딩하기 위해 단어-정수(토큰) 딕셔너리를 생성
vocab_to_token = {
    word:idx+1 for idx, (word, count) in enumerate(sorted_review_words)
}
print(list(vocab_to_token.items())[:10])
```

결과는 다음과 같다.

```
[('the', 1), ('and', 2), ('a', 3), ('of', 4), ('to', 5), ('is', 6), ('in', 7), ('it', 8),
('i', 9), ('this', 10)]
```

가장 많이 등장하는 단어에 1을 시작으로 순서대로 단어에 숫자가 할당된다.

5. 이전 단계에서 단어–정수 매핑(또는 데이터셋의 사전)을 얻었다. 이 단계에서는 사전을 사용해 데이터셋의 영화 리뷰 를 숫자 리스트로 변환한다.

```
reviews_tokenized = []
for review in review_list:
    word_to_token = [vocab_to_token[word] for word in review.split()]
    reviews_tokenized.append(word_to_token)
print(review_list[0])
print()
print (reviews_tokenized[0])
```

결과는 다음과 비슷할 것이다.

---

for a movie that gets no respect there sure are a lot of memorable quotes listed for this gem
imagine a movie where joe piscopo is actually funny maureen stapleton is a scene stealer the
moroni character is an absolute scream watch for alan the skipper hale jr as a police sgt

[15, 3, 17, 11, 201, 56, 1165, 47, 242, 23, 3, 168, 4, 891, 4325, 3513, 15, 10, 1514, 822, 3,
17, 112, 884, 14623, 6, 155, 161, 7307, 15816, 6, 3, 134, 20049, 1, 32064, 108, 6, 33, 1492,
1943, 103, 15, 1550, 1, 18993, 9055, 1809, 14, 3, 549, 6906]

---

6. 또한 감성 분류값인 긍정과 부정을 각각 숫자 1과 0으로 인코딩해야 한다.

```python
# 감성을 0 또는 1로 인코딩
encoded_label_list = [1 if label == 'pos' else 0 for label in label_list]


reviews_len = [len(review) for review in reviews_tokenized]


reviews_tokenized = [
    reviews_tokenized[i] for i, l in enumerate(reviews_len) if l > 0
]
encoded_label_list = np.array(
    [encoded_label_list[i] for i, l in enumerate(reviews_len) if l > 0 ],
    dtype='float32'
)
```

7. 모델을 훈련시키기 전에 마지막 데이터 처리 단계가 필요하다. 리뷰가 다양하므로 길이도 다양할 수 있다. 그렇지만 여기서는 고정된 길이를 다루는 단순한 RNN 모델을 정의할 것이다. 따라서 다양한 길이의 리뷰를 정규화해 모두 같은 길이를 갖게 만들어야 한다.

이를 위해 시퀀스 길이 L(이 경우, 512)을 정의한 다음 L보다 길이가 짧은 시퀀스에는 패딩하고 L보다 긴 시퀀스는 잘라낸다.

```python
def pad_sequence(reviews_tokenized, sequence_length):
    ''' 0으로 패딩되거나 sequence_length에 맞춰 잘린, 토큰화된 리뷰 시퀀스를 반환'''
    padded_reviews = np.zeros((len(reviews_tokenized), sequence_length), dtype = int)

    for idx, review in enumerate(reviews_tokenized):
        review_len = len(review)

        if review_len <= sequence_length:
```

```
            zeroes = list(np.zeros(sequence_length-review_len))
            new_sequence = zeroes+review
        elif review_len > sequence_length:
            new_sequence = review[0:sequence_length]


        padded_reviews[idx,:] = np.array(new_sequence)

    return padded_reviews

sequence_length = 512
padded_reviews = pad_sequence(
    reviews_tokenized=reviews_tokenized, sequence_length=sequence_length
)

plt.hist(reviews_len);
```

결과는 다음과 같다.

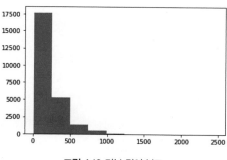

그림 4.10 리뷰 길이 분포

리뷰는 대체로 500 단어보다 짧아서 모델에 사용할 시퀀스 길이로 512(2의 배수)를 선택하고 정확히 512 단어 길이가
아닌 시퀀스를 그에 맞춰 수정했다.

8. 마지막으로 모델을 훈련시킨다. 이를 위해 데이터를 75:25 비율로 훈련셋과 검증셋으로 나눠야 한다.

```
train_val_split = 0.75
train_X = padded_reviews[:int(train_val_split*len(padded_reviews))]
train_y = encoded_label_list[:int(train_val_split*len(padded_reviews))]
validation_X = padded_reviews[int(train_val_split*len(padded_reviews)):]
validation_y = encoded_label_list[int(train_val_split*len(padded_reviews)):]
```

9. 이 단계에서 파이토치를 사용하기 시작해 데이터에서 dataset과 dataloader 객체를 생성한다.

```
# 토치 데이터셋 생성
train_dataset = TensorDataset(
    torch.from_numpy(train_X).to(device), torch.from_numpy(train_y).to(device)
)
validation_dataset = TensorDataset(
    torch.from_numpy(validation_X).to(device), torch.from_numpy(validation_y).to(device)
)
batch_size = 32
# 토치 데이터로더 (데이터를 셔플링함)
train_dataloader = DataLoader(train_dataset, batch_size=batch_size, shuffle=True)
validation_dataloader = DataLoader(
    validation_dataset, batch_size=batch_size, shuffle=True
)
```

10. 모델에 데이터를 제공하기 전 데이터가 어떻게 생겼는지 감을 잡기 위해 32개 리뷰와 그에 해당하는 감성 레이블을 하나의 배치로 하여 시각화하자.

```
# 훈련 데이터 배치 가져오기
train_data_iter = iter(train_dataloader)
X_example, y_example = train_data_iter.next()
print('Example Input size: ', X_example.size()) # batch_size, seq_length
print('Example Input:\n', X_example)
print()
print('Example Output size: ', y_example.size()) # batch_size
print('Example Output:\n', y_example)
```

[실행 결과]

```
Example Input size:  torch.Size([32, 512])
Example Input:
 tensor([[    0,     0,     0,  ...,     1,   875,   520],
        [    0,     0,     0,  ...,   482,   800,  1794],
        [    0,     0,     0,  ...,     3,  1285, 70251],
        ...,
        [    0,     0,     0,  ...,     4,     1,  1374],
        [    0,     0,     0,  ...,     2,  8268, 17117],
        [    0,     0,     0,  ...,  6429,   271,   116]])
```

```
Example Output size:  torch.Size([32])
Example Output:
 tensor([1., 0., 1., 0., 0., 1., 0., 1., 1., 0., 1., 1., 0., 0., 0., 1., 1., 1.,
         1., 1., 1., 0., 1., 1., 1., 1., 1., 1., 0., 1., 1., 1.])
```

텍스트 데이터셋을 로딩하고 처리해 숫자형 토큰 시퀀스를 만들었으니 다음으로 파이토치에서 RNN 모델 객체를 생성하고 RNN 모델을 훈련시키겠다.

모델 인스턴스화 및 훈련

데이터셋이 준비됐으니 단방향 단층 RNN 모델을 인스턴스화하면 된다. 첫째로 파이토치는 **nn.RNN** 모듈을 통해 RNN 계층을 인스턴스화하는 일을 아주 간단하게 만들었다. 입력/임베딩 차원, 은닉–은닉 상태 차원, 레이어 수만 있으면 된다. 그럼 시작하자.

1. 별도의 래퍼 RNN 클래스를 정의하자. 이 클래스는 임베딩 계층으로 시작해 RNN 계층, 마지막으로 완전 연결 계층으로 이어지는 전체 RNN 모델을 인스턴스화한다.

```python
class RNN(nn.Module):
    def __init__(
        self,
        input_dimension,
        embedding_dimension,
        hidden_dimension,
        output_dimension
    ):
        super().__init__()
        self.embedding_layer = nn.Embedding(input_dimension, embedding_dimension)
        self.rnn_layer = nn.RNN(
            embedding_dimension, hidden_dimension, num_layers=1
        )
        self.fc_layer = nn.Linear(hidden_dimension, output_dimension)

    def forward(self, sequence):
        # sequence shape = (sequence_length, batch_size)
        embedding = self.embedding_layer(sequence)
        # embedding shape = [sequence_length, batch_size, embedding_dimension]
        output, hidden_state = self.rnn_layer(embedding)
```

```
        # output shape = [sequence_length, batch_size, hidden_dimension]
        # hidden_state shape = [1, batch_size, hidden_dimension]
        final_output = self.fc_layer(hidden_state[-1,:,:].squeeze(0))
        return final_output
```

임베딩 계층의 기능은 단어 임베딩을 저장하고(룩업 테이블 형태로) 인덱스를 사용해 가져오는 것으로 nn.Embedding 모듈에서 제공된다. 이 실습에서는 임베딩 차원을 100으로 설정한다. 이것은 사전에 모두 1,000개의 단어가 있다면 임베딩 룩업 테이블 크기는 1000×100이 된다는 뜻이다.

예를 들어, 사전에 숫자 8로 토큰화돼 있는 단어 'it'은 이 룩업 테이블에서 8번째 행에 크기가 100인 벡터로 저장된다. 성능을 높이기 위해 임베딩 룩업 테이블을 사전 훈련된 임베딩으로 초기화할 수 있지만 여기서는 처음부터 훈련시키겠다.

2. 다음 코드에서 RNN 모델을 인스턴스화한다.

```
input_dimension = len(vocab_to_token)+1 # 패딩 처리를 위해 1을 더함
embedding_dimension = 100
hidden_dimension = 32
output_dimension = 1

rnn_model = RNN(
    input_dimension, embedding_dimension, hidden_dimension, output_dimension
)

optim = torch.optim.Adam(rnn_model.parameters())
loss_func = nn.BCEWithLogitsLoss()

rnn_model = rnn_model.to(device)
loss_func = loss_func.to(device)
```

손실을 계산하기 위해 nn.BCEWithLogitsLoss 모듈을 사용한다. 이 파이토치 모듈은 **시그모이드** 함수에 대해 수치적으로 안정적인 계산을 제공한다. 이 시그모이드 함수 뒤로는, 이진 분류 문제에 꼭 필요한 손실 함수인 **이진 교차 엔트로피 함수**가 따라 나온다. 은닉 차원 수가 32라는 것은 각 RNN 셀(은닉 셀) 상태가 크기 32의 벡터라는 뜻이다.

3. 또한 훈련된 모델의 성능을 검증 셋에서 측정하기 위한 지표로 정확도를 정의하겠다. 이 실습에서는 간단하게 0 또는 1의 정확도를 반환하겠다.

```
def accuracy_metric(predictions, ground_truth):
    """
    예측과 실젯값의 집합이 주어졌을 때 정확도를 0 또는 1로 반환
```

```
    """
    # 예측을 0 또는 1로 반올림
    rounded_predictions = torch.round(torch.sigmoid(predictions))
    # 나눗셈을 위해 부동소수점으로 변환
    success = (rounded_predictions == ground_truth).float()
    accuracy = success.sum() / len(success)
    return accuracy
```

4. 모델 인스턴스화와 지표 정의를 완료했으면 훈련과 검증 루틴을 정의하면 된다. 훈련 루틴 코드는 다음과 같다.

```
def train(model, dataloader, optim, loss_func):
    loss = 0
    accuracy = 0
    model.train()
    for sequence, sentiment in dataloader:
        optim.zero_grad()
        preds = model(sequence.T).squeeze()
        loss_curr = loss_func(preds, sentiment)
        accuracy_curr = accuracy_metric(preds, sentiment)
        loss_curr.backward()
        optim.step()
        loss += loss_curr.item()
        accuracy += accuracy_curr.item()
    return loss/len(dataloader), accuracy/len(dataloader)
```

검증 루틴 코드는 다음과 같다.

```
def validate(model, dataloader, loss_func):
    loss = 0
    accuracy = 0
    model.eval()
    with torch.no_grad():
        for sequence, sentiment in dataloader:
            preds = model(sequence.T).squeeze()
            loss_curr = loss_func(preds, sentiment)
            accuracy_curr = accuracy_metric(preds, sentiment)
            loss += loss_curr.item()
            accuracy += accuracy_curr.item()
    return loss/len(dataloader), accuracy/len(dataloader)
```

5. 이제 모델을 훈련시킬 준비가 됐다.

```python
num_epochs = 10
best_validation_loss = float('inf')


for ep in range(num_epochs):

    time_start = time.time()

    training_loss, train_accuracy = train(
        rnn_model, train_dataloader, optim, loss_func
    )
    validation_loss, validation_accuracy = validate(
        rnn_model, validation_dataloader, loss_func
    )

    time_end = time.time()
    time_delta = time_end - time_start

    if validation_loss < best_validation_loss:
        best_validation_loss = validation_loss
        torch.save(rnn_model.state_dict(), 'rnn_model.pt')

    print(f'epoch number: {ep+1} | time elapsed: {time_delta}s')
    print(f'training loss: {training_loss:.3f} | training accuracy: {train_accuracy*100:.2f}%')
    print(f'validation loss: {validation_loss:.3f} |  validation accuracy: {validation_accuracy*100:.2f}%')
```

결과는 다음처럼 출력된다.[4]

```
epoch number: 1 | time elapsed: 136.13723397254944s
training loss: 0.627 | training accuracy: 66.23%
validation loss: 1.048 |  validation accuracy: 19.65%


epoch number: 2 | time elapsed: 150.36637210845947s
```

---

4 (엮은이) train() 함수 실행 시 "RuntimeError: Expected tensor for argument #1 'indices' to have scalar type Long" 오류가 발생한다면 실습 노트북에서 주석 처리된 셀을 찾아서 주석을 해제한 뒤 다시 실행해보라.
또한 "RuntimeError: result type Float can't be cast to the desired output type Long" 오류가 발생한다면 train()과 validate() 함수 정의에서 loss_func()를 호출하는 행을 각각 아래와 같이 바꿔보라.
`loss_curr = loss_func(preds, sentiment.float())`

```
training loss: 0.533 | training accuracy: 73.80%
validation loss: 0.858 | validation accuracy: 54.43%

(생략)

epoch number: 9 | time elapsed: 185.76586294174194s
training loss: 0.315 | training accuracy: 87.93%
validation loss: 0.950 | validation accuracy: 62.34%

epoch number: 10 | time elapsed: 188.91670608520508s
training loss: 0.193 | training accuracy: 93.08%
validation loss: 1.042 | validation accuracy: 62.71%
```

이 모델은 과적합되어 훈련셋에서 특히 학습이 잘되는 것으로 보인다. 모델이 시간 차원에서 512 계층을 갖는다는 점을 고려하면 이 막강한 모델이 훈련셋에서 매우 학습이 잘되는 이유를 알 수 있다. 검증셋에서의 모델 성능은 낮은 값에서 시작해 변동을 거듭하며 높아진다.

6. 훈련된 모델에서 실시간 추론을 만드는 헬퍼 함수를 정의하자.

```python
def sentiment_inference(model, sentence):
    model.eval()

    # 텍스트 변환
    sentence = sentence.lower()
    sentence = ''.join([c for c in sentence if c not in punctuation])
    tokenized = [vocab_to_token.get(token, 0) for token in sentence.split()]
    tokenized = np.pad(tokenized, (512-len(tokenized), 0), 'constant')

    # 모델 추론
    model_input = torch.LongTensor(tokenized).to(device)
    model_input = model_input.unsqueeze(1)
    pred = torch.sigmoid(model(model_input))

    return pred.item()
```

7. 이 실습의 마지막 단계로 수작업으로 입력된 리뷰 텍스트를 가지고 이 모델의 성능을 테스트하겠다.

```python
print(sentiment_inference(rnn_model, "This film is horrible"))
print(
```

```
    sentiment_inference(
        rnn_model, "Director tried too hard but this film is bad"
    )
)
print(sentiment_inference(rnn_model, "Decent movie, although could be shorter"))
print(sentiment_inference(rnn_model, "This film will be houseful for weeks"))
print(sentiment_inference(rnn_model, "I loved the movie, every part of it"))
```

결과는 다음과 같다.

```
0.05216024070978165
0.17682921886444092
0.7510029077529907
0.9689022898674011
0.9829260110855103
```

여기에서 모델이 긍정과 부정 의견에서 하나를 선택한다는 것을 알 수 있다. 또한 512 단어보다 훨씬 짧은 경우에도 다양한 길이의 시퀀스를 처리할 수 있는 것으로 보인다.

이 실습에서는 모델 아키텍처뿐 아니라 데이터 처리 측면에서도 제약사항이 있는 단순한 RNN 모델을 훈련시켰다. 다음 실습에서는 좀 더 진화된 순환망 아키텍처인 양방향 LSTM 모델을 사용해 같은 작업을 수행해 볼 것이다. 이 실습에서 발견한 과적합 문제를 극복하기 위해 몇 가지 정칙화 기법을 사용할 것이다. 또한 데이터 로딩 및 데이터 처리 파이프라인을 더 효율적이고 간결하게 처리하기 위해 파이토치의 torchtext 모듈을 사용할 것이다.

양방향 LSTM 만들기

지금까지 텍스트 데이터에 기반한 이진 분류 작업인 감성 분석 작업에 간단한 RNN 모델을 훈련시키고 테스트했다. 이 절에서는 더 진화된 순환망 아키텍처인 LSTM을 사용해 같은 작업의 성능을 개선해 보겠다.

알다시피 LSTM은 시간 단계상 몇 단계 전이라도 중요한 정보는 보존하고 최근 정보라도 관련 없는 정보는 망각하는 데 도움이 되는 메모리 셀 게이트 덕분에 더 긴 시퀀스를 더 잘 처리할 수 있다. 경사가 폭발하거나 소실하는 문제를 확인하고 긴 영화 리뷰를 처리할 때 LSTM의 성능이 더 좋다.

게다가 모델이 영화 리뷰의 감성에 대해 좀 더 정보에 입각한 결정을 내릴 수 있게 언제든지 컨텍스트 원도[5]를 확장할 수 있도록 양방향 모델을 사용할 것이다. 이전 실습에서 살펴본 RNN 모델은 훈련시키는 동안 데이터셋에 과적합됐기 때문에 이를 해결하기 위해 LSTM 모델에서 정칙화 방법으로 드롭아웃을 사용하겠다.

텍스트 데이터셋 로딩과 전처리

이 실습에서는 파이토치의 torchtext 모듈의 힘을 보여줄 것이다. 이전 실습에서는 텍스트 데이터셋을 로딩하고 처리하는 데 많은 노력을 기울였다. torchtext를 사용해 10 줄도 안 되는 코드로 같은 작업을 수행할 것이다.

수작업으로 데이터셋을 다운로드하는 대신 torchtext.dataset에 있는 IMDb 데이터셋을 로딩해 사용할 것이다. 또한 단어를 토큰화하고 사전을 생성하기 위해 torchtext.dataset을 사용할 것이다. 끝으로, 시퀀스에 패딩을 수작업으로 하지 않고 nn.LSTM 모듈을 사용해 바로 패딩한다. 실습 코드는 깃허브[6]에서 확인할 수 있다. 그러면 시작하자.

1. 이 실습을 위해 몇 가지 라이브러리를 임포트해야 한다. 먼저 이전 실습에서 했던 것과 마찬가지로 import 문을 실행한다. 추가로 다음을 더 임포트해야 한다.[7]

```
import random
from torchtext import (data, datasets)
```

2. 다음으로 IMDb 감성 분석 데이터셋을 직접 다운로드하기 위해 torchtext 모듈의 서브 모듈인 datasets를 사용한다. 리뷰 텍스트와 감성 레이블을 두 개의 필드로 나누고 데이터셋을 훈련, 검증, 테스트셋으로 나눈다.

```
TEXT_FIELD = data.Field(tokenize = data.get_tokenizer("basic_english"), include_lengths =
True)
LABEL_FIELD = data.LabelField(dtype = torch.float)

train_dataset, test_dataset = datasets.IMDB.splits(TEXT_FIELD, LABEL_FIELD)
train_dataset, valid_dataset = train_dataset.split(random_state = random.seed(123))
```

---

5 (엮은이) 각 단어의 문맥을 파악하는 데 몇 개의 단어를 사용할 것인지 나타낸다. '문맥 창'이라고도 한다.

6 https://github.com/wikibook/mpytc/blob/master/Chapter04/lstm.ipynb

7 (엮은이) 최신 버전의 torchtext가 설치된 환경(코랩 등)에서 실습할 때 오류가 발생하는 경우 두 번째 행을 다음과 같이 바꿔서 실행하면 된다.
    from torchtext.**legacy** import (data, datasets)

3. 다음으로 torchtext.data.Field와 torchtext.data.LabelField의 build_vocab 메서드를 사용해 각각 영화 리뷰 텍스트 데이터셋과 감성 레이블에 대한 사전을 구성한다.

```
MAX_VOCABULARY_SIZE = 25000
TEXT_FIELD.build_vocab(train_dataset,
                max_size = MAX_VOCABULARY_SIZE)
LABEL_FIELD.build_vocab(train_dataset)
```

보다시피 코드 세 줄이면 미리 정의한 함수를 사용해 사전을 구축할 수 있다.

4. 모델 관련 자세한 내용을 살펴보기 전에 훈련, 검증, 테스트셋을 만들기 위한 데이터셋 이터레이터도 생성하겠다.

이제 데이터셋을 로딩하고 처리했으니 데이터셋 이터레이터를 만들었으니 이제 LSTM 모델 객체를 생성하고 LSTM 모델을 훈련시키자.

LSTM 모델 인스턴스화 및 훈련

이 절에서는 LSTM 모델 객체를 인스턴스화하겠다. 그런 다음 옵티마이저, 손실 함수, 모델 훈련 성능 지표를 정의하겠다. 마지막으로 정의된 모델 훈련/검증 루틴을 사용해 모델 훈련 루프를 실행하겠다. 그럼 시작하자.

1. 먼저 드롭아웃을 사용하는 양방향 LSTM 모델을 인스턴스화해야 한다. 모델 인스턴스화하는 과정 대부분은 이전 실습과 같지만 다음 코드 부분에서 핵심적인 차이가 있다.

```
self.lstm_layer = nn.LSTM(embedding_dimension,
                        hidden_dimension,
                        num_layers=1,
                        bidirectional=True,
                        dropout=dropout)
```

2. 사전에 두 개의 특수 토큰을 추가했다. 하나는 사전에 없는 단어를 위한 unknown_token이고 다른 하나는 시퀀스 패딩을 위해 추가되는 토큰인 padding_token이다. 따라서 이 두 토큰을 위해 임베딩을 모두 0으로 설정해야 한다.

```
UNK_INDEX = TEXT_FIELD.vocab.stoi[TEXT_FIELD.unk_token]

lstm_model.embedding_layer.weight.data[UNK_INDEX] = torch.zeros(EMBEDDING_DIMENSION)
lstm_model.embedding_layer.weight.data[PAD_INDEX] = torch.zeros(EMBEDDING_DIMENSION)
```

3. 다음으로 옵티마이저(*Adam*)와 손실함수(*시그모이드*와 *이진 교차 엔트로피*)를 정의한다. 또한 이전 실습해서 했듯이 정확도 계산 함수를 정의한다.

4. 그런 다음 훈련과 검증 루틴을 정의한다.

5. 마지막으로 10 세대 동안 훈련 루프를 실행한다. 그 결과는 다음과 같다.

```
epoch number: 1 ¦ time elapsed: 1212.3228149414062s
training loss: 0.686 ¦ training accuracy: 54.57%
validation loss: 0.666 ¦ validation accuracy: 60.02%


epoch number: 2 ¦ time elapsed: 1138.5317480564117s
training loss: 0.650 ¦ training accuracy: 61.54%
validation loss: 0.607 ¦ validation accuracy: 68.02%


epoch number: 3 ¦ time elapsed: 1141.8038160800934s
training loss: 0.579 ¦ training accuracy: 69.60%
validation loss: 0.654 ¦ validation accuracy: 67.09%


(생략)


epoch number: 8 ¦ time elapsed: 1066.7158658504486s
training loss: 0.383 ¦ training accuracy: 83.04%
validation loss: 0.653 ¦ validation accuracy: 74.60%


epoch number: 9 ¦ time elapsed: 1046.7357511520386s
training loss: 0.389 ¦ training accuracy: 83.21%
validation loss: 0.586 ¦ validation accuracy: 75.98%


epoch number: 10 ¦ time elapsed: 1029.34814786911s
training loss: 0.351 ¦ training accuracy: 86.87%
validntion loss: 0.549 ¦ validation accuracy: 77.66%
```

보다시피 모델은 세대가 지날수록 학습이 잘된다. 또한 훈련과 검증셋에서의 정확도가 비슷한 속도로 증가하는 것으로 보아 드롭아웃이 과적합을 제어하는 것으로 보인다. 그렇지만 RNN에 비해 LSTM은 훈련 속도가 느리다. 보다시피 LSTM이 1 세대를 지나는 데 걸리는 시간은 RNN의 9~10배 정도다. 이 실습에서 양방향 네트워크를 사용하기 때문이기도 하다.

6. 또한 이전 단계에서는 가장 성능이 좋은 모델을 저장했다. 이 단계에서는 가장 성능이 좋은 모델을 로딩해서 테스트 셋에서 검증한다.

```
lstm_model.load_state_dict(torch.load('lstm_model.pt'))
test_loss, test_accuracy = validate(lstm_model, test_data_iterator, loss_func)
print(f'test loss: {test_loss:.3f} | test accuracy: {test_accuracy*100:.2f}%')
```

결과는 다음과 같다.

```
test loss: 0.585 | test accuracy: 76.19%
```

7. 마지막으로 감성 추론 함수를 정의한다. 이전 실습에서 했듯이 훈련된 모델에 영화 리뷰를 수동으로 입력해 실행할 것이다.

```
print(sentiment_inference(lstm_model, "This film is horrible"))
print(sentiment_inference(lstm_model, "Director tried too hard but this film is bad"))
print(sentiment_inference(lstm_model, "Decent movie, although could be shorter"))
print(sentiment_inference(lstm_model, "This film will be houseful for weeks"))
print(sentiment_inference(lstm_model, "I loved the movie, every part of it"))
```

결과는 다음과 같다.

```
0.06318538635969162
0.015872443094849586
0.37745001912117004
0.8425034284591675
0.9304025769233704
```

확실히 LSTM 모델이 검증셋에서 성능 측면에서 RNN 모델보다 성능이 뛰어나다. 드롭아웃은 과적합을 방지하는 데 도움이 되며 양방향 LSTM 아키텍처는 영화 리뷰 텍스트 문장에서 순차적 패턴을 학습한 것으로 보인다.

이전 두 실습에서 입력은 시퀀스이고 출력은 이진 레이블인 다대일 형태의 시퀀스 작업을 다뤘다. 2장 'CNN과 LSTM 결합하기'에서 했던 일대다 실습과 함께 이 두 실습을 통해 파이토치로 다양한 순환 신경 망 아키텍처를 만드는 방법을 알아볼 수 있었다.

다음 절에서 GRU를 간단히 살펴보고 파이토치에서 사용하는 법을 배우겠다. 그런 다음 어텐션의 개념 과 순환망 아키텍처에서 사용하는 방법을 소개한다.

GRU와 어텐션 기반 모델

이 절에서는 GRU를 간단히 살펴보고 LSTM과 비교한 다음, 파이토치로 GRU 모델을 초기화하는 방법을 알아보겠다. 또한 어텐션 기반의 RNN을 살펴보겠다. 끝으로 시퀀스 모델링 작업과 관련해 (순환 또는 합성곱 없이) 어텐션에만 기반한 모델이 순환망 계열의 신경망 모델보다 얼마나 성능이 우수한지 알아보겠다.

GRU와 파이토치

4.1절에서 설명했듯이 GRU는 두 개의 게이트(리셋 게이트와 업데이트 게이트)와 하나의 은닉 상태 벡터로 구성된 일종의 메모리 셀이다. 구성 측면에서 GRU는 LSTM보다 단순하지만 경사가 폭발하거나 소실하는 문제를 처리하는 데 있어 똑같이 효과적이다. LSTM과 GRU의 성능을 비교하는 연구는 수없이 많았다. 둘 다 다양한 시퀀스 관련 작업에서 단순한 RNN보다 나은 성능을 보이지만 일부 작업에서는 하나가 다른 하나보다 약간 더 우수하며 그 반대의 경우도 마찬가지다.

GRU는 LSTM보다 훈련 속도가 빠르고 언어 모델링 같은 수많은 작업에서 훨씬 적은 훈련 데이터로 LSTM만큼 수행할 수 있다. 그렇지만 이론적으로 LSTM은 GRU보다 긴 시퀀스의 정보를 보존해야 한다. 파이토치는 코드 한 줄로 GRU 계층을 인스턴스화하는 nn.GRU 모듈을 제공한다. 다음 코드는 각각 80% 순환 드롭아웃(recurrent dropout)을 사용하는 두 개의 양방향 GRU 계층이 있는 심층 GRU 네트워크를 만든다.

```
self.gru_layer = nn.GRU(
    input_size, hidden_size, num_layer=2, dropout=0.8, bidirectional=True
)
```

이와 같이 짧막한 코드로 파이토치 GRU 모델을 시작할 수 있다. 이전 실습에서 lstm 계층이나 rnn 계층 대신 gru 계층을 끼워 넣고 이것이 모델 훈련 시간과 모델 성능에 얼마나 영향을 미치는지 확인하기 바란다.

어텐션 기반 모델

이 장에서 논의한 모델은 순차 데이터 관련 문제를 해결하는 데 획기적인 역할을 했다. 하지만 2017년 전적으로 어텐션에 기반한 접근 방식이 새롭게 개발된 이후로 순환 신경망은 빛이 바랬다. 어텐션 개념은 우리 인간이 때에 따라, 또 시퀀스(텍스트)의 어느 부분인지에 따라 주의(어텐션)를 기울이는 정도가 다르다는 점에 착안했다.

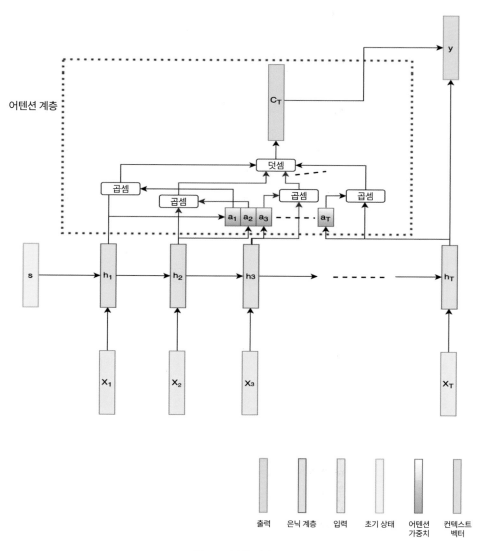

그림 4.11 어텐션 기반 RNN

예를 들어 'Martha sings beautifully, I am hooked to ___ voice.'라는 문장을 완성한다면, 채워야 할 단어가 'her'라는 것을 추측하기 위해 'Martha'라는 단어에 더 주의를 기울인다. 반면, 우리가 완성해야 할 문장이 'Martha sings beautifully, I am hooked to her ____'라면 채워야 할 단어로 'voice', 'songs', 'sining' 등을 추측하기 위해 단어 'sings'에 더 주의를 기울일 것이다.

모든 순환망 아키텍처에는 현 시간 단계에서 출력을 예측하기 위해 시퀀스의 특정 부분에 초점을 맞추는 메커니즘은 존재하지 않는다. 대신 순환 신경망은 압축된 은닉 상태 벡터 형태로 과거 시퀀스의 요약만 얻을 수 있다.

어텐션 기반의 순환 신경망은 2014~2015년 무렵 어텐션의 개념을 활용한 최초의 모델이다. 이 모델에는 일반 순환 계층 위에 어텐션 계층이 추가된다. 이 어텐션 계층은 시퀀스상 앞에 나온 단어 각각에 대해 어텐션 가중치를 학습한다.

컨텍스트 벡터는 앞에 나온 모든 단어의 은닉 상태 벡터에 어텐션 가중치 기준 가중 평균으로 계산된다. 이 컨텍스트 벡터는 모든 시간 단계 t에서 일반 은닉 상태 벡터와 함께 출력 계층에 공급된다. 어텐션 기반 RNN 아키텍처를 왼쪽 페이지 그림 4.11에 나타냈다.

이 아키텍처에서 전역 컨텍스트 벡터는 매 시간 단계마다 계산된다. 이후 앞서 나온 모든 단어에 주의를 기울이는 것이 아니라 앞서 나온 k개 단어에만 주의를 기울이는 로컬 컨텍스트 벡터를 사용하는 형태로 아키텍처의 변형이 개발됐다. 어텐션 기반 RNN은 기계 번역 같은 작업에서 최첨단 순환 모델을 능가했다.

2년 후 2017년에는 순차 데이터를 처리하는 데 있어 지금까지 논의했던 다양한 순환망 모델보다 우수한 성능을 발휘하기 위해서는 어텐션만 있으면 된다는 것을 알게 됐다. 이를 통해 작업의 정확도가 향상될 뿐 아니라 중요하게는 모델 훈련과 추론 시간도 크게 단축됐다.

순환망은 시간에 따라 펼쳐야 해서 병렬 처리가 불가능하다. 그렇지만 트랜스포머(transformer) 모델이라는 새로운 모델은 순환 계층과 합성곱 계층이 없어 병렬 처리가 가능하고 계산량 측면에서 가볍다. 다음 장에서 이 모델에 대해 알아보겠다.

요약

이 장에서는 순환 신경망 아키텍처를 광범위하게 살펴봤다. 먼저 일대다, 다대다 등 다양한 RNN 유형에 대해 알아봤다. 그런 다음 RNN 아키텍처의 역사와 진화 과정을 배웠다. 이때 단순한 형태의 RNN, LSTM, GRU부터 양방향, 다차원, 적층형 모델까지 살펴봤다. 각 아키텍처가 어떻게 생겼는지, 해당 아키텍처에서 새로운 점은 무엇인지도 따져봤다.

다음으로 감성분석에 기반한 다대일 시퀀스 분류 작업에 대해 두 가지 실습을 수행했다. 파이토치로 IMDb 영화 리뷰 데이터셋에서 단방향 RNN 모델을 훈련한 다음 드롭아웃을 활용하는 양방향 LSTM 모델을 훈련했다. 첫 번째 실습에서는 수동으로 데이터를 로딩하고 처리했다. 두 번째 실습에서는 파이토치의 torchtext 모듈을 사용해 데이터셋을 로딩하고 사전 생성을 포함해 텍스트 데이터를 효율적이면서도 간결하게 처리하는 방법을 보였다.

마지막 절에서 GRU, 파이토치에서 사용하는 방법에 대해 알아봤고 LSTM과 무엇이 다른지 비교했다. 또한 순환 모델에서 어텐션 메커니즘을 살펴봤고 어텐션 기반의 RNN 모델의 아키텍처를 알아봤다. 그런 다음 순환 계층이 없고 훈련 속도와 정확도 면에서 순환 모델보다 성능이 뛰어난 어텐션에만 기반한 RNN 모델인 트랜스포머 모델을 살펴봤다.

다음 장에서는 순전히 순환 신경망도 아니고 합성곱 신경망도 아니지만 최첨단의 결과를 내는 트랜스포머 모델과 그와 유사한 아키텍처를 자세히 설명하겠다.

하이브리드
고급 모델

이전 두 장에서 다양한 합성곱 신경망과 순환 신경망 아키텍처를 광범위하게 알아봤고 파이토치에서 구현해봤다. 이 장에서는 딥러닝 모델 아키텍처를 살펴보겠다. 이 아키텍처는 순전히 합성곱 신경망도 아니고 순환 신경망도 아니지만 다양한 머신러닝 작업에서 성공적임을 입증했다. 여기서는 3장 '심층 CNN 아키텍처'과 4장 '심층 순환 신경망 아키텍처'에서 중단한 부분에서부터 설명을 이어가겠다.

우선 4장 '심층 순환 신경망 아키텍처' 마지막 부분에서 배운 대로 다양한 순차적 작업에서 순환 신경망보다 성능이 뛰어난 트랜스포머 모델을 살펴보겠다. 그런 다음 3장 '심층 CNN 아키텍처' 끝에서 다룬 **EfficientNet**을 선택해 **RandWireNN**이라고 하는 무작위로 연결된 신경망을 생성하는 아이디어를 살펴보겠다.

이 장을 끝으로 이 책에서 다양한 종류의 신경망 아키텍처에 대한 논의를 마치고자 한다. 이 장을 마치면 트랜스포머 모델을 자세히 이해하고 파이토치로 순차적 작업에 이 강력한 모델을 적용하는 방법을 알게 될 것이다. 또한 RandWireNN 모델을 직접 구축해 파이토치에서 신경망 아키텍처를 검색하는 방법을 실습할 것이다. 이 장은 크게 다음 두 주제를 다룬다.

- 언어 모델링을 위한 트랜스포머 모델 만들기

- RandWireNN 모델 구현

준비 사항

이 장의 실습은 모두 주피터 노트북을 사용한다. 다음은 이 장을 위해 pip로 설치해야 할 파이썬 라이브러리 목록이다. 예를 들어 명령줄에서 `pip install torch==1.4.0`을 실행해야 한다.

```
jupyter==1.0.0
torch==1.4.0
tqdm==4.43.0
matplotlib==3.1.2
torchtext==0.5.0
torchvision==0.5.0
torchviz==0.0.1
networkx==2.4
```

이 장에 관련한 코드 파일은 모두 Chapter05 폴더에서 확인할 수 있다.

언어 모델링을 위한 트랜스포머 모델 만들기

이 절에서는 트랜스포머 모델이 무엇인지, 그리고 언어 모델링 작업을 위해 파이토치로 트랜스포머 모델을 구축하는 방법을 알아보겠다. 또한 **BERT**와 **GPT** 같은 후속 모델을 파이토치의 사전 훈련된 모델 리포지토리를 통해 사용하는 방법을 배우겠다. 트랜스포머 모델을 만들기 앞서 언어 모델링이 무엇인지 간단히 살펴보자.

언어 모델링

언어 모델링은 특정 단어 시퀀스가 주어졌을 때 그 뒤를 따를 단어 또는 단어 시퀀스의 발생 확률을 알아내는 작업이다. 예를 들어 'French is a beautiful _____'가 단어 시퀀스로 주어지면 다음에 등장할 단어가 'language'나 'word' 등이 나올 확률이 얼마일까? 이러한 확률은 다양한 확률론적/통계적 기술을 사용해 언어를 모델링함으로써 계산된다. 이는 어떤 단어들이 함께 등장하고, 어떤 단어들이 절대 함께 나오지 않는지를 배움으로써 텍스트 말뭉치를 관찰하고 문법을 학습하는 것에서 비롯됐다. 이러한 방식으로 언어 모델은 다양한 시퀀스가 주어졌을 때 다른 단어 또는 시퀀스가 발생할 확률적 규칙을 정한다.

순환 모델은 언어 모델을 학습하는 인기 있는 방법이었다. 그렇지만 많은 시퀀스 관련 작업과 마찬가지로 트랜스포머 모델은 이 작업에도 순환망보다 성능이 뛰어나다. 여기서는 위키피디아 텍스트 말뭉치에서 훈련해 영어를 학습하는 트랜스포머 기반의 언어 모델을 구현할 것이다.

이제 언어 모델링을 위해 트랜스포머 모델을 훈련시키자. 이 실습에서는 코드에서 가장 중요한 부분만 발췌해 설명하겠다. 전체 코드는 transformer.ipynb에서 확인할 수 있다.

실습 중간에 트랜스포머 아키텍처의 다양한 구성 요소를 자세히 알아보겠다.

이 실습을 위해 몇 가지 라이브러리를 임포트해야 한다. 임포트문 중 중요한 것은 다음과 같다.

```
from torch.nn import TransformerEncoder, TransformerEncoderLayer
```

보편적인 torch 라이브러리 외에도 트랜스포머 모델에 특화된 모듈을 임포트해야 한다. 이러한 모듈은 토치 라이브러리에서 바로 제공된다. 또한 torchtext.datasets에서 사용 가능한 데이터셋을 바로 다운로드하기 위해 torchtext를 임포트하겠다.

다음 절에서는 트랜스포머 모델 아키텍처를 정의하고 모델 구성요소를 자세히 살펴보겠다.

트랜스포머 모델 아키텍처

이제 이 실습에서 가장 중요한 단계를 알아보겠다. 여기서는 트랜스포머 모델의 아키텍처를 정의한다.

우선 모델 아키텍처를 간단히 설명하고 모델을 정의하는 파이토치 코드를 살펴보겠다. 다음 다이어그램은 모델 아키텍처를 보여준다.

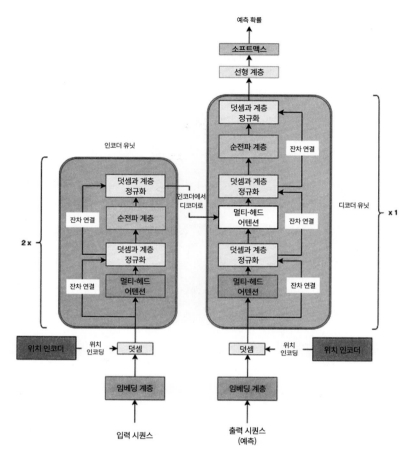

그림 5.1 트랜스포머 모델 아키텍처

이 모델은 인코더-디코더 기반의 아키텍처로 위 그림에서 왼쪽은 **인코더**이고 오른쪽은 **디코더**에 해당한다. 아키텍처가 깊어질수록 인코더와 디코더는 여러 번 이어 붙일 수 있다. 이 예제에서는 두 개의 인코더와 하나의 디코더로 구성된다. 이 인코더-디코더 설정은 인코더가 시퀀스를 입력으로 가져와서 입력 시퀀스에 있는 단어 수만큼의 임베딩을 생성함(단어 하나 당 하나의 임베딩)을 뜻한다. 이 임베딩은 지금까지 모델에서 만들어진 예측과 함께 디코더에 제공된다.

이제 이 모델을 구성하는 다양한 계층을 살펴보자.

- **임베딩 계층**: 이 계층은 임베딩, 즉 시퀀스의 각 입력 단어를 숫자 벡터로 변환하는 전형적인 작업을 수행한다. 늘 그 렇듯 여기에서도 이 계층을 코딩하기 위해 `torch.nn.Embedding` 모듈을 사용한다.

- **위치 인코더**: 트랜스포머는 아키텍처에 순환 계층이 없지만 시퀀스 작업에서 순환 네트워크보다 성능이 뛰어나다. 어떻게 가능할까? *위치 인코딩(positional encoding)*이라는 깔끔한 트릭으로 모델이 데이터의 순서에 대해 감을 잡을 수 있다. 특정 순차 패턴을 따르는 벡터가 입력 단어 임베딩에 추가된다. 이러한 벡터는 모델에서 첫 번째 단어 뒤에 두 번째 단어가 따라 나오는 것을 이해할 수 있게 하는 방식으로 생성된다. 벡터는 후속 단어 사이의 규칙적인 주 기성과 거리를 나타내기 위해 각각 사인 곡선(sinusoidal) 함수와 코사인 곡선(cosinusoidal) 함수를 사용해 생성된다. 여기서는 이 계층을 다음과 같이 구현한다.

```python
class PosEnc(nn.Module):
    def __init__(self, d_m, dropout=0.2, size_limit=5000):
        # d_m은 임베딩 차원과 동일
        super(PosEnc, self).__init__()
        self.dropout = nn.Dropout(dropout)
        p_enc = torch.zeros(size_limit, d_m)
        pos = torch.arange(0, size_limit, dtype=torch.float).unsqueeze(1)
        divider = torch.exp(
            torch.arange(0, d_m, 2).float() * (-math.log(10000.0) / d_m)
        )
        # divider는 라디안 리스트로 여기에 단어 위치 인덱스를 곱해
        # sin 함수와 cos 함수에 제공함
        p_enc[:, 0::2] = torch.sin(pos * divider)
        p_enc[:, 1::2] = torch.cos(pos * divider)
        p_enc = p_enc.unsqueeze(0).transpose(0, 1)
        self.register_buffer('p_enc', p_enc)

    def forward(self, x):
        return self.dropout(x + self.p_enc[:x.size(0), :])
```

보다시피 sin과 cos 함수는 순차 패턴을 제공하기 위해 번갈아 사용된다. 그렇지만 위치 인코딩을 구현하는 방법에는 여러 가지가 있다. 위치 인코딩 계층이 없으면 모델은 단어 순서에 대해 알 수 없다.

- **멀티-헤드 어텐션**: 멀티-헤드 어텐션 계층을 살펴보기 전에 먼저 셀프 어텐션 계층을 이해하자. 4장 '심층 순환 신경 망 아키텍처'에서 어텐션 개념을 순환망 관점에서 다뤘다. 이름에서도 알 수 있듯이 어텐션 메커니즘이 자기 자신, 즉 시퀀스의 각 단어에 적용된다. 시퀀스의 각 단어 임베딩은 셀프-어텐션 계층을 통과해 단어 임베딩과 똑같은 길이의 개별 출력을 만들어낸다. 다음 다이어그램은 이 과정을 자세히 보여준다.

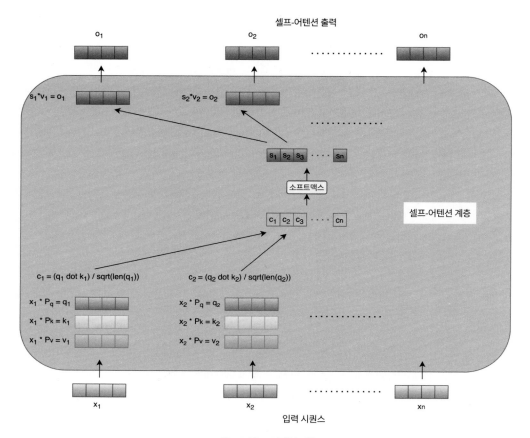

그림 5.2 셀프–어텐션 계층

보다시피 각 단어에 대해 세 개의 벡터가 세 개의 학습 가능한 매개변수 행렬(P_q, P_k, P_v)을 통해 생성된다. 세 개의 벡터는 각각 쿼리, 키, 값 벡터에 해당한다. 쿼리와 키 벡터를 스칼라곱(또는 점곱)하여 각 단어에 대한 숫자를 생성한다. 이 숫자를 각 단어의 키 벡터 길이의 제곱근으로 나누어 정규화한다. 모든 단어에 대한 결과 숫자에 소프트맥스 함수가 동시에 적용되어 확률을 생성하고, 이 확률에 마지막으로 각 단어의 값 벡터를 곱한다. 결과적으로 시퀀스의 각 단어에 대한 하나의 출력 벡터가 생성되는데 이때 출력 벡터의 길이는 입력 단어 임베딩과 동일하다.

멀티–헤드 어텐션 계층은 여러 셀프–어텐션 모듈이 각 단어에 대한 출력을 계산하는 셀프–어텐션 계층의 확장판이다. 이 개별 출력을 연결하고 다른 매개변수 행렬(P_m)과 행렬 곱해서 입력 임베딩 벡터와 길이가 같은 최종 출력 벡터를 생성한다. 다음 다이어그램은 이 실습에서 사용할 두 개의 셀프–어텐션 유닛으로 구성된 멀티–헤드 어텐션 계층을 보여준다.

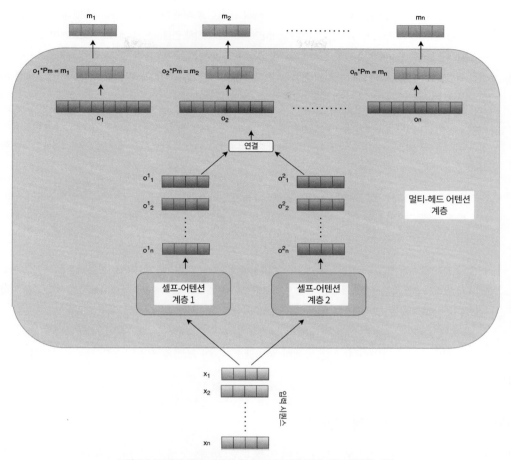

그림 5.3 두 개의 셀프–어텐션 유닛으로 구성된 멀티–헤드 어텐션 계층

셀프–어텐션 헤드를 여러 개 두면 여러 개의 헤드가 시퀀스 단어의 다양한 관점에 집중하도록 도와준다. 이는 합성곱 신경망에서 여러 개의 특징 맵이 다양한 패턴을 학습하는 방법과 유사하다. 이러한 이유로 멀티–헤드 어텐션 계층이 개별 셀프–어텐션 계층보다 성능이 우수해서 이 실습에서 사용할 것이다.

또한 디코더 유닛의 마스킹된 멀티–헤드 어텐션 계층은 마스킹이 추가됐다는 점을 제외하면 멀티–헤드 어텐션 계층과 똑같은 방식으로 작동한다. 즉, 시퀀스 처리의 시간 단계 t가 주어지면 $t+1$ 에서 n(시퀀스 길이)까지의 모든 단어가 마스킹된다(숨겨진다).

훈련하는 동안 디코더에는 두 종류의 입력이 제공된다. 그중 하나는 최종 인코더에서 쿼리와 키 벡터를 입력으로 받아 (마스킹되지 않은) 멀티–헤드 어텐션 계층으로 전달한다. 여기에서 이 쿼리와 키 벡터는 최종 인코더 출력을 행렬로 변환한 것이다. 다른 하나는 이전 시간 단계에서 만들어진 예측을 순차적 입력으로 받아 마스킹된 멀티–헤드 어텐션 계층에 전달한다.

- **덧셈과 계층 정규화**: 3장 '심층 CNN 아키텍처'에서 ResNet을 다룰 때 잔차 연결 개념을 설명했다. 그림 5.1에서 덧셈과 계층 정규화(Addition & Layer Normalization) 계층들 간에 잔차 연결(Residual Connection)이 있는 것을 볼 수 있다. 각 인스턴스에서 입력 단어 임베딩 벡터를 멀티-헤드 어텐션 계층의 출력 벡터에 바로 더함으로써 잔차 연결이 설정된다. 이렇게 하면 네트워크 전체에서 경사를 전달하기 더 쉽고 경사가 폭발하거나 소실하는 문제를 피할 수 있다. 또한 계층 간에 항등 함수를 효율적으로 학습하는 데 도움이 된다.

  게다가 계층 정규화는 정규화 기법으로 사용된다. 여기에서 각 특징이 독립적으로 정규화되어 모든 특징이 균등한 평균과 표준편차를 갖는다. 이러한 덧셈과 정규화는 네트워크의 각 단계에서 시퀀스의 각 단어 벡터에 개별적으로 적용된다.

- **순전파 계층**: 인코더와 디코더 유닛 모두에서 시퀀스의 모든 단어에 대해 정규화된 잔차 출력 벡터가 공통 순전파 계층을 통해 전달된다. 단어 전체에 공통 매개변수 세트가 있기 때문에 이 계층은 시퀀스 전체에서 더 광범위한 패턴을 학습하는 데 도움이 된다.

- **선형 및 소프트맥스 계층**: 지금까지 각 계층은 단어당 하나씩 벡터 시퀀스를 출력한다. 선형 계층은 벡터 시퀀스를 단어 사전의 길이와 똑같은 크기를 갖는 단일 벡터로 변환한다. 소프트맥스 계층은 이 출력을 확률 벡터(확률 벡터의 총합은 1이다)로 변환한다. 이 확률은 사전에서 각 단어가 시퀀스의 다음 단어로 등장할 확률을 의미한다.

이제 트랜스포머 모델의 다양한 요소를 자세히 설명했으니, 이 모델을 인스턴스화하는 파이토치 코드를 살펴보자.

파이토치에서 트랜스포머 모델 정의하기

이전 절에서 자세히 설명한 아키텍처를 사용해 이제 트랜스포머 모델을 정의하기 위해 필요한 파이토치 코드를 작성하겠다.

```
class Transformer(nn.Module):
    def __init__(
        self, num_token, num_inputs, num_heads, num_hidden, num_layers, dropout=0.3
    ):
        super(Transformer, self).__init__()
        self.model_name = 'transformer'
        self.mask_source = None
        self.position_enc = PosEnc(num_inputs, dropout)
        layers_enc = TransformerEncoderLayer(num_inputs, num_heads, num_hidden, dropout)
        self.enc_transformer = TransformerEncoder(layers_enc, num_layers)
        self.enc = nn.Embedding(num_token, num_inputs)
```

```
        self.num_inputs = num_inputs
        self.dec = nn.Linear(num_inputs, num_token)
        self.init_params()
```

보다시피 클래스의 __init__ 메서드에서 파이토치의 TransformerEncoder와 TransformerEncoderLayer 함수 덕분에 이 기능을 직접 구현할 필요가 없다. 언어 모델링 작업의 경우 단어 시퀀스를 입력으로 받아 단일 출력만 내면 된다. 이 때문에 디코더는 인코더의 벡터 시퀀스를 단일 출력 벡터로 변환하는 선형 계층일 뿐이다. 위치 인코더도 앞서 설명한 정의를 사용해 초기화된다.

forward 메서드에서 입력은 위치적으로 인코딩된 다음 인코더를 통과한 다음 디코더를 통과한다.

```
    def forward(self, source):
        if self.mask_source is None or self.mask_source.size(0) != len(source):
            dvc = source.device
            msk = self._gen_sqr_nxt_mask(len(source)).to(dvc)
            self.mask_source = msk

        source = self.enc(source) * math.sqrt(self.num_inputs)
        source = self.position_enc(source)
        op = self.enc_transformer(source, self.mask_source)
        op = self.dec(op)
        return op
```

지금까지 트랜스포머 모델 아키텍처를 정의했으니 이 모델을 훈련시킬 텍스트 말뭉치를 로딩해야 한다.

데이터셋 로딩 및 처리

이 절에서 작업에 필요한 텍스트 데이터셋을 로딩하는 단계를 설명하고 모델 훈련 루틴에서 사용할 수 있게 만들겠다.

1. 이 실습에서는 위키피디아의 텍스트를 사용하겠다. 이 텍스트는 모두 WikiText-2 데이터셋으로 사용할 수 있다.

데이터셋 참고 문헌
https://blog.einstein.ai/the-wikitext-long-term-dependency-language-modeling-dataset/

데이터셋을 다운로드하고, 사전을 토큰화하고 데이터셋을 훈련, 검증, 테스트셋으로 분할하기 위해 torchtext 기능을 사용하겠다.[1]

```python
TEXT = torchtext.data.Field(
    tokenize=get_tokenizer("basic_english"),
    lower=True,
    eos_token='<eos>',
    init_token='<sos>'
)
training_text, validation_text, testing_text = torchtext.datasets.WikiText2.splits(TEXT)
TEXT.build_vocab(training_text)
device = torch.device("cuda" if torch.cuda.is_available() else "cpu")
```

2. 또한 훈련과 검증에 사용할 배치 크기를 정의하고 다음과 같이 배치 생성 함수를 선언한다.

```python
def gen_batches(text_dataset, batch_size):
    text_dataset = TEXT.numericalize([text_dataset.examples[0].text])

    # 텍스트 데이터셋을 batch_size와 동일한 크기의 부분으로 나눔
    num_batches = text_dataset.size(0) // batch_size

    # 배치 밖에 위치한 데이터 포인트(나머지에 해당하는 부분)를 제거
    text_dataset = text_dataset.narrow(0, 0, num_batches * batch_size)

    # 데이터셋을 배치에 균등하게 배포
    text_dataset = text_dataset.view(batch_size, -1).t().contiguous()

    return text_dataset.to(device)

training_batch_size = 32
evaluation_batch_size = 16


training_data = gen_batches(training_text, training_batch_size)
validation_data = gen_batches(validation_text, evaluation_batch_size)
testing_data = gen_batches(testing_text, evaluation_batch_size)
```

---

1 (엮은이) 높은 버전의 torchtext가 설치된 환경(코랩 등)에서 실습할 때 오류가 발생한다면 torchtext.**legacy**.data.Field와 torchtext.**legacy**.datasets. Wikitext2.splits를 사용하도록 코드를 수정해 보라.

3. 다음으로 최대 시퀀스 길이를 정의하고 그에 따라 입력 시퀀스와 각 배치에 대한 출력 타깃을 생성하는 함수를 만든다.

```
max_seq_len = 64


def return_batch(src, k):
    sequence_length = min(max_seq_len, len(src) - 1 - k)
    sequence_data = src[k:k+sequence_length]
    sequence_label = src[k+1:k+1+sequence_length].view(-1)
    return sequence_data, sequence_label
```

모델을 정의하고 훈련 데이터를 준비했으니 이제 트랜스포머 모델을 훈련시키자.

트랜스포머 모델 훈련

이 절에서는 모델 훈련에 필요한 초매개변수를 정의하고 모델 훈련/평가 루틴을 정의하고 마지막으로 훈련 루프를 실행하겠다. 시작하자.

1. 이 단계에서 모델 초매개변수를 모두 정의하고 트랜스포머 모델을 인스턴스화한다. 다음 코드만으로도 충분히 이해할 수 있다.

```
num_tokens = len(TEXT.vocab.stoi)  # 사전 크기
embedding_size = 256  # 임베딩 계층의 차원
num_hidden_params = 256 # 트랜스포머 인코더의 은닉(순전파) 계층 차원
num_layers = 2 # 트랜스포머 인코더 내부의 트랜스포머 인코더 계층 개수
num_heads = 2 # (멀티-헤드) 어텐션 모델의 헤드 개수
dropout = 0.25 # 드롭아웃의 값(분수)
loss_func = nn.CrossEntropyLoss()
lrate = 4.0 # 학습률
transformer_model = Transformer(num_tokens, embedding_size, num_heads, num_hidden_params,
num_layers, dropout).to(device)
optim_module = torch.optim.SGD(transformer_model.parameters(), lr=lrate)
sched_module = torch.optim.lr_scheduler.StepLR(optim_module, 1.0, gamma=0.88)
```

2. 모델 훈련과 평가 루프를 시작하기 전에 훈련/평가 루틴을 정의해야 한다.

```
def train_model():
    transformer_model.train()
    loss_total = 0.
```

```
    time_start = time.time()
    num_tokens = len(TEXT.vocab.stoi)
    for b, i in enumerate(range(0, training_data.size(0) - 1, max_seq_len)):
        train_data_batch, train_label_batch = return_batch(training_data, i)
        optim_module.zero_grad()
        op = transformer_model(train_data_batch)
        loss_curr = loss_func(op.view(-1, num_tokens), train_label_batch)
        loss_curr.backward()
        torch.nn.utils.clip_grad_norm_(transformer_model.parameters(), 0.6)
        optim_module.step()

        loss_total += loss_curr.item()
        interval = 100
        if b % interval == 0 and b > 0:
            loss_interval = loss_total / interval
            time_delta = time.time() - time_start
            print(
                    f"epoch {ep}, {b}/{len(training_data)//max_seq_len} batches, training loss
{loss_interval:.2f}, training perplexity {math.exp(loss_interval):.2f}"
            )
            loss_total = 0
            time_start = time.time()

def eval_model(eval_model_obj, eval_data_source):
    ...
```

3. 마지막으로 모델 훈련 루프를 실행해야 한다. 설명을 위해 5 세대만 모델을 훈련시키지만 성능을 높이려면 더 오래 훈련시키는 것이 좋다.

```
min_validation_loss = float("inf")
eps = 5
best_model_so_far = None

for ep in range(1, eps + 1):
    ep_time_start = time.time()
    train_model()
    validation_loss = eval_model(transformer_model, validation_data)
    print()
```

```
    print(
        f"epoch {ep:}, validation loss {validation_loss:.2f}, validation perplexity {math.exp(
validation_loss):.2f}"
    )
    print()

    if validation_loss < min_validation_loss:
        min_validation_loss = validation_loss
        best_model_so_far = transformer_model

    sched_module.step()
```

결과는 다음과 같다.

```
epoch 1, 100/1018 batches, training loss 8.50, training perplexity 4901.66
epoch 1, 200/1018 batches, training loss 7.16, training perplexity 1286.24
epoch 1, 300/1018 batches, training loss 6.76, training perplexity 865.43
epoch 1, 400/1018 batches, training loss 6.55, training perplexity 702.21
epoch 1, 500/1018 batches, training loss 6.45, training perplexity 631.90
epoch 1, 600/1018 batches, training loss 6.31, training perplexity 548.01
epoch 1, 700/1018 batches, training loss 6.25, training perplexity 516.28
epoch 1, 800/1018 batches, training loss 6.11, training perplexity 450.42
epoch 1, 900/1018 batches, training loss 6.09, training perplexity 441.72
epoch 1, 1000/1018 batches, training loss 6.08, training perplexity 436.78


epoch 1, validation loss 5.82, validation perplexity 336.19


epoch 2, 100/1018 batches, training loss 5.98, training perplexity 394.64
epoch 2, 200/1018 batches, training loss 5.90, training perplexity 364.08


(생략)


epoch 5, 700/1018 batches, training loss 5.22, training perplexity 185.69
epoch 5, 800/1018 batches, training loss 5.07, training perplexity 158.79
epoch 5, 900/1018 batches, training loss 5.13, training perplexity 169.36
epoch 5, 1000/1018 batches, training loss 5.19, training perplexity 179.63


epoch 5, validation loss 5.23, validation perplexity 186.53
```

교차-엔트로피 손실 외에 혼란도(perplexity)도 보고된다. **혼란도**는 자연어 처리에서 **확률 분포**(여기서는 언어 모델)가 샘플에 얼마나 잘 맞는지 또는 잘 예측하는지를 나타내기 위해 널리 사용되는 평가 지표다. 수학적으로 혼란도는 교차-엔트로피 손실의 지수다. 직관적으로 이 평가 지표는 모델이 예측할 때 얼마나 혼란스러운지를 나타낼 때 사용된다.

4. 모델이 훈련되면 테스트셋에서 모델 성능을 평가하는 것으로 실습은 마무리된다.

```
testing_loss = eval_model(best_model_so_far, testing_data)
print(
    f"testing loss {testing_loss:.2f}, testing perplexity {math.exp(testing_loss):.2f}"
)
```

결과는 다음과 같다.

```
testing loss 5.14, testing perplexity 171.47
```

이 실습에서는 언어 모델링 작업을 위해 파이토치로 트랜스포머 모델을 구성했다. 트랜스포머 아키텍처를 자세히 살펴봤고 파이토치로 구현하는 방법을 알아봤다. 데이터셋을 로딩하고 처리하는 데 WikiText-2 데이터셋과 torchtext 기능을 사용했다. 그런 다음 트랜스포머 모델을 5 세대에 걸쳐 훈련시키고 별도의 테스트셋에서 평가했다. 이렇게 해서 트랜스포머 모델로 작업하기 위해 필요한 모든 정보를 얻었다.

2017년에 고안된 초기 트랜스포머 모델 외에 수년에 걸쳐 특히 언어 모델링 분야에서 여러 후속 모델들이 개발됐다.

- Bidirectional Encoder Representations from Transformers (BERT), 2018

- Generative Pretrained Transformer (GPT), 2018

- GPT-2, 2019

- Conditional Transformer Language Model (CTRL), 2019

- Transformer-XL, 2019

- Distilled BERT (DistilBERT), 2019

- Robustly optimized BERT pretraining Approach (RoBERTa), 2019

- GPT-3, 2020

이 장에서 이 모델을 자세히 다루지는 않지만 그렇더라도 허깅페이스(HuggingFace)가 개발한 transformers 라이브러리[2] 덕분에 파이토치에서 이 모델을 사용할 수 있다. 이 라이브러리에는 언어 모델링, 텍스트 분류, 번역, Q&A 등 다양한 작업에 맞게 사전 훈련된 트랜스포머군(-群) 모델들이 있다.

모델뿐 아니라 각 모델에 대한 토큰화 모델도 제공한다. 예를 들어, 언어 모델링을 위해 사전 훈련된 BERT 모델을 사용하고 싶다면 transformers 라이브러리를 설치하고 다음 코드를 작성해야 한다.

```
import torch
from transformers import BertForMaskedLM, BertTokenizer

bert_model = BertForMaskedLM.from_pretrained('bert-base-uncased')
token_gen = BertTokenizer.from_pretrained('bert-base-uncased')

ip_sequence = token_gen("I love PyTorch !", return_tensors="pt")["input_ids"]

op = bert_model(ip_sequence, labels=ip_sequence)
total_loss, raw_preds = op[:2]
```

보다시피 BERT 기반의 언어 모델을 시작하는 데 코드 두 줄이면 된다. 여기에서 파이토치 생태계의 힘을 느낄 수 있다. transformers 라이브러리를 사용해 Distilled BERT나 RoBERTa와 같이 더 복잡한 변형으로 이를 탐색하기를 권한다. 더 자세한 내용은 앞서 언급한 깃허브 페이지를 참고하기 바란다.

이로써 트랜스포머에 대한 탐색을 마친다. 여기에서 사전 훈련된 모델을 재사용할 뿐만 아니라 모델 하나를 처음부터 구축했다. 자연어 처리 분야에서 트랜스포머 모델의 발명은 컴퓨터 비전 문야에서 ImageNet의 구축과 때를 함께 했으며, 앞으로도 활발한 연구 분야가 될 것이다. 그리고 파이토치는 이러한 유형의 모델을 연구하고 배포하는 데 중요한 역할을 맡게 될 것이다.

다음 절에서는 최적의 네트워크 아키텍처를 생성하는 아이디어에 대해 간략하게 논의했던 3장 '심층 CNN 아키텍처' 마지막에 설명한 신경망 아키텍처 검색에 대한 설명으로 돌아가겠다. 여기서는 모델 아키텍처가 어떻게 생겼는지 결정하지 않고 대신 주어진 작업을 위한 최적의 아키텍처를 발견하는 네트워크 생성기를 실행하는 모델 유형을 탐색하겠다. 결과로 얻게 되는 네트워크를 **무작위로 연결된 신경망**(RandWireNN, randomly wired neural network)이라고 하며 이 모델을 파이토치로 처음부터 개발해 보겠다.

---

2 https://github.com/huggingface/transformers

RandWireNN 모델 구현

3장 '심층 CNN 아키텍처'에서 최적의 모델 아키텍처를 직접 지정하는 대신 검색하는 아이디어를 다루면서 EfficientNets을 살펴봤다. RandWireNNs 또는 무작위로 연결된 신경망은 이름에서도 알 수 있듯이 비슷한 개념에서 출발했다. 이 절에서는 파이토치로 RandWireNN 모델을 공부하고 구성하겠다.

RandWireNN 모델의 이해

먼저 랜덤 그래프 생성 알고리즘은 사전에 정의된 노드 수를 가지고 랜덤 그래프를 생성하는 데 사용된다. 이 그래프가 다음처럼 몇 가지 정의하에 신경망으로 변환된다.

- Directed: 이 그래프는 방향성 그래프로 제한되며 이에 상응하는 신경망에서 에지의 방향은 데이터 흐름의 방향을 뜻한다.

- Aggregation: 하나의 노드(또는 뉴런)로 들어오는 여러 에지의 가중합(weighted sum)을 구한다. 이때 가중치는 학습 가능하다.

- Transformation: 이 그래프의 각 노드 내부에 표준 연산이 적용된다. ReLU, 3×3 분리 가능한(일반적인 3×3 합성곱 다음에 1×1 점별 합성곱이 뒤따르는) 합성곱, 정규화가 순서대로 적용된다. 이 연산을 ReLU-Conv-BN 삼중항(triplet)이라고도 한다.

- Distribution: 마지막으로 각 뉴런에서 밖으로 나가는 여러 에지가 앞서 언급한 삼중항 연산의 복사본을 전달한다.

이 퍼즐의 마지막 조각은 단일 입력 노드(소스)와 단일 출력 노드(싱크)를 이 그래프에 추가해 이 랜덤 그래프를 신경망으로 완전히 변환하는 것이다. 그래프가 신경망으로 구현되면, 다양한 머신러닝 작업을 위해 훈련될 수 있다.

ReLU-Conv-BN 삼중항 유닛에서 채널/특징의 출력 개수는 반복 가능하도록 채널/특징의 입력 개수와 동일하다. 그렇지만 당면한 작업 유형에 따라 다운스트림 채널 개수가 증가하고 데이터/이미지의 공간 크기가 감소함에 따라 이 그래프 중 여러 개를 준비할 수 있다. 마지막으로 이렇게 준비된 그래프는 하나의 싱크를 다른 하나의 소스에 순차적으로 연결해 서로 연결할 수 있다.

다음으로 실습의 형태로 파이토치를 사용해 RandWireNN 모델을 처음부터 구축할 것이다.

파이토치로 RandWireNN 개발

이제 이미지 분류 작업을 위한 RandWireNN 모델을 개발하겠다. 이 작업은 CIFAR-10 데이터셋에서 수행된다. 빈 모델로 시작해 랜덤 그래프를 생성하고 이 그래프를 신경망으로 변환한 다음 주어진 데이터셋에서 주어진 작업에 맞게 훈련시킨 뒤 훈련된 모델을 평가하고 마지막으로 생성된 결과 모델을 탐색하겠다. 이 실습에서는 설명에 필요한 코드의 중요한 부분만 보여주겠다. 전체 코드는 rand_wire_nn.ipynb에서 확인할 수 있다.

훈련 루틴 정의 및 데이터 로딩

이 실습의 첫 부분에서는 모델 훈련 루프에서 호출한 훈련 함수를 정의하고 훈련에 필요한 데이터 배치를 제공할 데이터셋 로더를 정의하겠다. 그러면 시작하자.

1. 먼저 필요한 라이브러리를 임포트해야 한다. 이 실습에서 사용할 새로운 라이브러리로는 다음과 같은 것들이 있다.

```
from torchviz import make_dot
import networkx as nx
import yaml
```

2. 다음으로 RGB 입력 이미지가 주어지면 예측 확률을 만들 수 있는 훈련된 모델을 취하는 훈련 루틴을 정의해야 한다.

```
def train(model, train_dataloader, optim, loss_func, epoch_num, lrate):
    model.train()
    loop_iter = 0
    training_loss = 0
    training_accuracy = 0
    for training_data, training_label in train_dataloader:
        set_lr(optim, epoch_num, lrate)
        training_data, training_label = training_data.to(device), training_label.to(device)
        optim.zero_grad()
        pred_raw = model(training_data)
        curr_loss = loss_func(pred_raw, training_label)
        curr_loss.backward()
        optim.step()
        training_loss += curr_loss.data
        pred = pred_raw.data.max(1)[1]

        curr_accuracy = (
```

```
                    float(pred.eq(training_label.data).sum()) * 100. / len(training_data)
                )
                training_accuracy += curr_accuracy
                loop_iter += 1
                if loop_iter % 100 == 0:
                    print(
                        f"epoch {epoch_num}, loss: {curr_loss.data}, accuracy: {curr_accuracy}"
                    )
            data_size = len(train_dataloader.dataset) // batch_size
            return training_loss / data_size, training_accuracy / data_size
```

3. 다음으로 데이터셋 로더를 정의한다. 이 이미지 분류 작업에서는 CIFAR-10 데이터셋을 사용하겠다. 이 데이터셋은 10개 클래스와 클래스 당 6천개로 총 6만개의 32×32 RGB 이미지로 구성된 유명한 데이터베이스다. 토치 데이터셋 리포지토리에서 데이터셋을 바로 로딩하기 위해 torchvision.datasets 모듈을 사용하겠다.

데이터셋 참고 문헌
Learning Multiple Layers of Features from Tiny Images, Alex Krizhevsky, 2009

코드는 다음과 같다.

```
def load_dataset(batch_size):
    transform_train_dataset = transforms.Compose([
        transforms.RandomCrop(32, padding=4),
        transforms.RandomHorizontalFlip(),
        transforms.ToTensor(),
        transforms.Normalize((0.4983, 0.4795, 0.4382), (0.2712, 0.2602, 0.2801)),
    ])

    transform_test_dataset = transforms.Compose([
        transforms.ToTensor(),
        transforms.Normalize((0.4983, 0.4795, 0.4382), (0.2712, 0.2602, 0.2801)),
    ])
    train_dataloader = torch.utils.data.DataLoader(
        datasets.CIFAR10(
            'dataset',
            transform=transform_train_dataset,
            train=True,
            download=True
        ),
```

```
        batch_size=batch_size,
        shuffle=True
    )
    test_dataloader = torch.utils.data.DataLoader(
        datasets.CIFAR10(
            'dataset', transform=transform_test_dataset, train=False
        ),
        batch_size=batch_size,
        shuffle=False
    )
    return train_dataloader, test_dataloader

train_dataloader, test_dataloader = load_dataset(batch_size)
```

결과는 다음과 같다.

```
Downloading https://www.cs.toronto.edu/~kriz/cifar-10-python.tar.gz to dataset/cifar-10-
python.tar.gz
██████████████████████████████     170500096/? [03:10<00:00, 889623.81it/s]
Extracting dataset/cifar-10-python.tar.gz to dataset
```

계속해서 신경망 모델을 설계하겠다. 이를 위해 무작위로 연결된 그래프를 설계해야 한다.

무작위로 연결된 그래프 정의

이 절에서는 나중에 신경망으로 사용하게 될 랜덤 그래프를 생성하기 위해 그래프 생성 모듈을 정의하겠다. 그러면 시작하자.

다음 코드에서 보듯이, 랜덤 그래프 생성 클래스를 정의해야 한다.

```
class RndGraph(object):
    def __init__(
        self, num_nodes, graph_probability, nearest_neighbour_k=4, num_edges_attach=5
    ):
        self.num_nodes = num_nodes
        self.graph_probability = graph_probability
        self.nearest_neighbour_k = nearest_neighbour_k
        self.num_edges_attach = num_edges_attach
```

```
def make_graph_obj(self):
    graph_obj = nx.random_graphs.connected_watts_strogatz_graph(
        self.num_nodes, self.nearest_neighbour_k, self.graph_probability
    )
    return graph_obj
```

이 실습에서는 유명한 랜덤 그래프 모델인 **와츠-스트로가츠(Watts Strogatz, WS)** 모델을 사용하겠다. 이는 RandWireNNs의 연구 논문에서 실험했던 세 개의 모델 중 하나다. 이 모델에는 두 개의 매개변수가 있다.

- 각 노드의 이웃 개수(반드시 짝수여야 함), K
- 재연결할 확률, P

먼저 그래프의 전체 N개 노드는 원의 형태로 배열되고 각 노드는 왼쪽으로 $K/2$개의 노드에 연결되고 오른쪽으로 $K/2$개의 노드에 연결된다. 그런 다음 각 노드를 시계 방향으로 $K/2$번 돌아다닌다. m번째 돌 때마다($0<m<K/2$) 현재 노드와 오른쪽 m번째에 위치한 이웃이 P의 확률로 재연결된다.

여기에서 재연결이란 에지가 현재 노드와 현재 노드의 m번째 이웃과는 다른 노드와 현재 노드를 잇는 다른 에지로 교체되는 것을 뜻한다. 앞의 코드에서 랜덤 그래프 생성 클래스의 make_graph_obj 메서드는 networkx 라이브러리를 사용해 WS 그래프 모델을 인스턴스화한다.

이에 더해 그래프의 노드와 에지 목록을 반환하는 get_graph_config 메서드를 추가한다. 이 메서드는 추상적인 그래프를 신경망으로 변환할 때 도움이 된다. 또한 재현 가능성과 효율성을 위해 생성된 그래프를 캐시에 저장하기 위해 그래프를 저장하고 로딩하는 메서드도 정의하겠다.[3]

```
def get_graph_config(self, graph_obj):
    ...
    return node_list, incoming_edges

def save_graph(self, graph_obj, path_to_write):
    ...
    with open("./cached_graph_obj/" + path_to_write, 'w') as fh:
```

---

3 (엮은이) 원서는 그래프 저장과 로딩에 networkx의 write_yaml()과 read_yaml()을 사용했는데, networkx 2.6 버전에서 해당 메서드가 삭제되어 사용할 수 없으므로 문제가 생기지 않게 코드를 수정했다.

```
        yaml.dump(graph_obj, fh)

    def load_graph(self, path_to_read):
        with open("./cached_graph_obj/" + path_to_read, 'r') as fh:
            return yaml.load(fh, Loader=yaml.Loader)
```

다음으로 실제 신경망 모델을 생성하겠다.

RandWireNN 모델 모듈 정의

이제 랜덤 그래프 생성 모듈을 확보했으니 이 랜덤 그래프를 신경망으로 변환해야 한다. 그 전에 이 변환을 도와줄 신경망 모듈을 몇 개 설계하겠다. 시작해보자.

1. 우선 신경망의 가장 낮은 레벨에서 시작해 다음처럼 분리 가능한 2차원 합성곱 계층을 정의하겠다.

```python
class SepConv2d(nn.Module):
    def __init__(
        self,
        input_ch,
        output_ch,
        kernel_length=3,
        dilation_size=1,
        padding_size=1,
        stride_length=1,
        bias_flag=True
    ):
        super(SepConv2d, self).__init__()
        self.conv_layer = nn.Conv2d(
            input_ch,
            input_ch,
            kernel_length,
            stride_length,
            padding_size,
            dilation_size,
            bias=bias_flag,
            groups=input_ch
        )
        self.pointwise_layer = nn.Conv2d(
```

```
            input_ch,
            output_ch,
            kernel_size=1,
            stride=1,
            padding=0,
            dilation=1,
            groups=1,
            bias=bias_flag
        )

    def forward(self, x):
        return self.pointwise_layer(self.conv_layer(x))
```

분리 가능한 합성곱 계층은 일반적인 3×3 2차원 합성곱 계층과 다음에 점별 1×1 2차원 합성곱 계층을 직렬로 연결한 것이다.

분리 가능한 2차원 합성곱 계층을 정의했으니 이제 ReLU-Conv-BN 삼중항 유닛을 정의하면 된다.

```
class UnitLayer(nn.Module):
    def __init__(self, input_ch, output_ch, stride_length=1):
        super(UnitLayer, self).__init__()

        self.dropout = 0.3

        self.unit_layer = nn.Sequential(
            nn.ReLU(),
            SepConv2d(input_ch, output_ch, stride_length=stride_length),
            nn.BatchNorm2d(output_ch),
            nn.Dropout(self.dropout)
        )

    def forward(self, x):
        return self.unit_layer(x)
```

앞서 언급했듯이 삼중항 유닛은 ReLU, 분리 가능한 2차원 합성곱 계층, 배치 정규화 계층을 순서대로 직렬로 연결한 것이다. 여기에 정칙화를 위한 드롭아웃 계층을 추가해야 한다.

삼중항 유닛을 갖췄으니 이제 이 실습을 시작할 때 논의한 대로 필요한 aggregation, transformation, distribution 기능을 모두 사용해 그래프에서 노드를 정의하면 된다.

```
class GraphNode(nn.Module):
    def __init__(self, input_degree, input_ch, output_ch, stride_length=1):
        super(GraphNode, self).__init__()
        self.input_degree = input_degree
        if len(self.input_degree) > 1:
            self.params = nn.Parameter(
                torch.ones(len(self.input_degree), requires_grad=True)
            )
        self.unit_layer = UnitLayer(
            input_ch, output_ch, stride_length=stride_length
        )

    def forward(self, *ip):
        if len(self.input_degree) > 1:
            op = (ip[0] * torch.sigmoid(self.params[0]))
            for idx in range(1, len(ip)):
                op += (ip[idx] * torch.sigmoid(self.params[idx]))
            return self.unit_layer(op)
        else:
            return self.unit_layer(ip[0])
```

forward 메서드에서 노드에 들어오는 에지 개수가 1보다 크면 가중 평균이 계산되고, 이 가중치는 이 노드의 학습 가능한 매개변수임을 알 수 있다. 삼중합 유닛은 가중 평균에 적용되고 변환된(ReLU-Conv-BN) 출력이 반환된다.

2. 이제 무작위로 연결된 그래프 클래스를 정의하기 위해 그래프와 그래프 노드 정의를 다음과 같이 모두 통합하면 된다.

```
class RandWireGraph(nn.Module):
    def __init__(
        self, num_nodes, graph_prob, input_ch, output_ch, train_mode, graph_name
    ):
        super(RandWireGraph, self).__init__()
        self.num_nodes = num_nodes
        self.graph_prob = graph_prob
        self.input_ch = input_ch
        self.output_ch = output_ch
        self.train_mode = train_mode
        self.graph_name = graph_name
```

```python
# 그래프 노드와 유입(incoming) 에지 가져오기
rnd_graph_node = RndGraph(self.num_nodes, self.graph_prob)
if self.train_mode is True:
    print("train_mode: ON")
    rnd_graph = rnd_graph_node.make_graph_obj()
    (
        self.node_list,
        self.incoming_edge_list
    ) = rnd_graph_node.get_graph_config(rnd_graph)
    rnd_graph_node.save_graph(rnd_graph, graph_name)
else:
    rnd_graph = rnd_graph_node.load_graph(graph_name)
    (
        self.node_list,
        self.incoming_edge_list
    ) = rnd_graph_node.get_graph_config(rnd_graph)
# 입력 노드 정의
self.list_of_modules = nn.ModuleList(
    [
        GraphNode(
            self.incoming_edge_list[0],
            self.input_ch,
            self.output_ch,
            stride_length=2
        )
    ]
)
# define the rest Node
self.list_of_modules.extend(
    [
        GraphNode(
            self.incoming_edge_list[n], self.output_ch,self.output_ch
        )
        for n in self.node_list if n > 0
    ]
)
```

이 클래스의 __init__ 메서드에서 랜덤 그래프가 생성된다. 이 그래프의 노드와 에지 리스트가 만들어진다. GraphNode 클래스를 사용해 이 랜덤 그래프의 각 노드는 원하는 신경망의 뉴런으로 캡슐화된다. 마지막으로 소스/입력 노드와 싱크/출력 노드가 네트워크에 추가돼 이미지 분류 작업을 수행할 신경망이 만들어진다.

forward 메서드도 다음에서 보다시피 일반적이지 않다.

```python
def forward(self, x):
    mem_dict = {}
    # 시작점
    op = self.list_of_modules[0].forward(x)
    mem_dict[0] = op

    # 나머지 꼭짓점
    for n in range(1, len(self.node_list) - 1):
        # print(node, self.in_edges[node][0], self.in_edges[node])
        if len(self.incoming_edge_list[n]) > 1:
            op = self.list_of_modules[n].forward(
                *[
                    mem_dict[incoming_vtx]
                    for incoming_vtx in self.incoming_edge_list[n]
                ]
            )
        else:
            op = self.list_of_modules[n].forward(
                mem_dict[self.incoming_edge_list[n][0]])
        mem_dict[n] = op
    op = mem_dict[self.incoming_edge_list[self.num_nodes + 1][0]]
    for incoming_vtx in range(
        1, len(self.incoming_edge_list[self.num_nodes + 1])
    ):
        op += mem_dict[
            self.incoming_edge_list[self.num_nodes + 1][incoming_vtx]
        ]
    return op / len(self.incoming_edge_list[self.num_nodes + 1])
```

먼저 순전파는 소스 뉴런에서 시작해 이 그래프의 list_of_nodes를 기반으로 후속 뉴런에 순전파가 순차적으로 실행된다. 각 순전파는 list_of_modules를 사용해 실행된다. 마지막으로 순전파가 싱크 뉴런을 통과하면 이 그래프의 출력이 나온다.

다음으로 이 정의된 모듈과 무작위로 연결된 그래프 클래스를 사용해 실제 RandWireNN 모델 클래스를 만들겠다.

랜덤 그래프를 신경망으로 변환

이전 단계에서 무작위로 연결된 그래프를 하나 정의했다. 그렇지만 이 실습 초반에 언급했듯이 무작위로 연결된 신경망은 무작위로 연결된 그래프 여러 개가 단계적으로 이어 구성된다. 그 이유는 이미지 분류 작업에서 입력 뉴런에서 출력 뉴런으로 진행하면서 다른(증가하는) 채널/특징 개수를 갖기 때문이다. 이것은 설계상 하나의 그러한 그래프를 통해서는 채널 수가 일정하기 때문에 단 하나의 무작위로 연결된 그래프로는 불가능하다. 그러면 시작하자.

1. 이 단계에서는 궁극적으로 무작위로 연결된 신경망을 정의한다. 이것은 서로 옆에 계단식으로 연결된 3개의 무작위로 연결된 그래프를 갖게 될 것이다. 각 그래프는 이미지 분류 작업에서 (공간적으로 다운샘플링하는 동안) 채널 개수를 늘리는 일반적인 관행에 맞추는 데 도움이 되도록 이전 그래프에 비해 채널 개수를 2배로 늘린다.

```python
class RandWireNNModel(nn.Module):
    def __init__(self, num_nodes, graph_prob, input_ch, output_ch, train_mode):
        ...
        self.conv_layer_1 = nn.Sequential(
            nn.Conv2d(
                in_channels=3,
                out_channels=self.output_ch,
                kernel_size=3,
                padding=1
            ),
            nn.BatchNorm2d(self.output_ch),
        )
        self.conv_layer_2 = nn.Sequential(
            RandWireGraph(
                self.num_nodes,
                self.graph_prob,
                self.input_ch,
                self.output_ch * 2,
                self.train_mode,
                graph_name="conv_layer_2"
            )
        )
```

```python
        self.conv_layer_3 = nn.Sequential(
            RandWireGraph(
                self.num_nodes,
                self.graph_prob,
                self.input_ch * 2,
                self.output_ch * 4,
                self.train_mode,
                graph_name="conv_layer_3"
            )
        )
        self.conv_layer_4 = nn.Sequential(
            RandWireGraph(
                self.num_nodes,
                self.graph_prob,
                self.input_ch * 4,
                self.output_ch * 8,
                self.train_mode,
                graph_name="conv_layer_4"
            )
        )
        self.classifier_layer = nn.Sequential(
            nn.Conv2d(
                in_channels=self.input_ch * 8,
                out_channels=1280,
                kernel_size=1
            ),
            nn.BatchNorm2d(1280)
        )
        self.output_layer = nn.Sequential(
            nn.Dropout(self.dropout), nn.Linear(1280, self.class_num)
        )
```

__init__ 메서드는 일반적인 3×3 합성곱 계층으로 시작해 숫자가 두 배로 늘어나는 채널이 있는 세 단계의 무작위로 연결된 그래프가 이어진다. 그다음으로 무작위로 연결된 마지막 그래프의 마지막 뉴런에서 나온 합성곱 출력을 크기가 1280인 벡터로 평면화하는 완전 연결 계층이 이어진다.

2. 마지막으로 다른 완전 연결 계층이 다음처럼 10개 클래스에 대한 확률을 포함하는 크기가 10인 벡터를 만든다.

```python
def forward(self, x):
    x = self.conv_layer_1(x)
    x = self.conv_layer_2(x)
    x = self.conv_layer_3(x)
    x = self.conv_layer_4(x)
    x = self.classifier_layer(x)

    # 전역 평균 풀링
    _, _, h, w = x.size()
    x = F.avg_pool2d(x, kernel_size=[h, w])
    x = torch.squeeze(x)
    x = self.output_layer(x)

    return x
```

forward 메서드는 첫 번째 완전 연결 계층 직후에 적용되는 전역 평균 풀링 외에는 따로 설명이 필요 없다. 이는 네트워크의 차원과 매개변수 수를 줄이는 데 도움이 된다.

이 단계에서 RandWireNN 모델을 성공적으로 정의하고 데이터셋을 로딩하고 모델 훈련 루틴을 정의했다. 이제 모델 훈련 루프를 실행할 준비가 끝났다.

RandWireNN 모델 훈련

이 절에서는 모델의 초매개변수를 설정하고 RandWireNN 모델을 훈련하겠다. 이제 시작하자.

1. 이 실습에 필요한 구성 요소를 모두 정의했다. 이제 실행할 차례다. 먼저 필요한 초매개변수를 선언하자.[4]

```python
num_epochs = 5
graph_probability = 0.7
node_channel_count = 64
num_nodes = 16
lrate = 0.1
train_mode = True
```

---

4 (엮은이) 원서의 깃허브에 있는 노트북에는 초매개변수 설정 코드가 앞쪽에 있었는데, 번역서의 깃허브 저장소에 있는 노트북에서는 책에서 설명하는 순서에 맞춰 코드를 뒤쪽으로 옮겼다. 단, batch_size=64는 데이터셋 로딩 전에 먼저 설정했다.

2. 초매개변수를 선언했으니 RandWireNN 모델을 옵티마이저와 손실 함수와 함께 인스턴스화한다.

```
rand_wire_model = RandWireNNModel(
    num_nodes,
    graph_probability,
    node_channel_count,
    node_channel_count,
    train_mode
).to(device)

optim_module = optim.SGD(
    rand_wire_model.parameters(), lr=lrate, weight_decay=1e-4, momentum=0.8
)
loss_func = nn.CrossEntropyLoss().to(device)
```

3. 마지막으로 모델을 훈련시키자. 여기서는 설명을 위해 모델을 5세대 동안만 훈련시키지만, 모델 성능이 좋아지는 것을 확인하기 위해 더 오래 훈련시키는 것이 좋다.[5]

```
for ep in range(1, num_epochs + 1):
    epochs.append(ep)
    training_loss, training_accuracy = train(
        rand_wire_model, train_dataloader, optim_module, loss_func, ep, lrate
    )
    test_accuracy = accuracy(rand_wire_model, test_dataloader)
    test_accuracies.append(test_accuracy)
    training_losses.append(training_loss)
    training_accuracies.append(training_accuracy)
    print(
        'test acc: {0:.2f}%, best test acc: {1:.2f}%'.format(
            test_accuracy, best_test_accuracy
        )
    )

    if best_test_accuracy < test_accuracy:
        model_state = {
            'model': rand_wire_model.state_dict(),
```

---

5 (엮은이) 실행 시 "TypeError: can't convert CUDA tensor to numpy. Use Tensor.cpu() to copy the tensor to host memory first." 오류가 발생한다면 for 문에서 training_losses로 시작하는 문장을 다음과 같이 수정해 보라.
`training_losses.append(training_loss.cpu())`

```
            'accuracy': test_accuracy,
            'ep': ep,
        }
        if not os.path.isdir('model_checkpoint'):
            os.mkdir('model_checkpoint')
        model_filename = (
            "ch_count_"
            + str(node_channel_count)
            + "_prob_"
            + str(graph_probability)
        )
        torch.save(
            model_state, './model_checkpoint/' + model_filename + 'ckpt.t7'
        )
        best_test_accuracy = test_accuracy
        plot_results(
            epochs, training_losses, training_accuracies, test_accuracies
        )
    print("model train time: ", time.time() - start_time)
```

결과는 다음과 같다.

```
epoch 1, loss: 1.8047572374343872, accuracy: 32.8125
epoch 1, loss: 1.8053011894226074, accuracy: 39.0625
epoch 1, loss: 1.5705406665802002, accuracy: 40.625
epoch 1, loss: 1.7380733489990234, accuracy: 29.6875
epoch 1, loss: 1.7764639854431152, accuracy: 32.8125
epoch 1, loss: 1.425702691078186, accuracy: 37.5
epoch 1, loss: 1.3414183855056763, accuracy: 51.5625
test acc: 43.24%, best test acc: 0.00%
model train time:  3522.6173169612885
epoch 2, loss: 1.5954769849777222, accuracy: 45.3125
epoch 2, loss: 1.3833452463150024, accuracy: 53.125
epoch 2, loss: 1.370549201965332, accuracy: 43.75
epoch 2, loss: 1.3685939311981201, accuracy: 54.6875
epoch 2, loss: 1.4633197784423828, accuracy: 48.4375
epoch 2, loss: 1.2918241024017334, accuracy: 50.0
epoch 2, loss: 1.317800521850586, accuracy: 50.0
test acc: 51.04%, best test acc: 43.24%
```

```
model train time:  6938.013380050659
epoch 3, loss: 1.0907424688339233, accuracy: 59.375

(생략)

epoch 5, loss: 1.2000718116760254, accuracy: 62.5
test acc: 67.45%, best test acc: 67.73%
```

이 로그를 통해 세대가 지남에 따라 모델이 점진적으로 학습함을 분명히 알 수 있다. 검증셋에서의 성능은 지속적으로 증가하고, 이는 모델을 일반화시킬 수 있음을 나타낸다.

이를 통해 CIFAR-10 데이터셋에서 이미지 분류 작업을 합리적으로 수행할 수 있는 특정 아키텍처를 염두에 두지 않는 모델을 만들었다.

RandWireNN 모델 평가 및 시각화

마지막으로 모델 아키텍처를 시각적으로 보여주기 전에 테스트셋에서의 모델 성능을 살펴보겠다. 시작하자.

1. 모델이 훈련됐으면 테스트셋에서 평가하면 된다.

```
rand_wire_nn_model.load_state_dict(model_checkpoint['model'])
...
for test_data, test_label in test_dataloader:
    ...
    success += pred.eq(test_label.data).sum()
print(
    f"test accuracy: {float(success) * 100. / len(test_dataloader.dataset)} %"
)
```

그 결과는 다음과 같다.

```
best model accuracy: 67.73%, last epoch: 4
```

4 세대 만에 최고의 성능을 내는 정확도 67%를 넘는 모델을 찾았다. 아직 모델이 완벽하지 않지만 더 많은 세대에서 훈련시켜 성능을 높일 수 있다. 또한 임의의 모델로 이 작업을 수행하면 10% 정확도(동률의 클래스 10개가 있으므로)를 보이기 때문에, 정확도가 67.73%면 여전히 높은 편이다. 특히 무작위로 생성된 신경망 아키텍처를 사용했다는 점을 고려하면 말이다.

2. 학습된 모델 아키텍처를 살펴보고 이 실습을 마무리하자. 원본 이미지는 여기에 나타내기 너무 크다. .svg 포맷의 전체 이미지는 `randwirenn.svg`에서, .png 포맷은 `randwirenn[representational_purpose_only].png`에서 확인하면 된다. 다음 그림에서는 원래 신경망의 입력부, 중간부, 출력부 세 부분을 세로로 쌓았다.

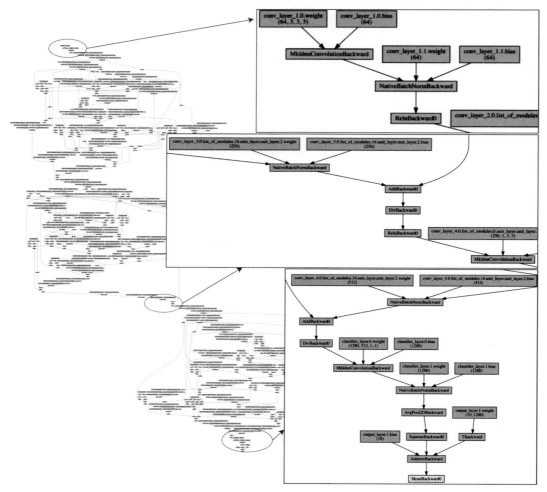

그림 5.4 RandWireNN 아키텍처

이 그래프에서 다음 핵심 내용을 확인할 수 있다.

- 제일 위에서 이 신경망의 시작 부분을 볼 수 있다. 이 부분은 64 채널 3×3 2차원 합성곱 계층, 64 채널 1x1 점별 2차원 합성곱 계층을 이어 구성한다.

- 중간부는 세 번째 단계 랜덤 그래프와 네 번째 단계 랜덤 그래프 사이 바뀌는 부분을 볼 수 있다. 여기서는 3 단계 랜덤 그래프인 conv_layer_3의 싱크(sink) 뉴런과 뒤이어 나오는 4 단계 랜덤 그래프인 conv_layer_4의 소스 (source) 뉴런을 볼 수 있다.

- 마지막으로 그래프의 가장 아랫부분에서는 최종 출력 계층. 4 단계 랜덤 그래프의 싱크 뉴런(512 채널 분리 가능한 2 차원 합성곱 계층)을 보여준다. 그 뒤로 완전 연결 평면화 계층이 이어지고 그 결과로 크기가 1,280인 특징 벡터를 얻게 된다. 뒤이어 완전 연결 소프트맥스 계층이 나오고 여기에서 10개 클래스의 확률이 만들어진다.

이렇게 특정 모델 아키텍처를 지정하지 않고 이미지 분류를 위한 신경망 모델을 만들고, 훈련시키고, 테스트한 뒤 시각화했다. 그 후 신경망 모델 구조에 몇 가지 중요한 제약을 지정했다. 여기에는 끝에서 두 번째 특징 벡터 길이(1280), 분리 가능한 2차원 합성곱 계층의 채널 수(64), RandWireNN 모델에서 단계 수(4), 각 뉴런의 정의(ReLU−Conv−BN 삼중항) 등이 포함된다.

하지만 이 신경망 아키텍처의 구조가 어떻게 생겨야 하는지를 지정하지는 않는다. 이는 랜덤 그래프 생성기로 최적의 신경망 아키텍처를 찾는다는 점에서 거의 무한한 가능성을 열었다.

신경망 아키텍처 검색은 딥러닝 분야에서 지속적으로 연구되는 유망한 영역이다. 대체로 이것은 AutoML이라고 하는 특정 작업에 대한 맞춤형 머신러닝 모델 훈련 분야와 잘 맞는다.

AutoML에서는 데이터셋을 수동으로 로딩하거나, 특정 작업을 해결하기 위해 특정 신경망 모델 아키텍처를 사전에 정의하고 모델을 운영 시스템에 수동으로 배포할 필요가 없기 때문에 **자동화된 머신 러닝 (Automated Machine Learning)**을 의미한다. 12장 '파이토치와 AutoML'에서 AutoML에 대해 자세히 논의하고 파이토치로 이러한 시스템을 구축하는 방법을 배울 것이다.

요약

이 장에서는 두 개의 서로 다른 하이브리드 유형의 신경망을 살펴봤다. 먼저 여러 순차 작업에서 모든 순환 모델보다 뛰어난 성능을 보이는 순환 연결이 없는 어텐션에만 기반한 모델인 트랜스포머 모델을 살펴봤다. 파이토치를 사용해 WikiText-2 데이터셋으로 언어 모델링 작업을 하기 위해 트랜스포머 모델을 만들고 훈련하고 평가하는 과정을 실습했다. 실습하는 동안 아키텍처 다이어그램과 관련 파이토치 코드를 통해 트랜스포머 모델 아키텍처를 자세히 알아봤다.

BERT, GPT 등과 같은 트랜스포머 후속 모델을 간략히 알아보면서 첫 번째 절을 마쳤다. 또한 파이토치가 5줄도 안되는 코드로 이 발전된 형태의 모델 대부분을 사전 훈련된 버전으로 로딩하는 데 얼마나 도움이 되는지 보여줬다.

두 번째 절에서는 3장 '심층 CNN 아키텍처'에서 중단한 부분에 이어서 아키텍처를 수정하는 동안 모델 매개변수만 최적화하는 것보다 모델 아키텍처 자체를 최적화하는 아이디어에 대해 논의했다. 그 방법 중 하나로 무작위로 연결된 신경망(RandWireNN)을 사용했다. 여기서는 랜덤 그래프를 생성하고 그 그래프의 노드와 에지에 의미를 할당하고 그래프를 서로 연결해 신경망을 구성한다.

CIFAR-10 데이터셋에서 이미지 분류 작업을 위해 RandWireNN 모델을 만들고, 훈련시키고 평가했다. 또한 결과로 얻은 모델 아키텍처를 시각화해서 조사했고 이미지 분류 작업을 위해 생성된 네트워크 구조를 이해하기 위해 특정 부분을 자세히 들여다보았다.

다음 장에서는 방향을 바꿔 모델 아키텍처에서 벗어나 몇 가지 흥미로운 파이토치 애플리케이션을 알아보겠다. 파이토치를 사용해 생성적 딥러닝 모델을 통해 음악과 텍스트를 생성하는 방법을 배울 것이다.

3부

생성 모델과
심층 강화학습

3부에서는 심층 생성적 적대 신경망을 포함해 생성적 신경망 모델을 자세히 알아볼 것이다. 또한 파이토치로 심층 강화학습을 다룰 것이다. 3부를 마무리하면 음악, 텍스트, 이미지 등을 생성할 수 있도록 자신만의 딥러닝 모델을 훈련시킬 수 있게 될 것이다. 또한 비디오 게임을 위해 플레이어(에이전트)를 훈련시키는 방법을 알게 될 것이다.

3부에서 다루는 내용:

- 6장, 파이토치를 활용한 음악, 텍스트 생성
- 7장, 신경망 스타일 전이
- 8장, 심층 합성곱 GAN
- 9장, 심층 강화학습

06

파이토치를 활용한 음악,
텍스트 생성

파이토치는 딥러닝 모델을 연구하고 딥러닝 기반의 애플리케이션을 개발하는 데 환상적인 도구다. 앞에서 다양한 도메인과 모델 유형에서 모델 아키텍처를 살펴봤다. 이 아키텍처를 처음부터 만들기 위해 파이토치를 사용했고 파이토치 모델 주(zoo)에서 사전 훈련된 모델을 가져와 사용했다. 이 장부터 방향을 틀어 생성 모델에 대해 자세히 알아보겠다.

앞에서 본 예제와 실습은 대부분 지도 학습 작업인 분류를 위한 모델 개발과 관련이 있다. 그렇지만 딥러닝 모델도 비지도 학습 작업에 관해서는 매우 효과적임을 입증했다. 심층 생성 모델이 그 예다. 이 모델은 수많은 레이블이 없는 데이터로 훈련된다. 일단 모델이 훈련되고 나면 훈련 데이터와 유사한 의미 있는 데이터를 생성할 수 있다. 이는 입력 데이터의 기본 구조와 패턴을 학습하기 때문에 가능하다.

이 장에서 텍스트와 음악 생성 모델을 만들 것이다. 텍스트 생성기를 만들기 위해 5장 '하이브리드 고급 모델'에서 훈련한 트랜스포머 기반의 언어 모델을 활용할 것이다. 파이토치를 사용해 트랜스포머모델을 텍스트 생성기로 작동하도록 확장할 것이다. 또한 코드 몇 줄만으로 텍스트 생성기를 설정하기 위해 파이토치에서 사전 훈련된 고급 트랜스포머 모델을 사용하는 방법을 보여준다. 마지막으로 파이토치를 사용해 MIDI 데이터셋에서 훈련된 음악 생성기 모델을 처음부터 만든다.

이 장을 마칠 때면 파이토치에서 자신만의 텍스트와 음악 생성 모델을 만들 수 있게 될 것이다. 또한 이러한 모델에서 데이터를 생성하기 위해 다양한 샘플링 또는 생성 전략을 적용할 수 있게 될 것이다. 이 장은 다음 주제를 다룬다.

- 파이토치로 트랜스포머 기반 텍스트 생성기 만들기

- 텍스트 생성기로 사전 훈련된 GPT-2 사용하기

- 파이토치에서 LSTM으로 미디 음악 생성하기

준비 사항

모든 실습에서 주피터 노트북을 사용한다. 다음은 이 장에서 pip를 사용해 설치해야 할 파이썬 라이브러리 목록이다. 예를 들어 명령줄에서 pip install torch==1.4.0을 실행한다.

```
jupyter==1.0.0
torch==1.4.0
tqdm==4.43.0
matplotlib==3.1.2
torchtext=0.5.0
transformers==3.0.2
scikit-image==0.14.2
```

이 장과 관련된 모든 코드 파일은 Chapter06 폴더에서 찾아볼 수 있다.

파이토치로 트랜스포머 기반 텍스트 생성기 만들기

5장에서 파이토치를 사용해 트랜스포머 기반의 언어 모델을 만들었다. 언어 모델은 단어 시퀀스가 주어졌을 때 특정 단어가 그 뒤에 나올 확률을 모델링하기 때문에 텍스트 생성기를 만드는 과정의 반 이상은 이미 지나왔다. 이 절에서는 이 언어 모델을 단어 시퀀스 형태로 초기 텍스트 큐(cue, 신호)가 주어지면 의미 있는 문장을 임의로 생성하는 심층 생성 모델로 확장하는 방법을 배울 것이다.

트랜스포머 기반 언어 모델 훈련

5장에서는 5 세대 동안 언어 모델을 훈련시켰다. 이 절에서는 동일한 단계를 따라 더 오랫동안(50 세대) 모델을 훈련시키겠다. 여기에서 목표는 더 나은 성능을 보여서 현실적인 문장을 생성할 수 있는 언어 모델을 얻는 것이다. 모델 훈련에 여러 시간이 걸릴 수 있음에 유의하자. 밤에 자는 동안 모델을 훈련시키는 것이 좋을 것이다. 언어 모델을 훈련시키는 단계를 따라가기 위해 text_generation.ipynb의 전체 코드를 따라가 보기 바란다.

50 세대 동안 훈련시키면 다음과 같은 결과를 얻게 된다.

```
epoch 1, 100/1018 batches, training loss 8.63, training perplexity 5614.45
epoch 1, 200/1018 batches, training loss 7.23, training perplexity 1380.31
epoch 1, 300/1018 batches, training loss 6.79, training perplexity 892.50
epoch 1, 400/1018 batches, training loss 6.55, training perplexity 701.84
epoch 1, 500/1018 batches, training loss 6.45, training perplexity 634.57
epoch 1, 600/1018 batches, training loss 6.32, training perplexity 553.86
epoch 1, 700/1018 batches, training loss 6.24, training perplexity 513.65
epoch 1, 800/1018 batches, training loss 6.13, training perplexity 459.07
epoch 1, 900/1018 batches, training loss 6.11, training perplexity 450.48
epoch 1, 1000/1018 batches, training loss 6.07, training perplexity 433.88
epoch 1, validation loss 5.82, validation perplexity 337.70
epoch 2, 100/1018 batches, training loss 5.98, training perplexity 395.15
epoch 2, 200/1018 batches, training loss 5.90, training perplexity 363.99

(생략)

epoch 50, 100/1018 batches, training loss 4.45, training perplexity 85.55
epoch 50, 200/1018 batches, training loss 4.38, training perplexity 79.68
epoch 50, 300/1018 batches, training loss 4.39, training perplexity 80.61
epoch 50, 400/1018 batches, training loss 4.39, training perplexity 80.27
epoch 50, 500/1018 batches, training loss 4.39, training perplexity 80.31
epoch 50, 600/1018 batches, training loss 4.38, training perplexity 80.17
epoch 50, 700/1018 batches, training loss 4.41, training perplexity 82.47
epoch 50, 800/1018 batches, training loss 4.26, training perplexity 71.00
epoch 50, 900/1018 batches, training loss 4.33, training perplexity 76.24
epoch 50, 1000/1018 batches, training loss 4.36, training perplexity 78.51
epoch 50, validation loss 4.98, validation perplexity 145.72
```

50 세대 동안 트랜스포머 모델을 성공적으로 훈련시켰으니 계속해서 훈련된 언어 모델을 텍스트 생성 모델로 확장시켜 보자.

언어 모델 저장 및 로딩

훈련이 끝났으면 가장 성능이 좋은 모델 체크포인트를 저장하겠다. 그런 다음 이 사전 훈련된 모델을 별도로 로딩할 수 있다.

1. 모델이 훈련됐으면, 모델을 다시 처음부터 훈련시키지 않아도 되게 로컬 환경에 훈련된 모델을 저장하는 것이 이상적이다. 다음과 같이 모델을 저장할 수 있다.

```
mdl_pth = './transformer.pth'
torch.save(best_model_so_far.state_dict(), mdl_pth)
```

2. 이제 저장된 모델을 로딩해 이 언어 모델을 텍스트 생성 모델로 확장하면 된다.

```
# 가장 잘 훈련된 모델 로딩
transformer_cached = Transformer(num_tokens, embedding_size, num_heads, num_hidden_params,
num_layers, dropout).to(device)
transformer_cached.load_state_dict(torch.load(mdl_pth))
```

이 절에서는 트랜스포머 모델 객체를 다시 인스턴스화한 다음 사전 훈련된 모델 가중치를 이 새로운 모델 객체에 로딩했다. 다음으로 이 모델을 텍스트 생성하는 데 사용하겠다.

언어 모델로 텍스트 생성하기

모델을 저장하고 로딩했으니 텍스트를 생성하기 위해 훈련된 언어 모델을 확장하면 된다.

1. 먼저 생성하려는 목표 단어 개수를 정의하고 초기 단어 시퀀스를 모델에 큐로 제공해야 한다.

```
ln = 10
sntc = 'It will _'
sntc_split = sntc.split()
```

2. 마지막으로 루프에서 단어를 하나씩 생성하면 된다. 이터레이션을 돌 때마다 입력 시퀀스에 해당 이터레이션에서 예측된 단어를 덧붙이면 된다. 이렇게 확장된 시퀀스는 다음 이터레이션에서 모델의 입력이 된다. 일관성을 확보하기 위해 랜덤 시드가 추가된다. 시드값을 바꾸면 다음 코드에서 보듯이 다른 텍스트를 생성할 수 있다.

```
torch.manual_seed(799)
with torch.no_grad():
    for i in range(ln):
        sntc = ' '.join(sntc_split)
        txt_ds = TEXT.numericalize([sntc_split])
        num_b = txt_ds.size(0)
        txt_ds = txt_ds.narrow(0, 0, num_b)
        txt_ds = txt_ds.view(1, -1).t().contiguous().to(device)
        ev_X, _ = return_batch(txt_ds, i+1)
```

```
        op = transformer_cached(ev_X)
        op_flat = op.view(-1, num_tokens)
        res = TEXT.vocab.itos[op_flat.argmax(1)[0]]
        sntc_split.insert(-1, res)
print(sntc[:-2])
```

결과는 다음과 같다.

```
It will be used to the first season , and the
```

보다시피 파이토치를 사용하면 언어 모델(이 경우, 트랜스포머 기반의 모델)을 훈련시킨 다음 코드 몇 줄 추가해 텍스트를 생성하는 데 사용할 수 있다. 생성된 텍스트는 의미가 통하는 것 같다. 이런 텍스트 생성기의 결과는 기반이 되는 언어 모델이 훈련된 데이터의 양과 언어 모델이 얼마나 강력한지에 의해 제한된다. 이 절에서는 텍스트 생성기를 처음부터 구축했다.

다음 절에서는 사전 훈련된 언어 모델을 로딩하고 이 모델을 텍스트 생성기로 사용할 것이다. 이를 위해 진화된 트랜스포머 후속 모델인 **생성적 트랜스포머 모델(GPT-2)**의 사전 훈련된 버전을 사용하겠다. 파이토치를 사용해 10줄도 안 되는 코드로 바로 사용할 수 있는 고급 텍스트 생성기를 구축하는 방법을 보여줄 것이다. 또한 언어 모델에서 텍스트를 생성하는 데 관련된 전략도 살펴보겠다.

텍스트 생성기로 사전 훈련된 GPT-2 사용하기

transformers 라이브러리와 파이토치를 함께 사용해 언어 모델링, 텍스트 분류, 기계 번역 등 다양한 작업을 수행하기 위한 최신의 진화된 트랜스포머 모델 대부분을 로딩할 수 있다. 그 방법은 5장 '하이브리드 고급 모델'에서 보여줬다.

이 절에서는 사전 훈련된 GPT-2 기반의 언어 모델을 로딩하겠다. 그런 다음 이 모델을 텍스트 생성기로 사용할 수 있도록 확장하겠다. 다음으로 사전 훈련된 모델에서 텍스트를 생성하기 위해 따를 만한 다양한 전략을 살펴보고 파이토치를 사용해 그 전략을 보여줄 것이다.

GPT-2로 바로 사용할 수 있는 텍스트 생성기 구현하기

실습 형태로 transformers 라이브러리를 사용해 사전 훈련된 GPT-2 언어 모델을 로딩하고, 이 언어 모델을 임의적이지만 의미가 있는 텍스트를 생성하기 위한 텍스트 생성 모델로 확장하겠다. 여기서는 코드 중 설명이 필요한 중요 부분만 보여주겠다. 전체 코드는 text_generation_out_of_the_box.ipynb에서 확인할 수 있다.

다음 단계를 따르자.

1. 먼저 필요한 라이브러리를 임포트해야 한다.

```
from transformers import GPT2LMHeadModel, GPT2Tokenizer
import torch
```

GPT-2 멀티-헤드 언어 모델과 사전을 생성하기 위한 토크나이저 모델을 임포트한다.

2. 다음으로 GPT2Tokenizer와 언어 모델을 인스턴스화한다. 반복 가능한 결과를 얻을 수 있게 랜덤 시드를 설정한다. 매번 다른 텍스트를 생성하려면 시드를 변경하면 된다. 마지막으로 모델에 초기 단어 세트를 큐로 제공한다.

```
torch.manual_seed(799)
tkz = GPT2Tokenizer.from_pretrained("gpt2")
mdl = GPT2LMHeadModel.from_pretrained('gpt2')
ln = 10
cue = "It will"
gen = tkz.encode(cue)
ctx = torch.tensor([gen])
```

3. 마지막으로 입력으로 주어진 단어 시퀀스에 대해 언어 모델을 사용해 다음 단어를 예측하는 일을 반복한다. 이터레이션을 돌 때마다 예측된 단어를 다음 이터레이션의 입력 단어 시퀀스에 덧붙인다.

```
prv=None
for i in range(ln):
    op, prv = mdl(ctx, past=prv)
    tkn = torch.argmax(op[..., -1, :])
    gen += [tkn.tolist()]
    ctx = tkn.unsqueeze(0)
seq = tkz.decode(gen)
print(seq)
```

[실행 결과]

```
It will be interesting to see how the new system works
```

텍스트를 생성하는 이 방식을 **탐욕적 탐색**(greedy search)이라고도 한다. 다음 절에서는 탐욕적 탐색에 대해 더 자세히 알아보고 다른 텍스트 생성 전략도 알아보겠다.

파이토치를 사용한 텍스트 생성 전략

훈련된 텍스트 생성 모델을 사용해 텍스트를 생성할 때 일반적으로 단어 단위로 예측한다. 그런 다음 결과로 얻은 예측 단어 시퀀스를 통합해 텍스트를 예측한다. 단어 예측을 반복할 때 이전 k개 예측이 주어지면 다음 단어를 찾거나 예측하는 방법을 지정해야 한다. 이 방법은 텍스트 생성 전략이라고도 하며 이절에서 잘 알려진 몇 가지 전략에 대해 설명하겠다.

탐욕적 탐색

탐욕적(greedy)이라는 이름은 앞에 얼마나 많은 시간 단계가 있든 모델이 현재 이터레이션에서 최대 확률을 갖는 단어를 선택하기 때문에 붙는다. 이 전략을 사용하면 모델이 확률이 낮은 단어를 채택할 일이 없기 때문에 모델이 확률이 낮은 단어 뒤에 숨어 있을 가능성이 높은 단어를 놓칠 가능성이 있다. 다음 다이어그램은 이전 실습의 3단계에서 내부적으로 발생할 수 있는 가상의 시나리오를 보여줌으로써 탐욕적 탐색을 설명한다. 각 시간 단계에서 텍스트 생성 모델은 확률과 함께 나올 수 있는 단어를 출력한다.

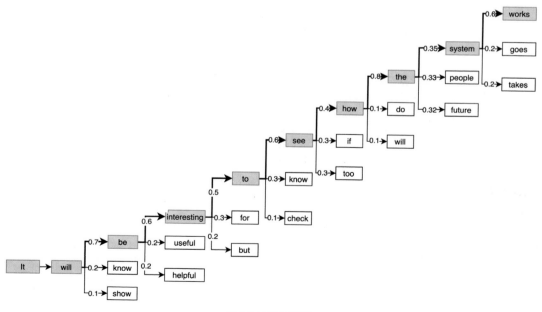

그림 6.1 탐욕적 탐색

보다시피 모델은 텍스트를 생성하는 각 단계에서 탐욕적 탐색 전략에 따라 확률이 가장 높은 단어를 선택한다. 끝에서 두 번째 단계에서는 **system, people, future**라는 각 단어를 비슷한 확률로 예측했다. 탐욕적 탐색에서는 **system**이 나머지 단어보다 확률이 약간 높기 때문에 다음에 올 단어로 선택된다. 그렇지만 **people**이나 **future**가 더 나은 또는 더 의미 있는 텍스트를 생성할 수 있었다고 주장할 수 있다.

이것이 탐욕적 탐색 방식의 주요 한계다. 또한 탐욕적 탐색은 무작위성이 부족해 반복적인 결과를 낸다. 누군가 텍스트 생성기를 예술적으로 사용하고자 하면 탐욕적 탐색 방식은 단조롭기 때문에 최고의 방식이라 볼 수 없다.

이전 절에서는 텍스트 생성 루프를 수동으로 작성했다. 여기서는 transformers 라이브러리 덕분에 텍스트 생성 단계를 코드 단 세 줄로 작성할 수 있다.

```
ip_ids = tkz.encode(cue, return_tensors='pt')
op_greedy = mdl.generate(ip_ids, max_length=ln)
seq = tkz.decode(op_greedy[0], skip_special_tokens=True)
print(seq)
```

출력은 다음과 같다.

```
It will be interesting to see how the new system
```

이 문장은 앞에서 생성된 문장보다 단어 하나가 적다. 이 차이는 GPT-2의 코드에는 max_length 인수에 큐 단어가 포함되기 때문이다. 따라서 큐 단어가 하나만 있으면 9개의 단어를 예측한다. 큐 단어가 두 개라면(이 경우) 8개의 새 단어가 예측되는 식이다.

빔 서치

탐욕적 탐색이 텍스트를 생성하는 유일한 방식은 아니다. **빔 서치(Beam Search)**는 탐욕적 탐색 기법을 다음 단어 확률이 아니라 전체 예측 시퀀스 확률을 기반으로 잠재적 후보 시퀀스 목록을 유지하는 방식으로 개발한 것이다. 몇 개의 후보 시퀀스를 구할 것이냐는 단어 예측 트리를 따라 탐색하는 빔의 개수다.

다음 다이어그램은 빔 크기가 3인 빔 서치를 사용해 각각 5 개의 단어로 구성된 3 개의 후보 시퀀스(전체 시퀀스 확률에 따라 정렬됨)를 생성하는 방법을 보여준다.

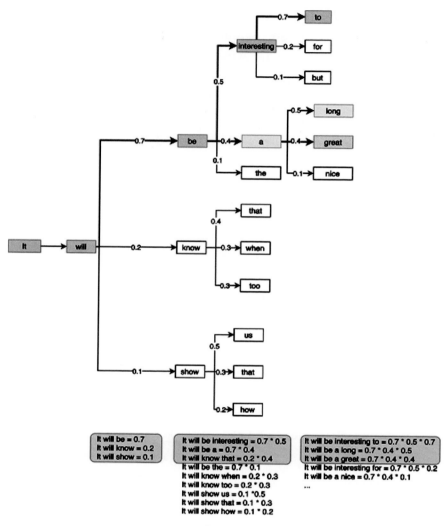

그림 6.2 빔 서치

이 빔 서치 예제에서 이터레이션마다 가장 가능성이 높은 3 개의 후보 시퀀스가 유지된다. 시퀀스가 더 진행됨에 따라 가능한 후보 시퀀스 개수는 기하급수적으로 증가한다. 그렇지만 우리는 이 중 확률이 가장 높은 3 개의 시퀀스만 관심 있다. 이렇게 하면 탐욕적 탐색처럼 잠재적으로 더 나은 시퀀스를 놓치는 일은 없다.

파이토치에서는 코드 한 줄로 빔 서치를 바로 가져다 사용할 수 있다. 다음 코드는 각각 5 단어를 포함하는 가장 가능성이 높은 3 개의 문장을 세 개의 빔을 사용하는 빔 서치 기반으로 텍스트 생성하는 방법을 보여준다.

```
op_beam = mdl.generate(
    ip_ids,
    max_length=5,
    num_beams=3,
    num_return_sequences=3,
)

for op_beam_cur in op_beam:
    print(tkz.decode(op_beam_cur, skip_special_tokens=True))
```

[실행 결과]

```
It will be interesting to
It will be a long
It will be a great
```

빔 서치에도 탐욕적 탐색 기법과 마찬가지로 결과가 반복적이거나 단조롭다는 문제는 여전히 남아 있다. 실행을 다르게 하더라도 전체 확률이 최대인 시퀀스로 정해 버리기 때문에 동일한 결과 집합을 생성한다. 다음 절에서는 더 이상 예측할 수 없거나 창의적인 텍스트를 생성하는 몇 가지 방법을 살펴보겠다.

Top-k와 top-p 샘플링

항상 가장 높은 확률을 갖는 다음 단어를 선택하는 대신 상대적인 확률에 기반해 다음에 올 수 있는 단어 집합에서 단어를 임의로 샘플링 할 수 있다. 예를 들어, 그림 6.2에서 단어 be, know, show는 각각 0.7, 0.2, 0.1의 확률을 갖는다. 이때 know, show보다 확률이 높은 be를 항상 뽑는 대신 각 단어의 확률에 기반해 이 세 개의 단어 중 하나를 무작위로 샘플링할 수 있다. 이런 방식으로 10회를 반복하여 10개의 개별 텍스트를 생성하면 대략 7번은 be가 뽑히고, 2번은 know, 1번은 show가 뽑힐 것이다. 이로써 빔 서치나 탐욕적 탐색에서는 절대 생성하지 않을 매우 다양한 단어 조합을 얻을 수 있다.

샘플링 기법을 사용해 텍스트를 생성하는 가장 인기 있는 두 가지 방법으로는 top-k 샘플링과 top-p 샘플링이 있다. top-k 샘플링에서는 다음에 올 단어를 샘플링할 때 후보가 될 단어 개수인 매개변수 k

를 미리 정의한다. 다른 모든 단어는 버리고 상위 k개의 단어에서 확률을 정규화한다. 이전 예제에서 k
가 2이면 단어 **show**는 삭제되고 **be**와 **know**의 확률 0.7과 0.2는 각각 0.78과 0.22로 정규화된다.

다음 코드는 top-k 텍스트 생성 기법을 보여준다.

```
for i in range(3):
    torch.manual_seed(i)
    op = mdl.generate(
        ip_ids,
        do_sample=True,
        max_length=5,
        top_k=2
    )

    seq = tkz.decode(op[0], skip_special_tokens=True)
    print(seq)
```

이 코드는 다음 결과를 생성한다.

```
It will also be a
It will be a long
It will also be interesting
```

상위 k개의 단어 대신 가능한 모든 단어에서 샘플링하려면 코드에서 top-k 인수를 0으로 설정하면 된
다. 런(run)마다 다른 결과가 나오는데, 아래와 같이 실행할 때마다 똑같은 결과를 내는 탐욕적 탐색과
차이가 있다.

```
for i in range(3):
    torch.manual_seed(i)
    op_greedy = mdl.generate(ip_ids, max_length=5)
    seq = tkz.decode(op_greedy[0], skip_special_tokens=True)
    print(seq)
```

[실행 결과]

```
It will be interesting to
It will be interesting to
It will be interesting to
```

top-p 샘플링 전략에서는 상위 k개 단어를 정의하는 대신 누적 확률 임곗값(p)을 정의한 다음 누적 확률이 p가 될 때까지 나온 단어를 유지할 수 있다. 이 예에서 p가 **0.7**과 **0.9** 사이면 단어 **know**와 **show**를 버리고 p가 **0.9**와 **1.0** 사이면 **show**를 버리고 p가 **1.0**이면 **be, know, show,** 세 단어를 모두 유지한다.

top-k 전략은 확률 분포가 평평한 경우 불공평할 수 있다. 유지된 단어나 잘려나간 단어가 거의 동일한 확률을 갖기 때문이다. 이 경우, top-p 전략은 샘플링할 수 있는 후보 단어 수를 더 크게 유지하고 확률 분포의 변화가 큰 경우 후보 단어 수를 더 작게 유지한다.

다음 코드는 top-p 샘플링 기법을 보여준다.

```python
for i in range(3):
    torch.manual_seed(i)
    op = mdl.generate(
        ip_ids,
        do_sample=True,
        max_length=5,
        top_p=0.75,
        top_k=0
    )

    seq = tkz.decode(op[0], skip_special_tokens=True)
    print(seq)
```

결과는 다음과 같다.

```
It will require work in
It will be an interesting
It will likely be important
```

top-k와 top-p 전략을 함께 설정할 수 있다. 이 예제에서 top-k를 0으로 설정해 top-k 전략을 비활성화시키고 p를 0.75로 설정한다. 다시 한번 말하지만, 이 결과 실행할 때마다 다른 문장을 생성하고 탐욕적 탐색이나 빔 서치와는 달리 더 창의적인 텍스트를 생성할 수 있다. 이 외에도 수많은 텍스트 생성 전략이 있고 지금도 이 분야에서 많은 연구가 진행되고 있다. 따라서 앞으로도 이 분야의 연구 결과들을 따라가 보기 바란다.

transformers 라이브러리에서 제공하는 텍스트 생성 전략을 다양하게 실험해보는 것으로 시작하는 것이 좋다. 이 라이브러리 제작자의 블로그[1]에서 자세한 내용을 확인할 수 있다.

이것으로 파이토치로 텍스트를 생성하는 방법을 모두 알아봤다. 다음 절에서는 비슷한 실습을 하지만 텍스트 대신 음악을 만드는 방법을 알아보겠다. 이 실습에서는 음악 데이터셋에서 비지도 모델을 훈련시키고 훈련된 모델을 사용해 훈련 데이터셋의 멜로디와 비슷한 멜로디를 생성한다.

파이토치에서 LSTM으로 미디 음악 생성하기

이 절에서는 텍스트에서 넘어가서 파이토치로 클래식 음악을 작곡할 수 있는 머신러닝 모델을 만들겠다. 이전 절에서는 트랜스포머 모델을 사용해 텍스트를 생성했다. 여기서는 LSTM 모델을 사용해 순차적 음악 데이터를 처리하겠다. 모차르트 클래식 음악 작곡에 대해 모델을 훈련시킨다.

각 음악 작품은 일련의 피아노 음표로 나뉜다. 여기서는 음악 데이터를 **미디**(MIDI, Musical Instruments Digital Interface) 파일 형식으로 읽어 들인다. 미디 파일은 기기와 환경에 상관없이 음악 데이터를 편리하고 읽고 쓸 수 있어 유명하면서도 일반적으로 사용되는 파일 형식이다.

미디 파일을 피아노 음표 시퀀스로 변환한 다음(이를 피아노 롤이라고 한다) 이를 사용해 다음 피아노 음표를 탐지하는 시스템을 훈련시킨다. 이 시스템에서는 이전 음표 시퀀스가 주어졌을 때 총 88개 음표(표준 88개 피아노 건반에 따라) 중 다음 음표를 예측하는 LSTM 기반의 분류기를 만들 것이다.

이제 실습으로 AI로 음악을 작곡하는 전체 프로세스를 알아보겠다. 여기서는 데이터 로딩, 모델 훈련, 음악 샘플을 생성하기 위해 사용되는 파이토치 코드를 중점적으로 살펴볼 것이다. 모델 훈련에 시간이 오래 걸릴 수 있으므로 훈련 프로세스를 백그라운드로 실행할 것을 추천한다. 예를 들면, 훈련 프로세스를 실행시키고 자러 간다거나 말이다. 여기서는 설명에 필요한 코드만 축약해서 보여주겠다.

미디 음악 파일을 처리하는 방법을 이 책에서 자세히 설명하진 않겠지만 전체 코드를 music_generation. ipynb에서 살펴보는 것이 좋다.

---

1 https://huggingface.co/blog/how-to-generate

미디 음악 데이터 로딩

먼저 MIDI 형식으로 제공되는 음악 데이터를 로딩하는 방법을 설명하겠다. MIDI 데이터를 처리하는 코드를 간단히 설명한 다음 이 파일을 파이토치로 로딩하는 모듈을 만드는 방법을 보여주겠다. 그럼 시작하자.

1. 늘 그렇듯 중요한 라이브러리를 임포트하는 것부터 시작한다. 이 실습에서 새로 사용하게 될 라이브러리로는 다음과 같은 것들이 있다.

```
import skimage.io as io
from struct import pack, unpack
from io import StringIO, BytesIO
```

skimage는 모델이 생성한 음악 샘플 시퀀스를 시각화할 때 사용된다. struct와 io는 MIDI 음악 데이터를 피아노 롤로 전환하는 프로세스를 처리하기 위해 사용된다.

2. 다음으로 MIDI 파일을 로딩하고 LSTM 모델에 공급할 수 있는 일련의 피아노 음(행렬)으로 변환하는 헬퍼 클래스와 함수를 작성한다. 먼저 음 높이, 채널, 시퀀스 시작, 시퀀스 끝 등을 나타내는 MIDI 상수를 정의한다.

```
NOTE_MIDI_OFF = 0x80
NOTE_MIDI_ON = 0x90
CHNL_PRESS = 0xD0
MIDI_PITCH_BND = 0xE0
...
```

3. 그런 다음 MIDI 데이터 입출력 스트림을 처리하거나 MIDI 데이터를 파싱하는 클래스를 다음과 같이 정의한다.

```
class MOStrm:
# MIDI 출력 스트림
...
class MIFl:
# MIDI 입력 파일 읽어 들이기
...
class MOFl(MOStrm):
# MIDI 출력 파일 쓰기
...
class RIStrFl:
# 원시 입력 스트림 파일 읽어 들이기
...
class ROStrFl:
```

```
# 원시 출력 스트림 파일 쓰기
...

class MFlPrsr:
# MIDI 파일 파싱
...

class EvtDspch:
# 이벤트 디스패치
...

class MidiDataRead(MOStrm):
# MIDI 데이터 읽어 들이기
...
```

4. MIDI 데이터 입출력 관련 코드를 모두 처리했으니, 파이토치 데이터셋 클래스를 인스턴스화할 준비가 끝났다. 그 전에 두 개의 핵심 함수를 정의해야 한다. 하나는 MIDI 파일을 피아노 롤로 전환하는 함수이고 다른 하나는 피아노 롤을 빈 음으로 패딩하는 함수다. 이렇게 하면 데이터셋에서 음악 작품의 길이를 정규화할 수 있다.

```
def md_fl_to_pio_rl(md_fl):
    md_d = MidiDataRead(md_fl, dtm=0.3)
    pio_rl = md_d.pio_rl.transpose()
    pio_rl[pio_rl > 0] = 1
    return pio_rl


def pd_pio_rl(pio_rl, mx_l=132333, pd_v=0):
    orig_rol_len = pio_rl.shape[1]
    pdd_rol = np.zeros((88, mx_l))
    pdd_rol[:] = pd_v
    pdd_rol[:, - orig_rol_len:] = pio_rl
    return pdd_rol
```

5. 이제 다음과 같이 파이토치 데이터셋 클래스를 정의하면 된다.

```
class NtGenDataset(data.Dataset):
    def __init__(self, md_pth, mx_seq_ln=1491):
        ...

    def mx_len_upd(self):
        ...

    def __len__(self):
        return len(self.md_fnames_ful)


    def __getitem__(self, index):
```

```
        md_fname_ful = self.md_fnames_ful[index]
        pio_rl = md_fl_to_pio_rl(md_fname_ful)
        seq_len = pio_rl.shape[1] - 1
        ip_seq = pio_rl[:, :-1]
        gt_seq = pio_rl[:, 1:]
        ...
        return (
            torch.FloatTensor(ip_seq_pad),
            torch.LongTensor(gt_seq_pad),
            torch.LongTensor([seq_len])
        )
```

6. 데이터셋 클래스 외에 훈련 데이터 배치에서 음악 시퀀스를 세 개의 별도 리스트로 사후 처리하는 헬퍼 함수를 추가
   해야 한다. 이 세 개의 리스트는 입력 시퀀스, 출력 시퀀스, 시퀀스 길이이며 시퀀스 길이 기준으로 내림차순으로 정
   렬된다.

```
def pos_proc_seq(btch):
    ip_seqs, op_seqs, lens = btch
    ...
    ord_tr_data_tups = sorted(
        tr_data_tups, key=lambda c: int(c[2]), reverse=True
    )
    ip_seq_splt_btch, op_seq_splt_btch, btch_splt_lens = zip(*ord_tr_data_tups)
    ...
    return tps_ip_seq_btch, ord_op_seq_btch, list(ord_btch_lens_l)
```

7. 이 실습을 위해 모차르트 작품을 사용하겠다. 데이터셋은 http://www.piano-midi.de/mozart.htm에서 내려받을 수
   있다. 다운로드된 폴더는 21개의 MIDI 파일로 구성되고 이 파일을 18개의 훈련 셋과 3개의 검증 셋 파일로 분할하겠
   다. 다운로드된 데이터는 ./mozart/train과 ./mozart/valid 폴더 아래에 저장된다. 다운로드가 끝나면 데이터를
   읽어 들여 훈련 데이터셋과 검증 데이터셋 로더를 인스턴스화할 수 있다.

```
training_dataset = NtGenDataset('./mozart/train', mx_seq_ln=None)
training_datasetloader = data.DataLoader(
    training_dataset, batch_size=5,shuffle=True, drop_last=True
)


validation_dataset = NtGenDataset('./mozart/valid/', mx_seq_ln=None)
validation_datasetloader = data.DataLoader(
    validation_dataset, batch_size=3, shuffle=False, drop_last=False
```

```
)

X_validation = next(iter(validation_datasetloader))
X_validation[0].shape
```

[실행 결과]

```
torch.Size([3, 1587, 88])
```

보다시피 첫 번째 검증 배치는 길이가 1,587(음표)인 세 개의 시퀀스로 구성되며, 각 시퀀스는 크기가 88인 벡터로 인코딩된다. 여기에서 88은 피아노 건반 전체 개수에 해당한다. 다음 그림은 검증 셋 음악 파일 중 하나의 처음 몇 음에 해당하는 악보다.

그림 6.3 모차르트 작품의 악보

이 음표 시퀀스를 행이 88개(피아노 건반 하나 당 1 행)인 행렬로 시각화할 수도 있다. 다음은 앞에서 본 멜로디(1,587 개 중 300개 음)를 행렬 표현으로 시각화한 것이다.

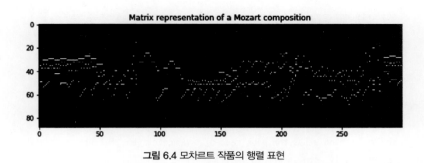

그림 6.4 모차르트 작품의 행렬 표현

데이터셋 참고 문헌

베른트 크뤼거(Bernd Krueger)의 MIDI, 오디오(MP3, OGG), 비디오 파일은 CC BY–SA 독일 라이선스를 따른다.

이름: Bernd Krueger

출처: http://www.piano-midi.de

파일 배포 및 공개 재생은 동일한 라이선스 조건하에서만 허용된다.

악보는 오픈 소스다.

이제 LSTM 모델과 훈련 루틴을 정의하겠다.

LSTM 모델 정의 및 훈련 방법

지금까지 MIDI 데이터셋을 로딩하고 이를 사용해 훈련 데이터와 검증 데이터 로더를 만들었다. 이 절에서는 LSTM 모델 아키텍처와 함께 모델 훈련 루프에서 실행할 훈련/평가 루틴을 정의하겠다. 그러면 시작하자.

1. 먼저 모델 아키텍처를 정의해야 한다. 앞서 언급했듯이, 시퀀스의 시간 단계 마다 입력 데이터의 88차원 표현을 512차원의 은닉 계층 표현으로 인코딩하는 인코더 계층으로 구성되는 LSTM 모델을 사용할 것이다. 인코더 계층 뒤에는 2개의 LSTM 계층, 1개의 완전 연결 계층, 마지막으로 소프트맥스 계층으로 이어져 88개 클래스를 출력한다.

4장 '심층 순환 신경망 아키텍처'에서 설명한 다양한 유형의 순환 신경망(recurrent neural network, RNN)에 따르면 이 작업은 입력이 시간 단계 0부터 시간 단계 t까지 전체 시퀀스이고, 시간 단계 $t+1$에서 88개 클래스 중 하나가 출력인 다대일 시퀀스 분류 작업에 해당한다.

```
class MusicLSTM(nn.Module):
    def __init__(self, ip_sz, hd_sz, n_cls, lyrs=2):
        ...
```

```
        self.nts_enc = nn.Linear(in_features=ip_sz, out_features=hd_sz)
        self.bn_layer = nn.BatchNorm1d(hd_sz)
        self.lstm_layer = nn.LSTM(hd_sz, hd_sz, lyrs)
        self.fc_layer = nn.Linear(hd_sz, n_cls)

    def forward(self, ip_seqs, ip_seqs_len, hd=None):
        ...
        pkd = torch.nn.utils.rnn.pack_padded_sequence(nts_enc_ful, ip_seqs_len)
        op, hd = self.lstm_layer(pkd, hd)
        ...
        lgts = self.fc_layer(op_nrm_drp.permute(2,0,1))
        ...
        zero_one_lgts = torch.stack((lgts, rev_lgts), dim=3).contiguous()
        flt_lgts = zero_one_lgts.view(-1, 2)
        return flt_lgts, hd
```

2. 모델 아키텍처를 정의했으면 모델 훈련 루틴을 지정할 수 있다. 과적합을 피하기 위해 그라디언트 클리핑(Gradient Clipping)을 사용하는 Adam 옵티마이저를 사용할 것이다. 과적합에 대응하는 또 다른 방법으로 이전 단계에서 이미 지정한 대로 드롭아웃 계층을 사용하겠다.

```
def lstm_model_training(lstm_model, lr, ep=10, val_loss_best=float("inf")):
    ...
    for curr_ep in range(ep):
        ...
        for batch in training_datasetloader:
            ...
            lgts, _ = lstm_model(ip_seq_b_v, seq_l)
            loss = loss_func(lgts, op_seq_b_v)
            ...
        if vl_ep_cur < val_loss_best:
            torch.save(lstm_model.state_dict(), 'best_model.pth')
            val_loss_best = vl_ep_cur
    return val_loss_best, lstm_model
```

3. 이와 유사하게 모델 평가 루틴을 정의한다. 여기서는 모델에 순전파가 실행될 때 매개변수가 바뀌지 않는다.

```
def evaluate_model(lstm_model):
    ...
    for batch in validation_datasetloader:
        ...
```

```
        lgts, _ = lstm_model(ip_seq_b_v, seq_l)
        loss = loss_func(lgts, op_seq_b_v)
        vl_loss_full += loss.item()
        seq_len += sum(seq_l)


    return vl_loss_full/(seq_len*88)
```

이제 음악 생성 모델을 훈련시켜 테스트해보자.

음악 생성 모델 훈련 및 테스트

이제 실제로 LSTM 모델을 훈련시킬 차례다. 그런 다음 훈련된 음악 생성 모델을 사용해 우리가 듣고 분석할 수 있는 음악 샘플을 생성한다.

1. 모델을 인스턴스화 하고 훈련시킬 준비를 마쳤다. 이 분류 작업의 손실 함수로는 범주형 교차 엔트로피 함수를 사용했다. 10 세대 동안 0.01의 학습률로 모델을 훈련시킨다.

```
loss_func = nn.CrossEntropyLoss().cpu()
lstm_model = MusicLSTM(ip_sz=88, hd_sz=512, n_cls=88).cpu()
val_loss_best, lstm_model = lstm_model_training(lstm_model, lr=0.01, ep=10)
```

결과는 다음과 같다.

```
ep 0 , train loss = 1.2445591886838276
ep 0 , val loss = 1.3352128363692468e-06


ep 1 , train loss = 2.1156165103117623
ep 1 , val loss = 1.6539533744088603e-06


ep 2 , train loss = 1.6429476936658223
ep 2 , val loss = 6.44313576921296e-07


ep 3 , train loss = 1.3036367297172546
ep 3 , val loss = 7.910344729101428e-07


ep 4 , train loss = 0.6105860968430837
ep 4 , val loss = 1.2166870756004527e-06
```

```
ep 5 , train loss = 0.582861324151357
ep 5 , val loss = 5.687958283017817e-07

ep 6 , train loss = 0.28131235639254254
ep 6 , val loss = 4.83049781240143e-07

ep 7 , train loss = 0.1561812162399292
ep 7 , val loss = 5.472248898085979e-07

ep 8 , train loss = 0.14845856527487436
ep 8 , val loss = 4.1753687837465244e-07

ep 9 , train loss = 0.1285532539089521
ep 9 , val loss = 3.899009367655375e-07
```

2. 이제부터 재미있다. 다음에 올 음을 예측하는 모델을 만들었으면 이 모델을 음악 작곡기로 사용할 수 있다. 큐 사인으로 첫 음을 제공해 예측 프로세스를 초기화하기만 하면 된다. 그러면 이 모델은 시간 단계마다 다음 음을 반복적으로 예측한다. 여기서 시간 단계 t에서 예측은 시간 $t+1$의 입력 시퀀스에 덧붙는다.

여기에서 훈련된 모델 객체, 생성하고자 하는 음악 길이, 시퀀스의 시작 음, 온도(temperature)를 취하는 음악 생성 함수를 작성하겠다. 온도는 분류 계층에서 softmax 함수에 사용하는 표준 수학 연산이다. 이 연산은 소프트맥스 확률 분포를 넓히거나 축소하는 방식으로 조정할 때 사용된다. 코드는 다음과 같다.

```python
def generate_music(lstm_model, ln=100, tmp=1, seq_st=None):
    ...
    for i in range(ln):
        op, hd = lstm_model(seq_ip_cur, [1], hd)
        probs = nn.functional.softmax(op.div(tmp), dim=1)
        ...
    gen_seq = torch.cat(op_seq, dim=0).cpu().numpy()
    return gen_seq
```

이 함수를 사용해 새로운 음악 작품을 만들 수 있다.

```python
seq = generate_music(lstm_model, ln=100, tmp=0.8, seq_st=None).transpose()
midiwrite('generated_music.mid', seq.transpose(), dtm=0.25)
```

이렇게 음악 작품을 생성하고 현재 디렉터리에 MIDI 파일로 저장한다. 이 파일을 열어 모델이 만들어 낸 음악을 재생해 들을 수 있다. 그 외에도 만들어진 음악을 행렬 표현으로 시각화해서 볼 수 있다.

```
io.imshow(seq)
```

결과는 다음과 같이 출력된다.

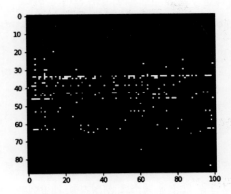

그림 6.5 AI가 생성한 음악 샘플의 행렬 표현

이렇게 만들어진 음악을 악보에 옮기면 다음과 같다.

그림 6.6 AI가 생성한 음악 샘플의 악보

생성된 선율이 모차르트 원곡만큼 상당히 듣기 아름다울 것 같진 않다. 그럼에도 불구하고 모델이 학습한 몇 가지 조합에서 일관성을 볼 수 있다. 또한 생성된 음악 품질은 좀 더 많은 데이터에서 더 많은 세대 동안 훈련시키면 나아질 수 있다.

이로써 머신러닝을 사용해 음악을 만드는 실습을 마치겠다. 이 절에서는 기존 음악 데이터로 음을 예측하는 모델을 처음부터 훈련시키고 훈련된 모델을 사용해 음악을 만드는 방법을 설명했다. 실제로 생성 모델을 사용해 모든 종류의 데이터 샘플을 생성하도록 아이디어를 확장할 수 있다. 파이토치는 데이터 로딩, 모델 구축/훈련/테스트, 훈련된 모델을 사용한 데이터 생성에 있어 직관적인 API를 제공하므로 이러한 사례에서 매우 효과적인 도구다. 다양한 사례와 데이터 유형에서 이런 작업을 더 많이 해보면 좋다.

요약

이 장에서는 파이토치를 사용한 생성 모델을 알아봤다. 텍스트 생성으로 시작해, 이전 장에서 만들었던 트랜스포머 기반의 언어 모델을 활용해 텍스트 생성기를 개발했다. 파이토치를 사용해 비지도 학습으로 훈련된 모델(이 경우, 언어 모델)을 데이터 생성기로 변환하는 방법을 설명했다. 그런 다음 transformers 라이브러리에서 사용할 수 있는 사전 훈련된 고급 트랜스포머 모델을 활용해 텍스트 생성기로 사용하는 방법을 알아봤다. 또한 탐욕적 탐색, 빔 서치, top-k/top-p 샘플링 같은 다양한 텍스트 생성 전략을 살펴봤다.

다음으로 AI 음악 작곡 모델을 처음부터 구축했다. 모차르트 피아노곡을 사용해, 앞서 나온 피아노 음 시퀀스가 주어졌을 때 다음 피아노 음을 예측하는 LSTM 모델을 훈련시켰다. 그런 다음 비지도 학습으로 훈련된 분류 모델을 데이터 생성 모델로 사용해 음악을 만들었다. 텍스트 생성 모델과 음악 생성 모델의 결과 모두 장래성이 있고, 파이토치가 예술 작품을 생성하는 AI 모델을 개발하는 데 있어 매우 막강한 도구임을 보여준다.

같은 예술적 맥락에서 다음 장에서는 머신러닝이 하나의 이미지에서 다른 이미지로 스타일을 전이하는 방법을 배우겠다. 파이토치를 마음대로 사용해서, CNN으로 다양한 이미지에서 예술적 스타일을 배우고 이 스타일을 다른 이미지에 적용해볼 것이다(이 작업은 신경망 스타일 전이로 더 잘 알려져 있다).

07

신경망 스타일
전이

6장에서 파이토치를 사용한 생성 모델을 살펴봤다. 텍스트와 음악 데이터에서 지도받지 않고 모델을 훈련시켜 각각 텍스트와 음악을 생성할 수 있는 머신러닝 모델을 구축했다. 이 장에서는 이미지 데이터에 유사한 방법론을 적용해 봄으로써 계속해서 생성 모델을 살펴보겠다.

두 개의 서로 다른 이미지 A와 B의 서로 다른 측면을 섞어서 이미지 A의 콘텐츠와 이미지 B의 스타일을 포함한 이미지 C를 생성하겠다. 이 작업은 **신경망 스타일 전이**(neural style transfer)로 잘 알려져 있는데 다음 그림처럼 이미지 C를 만들기 위해 이미지 B의 스타일을 이미지 A로 옮기는 방식을 취하기 때문이다.

이미지 A
(콘텐츠)

이미지 B
(스타일)

이미지 C
(결과)

그림 7.1 신경망 전이 예제

먼저 이 문제를 어떻게 풀 것인지 간단히 설명하고 스타일 전이를 뒷받침하는 아이디어를 이해해보자. 그런 다음 파이토치를 사용해 신경망 스타일 전이 시스템을 구현하고 이를 한 쌍의 이미지에 적용해 보겠다. 이 실습을 통해 스타일 전이 메커니즘에서 다양한 매개변수의 효과도 알아보겠다.

이 장을 마칠 때면 신경망 스타일 전이의 배경이 되는 개념을 이해하고 파이토치를 사용해 신경망 스타일 전이 모델을 구축하고 테스트할 수 있게 될 것이다.

이 장은 다음 주제를 다룬다.

- 이미지 간 스타일 전이하는 방법
- 파이토치에서 신경망을 이용한 스타일 전이 구현하기

준비 사항

실습에서는 모두 주피터 노트북을 사용한다.

이 장에서 pip로 설치해야 할 파이썬 라이브러리는 다음과 같다. 예를 들어, 명령줄에서 `pip install torch==1.4.0`을 실행해야 한다.

```
jupyter==1.0.0
torch==1.4.0
torchvision==0.5.0
matplotlib==3.1.2
Pillow==8.0.1
```

이 장에 관련한 코드 파일은 모두 `Chapter07` 폴더에서 확인할 수 있다.

이미지 간 스타일 전이하는 방법

3장 '심층 CNN 아키텍처'에서 자세히 알아본 CNN은 이미지 데이터로 작업할 때 가장 성공적인 모델이다. CNN 기반 아키텍처가 이미지 분류, 객체 탐지 같은 작업에서 성능이 가장 좋은 신경망 아키텍처임을 확인했다. 이러한 성공의 핵심 요인은 공간 표현을 학습하는 합성곱 계층이다.

예를 들어 개와 고양이를 분류한다면 CNN 모델은 더 높은 수준의 특징에서 이미지의 콘텐츠를 잡아낼 수 있으므로 개만의 특징과 고양이만의 특징을 탐지하는 데 도움이 된다. CNN의 이러한 이미지 분류 능력을 활용해 이미지의 콘텐츠를 파악할 것이다.

3장에서 설명했듯이 VGG는 강력한 이미지 분류 모델이다. VGG 모델의 합성곱 부분(선형 계층은 제외)을 사용해 이미지에서 콘텐츠 관련 특징을 추출하겠다.

각 합성곱 계층은 각각 $X \times Y$ 차원을 갖는 N개의 특징 맵을 만든다. 예를 들어 크기가 (3, 3)인 단일 채널(흑백) 입력 이미지가 있고 합성곱 계층의 출력 채널 개수(N)는 3이고 커널 크기는 (2, 2), 스트라이드는 (1, 1)이고 패딩은 없다고 하자. 이 합성곱 계층은 크기가 2×2(따라서 이 경우 Y=2, X=2)인 3(N)개의 특징 맵을 만든다.

합성곱 계층이 만든 이 N개의 특징 맵을 크기가 $N \times M$인 2차원 행렬로 표현할 수 있다(이때 $M=X \times Y$). 각 합성곱 계층의 출력을 2차원 행렬로 정의함으로써 각 합성곱 계층에 붙어 있는 손실 함수를 정의할 수 있다. 콘텐츠 손실(content loss)이라고도 하는 이 손실 함수는 다음 다이어그램에서 보여주듯이 합성곱 계층의 기댓값과 예측값 사이의 제곱 손실이다. 여기에서 N=3, X=3, Y=2이다.

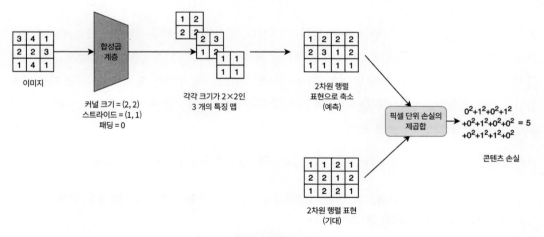

그림 7.2 콘텐츠 손실

보다시피 이 예제에서 입력 이미지(그림 7.1의 표기에 따르면 이미지 C)는 **합성곱 계층**에 의해 3 개의 특징 맵으로 전환된다. 각 크기가 2×2인 이 **3 개의 특징 맵**을 3×4 행렬로 바꾼다. 이 행렬을 기대 출력과 비교한다. 기대 출력은 이미지 A(콘텐츠 이미지)를 동일한 흐름을 통과시켜 얻는다. 그런 다음 픽셀 단위 손실의 제곱합을 계산하는데, 이를 **콘텐츠 손실**이라고 한다.

이제 이미지에서 스타일을 추출하기 위해 축소된 2차원 행렬 표현의 행 간 내적을 구해 유도된 그람 행렬을 사용할 것이다. 다음 다이어그램을 보자.

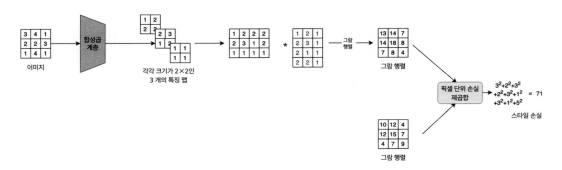

그림 7.3 스타일 손실

> **[그람 행렬]**
>
> 다음 사이트에서 그람 행렬에 대해 더 자세히 알 수 있다.
> https://mathworld.wolfram.com/GramMatrix.html

콘텐츠 손실 계산에 비해 그람 행렬 계산 단계만 추가됐다. 또한 픽셀 단위 손실의 제곱합의 출력이 콘텐츠 손실에 비해 상당히 큰 값임을 알 수 있다. 따라서 이 숫자를 $N×X×Y$(특징 맵의 개수(N), 특징 맵의 길이(X), 특징 맵의 너비(Y)를 모두 곱한 값)로 나누어 정규화한다. 이것은 N, X, Y가 서로 다른 여러 합성곱 계층의 **스타일 손실** 지표를 표준화하는 데도 도움이 된다. 자세한 내용은 신경망 스타일 전이를 소개한 최초 논문[1]에서 확인하면 된다.

콘텐츠 손실과 스타일 손실을 이해했으니 신경망 스타일 전이가 작동하는 방식을 살펴보자.

1. VGG(또는 다른 CNN) 네트워크가 주어지면 네트워크의 어느 합성곱 계층에 콘텐츠 손실을 붙일 것인지 정의한다. 스타일 손실을 위해 이 실습을 반복한다.

2. 이 리스트가 있으면 콘텐츠 이미지를 네트워크를 통해 전달하고 콘텐츠 손실을 계산할 합성곱 계층에서 기대 합성곱 출력(2차원 행렬)을 계산한다.

3. 다음으로 스타일 이미지를 네트워크를 통해 전달하고 합성곱 계층에서 기대 그람 행렬을 계산한다. 여기에서 다음 다이어그램에서 보여주듯이 스타일 손실이 계산된다.

---

1 https://arxiv.org/pdf/1508.06576.pdf

예를 들어 다음 다이어그램에서는 콘텐츠 손실은 2 번째, 3 번째 합성곱 계층에서 계산되고, 스타일 손실은 2 번째, 3 번째, 5 번째 합성곱 계층에서 계산된다.

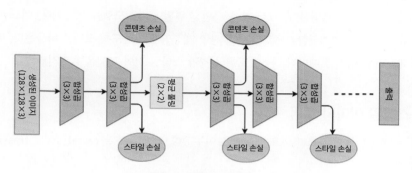

그림 7.4 스타일 전이 아키텍처

이제 결정된 합성곱 계층에 콘텐츠 타깃과 스타일 타깃이 있으니, 콘텐츠 이미지의 콘텐츠와 스타일 이미지의 스타일을 포함한 이미지를 생성할 준비가 끝났다.

초기화할 때 생성할 이미지의 시작점으로 랜덤 노이즈 행렬을 사용하거나 콘텐츠 이미지를 바로 사용할 수 있다. 이 이미지를 네트워크를 통해 전달하고 사전에 선택한 합성곱 계층에서 스타일 손실과 콘텐츠 손실을 계산한다. 전체 스타일 손실을 구하기 위해 스타일 손실끼리 더하고, 전체 콘텐츠 손실을 구하기 위해 콘텐츠 손실끼리 더한다. 이 두 요소를 가중합하여 전체 손실을 구한다.

스타일 요소에 가중치를 더 부여하면 생성된 이미지에 스타일이 더 많이 반영되고 그 반대의 경우도 마찬가지다. 몇 세대만 지나면 생성된 이미지는 각각의 손실을 최소화하는 방식으로 콘텐츠와 스타일을 표현하도록 진화하여 스타일이 전이된 이미지를 만들어 낸다.

앞의 다이어그램에서 풀링 계층은 전통적인 최대 풀링 대신 평균 풀링을 채택했다. 스타일 전이에서 그라데이션이 부드럽게 흐르도록 일부러 평균 풀링을 사용했다. 만든 이미지에서 픽셀 간 급격한 변화가 나타나지 않았으면 한다. 또한 이전 다이어그램의 네트워크는 마지막 스타일 손실 또는 콘텐츠 손실이 계산되는 계층에서 끝난다. 따라서 이 경우 원래 네트워크에서는 6 번째 합성곱 계층과 관련된 손실이 없으므로 스타일 전이에서는 5 번째 합성곱 계층을 너머의 계층에 대해 이야기하는 것은 의미가 없다.

다음 절에서는 파이토치로 신경망 스타일 전이 시스템을 구현하겠다. 사전 훈련된 VGG 모델의 도움을 받아 이 절에서 논의했던 개념을 사용해 예술적 스타일을 가진 이미지를 생성하겠다. 또한 다양한 모델 매개변수를 튜닝했을 때 생성된 이미지의 콘텐츠, 질감, 스타일에 어떤 영향을 미치는지 살펴보겠다.

파이토치에서 신경망을 이용한 스타일 전이 구현하기

신경망 스타일 전이 시스템 내부를 살펴봤으니 파이토치로 구축할 준비가 끝났다. 실습을 위해 스타일 이미지와 콘텐츠 이미지를 로딩한다. 그런 다음 사전 훈련된 VGG 모델을 로딩한다. 어느 계층에서 스타일 손실과 콘텐츠 손실을 계산할지 정의했다면 관련 계층만 유지하도록 모델을 다듬는다. 마지막으로, 생성된 이미지가 세대가 지날 때마다 나아지도록 신경망 스타일 전이 모델을 훈련시킨다.

콘텐츠와 스타일 이미지 로딩

이 실습에서는 설명을 위해 필요한 주요 코드만 보여주겠다. 전체 코드는 neural_style_transfer.ipynb에서 확인할 수 있다.

다음 단계를 따라가보자.

1. 먼저 다음 코드를 실행해 필요한 라이브러리를 임포트한다.

```
from PIL import Image
import matplotlib.pyplot as plt

import torch
import torch.nn as nn
import torch.optim as optim
import torchvision
```

콘텐츠 이미지와 스타일 이미지를 로딩하고 생성된 이미지를 표시하기 위해 이미지 입출력 관련 라이브러리를 임포트한다. 또한 스타일 전이 모델을 훈련시키는 데 필요한 표준 Torch 라이브러리와 사전 훈련된 VGG 모델과 다른 컴퓨터 비전 관련 유틸리티를 로딩하기 위한 torchvision 라이브러리를 임포트한다.

2. 다음으로 스타일 이미지와 콘텐츠 이미지가 필요하다. https://unsplash.com/에서 각 유형별 이미지를 내려받겠다. 다운로드한 이미지는 이 책의 코드 리포지토리에 함께 포함돼 있다. 다음 코드에서는 이미지를 텐서로 로딩하는 함수를 작성한다.

```
def image_to_tensor(image_filepath, image_dimension=128):
    img = Image.open(image_filepath).convert('RGB')

    # 확인을 위해 이미지 표시
    ...
    torch_transformation = torchvision.transforms.Compose([
```

```
        torchvision.transforms.Resize(img_size),
        torchvision.transforms.ToTensor()
    ])
    img = torch_transformation(img).unsqueeze(0)
    return img.to(dvc, torch.float)
style_image = image_to_tensor("./images/style.jpg")
content_image = image_to_tensor("./images/content.jpg")
```

결과는 다음과 같이 출력된다.

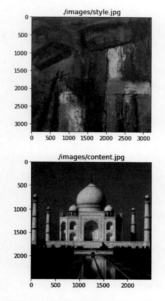

그림 7.5 스타일 이미지와 콘텐츠 이미지

콘텐츠 이미지는 타지마할의 실제 사진이지만 스타일 이미지는 예술 작품이다. 스타일 전이를 사용해 타지마할을 예술적으로 나타낸 그림을 만들기를 희망한다. 그렇지만 그 전에 VGG19 모델을 로딩하고 다듬어야 한다.

사전 훈련된 VGG19 모델 로딩 및 조정

여기서는 사전 훈련된 VGG 모델을 사용하고 이 모델의 합성곱 계층을 유지한다. 모델을 약간 수정해 신경망 스타일 전이에서 사용 가능하게 만들겠다. 시작하자.

1. 콘텐츠 이미지와 스타일 이미지는 이미 있다. 여기서는 사전 훈련된 VGG19 모델을 로딩하고, 콘텐츠 손실과 스타일 손실을 계산하기 위해 그 모델의 합성곱 계층을 사용해 각각 콘텐츠 타깃과 스타일 타깃을 생성하겠다.

```
vgg19_model = torchvision.models.vgg19(pretrained=True).to(dvc)
print(vgg19_model)
```

결과는 다음과 같이 출력된다.

```
VGG(
  (features): Sequential(
    (0): Conv2d(3, 64, kernel_size=(3, 3), stride=(1, 1), padding=(1, 1))
    (1): ReLU(inplace=True)
    (2): Conv2d(64, 64, kernel_size=(3, 3), stride=(1, 1), padding=(1, 1))
    (3): ReLU(inplace=True)
    (4): MaxPool2d(kernel_size=2, stride=2, padding=0, dilation=1, ceil_mode=False)
    (5): Conv2d(64, 128, kernel_size=(3, 3), stride=(1, 1), padding=(1, 1))
    (6): ReLU(inplace=True)
    (7): Conv2d(128, 128, kernel_size=(3, 3), stride=(1, 1), padding=(1, 1))
    (8): ReLU(inplace=True)
    (9): MaxPool2d(kernel_size=2, stride=2, padding=0, dilation=1, ceil_mode=False)
    (10): Conv2d(128, 256, kernel_size=(3, 3), stride=(1, 1), padding=(1, 1))
    (11): ReLU(inplace=True)
    (12): Conv2d(256, 256, kernel_size=(3, 3), stride=(1, 1), padding=(1, 1))
    (13): ReLU(inplace=True)
    (14): Conv2d(256, 256, kernel_size=(3, 3), stride=(1, 1), padding=(1, 1))
    (15): ReLU(inplace=True)
    (16): Conv2d(256, 256, kernel_size=(3, 3), stride=(1, 1), padding=(1, 1))
    (17): ReLU(inplace=True)
    (18): MaxPool2d(kernel_size=2, stride=2, padding=0, dilation=1, ceil_mode=False)
    (19): Conv2d(256, 512, kernel_size=(3, 3), stride=(1, 1), padding=(1, 1))
    (20): ReLU(inplace=True)
    (21): Conv2d(512, 512, kernel_size=(3, 3), stride=(1, 1), padding=(1, 1))
    (22): ReLU(inplace=True)
    (23): Conv2d(512, 512, kernel_size=(3, 3), stride=(1, 1), padding=(1, 1))
    (24): ReLU(inplace=True)
    (25): Conv2d(512, 512, kernel_size=(3, 3), stride=(1, 1), padding=(1, 1))
    (26): ReLU(inplace=True)
    (27): MaxPool2d(kernel_size=2, stride=2, padding=0, dilation=1, ceil_mode=False)
    (28): Conv2d(512, 512, kernel_size=(3, 3), stride=(1, 1), padding=(1, 1))
```

```
    (29): ReLU(inplace=True)
    (30): Conv2d(512, 512, kernel_size=(3, 3), stride=(1, 1), padding=(1, 1))
    (31): ReLU(inplace=True)
    (32): Conv2d(512, 512, kernel_size=(3, 3), stride=(1, 1), padding=(1, 1))
    (33): ReLU(inplace=True)
    (34): Conv2d(512, 512, kernel_size=(3, 3), stride=(1, 1), padding=(1, 1))
    (35): ReLU(inplace=True)
    (36): MaxPool2d(kernel_size=2, stride=2, padding=0, dilation=1, ceil_mode=False)
  )
  (avgpool): AdaptiveAvgPool2d(output_size=(7, 7))
  (classifier): Sequential(
    (0): Linear(in_features=25088, out_features=4096, bias=True)
    (1): ReLU(inplace=True)
    (2): Dropout(p=0.5, inplace=False)
    (3): Linear(in_features=4096, out_features=4096, bias=True)
    (4): ReLU(inplace=True)
    (5): Dropout(p=0.5, inplace=False)
    (6): Linear(in_features=4096, out_features=1000, bias=True)
  )
)
```

2. 이 모델의 선형 계층은 필요 없고 합성곱 계층만 필요하다. 앞에서 본 코드에서 모델 객체의 features 속성만 유지하면 된다.

```
vgg19_model = vgg19_model.features
```

참고
이 실습에서는 VGG 모델의 매개변수를 튜닝하지 않는다. 여기서는 모델의 입력단에서 생성된 이미지의 픽셀만 튜닝한다. 따라서 로딩된 VGG 모델의 매개변수가 고정된다.

3. 다음 코드로 VGG 모델의 매개변수를 고정시켜야 한다.

```
for param in vgg19_model.parameters():
    param.requires_grad_(False)
```

4. VGG 모델의 관련 부분을 로딩했으니 이전 절에서 설명했듯이 maxpool 계층을 평균 풀링 계층으로 바꿔야 한다. 그러면서 모델에서 합성곱 계층이 어디 위치하는지에 주목하자.

```
conv_indices = []
```

```
for i in range(len(vgg19_model)):
    if vgg19_model[i]._get_name() == 'MaxPool2d':
        vgg19_model[i] = nn.AvgPool2d(kernel_size=vgg19_model[i].kernel_size,
                                      stride=vgg19_model[i].stride,
                                      padding=vgg19_model[i].padding)
    if vgg19_model[i]._get_name() == 'Conv2d':
        conv_indices.append(i)

conv_indices = dict(enumerate(conv_indices, 1))
print(vgg19_model)
```

결과는 다음과 같이 출력된다.

```
Sequential(
    (0): Conv2d(3, 64, kernel_size=(3, 3), stride=(1, 1), padding=(1, 1))
    (1): ReLU(inplace=True)
    (2): Conv2d(64, 64, kernel_size=(3, 3), stride=(1, 1), padding=(1, 1))
    (3): ReLU(inplace=True)
    (4): AvgPool2d(kernel_size=2, stride=2, padding=0)
    (5): Conv2d(64, 128, kernel_size=(3, 3), stride=(1, 1), padding=(1, 1))
    (6): ReLU(inplace=True)
    (7): Conv2d(128, 128, kernel_size=(3, 3), stride=(1, 1), padding=(1, 1))
    (8): ReLU(inplace=True)
    (9): AvgPool2d(kernel_size=2, stride=2, padding=0)
    (10): Conv2d(128, 256, kernel_size=(3, 3), stride=(1, 1), padding=(1, 1))
    (11): ReLU(inplace=True)
    (12): Conv2d(256, 256, kernel_size=(3, 3), stride=(1, 1), padding=(1, 1))
    (13): ReLU(inplace=True)
    (14): Conv2d(256, 256, kernel_size=(3, 3), stride=(1, 1), padding=(1, 1))
    (15): ReLU(inplace=True)
    (16): Conv2d(256, 256, kernel_size=(3, 3), stride=(1, 1), padding=(1, 1))
    (17): ReLU(inplace=True)
    (18): AvgPool2d(kernel_size=2, stride=2, padding=0)
    (19): Conv2d(256, 512, kernel_size=(3, 3), stride=(1, 1), padding=(1, 1))
    (20): ReLU(inplace=True)
    (21): Conv2d(512, 512, kernel_size=(3, 3), stride=(1, 1), padding=(1, 1))
    (22): ReLU(inplace=True)
    (23): Conv2d(512, 512, kernel_size=(3, 3), stride=(1, 1), padding=(1, 1))
    (24): ReLU(inplace=True)
```

```
(25): Conv2d(512, 512, kernel_size=(3, 3), stride=(1, 1), padding=(1, 1))
(26): ReLU(inplace=True)
(27): AvgPool2d(kernel_size=2, stride=2, padding=0)
(28): Conv2d(512, 512, kernel_size=(3, 3), stride=(1, 1), padding=(1, 1))
(29): ReLU(inplace=True)
(30): Conv2d(512, 512, kernel_size=(3, 3), stride=(1, 1), padding=(1, 1))
(31): ReLU(inplace=True)
(32): Conv2d(512, 512, kernel_size=(3, 3), stride=(1, 1), padding=(1, 1))
(33): ReLU(inplace=True)
(34): Conv2d(512, 512, kernel_size=(3, 3), stride=(1, 1), padding=(1, 1))
(35): ReLU(inplace=True)
(36): AvgPool2d(kernel_size=2, stride=2, padding=0)
)
```

실행 결과에 상자로 표시한 곳에서 보듯이 선형 계층은 제거됐고 최대 풀링 계층은 평균 풀링 계층으로 교체됐다.

앞의 단계에서 사전 훈련된 VGG 모델을 로딩하고 신경망 스타일 전이 모델로 사용할 수 있게 수정했다. 다음으로 이 수정된 VGG 모델을 신경망 스타일 전이 모델로 변환하겠다.

신경망 스타일 전이 모델 구축

이 시점에서 콘텐츠 손실과 스타일 손실을 어느 계층에서 계산할 것인지 정의할 수 있다. 최초 논문에서 스타일 손실은 처음 5개 합성곱 계층에서 계산되고 콘텐츠 손실은 4번째 합성곱 계층에서만 계산됐다. 다양한 조합을 시도해보면서 생성된 이미지에 어떤 영향을 주는지 살펴볼 것을 추천하지만 여기서는 최초 논문과 같은 방식을 따른다. 다음 단계를 따라 가보자.

1. 먼저 스타일 손실과 콘텐츠 손실을 계산해야 할 계층을 리스트로 만든다.

```
layers = {1: 's', 2: 's', 3: 's', 4: 'sc', 5: 's'}
```

여기에서 스타일 손실을 추가할 계층으로 1~5번째 합성곱 계층을 정의했고 콘텐츠 손실을 추가할 계층으로 4번째 합성곱 계층을 정의했다.

2. 이제 VGG 모델에서 불필요한 부분을 제거하자. 다음 코드에서 보듯이 5번째 합성곱 계층까지만 유지하겠다.

```
vgg_layers = nn.ModuleList(vgg19_model)
last_layer_idx = conv_indices[max(layers.keys())]
vgg_layers_trimmed = vgg_layers[:last_layer_idx+1]
```

```
neural_style_transfer_model = nn.Sequential(*vgg_layers_trimmed)
print(neural_style_transfer_model)
```

결과는 다음과 같이 출력된다.

```
Sequential(
  (0): Conv2d(3, 64, kernel_size=(3, 3), stride=(1, 1), padding=(1, 1))
  (1): ReLU(inplace=True)
  (2): Conv2d(64, 64, kernel_size=(3, 3), stride=(1, 1), padding=(1, 1))
  (3): ReLU(inplace=True)
  (4): AvgPool2d(kernel_size=2, stride=2, padding=0)
  (5): Conv2d(64, 128, kernel_size=(3, 3), stride=(1, 1), padding=(1, 1))
  (6): ReLU(inplace=True)
  (7): Conv2d(128, 128, kernel_size=(3, 3), stride=(1, 1), padding=(1, 1))
  (8): ReLU(inplace=True)
  (9): AvgPool2d(kernel_size=2, stride=2, padding=0)
  (10): Conv2d(128, 256, kernel_size=(3, 3), stride=(1, 1), padding=(1, 1))
)
```

보다시피 16개 합성곱 계층으로 구성된 VGG 모델을 5개 합성곱 계층으로 구성된 신경망 스타일 전이 모델로 전환했다.

스타일 전이 모델 훈련

이 절에서는 생성될 이미지를 개선해보자. 이 이미지를 초기화하는 데는 초기 이미지로 랜덤 노이즈 이미지를 사용하거나 콘텐츠 이미지를 사용하는 등 다양한 방식이 있다. 지금은 랜덤 노이즈 이미지를 사용하겠다. 나중에는 콘텐츠 이미지로 시작하면 결과에 어떤 영향을 주는지도 살펴보겠다. 다음 절차를 따라가자.

1. 다음 코드는 torch 텐서를 랜덤 숫자로 초기화하는 프로세스를 보여준다.

```
# 콘텐츠 이미지로 초기화
# ip_image = content_image.clone()
# 랜덤 노이즈로 초기화
ip_image = torch.randn(content_image.data.size(), device=dvc)

plt.figure()
plt.imshow(ip_image.squeeze(0).cpu().detach().numpy().transpose(1,2,0).clip(0,1));
```

결과는 다음과 같이 출력된다.

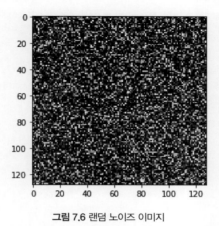

그림 7.6 랜덤 노이즈 이미지

2. 드디어 모델 훈련 루프를 시작한다. 먼저 훈련시킬 세대 수, 스타일 및 콘텐츠 손실을 제공하기 위한 상대적 가중치를 정의하고 학습률 0.1로 경사 하강법 기반의 최적를 위해 Adam 최적화 프로그램을 인스턴스화한다.

```
num_epochs=300
wt_style=1e6
wt_content=1
style_losses = []
content_losses = []
opt = optim.Adam([ip_image.requires_grad_()], lr=0.1)
```

3. 훈련 루프를 시작하면서 세대 초반에 스타일과 콘텐츠 손실을 0으로 초기화한 다음 입력 이미지의 픽셀 값을 수치적 안정성을 위해 0과 1사이로 잘라낸다.

```
for curr_epoch in range(1, num_epochs + 1):
    ip_image.data.clamp_(0, 1)
    opt.zero_grad()
    epoch_style_loss = 0
    epoch_content_loss = 0
```

4. 여기가 훈련 이터레이션의 가장 중요한 단계. 여기에서 사전 정의된 스타일/콘텐츠 합성곱 계층 각각에 대해 스타일 손실과 콘텐츠 손실을 계산해야 한다. 각 계층에 대한 개별 스타일 손실과 콘텐츠 손실을 더해 현 세대의 전체 스타일 손실과 콘텐츠 손실을 구한다.

```
    for k in layers.keys():
        if 'c' in layers[k]:
            target = neural_style_transfer_model[:conv_indices[k] + 1](
                content_image
            ).detach()
            ip = neural_style_transfer_model[:conv_indices[k]+1](ip_image)
            epoch_content_loss += torch.nn.functional.mse_loss(ip, target)
        if 's' in layers[k]:
            target = gram_matrix(
                neural_style_transfer_model[:conv_indices[k]+1](style_image)
            ).detach()
            ip = gram_matrix(
                neural_style_transfer_model[:conv_indices[k]+1](ip_image)
            )
            epoch_style_loss += torch.nn.functional.mse_loss(ip, target)
```

앞의 코드에서 보듯이 스타일과 콘텐츠 손실 모두 계산하기 앞서, 스타일 이미지와 콘텐츠 이미지로 스타일 타깃과 콘텐츠 타깃(정답)을 계산한다. 타깃에 대해 .detach()를 사용해 이 값은 훈련 가능하지 않으며 고정된 타깃 값임을 나타낸다. 다음으로 각 스타일 및 콘텐츠 계층에서 생성된 이미지를 입력으로 받아 예측된 스타일 출력과 콘텐츠 출력을 계산한다. 끝으로 스타일 손실과 콘텐츠 손실을 계산한다.

5. 스타일 손실의 경우 다음 코드처럼 사전 정의된 그람 행렬 함수를 사용해 그람 행렬도 계산해야 한다.

```
def gram_matrix(ip):
    num_batch, num_channels, height, width = ip.size()
    feats = ip.view(num_batch * num_channels, width * height)
    gram_mat = torch.mm(feats, feats.t())
    return gram_mat.div(num_batch * num_channels * width * height)
```

앞서 언급했듯이, torch.mm 함수로 내적을 계산하면 된다. 이 함수에서는 그람 행렬을 계산하고 (특징 맵 개수) × (특징 맵 너비) × (특징 맵 높이)로 나누어 행렬을 정규화한다.

6. 훈련 루프로 돌아와 전체 스타일 손실과 콘텐츠 손실을 계산했으니, 앞에서 정의한 가중치로 이 두 손실의 가중합을 구해 최종 손실을 계산한다.

```
    epoch_style_loss *= wt_style
    epoch_content_loss *= wt_content
    total_loss = epoch_style_loss + epoch_content_loss
    total_loss.backward()
```

이제 k 세대마다 손실과 생성된 이미지를 살펴보면서 훈련의 진행 상태를 확인할 수 있다. 다음 그림은 이전 코드에서 생성한 스타일 전이된 이미지가 전체 180 세대 훈련을 지나는 동안 얼마나 발전했는지 20 세대마다 기록한 것이다.

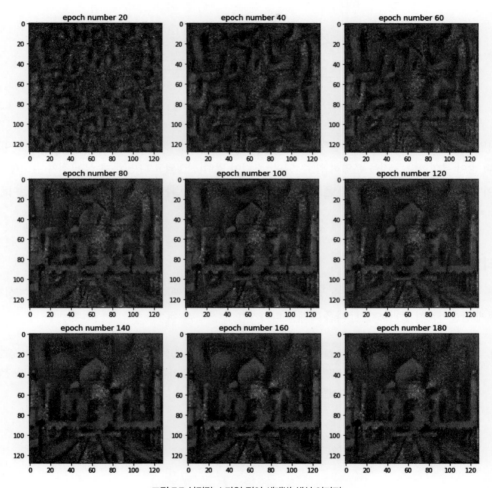

그림 7.7 신경망 스타일 전이 세대별 생성 이미지

모델이 랜덤 노이즈 이미지에 스타일 이미지의 스타일을 적용하는 것으로 시작한다는 것은 분명히 알 수 있다. 훈련이 진행됨에 따라 콘텐츠 손실이 역할을 하기 시작해 스타일이 지정된 이미지에 콘텐츠를 부여한다. 180 세대가 되면 타지마할을 예술적으로 그린 그림과 매우 흡사한 이미지를 확인할 수 있다. 다음 그래프는 0 세대에서 180 세대까지 진행되면서 스타일 손실과 콘텐츠 손실이 감소하는 것을 보여준다.

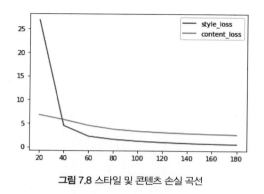

그림 7.8 스타일 및 콘텐츠 손실 곡선

스타일 손실은 초기에 눈에 띄게 급격히 감소한다. 그림 7.7에서도 초기에 콘텐츠보다 스타일을 이미지에 더 많이 부여한다는 것을 분명히 알 수 있다. 훈련이 많이 진행되고 나면 두 손실이 점차 감소해 스타일 이미지의 작품성과 카메라로 찍은 사진의 사실감 사이에서 적절한 절충안이 되는 스타일이 전이된 이미지가 생성된다.

스타일 전이 모델 실험

이전 절에서 스타일 전이 시스템을 성공적으로 훈련시켰으니 이제 시스템이 다양한 초매개변수 설정에 어떻게 반응하는지 살펴보겠다. 다음 차례를 따라가자.

1. 이전 절에서 콘텐츠 가중치를 1로 설정하고 스타일 가중치를 1e6으로 설정한다. 스타일 가중치를 10배 늘려 1e7로 설정하고 스타일 전이 프로세스에 어떤 영향을 주는지 관찰하자. 새로운 가중치로 600 세대 훈련시키면 스타일 전이에 있어 다음과 같은 진행 경과를 얻게 된다.

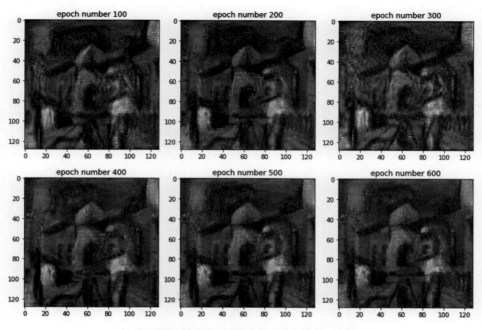

그림 7.9 스타일 가중치가 높을 때 스타일 전이 세대별 경과

이 그림에서 초기에는 합리적인 수준의 결과에 도달하기까지 이전 시나리오보다 훨씬 더 많은 세대가 필요하다. 더 중요하게는 스타일 가중치가 커지면 생성된 이미지에 영향을 미치는 것으로 보인다. 앞의 그림에서 이미지를 그림 7.7의 이미지와 비교해 보면 앞의 그림이 그림 7.5의 스타일 이미지와 더 닮았다는 것을 알 수 있다.

2. 마찬가지로 스타일 가중치를 1e6에서 1e5로 줄이면 다음 그림에서 볼 수 있듯이 좀 더 콘텐츠에 집중된 결과를 얻게 된다.

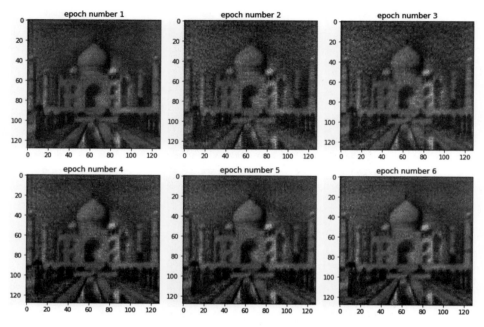

그림 7.10 스타일 가중치가 낮을 때 스타일 전이 세대별 진행 경과

스타일 가중치가 높았을 때 비해 가중치가 낮다는 것은 합리적인 수준의 모양을 결과로 얻기까지 훨씬 적은 세대가 걸린다는 것을 뜻한다. 생성된 이미지의 스타일 양은 훨씬 적고 대부분 콘텐츠 이미지 데이터로 채워진다. 이 시나리오에서는 6 세대만 훈련시켰는데 그 시점에 이미 결과가 포화되기 때문이다.

3. 끝으로, 생성된 이미지를 초기화할 때 랜덤 노이즈 이미지 대신 콘텐츠 이미지를 사용하도록 변경한다. 스타일 가중치와 콘텐츠 가중치는 각각 원래의 1e6과 1을 사용한다. 다음 그림은 이 시나리오에서 세대별 진행 경과를 보여준다.

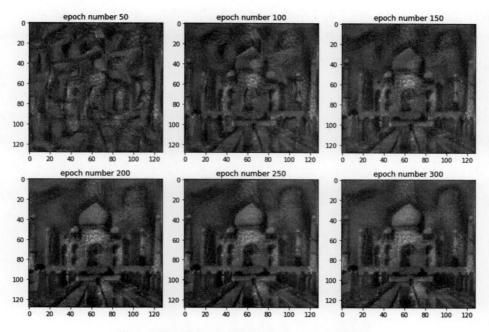

그림 7.11 콘텐츠 이미지로 초기화할 때 스타일 전이 세대별 진행 경과

앞의 그림을 그림 7.7과 비교하면 콘텐츠 이미지로 시작하는 것이 합리적인 수준으로 스타일 전이된 이미지를 얻는 데까지 다른 진행 경로를 보여준다. 스타일이 먼저 적용된 다음 콘텐츠가 적용되는 그림 7.7보다 생성된 이미지에 콘텐츠 요소와 스타일 요소가 더 동시에 적용되는 것으로 보인다. 다음 그래프를 통해 이 가설을 확인하자.

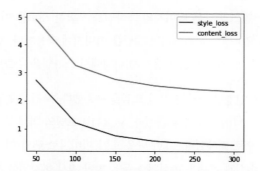

그림 7.12 콘텐츠 이미지로 초기화할 때 스타일 및 콘텐츠 손실 곡선

보다시피 스타일과 콘텐츠 손실은 세대가 지남에 따라 함께 감소하고 결국에는 포화된다. 그럼에도 불구하고 그림 7.7과 그림 7.11 또는 심지어 그림 7.9와 그림 7.10까지의 최종 결과는 모두 타지마할에 대해 합리적 수준의 예술적 상상도를 보여준다.

파이토치를 사용해 성공적으로 신경망 스타일 전이 모델을 구축했다. 여기서는 아름다운 타지마할 사진을 콘텐츠 이미지로 캔버스 그림을 스타일 이미지로 삼아 타지마할을 합리적 수준의 예술적인 그림과 유사하게 만들었다. 이 방식은 다른 다양한 조합으로 확장 적용될 수 있다. 콘텐츠 이미지와 스타일 이미지를 바꿔도 흥미로운 결과를 얻을 수 있고 모델의 내부 작동 방식에 더 많은 인사이트를 얻을 수 있다.

이 장에서 논의했던 실습을 다음과 같이 확장해보기를 추천한다.

- 스타일 계층과 콘텐츠 계층 리스트를 바꿔보기
- 좀 더 큰 이미지를 사용하기
- 스타일 손실과 콘텐츠 손실의 가중치 조합을 더 많이 시도해보기
- SGD, LBFGS 등 다양한 옵티마이저를 사용해보기
- 다양한 학습률로 더 긴 세대 동안 훈련시켜 이 모든 접근 방식에 따라 생성된 이미지가 얼마나 다른지 관찰하기

요약

이 장에서는 한 이미지의 콘텐츠와 다른 이미지의 스타일을 포함한 새로운 이미지를 생성함으로써(신경망 스타일 전이로 알려진 작업) 생성적 머신러닝 개념을 이미지에 적용했다. 먼저 스타일 전이 알고리즘의 배경이 되는 아이디어(특히 그람 행렬을 사용해 이미지에서 스타일을 추출)를 알아봤다.

다음으로 파이토치를 사용해 신경망 스타일 전이 모델을 구축했다. 사전 훈련된 VGG19 모델의 일부 합성곱 계층을 통해 콘텐츠와 스타일 정보를 추출했다. VGG19 모델의 최대 풀링 계층을 그라데이션이 부드럽게 흐르도록 평균 풀링으로 교체했다. 그런 다음 초기 이미지로 랜덤 이미지를 스타일 전이 모델의 입력으로 제공하고 스타일 손실과 콘텐츠 손실의 도움을 받아 경사 하강법을 사용해 이미지 픽셀을 섬세하게 조정한다.

이 입력 이미지는 세대에 따라 진화하고 콘텐츠 이미지의 콘텐츠와 스타일 이미지의 스타일을 포함하는 최종 생성 이미지를 제공한다. 마지막으로 상대적 스타일 손실 가중치와 초기 입력 이미지를 변경해 스타일이 어떻게 변하는지 실험해보고 세대에 따라 생성된 이미지가 어떻게 진화하는지 그 영향을 관찰했다.

이것으로 파이토치를 사용한 신경망 스타일 전이에 대한 논의를 마친다. 스타일 전이에서는 모델이 훈련될 때 사용된 데이터(이 경우, VGG19)처럼 생긴 데이터를 생성하지 않는다. 사실 콘텐츠와 스타일이라는 두 세계 사이에서 최고의 절충안을 찾은 데이터를 생성하는 것이다. 다음 장에서는 이 패러다임을 확장해 *가짜* 데이터를 생성하는 생성기와 가짜 데이터와 실제 데이터를 구분하는 판별기가 있는 모델을 알아볼 것이다. 이러한 모델은 일반적으로 **생성적 적대 네트워크**(generative adversarial networks, **GAN**)로 알려져 있다. 다음 장에서는 심층 합성곱 GAN을 알아보겠다.

08

심층 합성곱
GAN

생성 신경망은 인기 있고 활발한 연구 개발 분야가 됐다. 이러한 흐름은 이 장에서 논의할 유형의 모델이 주도하고 있다. 이러한 모델을 **생성적 적대 신경망**(Generative Adversarial Networks, **GANs**)라고 하며 2014년에 처음 소개됐다. 기본 GAN 모델이 소개된 이후로 다양한 유형의 GAN이 다양한 응용 분야에서 개발되고 있다.

GAN은 **생성기**(**generator**)와 **판별기**(**discriminator**)의 두 신경망으로 구성된다. 이미지를 생성하는 데 사용되는 GAN의 예를 살펴보자. GAN에서 생성기는 진짜처럼 보이는 가짜 이미지를 생성하고, 판별기는 가짜 이미지와 진짜 이미지를 구분해낸다.

공동 최적화 절차에서 생성기는 궁극적으로 판별기가 진짜 이미지에서 구분해내지 못할 만큼 훌륭한 가짜 이미지를 생성하는 법을 배운다. 이런 모델이 훈련됐으면 모델의 생성기 파트는 믿을 만한 데이터 생성기로 사용될 수 있다. GAN은 비지도 학습에서 생성기 모델로 사용되는 것 외에도 준지도 학습(semi-supervised learning)에서 유용하다는 사실도 입증됐다.

이미지를 예로 들면 판별기 모델에서 학습한 특징은 이미지 데이터에서 훈련된 분류 모델 성능을 개선하는 데 사용될 수 있다. GAN은 준지도학습뿐 아니라 강화학습에도 유용하다. 이 주제는 9장 '심층 강화 학습'에서 더 자세히 알아보겠다.

이 장에서 중점적으로 살펴볼 유형의 GAN은 **심층 합성곱 GAN(DCGAN, deep convolutional GAN)**이다. DCGAN은 비지도 **합성곱 신경망(CNN)** 모델이다. DCGAN에서 생성기와 판별기 모두 완전 연결 계층이 없는 순전한 CNN이다. DCGAN은 진짜 같은 이미지를 생성하는 데 성능이 우수하며 GAN을 처음부터 구축/훈련/실행하는 방법을 배우기 좋은 시작점이 될 수 있다.

이 장에서 GAN 내부의 요소인 생성기와 판별기, 합동 최적화 스케줄을 먼저 알아보겠다. 그런 다음 파이토치로 DCGAN 모델을 구축하는 방법을 자세히 살펴보겠다. 다음으로 이미지 데이터셋을 사용해 DCGAN 모델을 훈련시키고 성능을 테스트하겠다. 마지막으로 이미지에서 스타일 전이 개념을 복습하고 어떤 이미지 쌍에서도 스타일 전이를 효율적으로 수행할 수 있는 Pix2Pix GAN 모델을 알아보는 것으로 마무리하겠다.

또한 Pix2Pix GAN의 다양한 요소가 DCGAN 모델과 어떻게 연결되는지도 배우겠다. 이 장을 마치면 GAN의 작동 방식을 제대로 이해하게 되고 파이토치로 모든 유형의 GAN을 구축할 수 있게 될 것이다. 이 장은 다음 주제를 다룬다.

- 생성 네트워크와 판별 네트워크 정의
- 파이토치로 DCGAN 훈련하기
- GAN을 이용한 스타일 전이

준비 사항

실습에서는 전부 주피터 노트북을 사용한다. 다음 목록은 이 장에서 필요한 파이썬 라이브러리 목록으로 pip를 사용해 설치해야 한다. 예를 들어 명령줄에서 `pip install torch==1.4.0`을 실행하면 된다.

```
jupyter==1.0.0
torch==1.4.0
torchvision==0.5.0
```

이 장과 관련한 코드 파일은 전부 `Chapter08` 폴더에서 확인할 수 있다.

생성 네트워크와 판별 네트워크 정의

앞서 언급했듯이 GAN은 생성기와 판별기로 구성된다. 이 둘은 모두 신경망이다. 다양한 신경망 아키텍처를 사용하는 생성기와 판별기는 다양한 유형의 GAN을 만들어낸다. 예를 들어, DCGAN에서는 순전히 CNN으로만 생성기와 판별기가 구성된다. 다양한 유형의 GAN과 파이토치 구현을 다음 주소에서 확인할 수 있다.

https://github.com/eriklindernoren/PyTorch-GAN#enhanced-super-resolution-gan

일종의 실제 데이터를 생성하는 데 사용되는 GAN의 경우, 생성기는 입력으로 랜덤 노이즈를 취하고 실제 데이터와 동일한 차원을 갖는 출력을 생성한다. 이렇게 생성된 출력을 **가짜 데이터**라고 한다. 반면 판별기는 **이진 분류기** 역할을 한다. 판별기는 생성된 가짜 데이터와 실제 데이터(한 번에 하나씩)를 입력으로 받아 입력 데이터가 진짜인지 가짜인지 예측한다. 그림 8.1은 전체 GAN 모델 구조를 보여준다.

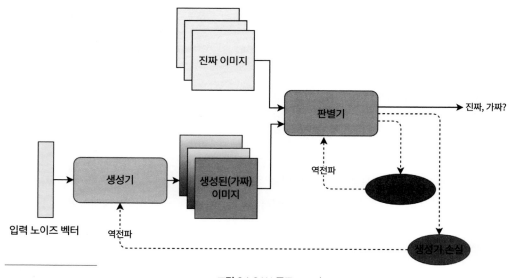

그림 8.1 GAN 구조

판별기 네트워크는 여느 이진 분류기와 마찬가지로 이진 교차 엔트로피 함수를 사용해 최적화된다. 따라서 판별기 모델은 진짜 이미지를 진짜로, 가짜 이미지를 가짜로 정확하게 분류해내는 것을 목표로 한다. 생성기 네트워크는 완전히 반대되는 목표를 갖고 있다. 생성기 손실을 수학적으로 표현하면 $-\log(D(G(x)))$이다. 여기에서 x는 생성기 모델 G에 입력으로 들어온 랜덤 노이즈이고, $G(x)$는 생성기 모델이 만든 가짜 이미지이고, $D(G(x))$는 판별기 모델 D가 출력한 확률, 즉 그 이미지가 진짜일 확률이다.

따라서 생성기 손실은 판별기가 생성된 가짜 이미지가 진짜라고 생각할 때 최소화된다. 생성기는 이 공동 최적화 문제에서 판별기를 속이려고 한다.

실행할 때 이 두 손실 함수는 번갈아 역전파된다. 즉 훈련이 반복될 때마다 처음에는 판별기를 고정시키고, 생성기 손실에서 구한 경사를 역전파함으로써 생성기 네트워크의 매개변수를 최적화한다.

그런 다음, 튜닝된 생성기를 고정시키고 판별기 손실에서 구한 경사를 역전파함으로써 판별기를 최적화한다. 이 과정을 공동 최적화라고 한다. 또한 최초 GAN 논문[1]의 표현과 같이 2명이 하는 최소-최대 게임(minimax two-player game)에 비유된다.

DCGAN 생성 모델과 판별 모델

DCGAN의 특정 경우에 대해 생성기 및 판별기 모델 아키텍처가 어떻게 생겼는지 살펴보겠다. 이미 언급했듯이 생성기와 판별기는 모두 순전히 합성곱 모델이다. 그림 8.2는 DCGAN에서 생성기 모델 아키텍처를 보여준다.

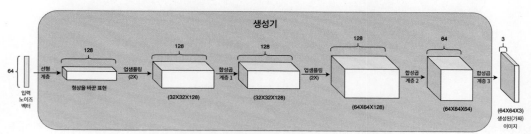

그림 8.2 DCGAN 생성기 모델 아키텍처

먼저 크기가 64인 랜덤 노이즈 입력 벡터는 형상이 바뀌어 각각 크기가 **16x16**인 **128**개 특징 맵으로 투영된다. 이 투영은 선형 계층을 사용해 수행된다. 거기에 일련의 업샘플링과 합성곱 계층이 뒤따른다. 첫 번째 업샘플링 계층은 최근접 이웃 업샘플링 전략을 사용해 **16x16** 특징 맵을 **32x32** 특징 맵으로 간단히 변환한다.

그다음으로는 커널 크기가 **3×3**이고 **128**개의 특징 맵을 출력하는 2차원 합성곱 계층이 이어진다. 이 합성곱 계층이 출력하는 크기가 **32×32**인 **128**개 특징 맵은 크기가 **64×64**인 특징 맵으로 더 업샘플링되고 그 뒤로 2개의 **2차원** 합성곱 계층이 추가되어 크기가 **64×64**인 가짜 RGB 이미지가 생성된다.

> 참고
> 혼란을 피하기 위해 아키텍처 표현에서 배치 정규화와 Leaky ReLU 계층을 생략했다. 다음 절에서 파이토치 코드를 다룰 때 이에 대한 자세한 내용을 설명하겠다.

생성기 모델이 어떻게 생겼는지 알게 됐으니 이제 판별기 모델이 어떻게 생겼는지 알아보자. 그림 8.3은 판별기 모델 아키텍처를 보여준다.

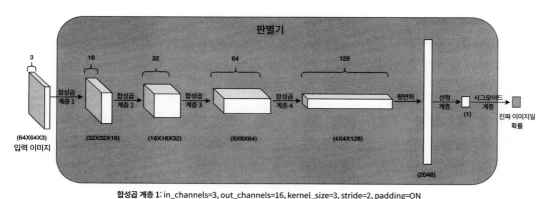

합성곱 계층 1: in_channels=3, out_channels=16, kernel_size=3, stride=2, padding=ON
합성곱 계층 2: in_channels=16, out_channels=32, kernel_size=3, stride=2, padding=ON
합성곱 계층 3: in_channels=32, out_channels=64, kernel_size=3, stride=2, padding=ON
합성곱 계층 3: in_channels=64, out_channels=128, kernel_size=3, stride=2, padding=ON

그림 8.3 DCGAN 판별기 모델 아키텍처

보다시피 이 아키텍처에서 합성곱 계층은 모두 스트라이드가 2이므로 공간 차원은 축소하지만 깊이(특징 맵의 개수)는 계속 증가한다. 이것은 진짜 이미지인지 생성된 가짜 이미지인지 분류하기 위해 여기에서 사용되는 고전적인 CNN 기반 이진 분류 아키텍처다.

생성기와 분류기 네트워크 아키텍처를 이해했으니 이제 그림 8.1의 구조에 기반해 전체 DCGAN 모델을 구축하고 이 DCGAN 모델을 이미지 데이터셋에서 훈련시킬 수 있다.

다음 절에서는 파이토치로 이 작업을 하겠다. DCGAN 모델 인스턴스화, 이미지 데이터셋 로딩, DCGAN 생성기와 판별기를 함께 훈련시키기, 훈련된 DCGAN 생성기에서 샘플 가짜 이미지 생성하기에 대해서도 자세히 설명하겠다.

파이토치로 DCGAN 훈련하기

이전 절에서는 DCGAN 모델 내부의 생성기와 판별기 모델의 아키텍처를 설명했다. 이 절에서는 실습 형태로 파이토치를 사용해 DCGAN 모델을 구축, 훈련, 테스트할 것이다. 이미지 데이터셋을 사용해 모델을 훈련시키고, 훈련된 DCGAN 모델의 생성기가 가짜 이미지를 생성할 때 성능이 얼마나 좋은지 테스트할 것이다.

생성 모델 정의

이번 실습에서는 설명에 필요한 주요 코드만 보여주겠다. 전체 코드는 dcgan.ipynb에서 확인할 수 있다.

1. 먼저 필요한 라이브러리를 임포트(import)한다.

```
import os
import numpy as np
import torch
import torch.nn as nn
import torch.nn.functional as F
from torch.utils.data import DataLoader
from torch.autograd import Variable
import torchvision.transforms as transforms
from torchvision.utils import save_image
from torchvision import datasets
```

이 실습에서 DCGAN 모델을 구축하기 위해서는 torch와 torchvision만 필요하다. torchvision을 사용하면 사용할 수 있는 이미지 데이터셋을 바로 사용할 수 있다.

2. 라이브러리를 임포트한 뒤 다음 코드처럼 일부 모델 초매개변수를 지정한다.

```
num_eps=10
bsize=32
lrate=0.001
lat_dimension=64
image_sz=64
chnls=1
logging_intv=200
```

모델을 배치 크기 32, 학습률 `0.01`로 설정해 10 세대 동안 훈련시킬 것이다. 이미지 크기는 64×64×3이다. `lat_dimension`은 랜덤 노이즈 벡터 길이이며 이것은 생성기 모델의 입력으로 64차원 잠재 공간에서 랜덤 노이즈를 끌어 온다는 것을 뜻한다.

3. 이제 생성기 모델 객체를 정의한다. 다음 코드는 그림 8.2에서 보여준 아키텍처를 그대로 구현한 것이다.

```python
class GANGenerator(nn.Module):
    def __init__(self):
        super(GANGenerator, self).__init__()
        self.inp_sz = image_sz // 4
        self.lin = nn.Linear(lat_dimension, 128 * self.inp_sz ** 2)
        self.bn1 = nn.BatchNorm2d(128)
        self.up1 = nn.Upsample(scale_factor=2)
        self.cn1 = nn.Conv2d(128, 128, 3, stride=1, padding=1)
        self.bn2 = nn.BatchNorm2d(128, 0.8)
        self.rl1 = nn.LeakyReLU(0.2, inplace=True)
        self.up2 = nn.Upsample(scale_factor=2)
        self.cn2 = nn.Conv2d(128, 64, 3, stride=1, padding=1)
        self.bn3 = nn.BatchNorm2d(64, 0.8)
        self.rl2 = nn.LeakyReLU(0.2, inplace=True)
        self.cn3 = nn.Conv2d(64, chnls, 3, stride=1, padding=1)
        self.act = nn.Tanh()
```

`__init__` 메서드를 정의한 다음 forward 메서드를 정의한다. 이 메서드는 계층을 순차적 방식으로 호출한다.

```python
    def forward(self, x):
        x = self.lin(x)
        x = x.view(x.shape[0], 128, self.inp_sz, self.inp_sz)
        x = self.bn1(x)
        x = self.up1(x)
        x = self.cn1(x)
        x = self.bn2(x)
        x = self.rl1(x)
        x = self.up2(x)
        x = self.cn2(x)
        x = self.bn3(x)
        x = self.rl2(x)
        x = self.cn3(x)
        out = self.act(x)
        return out
```

이 실습에서는 nn.Sequential 메서드와는 반대로 계층마다 명시적으로 정의했다. 이렇게 하면 문제가 생겼을 때 디버깅이 쉽기 때문이다.

이 코드에서는 그림 8.2에서는 언급하지 않았던 배치 정규화와 leaky ReLU 계층도 보일 것이다. 배치 정규화는 선형 또는 합성곱 계층 다음에 사용되어 훈련 프로세스를 강화하고 초기 네트워크 가중치에 대한 민감도를 줄인다.

게다가 leaky ReLU는 DCGAN에서 일반 ReLU 대신 활성화 함수로 사용된다. 일반 ReLU에서는 음의 값을 갖는 입력에 대한 정보는 모두 잃어버리기 때문이다. 음수 기울기를 0.2로 설정하면 leaky ReLU는 들어오는 음의 정보에 20% 가중치를 부여하여 GAN 모델을 훈련하는 동안 경사가 소실되는 것을 방지하는 데 도움이 될 수 있다.

다음으로 판별기 네트워크를 정의하는 파이토치 코드를 살펴보겠다.

판별 모델 정의

생성기와 마찬가지로, 지금부터 판별기 모델을 정의하겠다.

1. 다시 말하지만 다음 코드는 그림 8.3에 보인 모델 아키텍처를 그대로 파이토치로 구현한 것이다.

```python
class GANDiscriminator(nn.Module):
    def __init__(self):
        super(GANDiscriminator, self).__init__()

        def disc_module(ip_chnls, op_chnls, bnorm=True):
            mod = [nn.Conv2d(ip_chnls, op_chnls, 3, 2, 1),
                    nn.LeakyReLU(0.2, inplace=True),
                    nn.Dropout2d(0.25)]
            if bnorm:
                mod += [nn.BatchNorm2d(op_chnls, 0.8)]
            return mod

        self.disc_model = nn.Sequential(
            *disc_module(chnls, 16, bnorm=False),
            *disc_module(16, 32),
            *disc_module(32, 64),
            *disc_module(64, 128),
```

```
        )

        # 크기를 줄인 이미지의 너비와 높이
        ds_size = image_sz // 2 ** 4
        self.adverse_lyr = nn.Sequential(
            nn.Linear(128 * ds_size ** 2, 1), nn.Sigmoid()
        )
```

먼저 합성곱 계층, 선택적 배치 정규화 계층, Leaky ReLU 계층, 드롭아웃 계층을 단계적으로 이어 일반적인 판별기 모듈을 정의했다. 판별기 모델을 구축하기 위해 이 모듈을 순차적으로 4번 반복하고, 매 회마다 합성곱 계층의 매개변수를 다르게 설정한다.

목표는 64×64×3 RGB 이미지를 입력하고 이미지가 합성곱 계층을 지나는 동안 깊이(채널 수)를 증가시키고 이미지의 높이와 너비를 감소시키는 것이다.

최종 판별기 모듈의 출력은 평면화되어 적대적 계층을 통과한다. 적대적 계층은 평면된 표현을 최종 모델 출력(단일 숫자)과 완전히 연결한다. 그런 다음 이 모델 출력은 시그모이드 활성화 함수를 통과해 이미지가 진짜일(또는 가짜가 아닐) 확률이 제공된다.

2. 판별기의 forward 메서드는 64×64 RGB 이미지를 입력으로 가져와 이미지가 진짜일 확률을 생성한다.

```
    def forward(self, x):
        x = self.disc_model(x)
        x = x.view(x.shape[0], -1)
        out = self.adverse_lyr(x)
        return out
```

3. 생성기와 판별기 모델을 정의했으니 각 모델을 인스턴스화할 수 있다. 또한 적대적 손실 함수를 다음 코드의 이진 교차 엔트로피 손실 함수로 정의할 수 있다.

```
# 판별기와 생성기 모델 인스턴스화
gen = GANGenerator()
disc = GANDiscriminator()

# 손실 함수 정의
adv_loss_func = torch.nn.BCELoss()
```

적대적 손실 함수는 나중에 훈련 루프에서 생성기 손실과 판별기 손실을 정의하는 데 사용된다. 개념적으로는 타깃이 이진 형태(진짜 이미지거나 가짜 이미지거나)이므로 이진 교차 엔트로피를 손실 함수로 사용한다. 이진 교차 엔트로피 손실은 이진 분류 작업에 잘 맞는 손실 함수다.

이미지 데이터셋 로딩

진짜 같아 보이는 가짜 이미지를 생성하는 DCGAN을 훈련시키기 위해 유명한 MNIST 데이터셋을 사용하겠다. MNIST 데이터셋에는 0부터 9까지 손으로 쓴 숫자 이미지가 있다. torchvision.datasets을 사용해 MNIST 데이터셋을 직접 다운로드할 수 있고 dataset과 dataloader 인스턴스를 생성할 수 있다.

```
# 데이터셋과 그에 대응하는 데이터로더 정의
dloader = torch.utils.data.DataLoader(
    datasets.MNIST(
        "./data/mnist/",
        download=True,
        transform=transforms.Compose(
            [transforms.Resize((image_sz, image_sz)),
             transforms.ToTensor(), transforms.Normalize([0.5], [0.5])]
        ),
    ),
    batch_size=bsize,
    shuffle=True,
)
```

다음은 MNIST 데이터셋에서 추출한 진짜 이미지의 예다.

그림 8.4 MNIST 데이터셋의 진짜 이미지

데이터셋 참고 문헌

[LeCun et al., 1998a] Y. LeCun, L. Bottou, Y. Bengio, and P. Haffner. "Gradient-based learning applied to document recognition." Proceedings of the IEEE, 86(11):2278–2324, November 1998.

Yann LeCun (Courant Institute, NYU) and Corinna Cortes (Google Labs, New York) hold the copyright of the MNIST dataset, which is a derivative work from the original NIST datasets. The MNIST dataset is made available under the terms of the Creative Commons Attribution-Share Alike 3.0 license.

지금까지 모델 아키텍처와 데이터 파이프라인을 정의했다. 다음 절에서는 실제 DCGAN 모델 훈련 루틴을 작성하겠다.

DCGAN 훈련 루프

이미 모델 아키텍처를 정의했고 데이터셋을 로딩했으니 이 절에서는 실제로 DCGAN 모델을 훈련시키겠다.

1. **최적화 스케줄 정의**: 훈련 루프를 시작하기 전 생성기와 판별기 모두에 적용할 최적화 스케줄을 정의해야 한다. 여기서는 Adam 옵티마이저를 사용하겠다. 최초 DCGAN 논문[2]에서는 Adam 옵티마이저의 매개변수 beta1과 beta2를 (일반적인 0.9와 0.999가 아닌) 0.5와 0.999로 설정했다.

    이 실습에서는 기본값인 0.9와 0.999를 사용하겠다. 그러나 유사한 결과를 얻으려면 논문에서 언급된 것과 똑같은 값을 사용하는 것이 좋다.

    ```
    # G와 D를 위한 최적화 스케줄 정의
    opt_gen = torch.optim.Adam(gen.parameters(), lr=lrate)
    opt_disc = torch.optim.Adam(disc.parameters(), lr=lrate)
    ```

2. **생성기 훈련**: 결국 DCGAN을 훈련시키기 위한 훈련 루프를 실행할 수 있게 됐다. 생성기와 판별기를 종합적으로 훈련시키기 때문에 훈련 루틴은 생성기 모델 훈련과 판별기 모델 훈련을 교대로 구성한다. 다음 코드에서 먼저 생성기를 훈련시키겠다.

    ```
    os.makedirs("./images_mnist", exist_ok=True)

    for ep in range(num_eps):
        for idx, (images, _) in enumerate(dloader):

            # 진짜 이미지와 가짜 이미지에 대한 정답 생성
            good_img = Variable(
                torch.FloatTensor(images.shape[0], 1).fill_(1.0), requires_grad=False
            )
            bad_img = Variable(
                torch.FloatTensor(images.shape[0], 1).fill_(0.0), requires_grad=False
            )

            # 진짜 이미지 가져오기
    ```

---

2 https://arxiv.org/pdf/1511.06434.pdf

```
actual_images = Variable(images.type(torch.FloatTensor))

# 생성기 모델 훈련
opt_gen.zero_grad()

# 입력으로 랜덤 노이즈 기반의 이미지 배치 생성
noise = Variable(
    torch.FloatTensor(
        np.random.normal(0, 1, (images.shape[0], lat_dimension))
    )
)
gen_images = gen(noise)

# 생성기 모델 최적화 - 판별기를 얼마나 잘 속일 수 있는가?
generator_loss = adv_loss_func(disc(gen_images), good_img)
generator_loss.backward()
opt_gen.step()
```

앞의 코드에서 먼저 진짜와 가짜 이미지에 대한 정답 레이블을 생성한다. 진짜 이미지의 레이블은 1로 가짜 이미지의 레이블은 0이다. 이 레이블은 이진 분류기인 판별기 모델의 타깃 출력이 된다.

다음으로 MNIST 데이터셋 로더에서 진짜 이미지 배치를 로딩하고 생성기에 랜덤 노이즈를 입력으로 사용해 가짜 이미지 배치를 생성한다.

마지막으로 다음 두 값 사이의 적대적 손실로 생성기 손실을 정의한다.

- 판별기 모델이 예측한 가짜 이미지(생성기 모델이 만든)가 진짜로 보이는 확률
- 정답 1

생성기가 만든 가짜 이미지에 판별기가 속는다면 생성기는 자기 역할을 성공적으로 수행한 것이므로 생성기 손실은 낮다. 생성기 손실을 공식화했으면 생성기 매개변수를 조정하기 위해 생성기 모델을 따라 경사를 역전파하는 데 사용할 수 있다.

앞의 생성기 모델의 최적화 단계에서는 판별기 모델 매개변수는 바뀌지 않고 순전파를 위해 판별기 모델을 사용했다.

3. **판별기 훈련**: 이번에는 반대로 생성기 모델의 매개변수는 유지하고 판별기 모델을 훈련시킨다.

```
# 판별기 모델 훈련
opt_disc.zero_grad()

# 진짜 이미지를 가짜로 혼동하거나 그 반대로 혼동하는 실수(손실)의
```

```
# 평균으로 판별기 손실을 계산
actual_image_loss = adv_loss_func(disc(actual_images), good_img)
fake_image_loss = adv_loss_func(disc(gen_images.detach()), bad_img)
discriminator_loss = (actual_image_loss + fake_image_loss) / 2

# 판별기 모델 최적화
discriminator_loss.backward()
opt_disc.step()

batches_completed = ep * len(dloader) + idx
if batches_completed % logging_intv == 0:
    print(
        f"epoch number {ep} | batch number {idx} | generator loss =
{generator_loss.item()} | discriminator loss = {discriminator_loss.item()}"
    )
    save_image(
        gen_images.data[:25],
        f"images_mnist/{batches_completed}.png",
        nrow=5,
        normalize=True
    )
```

진짜 이미지와 가짜 이미지가 모두 있다는 사실을 기억하자. 판별기 모델을 훈련시키려면 두 이미지 모두 필요하다. 여기서는 여느 이진 분류기와 마찬가지로 적대적 손실이나 이진 교차 엔트로피 손실을 판별기 손실로 정의한다.

진짜와 가짜 이미지 배치에 대해 모두 판별기 손실을 계산한다. 이때 진짜 이미지 배치의 타깃 값은 1이고 가짜 이미지 배치의 타깃 값은 0이다. 그런 다음 이 두 손실의 평균을 최종 판별기 손실로 사용하고 판별기 모델 매개변수를 조정하기 위해 경사를 역전파하는 데 이 손실을 사용한다.

몇 세대와 배치가 지날 때마다 모델 성능 결과, 즉 생성기 손실과 판별기 손실을 기록한다. 앞의 코드에서는 다음과 비슷한 출력을 얻게 된다.

```
epoch number 0 | batch number 0 | generator loss = 0.683123 | discriminator loss = 0.693203
epoch number 0 | batch number 200 | generator loss = 5.871073 | discriminator loss = 0.032416
epoch number 0 | batch number 400 | generator loss = 2.876508 | discriminator loss = 0.288186
epoch number 0 | batch number 600 | generator loss = 3.705342 | discriminator loss = 0.049239
```

```
epoch number 0 ¦ batch number 800  ¦ generator loss = 2.727477 ¦ discriminator loss = 0.542196
epoch number 0 ¦ batch number 1000 ¦ generator loss = 3.382538 ¦ discriminator loss = 0.282721
epoch number 0 ¦ batch number 1200 ¦ generator loss = 1.695523 ¦ discriminator loss = 0.304907
epoch number 0 ¦ batch number 1400 ¦ generator loss = 2.297853 ¦ discriminator loss = 0.655593
epoch number 0 ¦ batch number 1600 ¦ generator loss = 1.397890 ¦ DCGAN loss = 0.599436

(생략)

epoch number 10 ¦ batch number 3680 ¦ generator loss = 1.407570 ¦ discriminator loss = 0.409708
epoch number 10 ¦ batch number 3880 ¦ generator loss = 0.667673 ¦ discriminator loss = 0.808560
epoch number 10 ¦ batch number 4080 ¦ generator loss = 0.793113 ¦ discriminator loss = 0.679659
epoch number 10 ¦ batch number 4280 ¦ generator loss = 0.902015 ¦ discriminator loss = 0.709771
epoch number 10 ¦ batch number 4480 ¦ generator loss = 0.640646 ¦ discriminator loss = 0.321178
epoch number 10 ¦ batch number 4680 ¦ generator loss = 1.235740 ¦ discriminator loss = 0.465171
epoch number 10 ¦ batch number 4880 ¦ generator loss = 0.896295 ¦ discriminator loss = 0.451197
epoch number 10 ¦ batch number 5080 ¦ generator loss = 0.690504 ¦ discriminator loss = 0.285500
```

손실이 약간 오르내리는 것을 볼 수 있다. 이는 일반적으로 공동 훈련 방식의 적대적 특성 때문에 GAN 모델을 훈련시키는 동안 발생하는 경향이 있다. 로그를 출력하는 것 외에도 정기적으로 네트워크가 생성한 이미지 중 일부를 저장하기도 한다. 그림 8.5는 첫 몇 세대를 따라 생성된 이미지의 진행 상황을 보여준다.

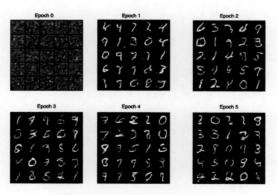

그림 8.5 DCGAN 세대별로 생성된 이미지

뒤쪽 세대의 결과와 그림 8.4의 원본 MNIST 이미지를 비교하면 DCGAN이 필기체 숫자를 진짜처럼 보이게 모사하는 방법을 상당히 잘 배운 것으로 보인다.

여기까지 파이토치로 DCGAN 모델을 처음부터 구축하는 방법을 배웠다. 최초 DCGAN 논문에서는 생성기와 판별기 모델의 계층 매개변수의 정규 분포를 따르는 초기화, Adam 옵티마이저에서 특정 beta1, beta2 값을 사용하는 등의 세부적인 사항들을 함께 다루고 있다. 여기서는 GAN 코드의 주요 부분에 초점을 맞추기 위해 이러한 세부사항 중 일부는 생략했다. 그렇지만 이러한 세부 사항을 결합해 결과가 어떻게 달라지는지 확인하기 바란다.

또한 이 실습에서는 MNIST 데이터베이스만 사용했다. 하지만 DCGAN 모델을 훈련시키는 데는 어떤 이미지 데이터셋을 사용해도 무방하다. 이 모델을 다른 이미지 데이터셋에서 훈련시켜보는 것도 좋다. DCGAN 훈련에 사용할 만한 유명한 이미지 데이터셋에는 유명 인사들의 얼굴 사진을 담은 CelebA 데이터셋[3]도 있다.

이 데이터셋으로 훈련된 DCGAN 모델은 현실에 존재하지 않는 유명인사의 얼굴을 생성하는 데 사용될 수 있다. ThisPersonDoesntExist[4]는 실존하지 않는 사람의 얼굴을 생성하는 프로젝트 중 하나다. 좀 으스스하긴 하다. 이를 통해서 DCGAN과 GAN이 얼마나 강력한지 알 수 있다. 또한 파이토치 덕분에 코드 몇 줄만으로 자신만의 GAN을 구축할 수 있다.

다음 절에서는 DCGAN을 넘어 또 다른 유형의 GAN인 pix2pix 모델에 대해 간략히 살펴보겠다. pix2pix 모델은 이미지의 스타일 전이 작업, 더 일반적으로는 이미지−이미지 전환 작업을 일반화하는 데 사용할 수 있다. pix2pix 모델의 아키텍처(생성기, 판별기)를 설명하고 파이토치로 생성기와 판별기 모델을 정의하겠다. 또한 아키텍처와 구현 측면에서 pix2pix와 DCGAN을 비교해보겠다.

GAN을 이용한 스타일 전이

지금까지는 DCGAN에 대해서만 자세히 살펴봤다. 수백 개의 다양한 유형의 GAN 모델이 있고 그보다 더 많은 모델이 만들어지고 있지만, 그중 잘 알려진 GAN 모델로는 다음을 들 수 있다.

- GAN
- DCGAN
- Pix2Pix

---

3 http://mmlab.ie.cuhk.edu.hk/projects/CelebA.html
4 https://thispersondoesnotexist.com/

- CycleGAN

- SuperResolutionGAN(SRGAN)

- Context encoders

- Text-2-Image

- LeastSquaresGAN(LSGAN)

- SoftmaxGAN

- WassersteinGAN

이러한 GAN을 변형한 각 모델은 제공하는 응용 분야, 기반이 되는 모델 아키텍처, 또는 손실 함수 수정 같은 최적화 전략의 일부 조정에 따라 다르다. 예를 들어, SRGAN은 저해상도 이미지의 해상도를 높이는 데 사용된다. CycleGAN은 생성기를 하나가 아니라 두 개를 사용하고 이 생성기는 ResNet과 같은 블록으로 구성된다. LSGAN은 대부분의 GAN에서 채택한 일반적인 교차 엔트로피 손실 대신 평균 제곱 오차를 판별기 손실 함수로 사용한다.

이 GAN 변형을 한 장, 아니 한 권의 책에서 모두 설명하기란 불가능하다. 그렇지만 이 절에서 이전 절에서 설명한 DCGAN 모델과 7장 '신경망 스타일 전이'에서 논의한 신경망 스타일 전이 모델과 모두 관련된 다른 유형의 GAN을 하나 더 알아보겠다.

이 특별한 GAN은 이미지 간 스타일 전이 작업을 일반화할 뿐 아니라 일반적인 이미지-이미지 전환 프레임워크도 제공한다. 이 모델은 **Pix2Pix**로 여기에서는 아키텍처를 간략히 살펴보고 생성기와 판별기를 파이토치로 구현해보겠다.

pix2pix 아키텍처

7장 '신경망 스타일 전이'에서 이미지 한 쌍이 주어졌을 때에만 신경망 전이 모델이 완전히 훈련된다는 것을 기억할 것이다. Pix2Pix는 좀 더 일반적인 모델이므로 훈련이 성공적으로 끝났다면 어떤 쌍의 이미지 사이에서도 스타일을 전이할 수 있다. 실제로 이 모델은 스타일 전이에만 국한되지 않고 배경 마스킹, 색상표 완성 등 이미지-이미지 전환 작업에는 모두 사용될 수 있다.

근본적으로 Pix2Pix는 여느 GAN 모델처럼 작동한다. 생성기와 판별기로 구성된다. 그림 8.1처럼 랜덤 노이즈를 입력으로 받아 이미지를 생성하는 대신 pix2pix 모델의 생성기는 실제 이미지를 입력으로 받아 그 이미지의 전환된 버전을 생성한다. 당면한 작업이 스타일 전이라면 생성기는 스타일 전이된 이미지를 생성할 것이다.

결과적으로 판별기는 이제 그림 8.1처럼 단일 이미지만 보는 것이 아니라 한 쌍의 이미지를 본다. 실제 이미지와 그에 상응하는 전환된 이미지가 판별기에 입력으로 제공된다. 전환된 이미지가 진짜면 판별기는 1을 출력하고, 전환된 이미지가 생성기가 생성한 것이라면 판별기는 0을 출력할 것이다. 그림 8.6은 pix2pix 모델의 작동 방식을 보여준다.

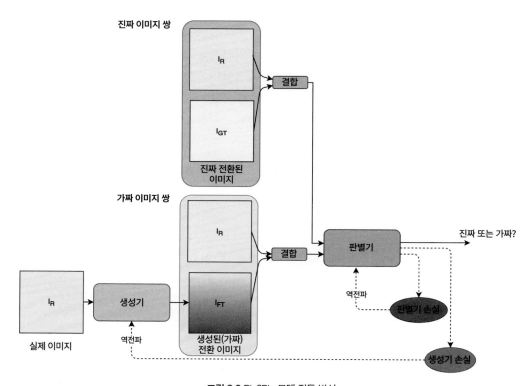

그림 8.6 Pix2Pix 모델 작동 방식

그림 8.6은 그림 8.1과 상당히 유사한 것으로 보아 기본 아이디어가 일반 GAN과 동일함을 알 수 있다. 유일한 차이는 단일 이미지를 두고 진짜인지 가짜인지를 묻는 것이 아니라 한 쌍의 이미지를 두고 진짜인지 가짜인지를 묻는다는 것이다.

Pix2Pix 생성기

pix2pix 모델에서는 생성기 모델로 이미지 분할에서 사용되는 유명한 CNN 모델인 **UNet**을 사용한다.
그림 8.7은 pix2pix 모델에서 생성기로 사용되는 UNet 아키텍처를 보여준다.

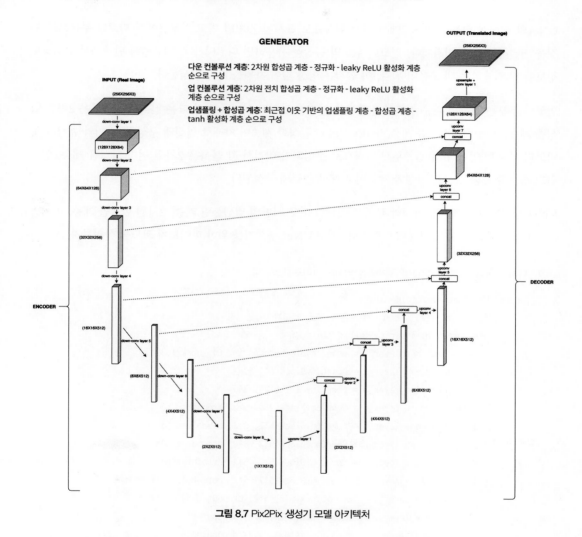

그림 8.7 Pix2Pix 생성기 모델 아키텍처

먼저 이름 UNet은 그림 8.7에서도 분명히 드러나듯이 네트워크가 U자 형인 점에서 유래했다. 이 네트
워크는 크게 두 부분으로 나뉜다.

- 왼쪽 상단에서 아래까지는 네트워크의 인코더 부분으로 256×256 RGB 입력 이미지를 크기가 512인 특징 벡터로 인코딩한다.

- 오른쪽 상단에서 아래까지는 네트워크의 디코더 부분으로 크기가 512인 임베딩 벡터에서 이미지를 생성한다.

UNet의 핵심 속성은 그림 8.7에서 점선 화살표로 표시된 것처럼 인코더 부분에서 디코더 부분으로 특징을 연결하는 **스킵 연결**이다. 인코더 부분의 특징을 사용하면 디코더가 각 업샘플링 단계에서 고해상도 정보에 더 집중하는 데 도움이 된다. 이 연결은 항상 깊이 차원을 따라 발생한다.

인코더 부분은 일련의 다운 컨볼루션 블록을 연결한 것이고 여기에서 각 다운 컨볼루션 블록은 2차원 합성곱 계층, 인스턴스 정규화 계층, leaky ReLU 활성화 계층이 차례로 연결돼 구성된다. 이와 유사하게, 디코더 부분은 일련의 업 컨볼루션 블록으로 구성되며 여기서 각 블록은 2차원 전치 합성곱 계층, 인스턴스 정규화 계층, ReLU 활성화 계층이 차례로 연결돼 구성된다.

UNet 생성기 아키텍처의 마지막 부분은 최근접 이웃 기반의 업샘플링 계층, 2차원 합성곱 계층, 마지막으로 tanh 활성화 계층이 차례로 이어진다. 이제 UNet 생성기를 위한 파이토치 코드를 살펴보자.

1. 다음은 UNet 기반 생성기 아키텍처를 정의하는 파이토치 코드다.

```python
class UNetGenerator(nn.Module):
    def __init__(self, chnls_in=3, chnls_op=3):
        super(UNetGenerator, self).__init__()
        self.down_conv_layer_1 = DownConvBlock(chnls_in, 64, norm=False)
        self.down_conv_layer_2 = DownConvBlock(64, 128)
        self.down_conv_layer_3 = DownConvBlock(128, 256)
        self.down_conv_layer_4 = DownConvBlock(256, 512, dropout=0.5)
        self.down_conv_layer_5 = DownConvBlock(512, 512, dropout=0.5)
        self.down_conv_layer_6 = DownConvBlock(512, 512, dropout=0.5)
        self.down_conv_layer_7 = DownConvBlock(512, 512, dropout=0.5)
        self.down_conv_layer_8 = DownConvBlock(512, 512, norm=False, dropout=0.5)
        self.up_conv_layer_1 = UpConvBlock(512, 512, dropout=0.5)
        self.up_conv_layer_2 = UpConvBlock(1024, 512, dropout=0.5)
        self.up_conv_layer_3 = UpConvBlock(1024, 512, dropout=0.5)
        self.up_conv_layer_4 = UpConvBlock(1024, 512, dropout=0.5)
        self.up_conv_layer_5 = UpConvBlock(1024, 256)
        self.up_conv_layer_6 = UpConvBlock(512, 128)
        self.up_conv_layer_7 = UpConvBlock(256, 64)
```

```
        self.upsample_layer = nn.Upsample(scale_factor=2)
        self.zero_pad = nn.ZeroPad2d((1, 0, 1, 0))
        self.conv_layer_1 = nn.Conv2d(128, chnls_op, 4, padding=1)
        self.activation = nn.Tanh()
```

보다시피 여기에는 8개의 다운 컨볼루션 계층과 7개의 업 컨볼루션 계층이 있다. 업 컨볼루션 계층에는 두 개의 입력이 있는데 하나는 이전 업 컨볼루션 계층의 출력이고 다른 하나는 그림 8.6의 점선으로 표시된 다운 컨볼루션 계층의 출력이다.

2. UpConvBlock과 DownConvBlock 클래스로 UNet 모델의 계층을 정의했다. 다음 코드에서는 UpConvBlock 클래스를 시작으로 이 블록을 정의했다.

```
class UpConvBlock(nn.Module):
    def __init__(self, ip_sz, op_sz, dropout=0.0):
        super(UpConvBlock, self).__init__()
        self.layers = [
            nn.ConvTranspose2d(ip_sz, op_sz, 4, 2, 1),
            nn.InstanceNorm2d(op_sz),
            nn.ReLU(),
        ]
        if dropout:
            self.layers += [nn.Dropout(dropout)]

    def forward(self, x, enc_ip):
        x = nn.Sequential(*(self.layers))(x)
        op = torch.cat((x, enc_ip), 1)
        return op
```

이 업 컨볼루션 블록에서 전치 합성곱 계층은 4×4 커널에 스트라이드 2로 구성되어 그 출력은 입력에 비해 공간 차원이 두 배가 된다.

이 전치 합성곱 계층에서 4×4 커널이 입력 이미지의 픽셀을 하나 건너 하나씩 통과한다(스트라이드가 2). 각 픽셀에서 픽셀 값은 4×4 커널의 16개 값 각각과 곱해진다.

그런 다음 이미지 전체에 커널 곱셈 결과가 겹치는 값이 합산되어 입력 이미지의 길이와 너비가 두 배인 출력이 생성된다. 또한 앞의 forward 메서드에서 업 컨볼루션 블록을 통해 순방향 전달한 뒤 연결 연산이 수행된다.

3. 다음으로 DownConvBlock 클래스를 정의한 파이토치 코드다.

```
class DownConvBlock(nn.Module):
    def __init__(self, ip_sz, op_sz, norm=True, dropout=0.0):
```

```
        super(DownConvBlock, self).__init__()
        self.layers = [nn.Conv2d(ip_sz, op_sz, 4, 2, 1)]
        if norm:
            self.layers.append(nn.InstanceNorm2d(op_sz))
        self.layers += [nn.LeakyReLU(0.2)]
        if dropout:
            self.layers += [nn.Dropout(dropout)]

    def forward(self, x):
        op = nn.Sequential(*(self.layers))(x)
        return op
```

다운 컨볼루션 블록 내부의 합성곱 계층은 커널 크기가 4×4이고 스트라이드가 2이며 패딩이 활성화돼 있다. 스트라이드 값이 2이므로 이 계층의 출력은 입력의 공간 차원의 절반이다.

Leaky ReLU 활성화도 DCGAN과 마찬가지 이유로 사용된다. 즉 음수 입력을 처리할 수 있는 능력으로 이는 또한 경사가 소실되는 문제를 완화하는 데 도움이 된다.

지금까지 UNet 기반 생성기의 __init__ 메서드를 살펴봤다. 지금부터 알아볼 forward 메서드는 상당히 간단하다.

```
    def forward(self, x):
        enc1 = self.down_conv_layer_1(x)
        enc2 = self.down_conv_layer_2(enc1)
        enc3 = self.down_conv_layer_3(enc2)
        enc4 = self.down_conv_layer_4(enc3)
        enc5 = self.down_conv_layer_5(enc4)
        enc6 = self.down_conv_layer_6(enc5)
        enc7 = self.down_conv_layer_7(enc6)
        enc8 = self.down_conv_layer_8(enc7)
        dec1 = self.up_conv_layer_1(enc8, enc7)
        dec2 = self.up_conv_layer_2(dec1, enc6)
        dec3 = self.up_conv_layer_3(dec2, enc5)
        dec4 = self.up_conv_layer_4(dec3, enc4)
        dec5 = self.up_conv_layer_5(dec4, enc3)
        dec6 = self.up_conv_layer_6(dec5, enc2)
        dec7 = self.up_conv_layer_7(dec6, enc1)
        final = self.upsample_layer(dec7)
        final = self.zero_pad(final)
        final = self.conv_layer_1(final)
        return self.activation(final)
```

pix2pix 모델의 생성기 부분을 알아봤으니 판별기 모델도 살펴보자.

Pix2Pix 판별기

Pix2Pix 판별기 모델도 DCGAN과 마찬가지로 이진 분류기이다. 유일한 차이라면 이 이진 분류기는 입력으로 두 개의 이미지를 받는다는 것이다. 두 개의 입력은 깊이 차원을 따라 연결된다. 그림 8.8은 고수준에서 본 판별기 모델 아키텍처다.

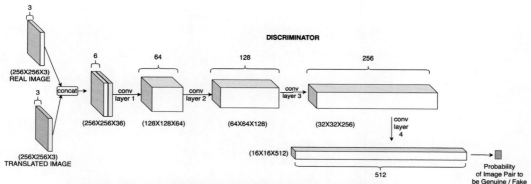

conv layer 1: in_channels=16, out_channels=64, kernel_size=4, stride=2, padding=ON
conv layer 2: in_channels=64, out_channels=128, kernel_size=4, stride=2, padding=ON
conv layer 3: in_channels=128, out_channels=256, kernel_size=4, stride=2, padding=ON
conv layer 4: in_channels=256, out_channels=512, kernel_size=4, stride=2, padding=ON

그림 8.8 Pix2Pix 판별기 모델 아키텍처

마지막 3개의 합성곱 계층 뒤로 정규화 계층과 leaky ReLU 활성화 계층이 뒤따르는 모델은 CNN이다. 이 판별기 모델을 정의하는 파이토치 코드는 다음과 같다.

```python
class Pix2PixDiscriminator(nn.Module):
    def __init__(self, chnls_in=3):
        super(Pix2PixDiscriminator, self).__init__()
        def disc_conv_block(chnls_in, chnls_op, norm=1):
            layers = [nn.Conv2d(chnls_in, chnls_op, 4, stride=2, padding=1)]
            if normalization:
                layers.append(nn.InstanceNorm2d(chnls_op))
            layers.append(nn.LeakyReLU(0.2, inplace=True))
            return layers
        self.lyr1 = disc_conv_block(chnls_in * 2, 64, norm=0)
```

```
        self.lyr2 = disc_conv_block(64, 128)
        self.lyr3 = disc_conv_block(128, 256)
        self.lyr4 = disc_conv_block(256, 512)
```

보다시피 4개의 합성곱 계층은 이후에 각 단계에서 공간 표현의 깊이를 두 배로 늘린다. 계층 2, 3, 4에는 합성곱 계층 뒤에 정규화 계층이 추가됐으며 음의 기울기가 20%인 leaky ReLU 활성화가 모든 합성곱 블록 끝에 적용된다. 마지막으로 다음은 판별기 모델 클래스의 forward 메서드를 파이토치로 구현한 것이다.

```
    def forward(self, real_image, translated_image):
        ip = torch.cat((real_image, translated_image), 1)
        op = self.lyr1(ip)
        op = self.lyr2(op)
        op = self.lyr3(op)
        op = self.lyr4(op)
        op = nn.ZeroPad2d((1, 0, 1, 0))(op)
        op = nn.Conv2d(512, 1, 4, padding=1)(op)
        return op
```

먼저 입력 이미지가 연결되어 4개의 합성곱 블록을 지나 마지막으로 이 한 쌍의 이미지가 진짜인지 가짜(생성기 모델이 생성한)인지 확률을 알려주는 단일 이진수를 출력한다. 이 방식으로 pix2pix 모델이 런타임에 훈련되어 pix2pix 모델의 생성기는 어떤 이미지라도 입력으로 가져와 훈련 동안 학습했던 이미지 변형 함수를 적용한다.

pix2pix 모델은 생성된 가짜 이미지를 변형한 것과 원본 이미지를 변형한 진짜 버전이 구분하기 어렵다면 성공적이라 볼 수 있다.

이것으로 pix2pix 모델에 대해 모두 알아봤다. 이론적으로는 Pix2Pix의 전반적 모델 아키텍처는 DCGAN 모델과 유사하다. 이 두 모델의 판별기 네트워크는 CNN 기반의 이진 분류기다. pix2pix 모델의 생성기 네트워크는 UNet 이미지 분할 모델에서 영감 받아 약간 더 복잡한 아키텍처를 갖는다.

전반적으로 파이토치로 DCGAN과 Pix2Pix의 생성기 및 판별기 모델을 모두 성공적으로 정의했으며 GAN의 변형인 이 두 모델의 내부 작동 방식을 이해할 수 있었다.

이 절을 마치면 다른 많은 GAN 변형을 파이토치 코드로 구현할 수 있다. 파이토치로 다양한 GAN 모델을 구축하고 훈련시키는 것은 학습 과정으로서 유익할 뿐 아니라 확실히 재미있는 경험이 될 것이다. 이 장에서 배운 내용으로 파이토치를 사용해 각자만의 GAN 프로젝트를 해보길 바란다.

요약

GAN은 2014년 처음 발표된 이래 최근 몇 년 동안 활발하게 연구 개발된 분야다. 이 장에서는 GAN 구성 요소인 생성기와 판별기를 포함해 GAN의 배경이 되는 개념을 살펴봤다. 이러한 각 구성 요소의 아키텍처와 GAN 모델의 전반적인 구조를 설명했다.

다음으로 GAN 계열 중 하나인 DCGAN을 자세히 살펴봤다. 실습을 통해 DCGAN 모델을 파이토치로 처음부터 구축했다. 모델 훈련에는 MNIST 데이터셋을 사용했다. 10 세대 동안 훈련된 DCGAN 모델의 생성기는 필기체 숫자 이미지를 진짜처럼 보이게 성공적으로 모사한다.

마지막 절에서는 GAN 계열 중 이미지-이미지 변환 작업에 사용되는 pix2pix 모델을 살펴봤다. 한 쌍의 이미지에서 작업하는 대신 pix2pix GAN 모델은 주어진 한 쌍의 이미지에서 스타일을 전이하는 것을 포함해 이미지-이미지 변환 작업이라면 어디서나 사용할 수 있게 아키텍처를 일반화했다.

추가적으로 pix2pix 모델 구조와 생성기 및 판별기 모델 아키텍처가 DCGAN 모델과 어떻게 다른지 설명했다. 이것으로 6장 '파이토치를 활용한 음악, 텍스트 생성'에서 시작해 7장 '신경망 스타일 전이'로 이어진 생성 모델에 대한 논의를 GAN을 마지막으로 마친다.

다음 장에서는 진로를 바꿔 딥러닝 분야에서 가장 흥미롭고 떠오르는 분야 중 하나인 심층 강화학습을 살펴보겠다. 이 분야는 아직 발전 중이다. 거기서는 파이토치가 이미 제공하는 것과 딥러닝에서도 이 도전적인 분야가 발전하는 데 파이토치가 어떤 기여를 할 수 있는지 살펴보겠다.

09

심층
강화학습

머신러닝은 크게 **지도 학습**(supervised learning), **비지도 학습**(unsupervised learning), **강화학습**(reinforcement learning, RL)의 세 가지 다양한 패러다임으로 분류된다. 지도 학습은 레이블이 붙은 데이터가 필요하고 지금까지 가장 보편적으로 사용되는 머신러닝 패러다임이다. 그렇지만 비지도 학습 기반의 애플리케이션은 레이블이 필요 없고 특히 생성적 모델 형태로 꾸준히 상승세를 타고 있다.

반면 강화학습은 사람이 학습하는 방법을 모방한다는 점에서 가장 가까운 것으로 간주되는 머신러닝의 다른 분야다. 이 분야는 활발히 연구 개발되고 있으며 아직은 초기 단계지만 몇 가지 유망한 결과가 있다. 대표적인 예로는 세계 최고의 바둑 기사를 이긴 구글 딥마인드(DeepMind)가 만든 그 유명한 알파고(AlphaGo)가 있다.

지도 학습에서는 일반적으로 원자적(atomic)[1] 입출력 데이터 쌍을 모델에 제공하고, 모델이 입력의 함수로 출력을 학습한다. RL에서는 개별 입력에서 출력으로 연결되는 함수를 학습하는 데 열중하지 않는다. 대신 최종 결과를 얻거나 최종 목표를 달성하기 위해 입력(상태)에서 시작해 일련의 단계(행동)를 수행할 수 있는 전략(정책)을 학습하는 데 관심이 있다.

---

[1] (엮은이) 원자성(原子性, atomicity)은 어떤 것이 더 이상 쪼개질 수 없는 성질을 말한다. 어떤 것이 원자성을 가지고 있다면 원자적(atomic)이라고 한다. (https://ko.wikipedia.org/wiki/원자성)

사진을 보고 개인지 고양이인지 판단하는 것은 비지도 학습으로 해결할 수 있는 원자적 입출력 학습에 해당한다. 그렇지만 체스판을 보고 게임에서 이기기 위해 다음 수를 결정하는 것은 전략이 필요하고, 이처럼 복잡한 작업에는 RL이 필요하다.

이전 장에서는 MNIST 데이터셋을 사용해 필기체 숫자를 분류하는 분류기를 구축하는 등 지도 학습의 다양한 예를 만나봤다. 또한 레이블이 없는 텍스트 말뭉치로 텍스트 생성 모델을 만들면서 비지도 학습을 알아봤다.

이 장에서는 RL과 **심층 강화학습(Deep Reinforcement Learning, DRL)**의 몇 가지 기본 개념을 밝히겠다. 그런 다음 DRL 모델 중 보편적이면서도 특수한 형태인 **심층 Q-러닝 네트워크(DQN)** 모델에 집중하겠다. 파이토치로 DRL 애플리케이션을 만들 것이다. 퐁(Pong) 게임에서 컴퓨터(봇)를 이기는 법을 학습하도록 DQN 모델을 훈련시키겠다.

이 장을 마칠 때면 파이토치에서 자기만의 DRL 프로젝트를 하기 위해 필요한 내용들을 모두 알게 될 것이다. 더불어 실제 문제를 해결하기 위해 DQN 모델을 구축하는 실습을 직접 해보게 될 것이다. 이 장에서 얻게 될 기술은 이와 유사한 다른 RL 문제들을 해결할 때도 유용할 것이다.

이 장에서는 다음 주제들을 다룬다.

- 강화학습 개념
- Q-러닝
- 심층 Q-러닝
- 파이토치에서 DQN 모델 만들기

준비 사항

모든 실습에는 주피터 노트북을 사용한다. 다음은 이 장에서 pip로 설치해야 할 파이토치 라이브러리다. 예를 들어, 명령줄에서 `pip install torch==1.4.0`을 실행한다.

```
jupyter==1.0.0
torch==1.4.0
atari-py==0.2.6
gym==0.17.2
```

이 장과 관련한 코드 파일은 모두 Chapter09 폴더에서 확인할 수 있다.

강화학습 개념

어떤 면에서 RL은 실수를 통해 배우는 방식으로 정의할 수 있다. 지도 학습에서처럼 모든 데이터 인스턴스에 대해 피드백을 받는 대신 일련의 행동이 이루어진 다음에야 피드백을 받는다. 다음 다이어그램은 RL 시스템의 구조를 개념적으로 보여준다.

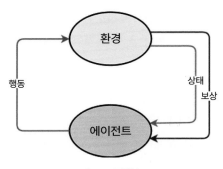

그림 9.1 강화학습 구조

RL을 설정할 때 일반적으로 학습을 수행하는 **에이전트**(agent)가 있다. 에이전트는 결정하는 법을 학습하고 그 결정에 따라 **행동**(action)을 취한다. 에이전트는 제공된 **환경**(environment)에서 동작한다. 이 환경은 에이전트가 살고, 행동을 취하고 그 행동으로부터 학습하는 제한된 공간으로 보면 된다. 여기에서 행동은 에이전트가 자기가 학습한 것을 기반으로 내린 결정을 구현해 놓은 것이다.

앞서 언급했듯이, 입력마다 빠짐없이 출력을 갖는 지도학습과 달리 RL의 에이전트는 행동 하나하나마다 피드백을 받을 필요가 없다. 그 대신 에이전트는 **상태**(state)를 갖는다. 에이전트가 초기 상태 s_0에서 시작한다고 가정하자. 에이전트가 a_0라는 행동을 하면 에이전트의 상태가 s_0에서 s_1으로 전이(transition)되며, 그 후 에이전트는 다른 행동 a_1을 취하는 식으로 사이클이 이뤄진다.

에이전트는 이따금 자신의 상태에 따른 **보상**(reward)을 받는다. 에이전트가 지나온 일련의 상태와 행동을 **궤적**(trajectory)이라고도 한다. 에이전트가 상태 s_2에서 보상을 받았다고 할 때, 이 보상으로 이끈 궤적은 s_0, a_0, s_1, a_1, s_2가 된다.

참고
보상은 긍정적일 수도 있지만 부정적일 수도 있다.

이 보상에 기반해 에이전트는 장기적으로 받을 보상을 최대화하는 방식으로 행동을 취할 수 있게 자신의 행동 양식을 조정한다. 이것이 강화학습의 본질이다. 에이전트는 주어진 상태와 전략을 기반으로 어떻게 하면 최적으로 행동할 수 있을지(최대의 보상을 받을 수 있을지)에 관한 전략을 학습한다.

이렇게 학습한 전략을 에이전트의 **정책**(policy)이라 한다. 이 정책은 상태와 보상의 함수로 표현된 행동의 모음이다. RL의 최종 목표는 에이전트가 자신이 처한 상황에서 항상 최대의 보상을 받을 수 있게 하는 정책을 계산하는 것이다.

비디오 게임은 RL을 보여주기 가장 좋은 예다. 그럼 예제로 탁구 비디오 게임인 '퐁'을 사용하자. 다음은 이 게임의 스냅숏이다.

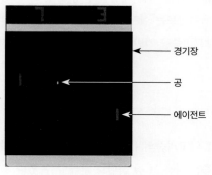

그림 9.2 퐁 비디오 게임

오른쪽에 있는 짧은 세로선으로 표현된 플레이어가 에이전트라 하자. 여기 잘 정의된 환경이 있다. 환경은 갈색 픽셀로 표시된 경기장으로 구성된다. 또한 흰색 픽셀로 표시된 공으로 이루어진다. 그뿐만 아니라 회색 줄과 공이 튕겨 나올 수 있는 가장자리로 표시되는 경기장의 경계로 구성된다. 마지막으로 가장 중요한 것은, (에이전트 맞은편인 왼쪽에 있는) 상대는 에이전트처럼 보이지만 환경에 포함된다는 것이다.

일반적으로 RL 설정에서 어떤 상태가 주어지더라도 에이전트는 이산 작업 공간(연속 작업 공간의 반대 개념)이라고 하는 유한한 수의 가능한 행동의 집합을 갖는다. 이 예에서 에이전트는 모든 상태에서 두 개의 가능한 행동(위로 이동, 아래로 이동)이 있지만 여기에는 두 가지 예외가 있다. 첫째, 에이전트가 최상단(상태)에 있을 때는 아래로만 이동할 수 있고, 두 번째로 최하단(상태)에 있을 때는 위로만 이동할 수 있다.

이 경우 보상의 개념은 실제 탁구 게임에서 일어나는 일과 직접 대응된다. 공을 놓치면 상대가 점수를 얻는다. 21점을 먼저 얻는 편이 게임에서 이기고 긍정 보상을 받는다. 게임에서 지는 것은 부정 보상을 받는 것을 뜻한다. 점수를 내거나 잃는 것도 각각 중간에 받게 되는 작은 규모의 긍정 또는 부정 보상이다. 점수 0-0에서 시작해 두 선수 중 하나가 21점을 얻게 되는 이 일련의 플레이를 **에피소드**라 한다.

RL을 사용해 퐁 게임에서 에이전트를 훈련시키는 것은 누군가에게 탁구 경기를 처음부터 훈련시키는 것과 같다. 훈련의 결과 에이전트가 게임을 하는 동안 따르는 정책이 나온다. 공의 위치, 상대의 위치, 점수판, 이전 보상을 포함해 주어진 상황에서, 성공적으로 훈련된 에이전트라면 게임에서 이길 가능성을 최대화하기 위해 위아래로 움직인다.

지금가지 예제를 통해 RL의 배경이 되는 기본 개념을 설명했다. 그 과정에서 전략, 정책, 학습 같은 용어를 반복해 언급했다. 그러면 에이전트는 실제로 정책을 어떻게 학습할까? 그 답은 RL 모델을 통해서다. RL 모델은 사전에 정의된 알고리즘을 기반으로 작동한다. 이제 다양한 종류의 RL 알고리즘을 살펴보겠다.

강화학습 알고리즘 유형

이 절에서는 참고문헌에 따라 RL 알고리즘의 유형을 살펴보겠다. 그런 다음 이 유형의 하위 유형들을 알아보겠다. 넓게 보면 RL 알고리즘은 다음 둘 중 하나로 분류할 수 있다.

- 모델 기반
- 모델 프리

이제 하나씩 살펴보자.

모델 기반

이름에서도 알 수 있듯이 모델 기반 알고리즘에서 에이전트는 환경의 모델을 알고 있다. 여기서 모델은 보상과 환경 내에서 상태 전이를 추정하기 위해 사용될 수 있는 함수의 수학 공식을 말한다. 에이전트가 환경에 대해 알기 때문에 다음 행동을 선택하기 위한 샘플 공간을 축소할 수 있다. 이렇게 하면 학습 프로세스의 효율성을 높일 수 있다.

그렇지만 실제로 모델링된 환경은 대부분 바로 사용할 수 없다. 그럼에도 모델 기반 접근법을 사용한다면 에이전트가 자신만의 경험으로 환경 모델을 학습하게 해야 한다. 그런 경우 에이전트는 모델의 편향된 표현을 학습하고 실제 환경에서 제대로 수행하지 못할 가능성이 높다. 이런 이유로 모델 기반 접근법은 RL 시스템을 구현할 때 그리 자주 사용되지 않는다. 이 책에서는 이 접근 방식에 기반한 모델을 설명하지 않지만 다음은 대표적인 예다.

- 모델 프리 미세 조정을 가미한 모델 기반 DRL(Model-Based DRL with Model-Free Fine-Tuning, MBMF)

- 효율적인 모델 프리 RL을 위한 모델 기반 가치 추정(Model-Based Value Estimation, MBVE)

- DRL을 위한 I2A(Imagination-Augmented Agents)

- 체스와 바둑 챔피언을 이긴 유명한 AI 봇인 알파제로(AlphaZero)

이제 다른 철학으로 동작하는 RL 알고리즘을 살펴보자

모델 프리(model-free)

모델 프리 접근방식은 환경 모델 없이 작동하며 현재 RL 연구 개발에 더 일반적으로 사용된다. 모델 프리 RL 설정에서 에이전트를 훈련시키는 방법에는 주로 다음 두 가지가 있다.

- 정책 최적화

- Q-러닝

정책 최적화

이 방식에서는 정책을 다음 방정식처럼 행동과 주어진 현 상태의 함수 형태로 공식화한다.

$$Policy = F_\beta(a \mid S)$$

여기에서 β는 이 함수의 내부 매개변수를 나타내며, 경사 상승법을 통해 정책 함수를 최적화하도록 업데이트된다. 목적 함수는 정책 함수와 보상을 사용해 정의된다. 목적 함수의 근사는 최적화 프로세스상 몇 가지 경우에 사용될 수도 있다. 또한 경우에 따라 최적화 프로세스에서 실제 정책 함수 대신 목적 함수의 근사를 사용할 수도 있다.

일반적으로 이 접근 방식에서 수행되는 최적화는 정책을 따른다. 즉 매개변수는 수집된 데이터를 기반으로 최신 버전의 정책을 사용해 업데이트된다. 정책 최적화 기반 RL 알고리즘의 예로는 다음과 같은 것들이 있다.

- **정책 경사**(policy gradient): 이것은 가장 기본적인 정책 최적화 기법으로 경사 상승법을 사용해 정책 함수를 직접 최적화한다. 정책 함수는 각 시간 단계에서 다음으로 취할 수 있는 여러 행동의 확률을 출력한다.

- **액터-크리틱**(actor-critic): 정책 경사 알고리즘에서는 정책에 따라 최적화가 이뤄지므로 알고리즘의 이터레이션마다 정책이 업데이트되어야 한다. 이렇게 되면 시간이 오래 걸린다. 액터 크리틱 기법은 정책 함수와 함께 가치 함수를 도입한다. 액터는 정책 함수를 모델링하고 크리틱은 가치 함수를 모델링한다.

  크리틱을 사용해 정책 업데이트 속도를 개선한다. 이 책에서는 액터-크리틱 기법의 수학적 내용은 자세히 다루지 않는다.[2]

- **신뢰 영역 정책 최적화**(trust region policy optimization, TRPO): 최적화 경사 기법처럼 TRPO는 정책을 따르는 최적화 접근 방식으로 구성된다. 정책 경사 접근 방식에서 정책 함수 매개변수 β를 업데이트하는 데 경사를 사용한다. 경사는 1차 도함수이므로 함수에 곡률이 급격하면 잡음이 많아질 수 있다. 이렇게 되면 정책 변경이 커서 에이전트의 학습 궤적을 불안정하게 만들 수 있다.

  이러한 문제를 피하기 위해 TRPO는 신뢰 영역을 제안한다. 주어진 업데이트 단계에서 정책이 변경될 수 있는 상한을 정의한다. 이로써 최적화 프로세스의 안정성을 보장한다.

- **근접 정책 최적화**(proximal policy optimization, PPO): TRPO와 유사하게 PPO는 최적화 프로세스를 안정화하는 것을 목표로 한다. 그렇지만 PPO는 데이터 샘플 배치에서 업데이트를 용이하게 하는 대리 목적 함수를 사용한다. 정책 경사 접근 방식에서는 경사가 상승하는 동안 데이터 샘플별로 업데이트가 수행된다. 이로써 경사를 보다 보수적으로 추정해 경사 상승 알고리즘이 수렴할 가능성을 높인다.

정책 최적화 함수는 직접 정책을 최적화하므로 알고리즘이 매우 직관적이다. 그러나 이 알고리즘은 대부분 정책을 기반으로 하므로 정책이 업데이트되고 나면 각 단계마다 데이터를 다시 샘플링해야 한다. 이것은 RL 문제를 해결하는 데 제약 사항이 될 수 있다. 다음으로는 좀 더 효율적으로 샘플링할 수 있는 다른 종류의 모델-프리 알고리즘을 알아보겠다.

---

2 (엮은이) 《수학으로 풀어보는 강화학습 원리와 알고리즘 (개정판)》(https://wikibook.co.kr/mathrlrev/)에 수학적 원리가 자세히 소개되어 있다.

Q-러닝

정책 최적화 알고리즘과는 반대로 Q-러닝은 정책 함수가 아닌 가치 함수를 기반으로 한다. 지금부터 이 장은 Q-러닝을 집중적으로 알아보겠다. 다음 절에서는 Q-러닝의 기본 원칙을 자세히 살펴본다.

Q-러닝

정책 최적화와 Q-러닝의 핵심 차이점은 Q-러닝에서는 정책을 직접 최적화하지 않는다는 것이다. 대신 가치 함수를 최적화한다. **가치 함수**는 무엇일까? 앞에서 이미 RL은 상태와 행동의 궤적을 지나가는 동안 받게 되는 전체 보상을 최대로 얻는 방법을 에이전트가 학습하는 것이 전부라는 것을 배웠다. 가치 함수는 에이전트의 현재 주어진 상태의 함수로 이 함수는 에이전트가 현재 에피소드 끝에 이르러 받을 보상의 총합에 대한 기대치를 출력한다.

Q-러닝에서는 현재 상태와 행동에 모두 영향받는 **행동-가치(action-value) 함수**로 알려진 특정 유형의 가치 함수를 최적화한다. 주어진 상태 S에서 행동-가치 함수는 에이전트가 행동 a를 취함으로써 받게 될 장기 보상(에피소드가 끝날 때까지 받을 보상)을 구한다. 이 함수는 일반적으로 $Q(S, a)$로 표현되므로 Q 함수라고도 한다. 행동-가치는 Q-값이라고도 한다.

모든 (상태, 행동) 쌍에 대한 Q-값은 2차원 테이블에 저장할 수 있다. 예를 들어 4개의 가능한 상태(S_1, S_2, S_3, S_4)와 2개의 가능한 행동(a_1, a_2)이 있는 경우 8개의 Q 값은 4×2 테이블에 저장된다. 따라서 Q-러닝의 목표는 이 Q-값 테이블을 만드는 것이다. 테이블이 만들어지면 에이전트는 주어진 상태에서 가능한 모든 행동에 대한 Q-값을 조회하고 Q-값이 최대인 행동을 취하면 된다. 여기서 문제는 Q-값을 어디서 얻느냐는 것이다. 답은 **벨만 방정식**에 있다. 이 방정식을 수학적으로 표현하면 다음과 같다.

$$Q(S_t, a_t) = R + \gamma * Q(S_{t+1}, a_{t+1})$$

벨만 방정식은 Q-값을 재귀적으로 계산하는 방법이다. 이 방정식에서 R은 상태 S_t에서 행동 a_t를 취함으로써 받는 보상이고 γ(감마)는 0과 1 사이의 스칼라 값인 **할인 계수**다. 이 방정식은 현재 상태 S_t, 행동 a_t에 대한 Q-값이 상태 S_t에서 행동 a_t를 취해 받는 보상 R에 다음 상태 S_{t+1}에서 취한 최적의 행동 a_{t+1}에서 얻은 Q-값에 할인 계수를 곱한 값을 더한 것과 같음을 나타낸다. 할인 계수는 즉각적인 보상과 장기적인 미래 보상에 가중치를 얼마나 부여할지 정의한다.

이제 Q-러닝의 기본 개념을 대부분 정의했으니 Q-러닝이 정확히 어떻게 작동하는지 보여주는 예를 살펴보자. 다음 다이어그램은 5개의 가능한 상태로 구성된 환경을 보여준다.

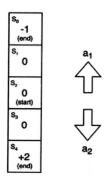

그림 9.3 Q-러닝 예제 환경

취할 수 있는 행동은 위로 올라가거나(a_1) 아래로 내려가거나(a_2) 두 가지이다. 상태 S_4의 +2부터 상태 S_0의 −1까지 상태에 따라 보상이 달라진다. 이 환경에서 모든 에피소드는 상태 S_2에서 시작해 S_0나 S_4에서 끝난다. 상태가 5개이고 취할 수 있는 행동이 2개이므로 Q-값은 5×2 테이블에 저장할 수 있다. 다음 코드는 파이썬으로 보상과 Q-값을 작성하는 법을 보여준다.

```
rwrds = [-1, 0, 0, 0, 2]
Qvals = [[0.0, 0.0],
         [0.0, 0.0],
         [0.0, 0.0],
         [0.0, 0.0],
        [0.0, 0.0]]
```

모든 Q-값을 0으로 초기화한다. 또한 두 개의 종료 상태가 있으므로 다음처럼 리스트 형태로 종료 상태를 지정해야 한다.

```
end_states = [1, 0, 0, 0, 1]
```

이것은 S_0와 S_4가 종료 상태라는 것을 나타낸다. 완성된 Q-러닝 루프를 실행하기 전에 마지막으로 살펴볼 것이 있다. Q-러닝의 각 단계에서 에이전트는 다음 행동을 취하는 것과 관련해 두 가지 옵션이 있다.

- Q-값이 가장 높은 행동을 취한다.

- 다음 행동을 임의로 선택한다.

에이전트가 행동을 임의로 선택해야 할 이유가 뭘까?

6장 '파이토치를 활용한 음악, 텍스트 생성'의 파이토치를 사용한 텍스트 생성 전략 절에서 탐욕적 탐색이나 빔 서치가 어떻게 반복적인 결과를 만들어내는지 논의했고 따라서 무작위성을 도입하면 더 나은 결과를 생성하는 데 도움이 된다는 사실을 설명했다. 비슷한 접근 방식으로 에이전트가 항상 Q-값에 기반해 다음 행동을 선택하면 단기간에 즉각적인 보상이 가장 높은 행동을 선택하기만 반복할 것이다. 따라서 가끔씩 무작위로 행동을 취하면 에이전트는 이러한 차선의 조건에서 벗어나는 데 도움이 된다.

이제 에이전트가 각 단계에서 둘 중 하나의 행동을 취할 수 있음을 확인했으니 에이전트가 어디로 갈 것인지 결정해야 한다. 여기에서 엡실론-탐욕-행동 메커니즘이 작동한다. 다음 다이어그램을 그 작동 방식을 보여준다.

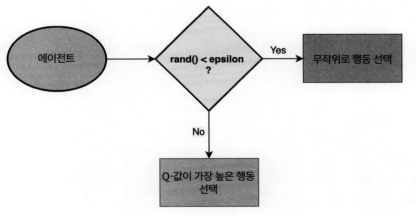

그림 9.4 엡실론-탐욕-행동 메커니즘

이 메커니즘은 에피소드마다 엡실론 값이 0과 1 사이의 스칼라 값으로 미리 정의돼 있다. 주어진 에피소드에서 매번 다음 행동을 취하기 위해 에이전트는 0에서 1 사이의 난수를 생성한다. 생성된 숫자가 미리 정의한 엡실론 값보다 작으면 에이전트는 사용 가능한 다음 행동 집합에서 무작위로 다음 행동을 선택한다. 그렇지 않으면 다음에 취할 수 있는 행동 각각에 대한 Q-값을 Q-값 테이블에서 가져온 다음 가장 높은 Q-값을 갖는 행동을 선택한다. 엡실론-탐욕-행동 메커니즘을 구현한 파이썬 코드는 다음과 같다.

```python
def eps_greedy_action_mechanism(eps, S):
    rnd = np.random.uniform()
    if rnd < eps:
        return np.random.randint(0, 2)
    else:
        return np.argmax(Qvals[S])
```

일반적으로 첫 번째 에피소드에서 엡실론 값은 1로 시작한 다음 에피소드가 진행됨에 따라 선형으로 감소한다. 초기에는 에이전트가 다양한 옵션을 탐색하는 것이 좋기 때문이다. 그렇지만 학습 프로세스가 진행될수록 에이전트가 단기 보상을 수집하는 데 덜 집착하게 되어 Q-값 테이블을 더 잘 활용할 수 있다.

이제 파이썬으로 Q-러닝 루프를 작성하면 된다.

```python
n_epsds = 100
eps = 1
gamma = 0.9
for e in range(n_epsds):
    S_initial = 2  # 상태 S2에서 시작
    S = S_initial
    while not end_states[S]:
        a = eps_greedy_action_mechanism(eps, S)
        R, S_next = take_action(S, a)
        if end_states[S_next]:
            Qvals[S][a] = R
        else:
            Qvals[S][a] = R + gamma * max(Qvals[S_next])
        S = S_next
    eps = eps - 1/n_epsds
```

먼저 에이전트는 100 에피소드 동안 훈련될 것이다. 엡실론 값은 1로 시작하고 할인 계수(감마)는 0.9로 정의한다. 다음으로 Q-러닝 루프를 에피소드 수만큼 반복 실행한다. 에피소드 내에서 먼저 에이전트의 상태 S2를 초기화한다.

그 후 또 다른 내부 루프를 실행하는데 이 루프는 에이전트가 종료 상태에 다다를 때만 종료한다. 이 내부 루프 내부에서는 엡실론-탐욕-행동 메커니즘을 사용해 에이전트가 취할 다음 행동을 결정한다. 그런 다음 에이전트는 행동을 취하고, 그에 따라 새로운 상태로 전이되며 보상이 생길 수도 있다. take_action 함수는 다음과 같이 구현된다.

```python
def take_action(S, a):
    if a == 0:   # 위로 이동
        S_next = S - 1
    else:
        S_next = S + 1
    return rwrds[S_next], S_next
```

보상과 다음 상태를 알게 되면 현재 상태 - 행동 쌍에 대한 Q-값을 *벨만* 방정식을 사용해 업데이트한다. 이제 다음 상태가 현재 상태가 되고 프로세스가 반복된다. 각 에피소드가 끝날 때마다 엡실론 값이 선형적으로 감소한다. 전체 Q-러닝 루프를 마치면 Q-값 테이블을 얻게 된다. 이 테이블이 에이전트가 이 환경에서 장기적으로 최대 보상을 얻기 위해 작동하는 데 필요한 전부다.

이상적으로는 이 예제에서 잘 훈련된 에이전트라면 S_4에서 최대 보상인 +2를 받기 위해 항상 아래로 이동하고 음의 보상 −1을 포함하는 S_0로 가는 것을 피할 것이다.

이로써 Q-러닝에 대한 설명을 마치겠다. 앞의 코드는 여기서 살펴본 것과 같은 단순한 환경에서 Q-러닝을 시작하는 데 도움이 될 것이다. 비디오 게임처럼 더 복잡하고 현실적인 환경에서 이 방식은 작동하지 않을 것이다. 이유가 뭘까?

Q-러닝의 핵심은 Q-값 테이블을 생성하는 데 있음을 확인했다. 예제에서는 5개의 상태, 2개의 행동만 다뤄 테이블 크기가 10이어서 관리 가능한 수준이었다. 그렇지만 퐁 같은 비디오 게임에서는 엄두가 안 날 만큼 많은 상태들이 있다. 이 경우 Q-값 테이블 크기가 폭발적으로 증가하고 Q-러닝 알고리즘은 극도로 메모리 집약적이어서 현실적으로 실행이 불가능하게 된다.

고맙게도 메모리 부족 없이 컴퓨터에서 Q-러닝 개념을 계속 사용할 수 있는 설루션이 있다. 이 설루션은 Q-러닝과 심층 신경망을 결합하고 DQN으로 알려진 매우 인기 있는 RL 알고리즘을 제공한다. 다음 절에서는 DQN의 기본 사항과 몇 가지 새로운 특성을 설명하겠다.

심층 Q-러닝

Q-값 테이블을 생성하는 대신 DQN은 주어진 상태-행동 쌍에 대한 Q-값을 출력하는 **심층 심경망** (deep neural network, DNN)을 사용한다. DQN 비디오 게임처럼 Q-값 테이블로 관리할 수준을 넘어설 만큼 엄청나게 많은 상태가 있는 복잡한 환경에서 사용된다. 비디오 게임에서 현재 이미지 프레임이 현재 상태를 표현하기 위해 사용되며, 기반이 되는 DNN 모델에 현재 행동과 함께 입력으로 제공된다.

DNN은 이러한 입력 각각에 대해 스칼라 Q-값을 출력한다. 실제로 현재 이미지 프레임만 전달하는 것이 아니라 주어진 타임 윈도 내에 N개의 이웃한 이미지 프레임을 모델에 입력으로 전달한다.

DNN을 사용해 RL 문제를 해결해보자. 여기에는 본질적인 우려가 있다. DNN으로 작업할 때면 항상 **독립 항등 분포**(independent and identically distributed, iid) 데이터 샘플로 작업했다. 그러나 RL에서는 현재 출력은 모두 다음 입력에 영향을 미친다. 예를 들어 Q-러닝의 경우 벨만 방정식 자체는 Q-값이 다른 Q-값에 종속됨을 보여준다. 즉 다음 상태-행동 쌍이 현재 상태-행동 쌍의 Q-값에 영향을 준다.

이는 우리가 끊임없이 움직이는 타깃으로 작업하고 입력과 타깃 사이 높은 상관 관계가 있음을 의미한다. DQN은 두 개의 새로운 특징으로 이러한 문제를 해결한다.

- 두 개의 분리된 DNN을 사용
- 경험 재현 버퍼(experience replay buffer)

이제 자세히 알아보자.

두 개의 분리된 DNN 사용

DQN에서 사용할 벨만 방정식을 다시 쓰면 다음과 같다.

$$Q\left(S_t, a_t, \theta\right) = R + \gamma * Q\left(S_{t+1}, a_{t+1}, \theta\right)$$

이 방정식은 새로운 θ 항을 도입한 것을 제외하면 Q-러닝과 거의 같다. θ는 DQN 모델이 Q-값을 얻기 위해 사용하는 DNN의 가중치를 나타낸다. 그렇지만 이 방정식은 뭔가 이상하다.

θ가 방정식의 좌변과 우변에 모두 있다. 이는 매 단계에서 현재 상태–행동 쌍뿐 아니라 다음 상태–행동 쌍의 Q–값을 얻기 위해 똑같은 신경망을 사용한다는 것을 뜻한다. 이는 모든 단계의 θ가 업데이트되어 다음 단계 방정식의 좌변과 우변을 모두 변경해 학습 과정의 불안정성을 초래하므로 고정되지 않은 타깃을 쫓고 있음을 뜻한다.

이는 DNN이 경사 하강법을 사용해 최소화하려고 하는 손실 함수를 살펴보면 더 분명히 알 수 있다. 손실 함수는 다음과 같다.

$$L = E[(R + \gamma * Q (S_{t+1}, a_{t+1}, \theta) - Q (S_t, a_t, \theta))^2]$$

잠시 R(보상)은 옆으로 밀어두고, 정확히 동일한 네트워크가 현재와 다음 상태–행동 쌍에 대한 Q–값을 생성하면 손실 함수의 두 항이 계속 바뀌어서 변동성 문제가 생긴다. 이 문제를 해결하기 위해 DQN은 메인 DNN과 타깃 DNN으로 분리된 두 개의 네트워크를 사용한다. 두 DNN은 정확히 똑같은 아키텍처를 갖는다.

메인 DNN은 현재 상태–행동 쌍의 Q–값을 계산하고 타깃 DNN은 다음(타깃) 상태–행동 쌍의 Q–값을 계산하는 데 사용된다. 메인 DNN의 가중치가 학습 단계마다 업데이트되는 반면 타깃 DNN의 가중치는 고정된다. 경사 하강법이 K번 반복될 때마다 주 네트워크의 가중치를 타깃 네트워크에 복사한다. 이 방식은 훈련 과정을 상대적으로 안정적으로 유지시킨다. 가중치를 복사하는 방식은 타깃 네트워크의 예측 정확도를 보장한다.

경험 재현 버퍼

DNN은 입력으로 iid 데이터를 기대하므로 마지막 X 단계(비디오 게임 프레임)를 버퍼 메모리에 캐시한 다음 버퍼에서 데이터 배치를 무작위로 샘플링하기만 하면 된다. 그런 다음 이 배치는 DNN의 입력으로 공급된다. 배치는 무작위로 샘플링된 데이터로 구성되므로 분포가 iid 데이터 샘플의 분포와 비슷해 보인다. 이로써 DNN 훈련 과정을 안정화하는 데 도움이 된다.

> 참고
> 버퍼가 없으면 DNN은 상관 관계가 높은 데이터를 받게 되어 최적화 결과가 형편없게 된다.

이 두 방식은 DQN을 성공으로 이끈 핵심 요소다. 이제 DQN 모델이 작동하는 방식과 새로운 특성을 이해했으니 마지막 절로 넘어가 DQN 모델을 구현해보자. 파이토치로 아타리(Atari)의 퐁이라는 비디오 게임을 하는 방법을 배우고 어쩌면 컴퓨터를 상대로 게임에서 이기는 방법을 배울 CNN 기반의 DQN 모델을 구축하겠다.

파이토치에서 DQN 모델 만들기

이전 절에서 DQN의 배경 이론을 설명했다. 이 절에서는 실습을 통해 알아보자. 파이토치를 사용해 에이전트가 '퐁'이라는 비디오 게임을 하는 방법을 훈련하는 CNN 기반의 DQN 모델을 만들겠다. 이 실습의 목표는 파이토치로 DRL 애플리케이션을 개발하는 방법을 보여주는 것이다. 그럼 바로 시작하자.[3]

메인 CNN 모델과 타깃 CNN 모델 초기화

이 실습에서는 설명에 필요한 중요한 코드만 보여줄 것이다. 전체 코드는 pong.ipynb에서 확인할 수 있다.

1. 먼저 필요한 라이브러리를 임포트해야 한다.

```
# 일반 라이브러리
import cv2
import math
import numpy as np
import random
import re

# 강화학습 관련 라이브러리
import atari_py as ap
from collections import deque
from gym import make, ObservationWrapper, Wrapper
from gym.spaces import Box

# 파이토치 라이브러리
import torch
import torch.nn as nn
```

---

3 (엮은이) 실습을 하려면 게임 롬(ROM)을 atari_py 설치 디렉터리로 복사해야 한다. http://www.atarimania.com/roms/Roms.rar을 다운로드하고 rar 압축을 풀면 zip 압축 파일이 나온다. 그 상태로 다음 명령을 실행하면 된다.
`python -m atari_py.import_roms <zip 파일이 있는 폴더 경로>`
이 과정을 코드로 실행할 수도 있다. https://stackoverflow.com/a/68143504/1558946를 참조한다.

```
from torch import save
from torch.optim import Adam
```

이 실습에서는 일반적인 파이썬, 파이토치 관련 임포트 외에 gym이라는 파이썬 라이브러리도 사용한다. OpenAI에서 만든 파이썬 라이브러리로 DRL 애플리케이션을 구축하는 데 필요한 도구들을 제공한다. gym을 임포트하면 RL 시스템 내부를 위한 모든 스캐폴딩 코드를 작성할 필요가 없다. 또한 이 라이브러리는 이 실습에서 사용할 퐁 게임용 환경을 포함하는 기본 제공 환경으로 구성된다.

2. 라이브러리를 임포트했으면 DQN 모델을 위한 CNN 아키텍처를 정의해야 한다. 이 CNN 모델은 현재 상태를 입력으로 가져와서 전체 선택할 수 있는 행동에 대한 확률 분포를 출력한다. 가장 높은 확률을 갖는 행동이 에이전트가 다음에 취할 행동으로 선택된다. 각 상태-행동 쌍에 대한 Q-값을 회귀 모델을 사용해 예측하는 대신 영리하게 문제를 분류 문제로 바꿔버렸다.

Q-값 회귀 모델은 모든 가능한 행동에 대해 별개로 실행되어야 하고 예측된 Q-값이 가장 높은 행동을 선택한다. 그렇지만 이 분류 모델을 사용하면 Q-값을 계산하는 작업과 다음에 취할 최선의 행동을 예측하는 작업을 하나로 결합할 수 있다.

```
class ConvDQN(nn.Module):
    def __init__(self, ip_sz, tot_num_acts):
        super(ConvDQN, self).__init__()
        self._ip_sz = ip_sz
        self._tot_num_acts = tot_num_acts

        self.cnv1 = nn.Conv2d(ip_sz[0], 32, kernel_size=8, stride=4)
        self.rl = nn.ReLU()
        self.cnv2 = nn.Conv2d(32, 64, kernel_size=4, stride=2)
        self.cnv3 = nn.Conv2d(64, 64, kernel_size=3, stride=1)
        self.fc1 = nn.Linear(self.feat_sz, 512)
        self.fc2 = nn.Linear(512, tot_num_acts)
```

보다시피 모델은 3개의 합성곱 계층(cnv1, cnv2, cnv3)과 각 계층 사이에 ReLU 활성화 계층을 두고 그 뒤로 2개의 완전 연결 계층을 이어 구성된다. 이제 이 모델을 통해 순전파하려면 무엇이 필요한지 살펴보자.

```
    def forward(self, x):
        op = self.cnv1(x)
        op = self.rl(op)
        op = self.cnv2(op)
        op = self.rl(op)
        op = self.cnv3(op)
```

```
        op = self.rl(op).view(x.size()[0], -1)
        op = self.fc1(op)
        op = self.rl(op)
        op = self.fc2(op)
        return op
```

forward 메서드는 입력이 합성곱 계층을 통해 전달되어 평면화되고 마지막으로 완전 연결 계층으로 공급되는 모델에 의한 순전파를 보여준다. 마지막으로 다른 모델 메서드도 살펴보겠다.

```
    @property
    def feat_sz(self):
        x = torch.zeros(1, *self._ip_sz)
        x = self.cnv1(x)
        x = self.rl(x)
        x = self.cnv2(x)
        x = self.rl(x)
        x = self.cnv3(x)
        x = self.rl(x)
        return x.view(1, -1).size(1)


    def perf_action(self, stt, eps, dvc):
        if random.random() > eps:
            stt = torch.from_numpy(np.float32(stt)).unsqueeze(0).to(dvc)
            q_val = self.forward(stt)
            act = q_val.max(1)[1].item()
        else:
            act = random.randrange(self._tot_num_acts)
        return act
```

feat_sz 메서드는 마지막 합성곱 계층 출력을 평면화한 뒤 얻게 될 특징 벡터의 크기를 계산한다.

3. 주 신경망과 타깃 신경망을 인스턴스화하는 함수를 정의한다.

```
def models_init(env, dvc):
    mdl = ConvDQN(env.observation_space.shape, env.action_space.n).to(dvc)
    tgt_mdl = ConvDQN(env.observation_space.shape, env.action_space.n).to(dvc)
    return mdl, tgt_mdl
```

이 두 모델은 같은 클래스의 인스턴스이므로 동일한 아키텍처를 공유한다. 그렇지만 이 둘은 별개의 인스턴스이므로 다른 가중치로 다르게 발전한다.

경험 재현 버퍼 정의

심층 Q-러닝 절에서 논의했듯이 경험 재현 버퍼는 DQN의 주요 특징이다. 이 버퍼를 사용하면 수천 개의 게임 전이(프레임)를 저장한 다음 CNN 모델 훈련에 사용될 비디오 프레임을 무작위로 샘플링할 수 있다. 다음은 재현 버퍼를 정의하는 코드다.

```python
class RepBfr:
    def __init__(self, cap_max):
        self._bfr = deque(maxlen=cap_max)

    def push(self, st, act, rwd, nxt_st, fin):
        self._bfr.append((st, act, rwd, nxt_st, fin))

    def smpl(self, bch_sz):
        idxs = np.random.choice(len(self._bfr), bch_sz, False)
        bch = zip(*[self._bfr[i] for i in idxs])
        st, act, rwd, nxt_st, fin = bch
        return (np.array(st), np.array(act), np.array(rwd, dtype=np.float32),
                np.array(nxt_st), np.array(fin, dtype=np.uint8))

    def __len__(self):
        return len(self._bfr)
```

여기에서 `cap_max`는 정의된 버퍼 크기다. 즉, 버퍼에 저장될 비디오 게임 상태 전이 개수다. `smpl` 메서드는 CNN 훈련 루프에서 저장된 전이를 샘플링해 훈련 데이터 배치를 생성하는 데 사용된다.

환경 설정

지금까지 DQN의 신경망 쪽을 집중적으로 살펴봤다. 이 절에서는 RL 문제의 근본적인 측면이라 할 수 있는 환경을 구축하는 일에 초점을 맞추겠다. 다음 단계를 따라가자.

1. 먼저 일부 비디오 게임 환경 초기화 관련 함수를 정의해야 한다.

```python
def gym_to_atari_format(gym_env):
    ...

def check_atari_env(env):
    ...
```

gym 라이브러리를 사용하면 사전에 만들어진 퐁 비디오 게임 환경에 접근할 수 있다. 그렇지만 여기서는 비디오 게임 이미지 프레임을 다운샘플링하고 이미지 프레임을 경험 재현 버퍼에 넣고 이미지를 파이토치 텐서로 변환하는 등의 단계를 통해 환경을 보강할 것이다.

2. 다음은 환경 제어를 위한 각 단계를 구현하기 위해 정의한 클래스다.

```python
class CCtrl(Wrapper):

    ...
class FrmDwSmpl(ObservationWrapper):

    ...
class MaxNSkpEnv(Wrapper):

    ...
class FrRstEnv(Wrapper):

    ...
class FrmBfr(ObservationWrapper):

    ...
class Img2Trch(ObservationWrapper):

    ...
class NormFlts(ObservationWrapper):

    ...
```

이 클래스들은 이제 비디오 게임 환경을 초기화하고 강화하는 데 사용될 것이다.

3. 환경 관련 클래스를 정의했으니 원본 퐁 비디오 게임 환경을 입력으로 받아 다음과 같이 환경을 강화하는 마지막 메서드를 정의해야 한다.

```python
def wrap_env(env_ip):
    env = make(env_ip)
    is_atari = check_atari_env(env_ip)
    env = CCtrl(env, is_atari)
    env = MaxNSkpEnv(env, is_atari)
    try:
        env_acts = env.unwrapped.get_action_meanings()
        if "FIRE" in env_acts:
            env = FrRstEnv(env)
    except AttributeError:
        pass
    env = FrmDwSmpl(env)
    env = Img2Trch(env)
    env = FrmBfr(env, 4)
```

```
env = NormFlts(env)
return env
```

이 단계에서는 이 실습의 파이토치 부분에 중점을 두고 있어 코드 중 일부는 생략됐다. 전체 코드는 이 책의 깃허브 리포지토리를 참조하라.

CNN 최적화 함수 정의

이 절에서는 DRL 모델을 훈련시키기 위한 손실 함수를 정의하고 각 모델 훈련 이터레이션의 끝에 수행 돼야 할 작업을 정의하겠다. 다음 단계를 따라가자.

1. 9.4.1절의 2 단계에서 메인 CNN 모델과 타깃 모델을 초기화했다. 모델 아키텍처를 정의했으니 모델이 최소화하도록 훈련할 손실 함수를 정의하겠다.[4]

```
01 def calc_temp_diff_loss(mdl, tgt_mdl, bch, gm, dvc):
02     st, act, rwd, nxt_st, fin = bch
03
04     st = torch.from_numpy(np.float32(st)).to(dvc)
05     nxt_st = torch.from_numpy(np.float32(nxt_st)).to(dvc)
06     act = torch.from_numpy(act).to(dvc)
07     rwd = torch.from_numpy(rwd).to(dvc)
08     fin = torch.from_numpy(fin).to(dvc)
09
10     q_vals = mdl(st)
11     nxt_q_vals = tgt_mdl(nxt_st)
12
13     q_val = q_vals.gather(1, act.unsqueeze(-1)).squeeze(-1)
14     nxt_q_val = nxt_q_vals.max(1)[0]
15     exp_q_val = rwd + gm * nxt_q_val * (1 - fin)
16
17     loss = (q_val - exp_q_val.data.to(dvc)).pow(2).mean()
18     loss.backward()
```

여기서 정의한 함수는 9.3.1절에 설명한 손실 함수 방정식을 구현한 것이다. 이 손실은 **시간차 손실**(time/temporal **difference loss)**이라고 하는 것으로 DQN의 기본 개념 중 하나다.

---

4 (엮은이) 학습할 때 런타임 오류가 발생한다면 13번째 줄을 다음과 같이 바꿔 시도해보라.

```
q_val = q_vals.gather(1, act.type(torch.int64).unsqueeze(-1)).squeeze(-1)
```

2. 이제 신경망 아키텍처와 손실함수가 준비됐으니 신경망 훈련이 이터레이션을 돌 때마다 호출될 모델 업데이트 함수를 정의한다.

```
def upd_grph(mdl, tgt_mdl, opt, rpl_bfr, dvc, log):
    if len(rpl_bfr) > INIT_LEARN:
        if not log.idx % TGT_UPD_FRQ:
            tgt_mdl.load_state_dict(mdl.state_dict())
        opt.zero_grad()
        bch = rpl_bfr.smpl(B_S)
        calc_temp_diff_loss(mdl, tgt_mdl, bch, G, dvc)
        opt.step()
```

이 함수는 경험 재현 버퍼에서 데이터 배치를 샘플링하고 그 데이터 배치에서 시간차 손실을 계산하고 이터레이션이 `TGT_UPD_FRQ` 회 돌 때마다 메인 신경망의 가중치를 타깃 신경망에 복사한다. `TGT_UPD_FRQ` 값은 나중에 할당될 것이다.

에피소드 관리 및 실행

이제 엡실론 값을 정의하는 방법을 배우자.

1. 먼저 에피소드가 끝날 때마다 엡실론을 업데이트하는 함수를 정의한다.

```
def upd_eps(epd):
    last_eps = EPS_FINL
    first_eps = EPS_STRT
    eps_decay = EPS_DECAY
    eps = last_eps + (first_eps - last_eps) * math.exp(
        -1 * ((epd + 1) / eps_decay)
    )
    return eps
```

이 함수는 Q-러닝에서 논의한 대로 Q-러닝 루프에서 엡실론 업데이트 단계와 같다. 이 함수의 목표는 에피소드마다 엡실론 값을 선형으로 줄이는 것이다.

2. 다음으로 볼 함수는 각 에피소드의 끝에서 어떤 일이 일어나는지 정의한다. 현재 에피소드에서 얻은 전체 보상이 지금까지 중 최고라면 CNN 모델 가중치를 저장하고 보상 값을 출력한다.

```
def fin_epsd(mdl, env, log, epd_rwd, epd, eps):
    bst_so_fat = log.upd_rwds(epd_rwd)
```

```
    if bst_so_fat:
        print(
            f"checkpointing current model weights. highest running_average_reward of\
            {round(log.bst_avg, 3)} achieved!"
        )
        save(mdl.state_dict(), f"{env}.dat")
    print(
        f"episode_num {epd}, curr_reward: {epd_rwd}, best_reward: {log.bst_rwd},\
          running_avg_reward: {round(log.avg, 3)}, curr_epsilon: {round(eps, 4)}"
    )
```

각 에피소드 끝에서 에피소드 번호, 현 에피소드의 최종 보상, 과거 에피소드에서 받은 보상 값의 이동 평균, 현재 엡실론 값을 기록한다.

3. 이 실습에서 가장 중요한 함수가 남았다. 여기에서는 DQN 루프를 지정해야 한다. 여기서는 에피소드에서 실행될 단계들을 정의한다.

```
def run_epsd(env, mdl, tgt_mdl, opt, rpl_bfr, dvc, log, epd):
    epd_rwd = 0.0
    st = env.reset()

    while True:
        eps = upd_eps(log.idx)
        act = mdl.perf_action(st, eps, dvc)
        if True:
            env.render()
        nxt_st, rwd, fin, _ = env.step(act)
        rpl_bfr.push(st, act, rwd, nxt_st, fin)
        st = nxt_st
        epd_rwd += rwd
        log.upd_idx()
        upd_grph(mdl, tgt_mdl, opt, rpl_bfr, dvc, log)
        if fin:
            fin_epsd(mdl, ENV, log, epd_rwd, epd, eps)
            break
```

보상과 상태는 에피소드가 시작할 때 초기화된다. 그런 다음 에이전트가 종료 상태 중 하나에 도달할 때에만 끝나는 무한 루프를 실행한다. 이 루프 내부에서 이터레이션마다 다음 단계가 실행된다.

- 먼저 *선형 감소 방식(linear depreciation scheme)*에 따라 엡실론 값이 조정된다.

- 메인 CNN 모델이 다음 행동을 예측한다. 이 행동이 실행되면 다음 상태와 보상을 결과로 얻는다. 이 상태 전이는 경험 재현 버퍼에 기록된다.

- 이제 다음 상태는 현재 상태가 되고 시간차 손실을 계산해 메인 CNN 모델을 업데이트하는 데 사용된다(반면, 타깃 CNN 모델은 고정된다).

- 새로운 현재 상태가 종료 상태면 루프에서 빠져 나가고(에피소드 종료) 이 에피소드의 결과를 기록한다.

4. 훈련 프로세스 동안의 결과를 기록한다고 언급했는데, 보상과 모델 성능에 대한 다양한 지표를 저장하기 위해 다양한 지표가 속성으로 포함된 훈련 메타데이터 클래스를 정의해야 한다.

```python
class TrMetadata:
    def __init__(self):
        self._avg = 0.0
        self._bst_rwd = -float("inf")
        self._bst_avg = -float("inf")
        self._rwds = []
        self._avg_rng = 100
        self._idx = 0
```

이 지표들은 나중에 이 실습에서 모델 훈련을 마친 뒤 모델 성능을 시각화하는 데 사용된다.

5. 이전 단계의 모델 지표 속성은 프라이빗 멤버로 저장하되 그에 해당하는 획득자(getter) 함수를 공개해 둔다.

```python
    @property
    def bst_rwd(self):
        ...


    @property
    def bst_avg(self):
        ...


    @property
    def avg(self):
        ...


    @property
    def idx(self):
        ...

    ...
```

idx 속성은 메인 CNN에서 타깃 CNN으로 가중치를 복사할 때를 결정하므로 중요하다. avg 속성은 지난 몇 에피소드에서 받았던 보상의 이동 평균을 계산하는 데 유용하다.

퐁 게임을 위한 DQN 모델 훈련

이제 DQN 모델을 훈련시키는 데 필요한 준비는 모두 끝났다. 그럼 시작하자.

1. 다음은 훈련에 필요한 모든 것을 수행할 훈련 래퍼 함수다.

```
def train(env, mdl, tgt_mdl, opt, rpl_bfr, dvc):
    log = TrMetadata()

    for epd in range(N_EPDS):
        run_epsd(env, mdl, tgt_mdl, opt, rpl_bfr, dvc, log, epd)
```

로거를 초기화하고 사전 정의된 숫자만큼의 에피소드 동안 DQN 훈련 시스템을 실행한다.

2. 실제로 훈련 루프를 실행하기 전에 초매개변수 값을 정의해야 한다.

- CNN 모델을 튜닝하기 위해 경사 하강법을 이터레이션할 때 사용할 배치 크기
- 환경. 이 경우에는 퐁 비디오 게임.
- 첫 번째 에피소드에서 사용할 엡실론 값
- 마지막 에피소드에서 사용할 엡실론 값
- 엡실론 값에 적용할 감소율
- 할인 계수 감마
- 데이터를 재생 버퍼에 넣기 위해 예약된 초기 반복 횟수
- 학습률
- 경험 재생 버퍼의 크기
- 에이전트를 훈련시킬 전체 에피소드 수
- 가중치를 메인 CNN에서 타깃 CNN으로 복사할 때까지 이터레이션 수

다음 코드에서 이 초매개변수를 모두 인스턴스화할 수 있다.

```
B_S = 64
ENV = "Pong-v4"
EPS_STRT = 1.0
EPS_FINL = 0.005
```

```
EPS_DECAY = 100000
G = 0.99
INIT_LEARN = 10000
LR = 1e-4
MEM_CAP = 20000
N_EPDS = 50000
TGT_UPD_FRQ = 1000
```

이 값들은 실험적이므로 직접 바꿔보면서 결과에 어떤 영향을 미치는지 알아보기 바란다.[5]

3. 이제 실습의 마지막 단계다. 다음과 같이 DQN 훈련 루틴을 실제로 실행하자.

- 먼저 게임 환경을 인스턴스화한다.

- 가용성을 고려해 CPU, GPU 중 어디에서 훈련할지를 정의한다.

- 다음으로 메인 CNN 모델과 타깃 CNN 모델을 인스턴스화한다. CNN 모델에 쓸 옵티마이저로 Adam을 정의한다.

- 그런 다음 경험 재현 버퍼를 인스턴스화한다.

- 드디어 메인 CNN 모델을 훈련시킨다. 훈련 루틴이 끝나면 인스턴스화된 환경을 닫는다.

이에 대한 코드는 다음과 같다.

```
env = wrap_env(ENV)
dvc = torch.device("cuda") if torch.cuda.is_available() else torch.device("cpu")
mdl, tgt_mdl = models_init(env, dvc)
opt = Adam(mdl.parameters(), lr=LR)
rpl_bfr = RepBfr(MEM_CAP)
train(env, mdl, tgt_mdl, opt, rpl_bfr, dvc)
env.close()
```

실행 결과는 다음과 같다.

```
episode_num 0, curr_reward: -20.0, best_reward: -20.0, running_avg_reward: -20.0, curr_epsilon:
0.9971
checkpointing current model weights. highest running_average_reward of -19.5 achieved!
episode_num 1, curr_reward: -19.0, best_reward: -19.0, running_avg_reward: -19.5, curr_epsilon:
0.9937
episode_num 2, curr_reward: -21.0, best_reward: -19.0, running_avg_reward: -20.0, curr_epsilon:
0.991
episode_num 3, curr_reward: -21.0, best_reward: -19.0, running_avg_reward: -20.25,
```

---

5 엮은이가 N_EPDS 값을 50000으로 해서 테스트했을 때 실행에 일주일 이상 걸렸다(RTX 2080 Ti 사용).

```
curr_epsilon: 0.9881
episode_num 4, curr_reward: -19.0, best_reward: -19.0, running_avg_reward: -20.0, curr_epsilon:
0.9846
episode_num 5, curr_reward: -20.0, best_reward: -19.0, running_avg_reward: -20.0, curr_epsilon:
0.9811
```

(생략)

```
episode_num 500, curr_reward: -13.0, best_reward: -11.0, running_avg_reward: -16.52,
curr_epsilon: 0.1053
episode_num 501, curr_reward: -20.0, best_reward: -11.0, running_avg_reward: -16.52,
curr_epsilon: 0.1049
episode_num 502, curr_reward: -19.0, best_reward: -11.0, running_avg_reward: -16.59,
curr_epsilon: 0.1041
episode_num 503, curr_reward: -12.0, best_reward: -11.0, running_avg_reward: -16.53,
curr_epsilon: 0.1034
checkpointing current model weights. highest running_average_reward of -16.51 achieved!
episode_num 504, curr_reward: -13.0, best_reward: -11.0, running_avg_reward: -16.51,
curr_epsilon: 0.1026
checkpointing current model weights. highest running_average_reward of -16.5 achieved!
episode_num 505, curr_reward: -18.0, best_reward: -11.0, running_avg_reward: -16.5,
curr_epsilon: 0.1019
checkpointing current model weights. highest running_average_reward of -16.46 achieved!
```

(생략)

```
episode_num 1000, curr_reward: -4.0, best_reward: 13.0, running_avg_reward: -6.64,
curr_epsilon: 0.0059
checkpointing current model weights. highest running_average_reward of -6.61 achieved!
episode_num 1001, curr_reward: -9.0, best_reward: 13.0, running_avg_reward: -6.61,
curr_epsilon: 0.0059
episode_num 1002, curr_reward: -15.0, best_reward: 13.0, running_avg_reward: -6.72,
curr_epsilon: 0.0059
episode_num 1003, curr_reward: -3.0, best_reward: 13.0, running_avg_reward: -6.66,
curr_epsilon: 0.0059
episode_num 1004, curr_reward: -7.0, best_reward: 13.0, running_avg_reward: -6.72,
curr_epsilon: 0.0059
episode_num 1005, curr_reward: -12.0, best_reward: 13.0, running_avg_reward: -6.69,
curr_epsilon: 0.0059
```

(생략)

```
episode_num 1500, curr_reward: 11.0, best_reward: 17.0, running_avg_reward: -0.22,
curr_epsilon: 0.005
checkpointing current model weights. highest running_average_reward of -0.05 achieved!
episode_num 1501, curr_reward: 7.0, best_reward: 17.0, running_avg_reward: -0.05, curr_epsilon:
0.005
checkpointing current model weights. highest running_average_reward of 0.01 achieved!
episode_num 1502, curr_reward: -1.0, best_reward: 17.0, running_avg_reward: 0.01, curr_epsilon:
0.005
checkpointing current model weights. highest running_average_reward of 0.11 achieved!
episode_num 1503, curr_reward: 3.0, best_reward: 17.0, running_avg_reward: 0.11, curr_epsilon:
0.005
checkpointing current model weights. highest running_average_reward of 0.2 achieved!
episode_num 1504, curr_reward: 2.0, best_reward: 17.0, running_avg_reward: 0.2, curr_epsilon:
0.005
episode_num 1505, curr_reward: -8.0, best_reward: 17.0, running_avg_reward: 0.19, curr_epsilon:
0.005
```

(생략)

다음 그래프는 에피소드가 지남에 따라 현재 보상, 최고 보상, 평균 보상, 엡실론 값 등의 추이를 보여 준다.

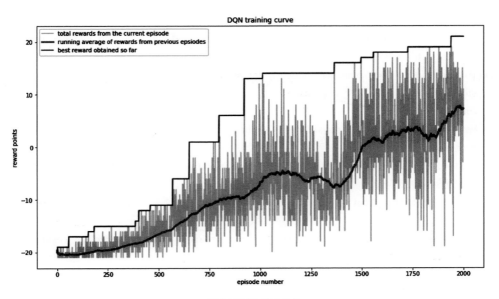

그림 9.5 DQN 훈련 곡선

다음 그래프는 훈련 과정 동안 에피소드가 지남에 따라 엡실론 값이 얼마나 감소하는지 보여준다.

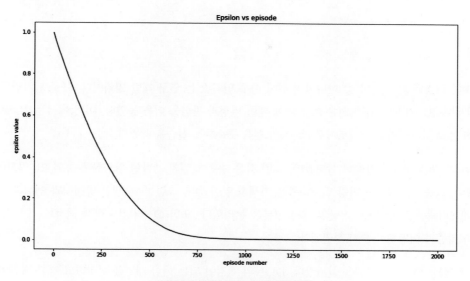

그림 9.6 에피소드에 따른 엡실론 변화

그림 9.5에서 에피소드의 이동 평균 보상 값(running average of rewards) 곡선은 -20에서 시작하는데, 이것은 에이전트가 게임에서 1점만 얻고 상대방이 20점을 획득한 경우를 뜻한다. 에피소드를 진행하면서 평균 보상이 점차 증가하고, 에피소드 1500에 이르면 비로소 0점을 넘는다. 이는 1500 에피소드가 지나서야 에이전트가 상대를 넘어섰음을 뜻한다.[6]

여기서부터는 평균 보상이 양수이며 이는 에이전트가 평균적으로 상대를 이기고 있음을 나타낸다. 이 실습에서는 2,000 에피소드까지만 훈련시켰고, 그 결과 에이전트는 이미 상대를 평균 7점 이상의 차이로 승리했다. 더 오래 훈련시켜서 에이전트가 늘 모든 점수를 득점해 20점 차이로 상대를 압승할 수 있는지 확인해보기 바란다.

이것으로 DQN 모델의 구현을 마친다. DQN은 RL 분야에서 큰 성공을 거두고 인기를 얻은 모델로 이 분야를 더 자세히 탐구하는 데 관심 있는 사람들에게는 확실히 좋은 출발점이 될 것이다. 파이토치는 gym 라이브러리와 함께 다양한 RL 환경에서 작업하고 다양한 종류의 DRL 모델로 작업할 수 있게 해주는 훌륭한 자원이다.

---

6 (옮긴이) 테스트 결과, 평균 보상이 0이 넘을 때는 3,705회, 7,000 에피소드 정도일 때 평균 보상이 12.55 정도 나왔다.

이 장에서는 DQN에만 초점을 맞춰 다뤘지만 여기서 배운 내용은 다른 Q-러닝 모델과 DRL 알고리즘에도 적용할 수 있다.

요약

RL은 머신러닝의 기본 분야 중 하나이며 현재 매우 인기 있는 연구 개발 영역이다. 구글 딥마인드의 알파고와 같은 RL 기반의 AI 혁신은 이 분야에 대한 열정과 관심을 더욱 높였다. 이 장에서는 RL 및 DRL에 대한 개요를 제공하고 파이토치로 DQN 모델을 구축하는 실습을 해봤다.

먼저 RL의 기본 개념을 간략히 살펴봤다. 그런 다음 수년에 걸쳐 개발된 다양한 종류의 RL 알고리즘을 탐색했다. 그중 하나로 Q-러닝 알고리즘을 자세히 알아봤다. 그런 다음 벨만 방정식과 엡실론-탐욕-행동 메커니즘을 포함해 Q-러닝의 배경 이론을 논의했다. 또한 Q-러닝이 정책 최적화 기법 등 다른 RL 알고리즘과 어떻게 다른지 설명했다.

다음으로 심층 Q-러닝 모델을 살펴봤다. DQN의 배경이 되는 핵심 개념을 설명하고 경험 재현 버퍼와 메인 신경망과 타깃 신경망 분리 등 새로운 특징들을 알아봤다. 마지막으로 파이토치와 gym 라이브러리를 사용해 CNN을 기본 신경망으로 하는 DQN 시스템을 구축하는 실습을 했다. 이 실습에서 퐁 게임을 성공적으로 학습하는 AI를 구축했다. 훈련이 끝날 무렵 에이전트는 컴퓨터를 상대로 승리했다.

이것으로 파이토치를 사용한 DRL에 대한 설명을 마친다. RL은 방대한 분야로 한 장으로는 모든 것을 다루기 충분하지 않다. 이 장에서 다룬 고수준의 내용을 가지고 세부적인 정보를 탐색하는 것이 좋다. 다음 장부터는 모델 배포, 병렬 훈련, 자동화된 머신러닝 등 실제 파이토치 작업의 실용적 측면을 중점적으로 다루겠다. 다음 장에서는 훈련된 모델을 운영 시스템에 넣는 방법을 논의하는 것으로 시작한다.

4부

운영 시스템에서의
파이토치

4부에서는 파이토치를 가벼운 딥러닝 애플리케이션부터 매우 무거운 딥러닝 애플리케이션까지 실행하기 위한 강력한 도구로 사용하는 방법을 살펴보겠다. 그런 다음 모델을 구축하고 실제 운영 시스템에 적용하는 과정을 살펴보면서 함께 몇 가지 최적화 방식을 알아보겠다. 또한 AI의 설명 가능성과 함께 신경망 아키텍처 검색에 대해 더 깊이 파고들 것이다. 마지막 장에서는 파이토치에서 모델 프로토타이핑 및 운영 시스템으로의 이관에 활용할 수 있는 다양한 도구들을 추가적으로 다룬다.

4부를 완료하면 대규모 운영 시스템에서 파이토치를 사용하는 방법을 이해하게 될 것이다. Captum 및 fast.ai와 같은 최신 파이토치 도구와 고급 딥러닝 시스템 구축에 중요한 분산 훈련과 AutoML 같은 기술을 추가적으로 갖추게 될 것이다.

4부에서 다루는 내용:

- 10장, 파이토치 모델을 운영 환경에 이관하기
- 11장, 분산 훈련
- 12장, 파이토치와 AutoML
- 13장, 파이토치와 설명 가능한 AI
- 14장, 파이토치로 빠르게 프로토타이핑하기

10

파이토치 모델을
운영 환경에 이관하기

지금까지 이 책에서는 파이토치로 다양한 종류의 머신러닝 모델을 훈련하고 테스트하는 방법을 다뤘다. 딥러닝 작업을 효율적으로 할 수 있는 파이토치의 기본 요소를 검토하는 것으로 시작했다. 그런 다음 파이토치로 작성할 수 있는 광범위한 딥러닝 모델 아키텍처와 애플리케이션을 살펴봤다.

이 장에서는 이러한 모델을 운영(production) 환경에 적용하는 데 초점을 맞출 것이다. 그 의미는 무엇일까? 훈련을 마치고 테스트된 모델(객체)을 별도의 환경으로 가져오는 다양한 방법을 설명할 것이다. 이 환경에서 모델은 들어오는 데이터에 대해 예측하거나 추론하는 데 사용된다. 모델이 운영 시스템에 배포되는 것이므로 모델의 **운영 이관(productionization)**이라고 한다.

간단한 모델 추론 함수를 정의하는 것으로 시작해 모델 마이크로서비스를 사용하는 방법에 이르기까지, 운영 환경에서 파이토치 모델을 서빙하기 위해 취할 수 있는 몇 가지 일반적인 접근 방식을 논의하는 것으로 시작하겠다. 그런 다음 최근(현 시점) AWS와 페이스북이 공동으로 개발한 확장 가능한 파이토치 모델 서빙 프레임워크인 토치서브(TorchServe)를 살펴보겠다.

그런 다음 직렬화를 통해 모델을 파이썬 생태계와 독립적으로 만들고 예를 들어 C++ 코드 기반에 로딩할 수 있도록 토치스크립트로 파이토치 모델을 내보내는 방법을 자세히 살펴보겠다. 또한 토치 프레임워크와 파이썬 생태계 너머, 파이토치로 훈련된 모델을 파이토치나 파이썬을 사용하지 않는 환경으로 내보낼 수 있게 해주는 **ONNX**(머신러닝 모델용 오픈소스 범용 포맷)을 살펴보겠다.

마지막으로 아마존 웹서비스(Amazon Web Services, AWS)와 구글 클라우드, 마이크로소프트 애저 (Azure) 등 유명한 클라우드 플랫폼에서 파이토치를 사용해 모델을 서빙하는 방법을 간략하게 설명하 겠다.

이 장에서는 1장 '파이토치를 이용한 딥러닝 소개'에서 훈련시켰던 필기체 숫자 이미지 분류를 위한 합성 곱 신경망(CNN) 모델을 참조로 사용할 것이다. 이 장에서 논의한 다양한 접근 방식으로 훈련된 모델을 배포하고 내보내는 방법을 보여줄 것이다.

이 장에서 다룰 내용은 다음과 같이 나눠 볼 수 있다.

- 파이토치에서 모델

- 토치서브를 활용한 파이토치 모델 서빙

- 토치스크립트와 ONNX를 활용해 범용 파이토치 모델 내보내기

- 클라우드에서 파이토치 모델 서빙

준비 사항

이 장의 실습에서는 주피터 노트북과 파이썬 스크립트를 사용할 것이다. 다음은 이 장에서 pip로 설치할 파이썬 라이브러리 목록이다.

```
jupyter==1.0.0
torch==1.4.0
torchvision==0.5.0
matplotlib==3.1.2
Pillow==6.2.2
torch-model-archiver==0.2.0
torchserve==0.2.0
Flask==1.1.1
onnx==1.7.0
onnx-tf==1.5.0
tensorflow==1.15.0
```

이 장에 관련한 모든 코드 파일은 Chapter10 폴더에서 확인할 수 있다.

파이토치에서 모델 서빙

이 절은 일부 입력 데이터와 이전에 훈련시켜 저장한 파이토치 모델의 위치가 주어지면 예측할 수 있는 간단한 파이토치 추론 파이프라인을 구축하는 것으로 시작한다. 그런 다음 들어오는 데이터 요청을 받아 예측을 반환할 수 있는 모델 서버에 이 추론 파이프라인을 배치할 것이다. 마지막으로 모델 서버 개발을 발전시켜 도커(Docker)로 모델 마이크로서비스를 만들겠다.

파이토치 모델 추론 파이프라인 생성

1장 '파이토치를 이용한 딥러닝 소개'에서 MNIST 데이터셋을 사용해 구축한 필기체 숫자 이미지를 분류하는 CNN 모델을 가지고 작업할 것이다. 이 훈련된 모델을 사용해 필기체 숫자 이미지가 입력으로 주어졌을 때 0에서 9 사이의 숫자를 예측할 수 있는 추론 파이프라인을 만들 것이다.

모델을 구축하고 훈련하는 프로세스에 대해서는 1장 '파이토치를 이용한 딥러닝 소개'의 파이토치로 신경망 훈련하기 절을 참조하기 바란다. 이 실습을 위한 전체 코드는 `mnist_pytorch.ipynb`에서 확인할 수 있다.

훈련된 모델 저장 및 로딩

이 절에서는 나중에 서빙 요청을 받았을 때 사용할 저장된 파이토치 모델을 효율적으로 로딩하는 방법을 보여줄 것이다.

따라서 모델 훈련과 테스트는 1장 '파이토치를 이용한 딥러닝 소개'의 노트북 코드를 그대로 사용했다. 그렇다면 다음으로는 무엇을 해야 할까? 이 노트북을 계속 열어두지 않고도, 필기체 숫자 이미지를 추론하기 위해 열심히 훈련시켰던 이 모델을 나중에 재사용할 수 있다면 좋을 것이다. 여기에서 모델을 서빙 (serving)한다는 개념이 등장한다.

여기에서 (재)훈련 없이 별도의 주피터 노트북에서 앞서 훈련시켰던 모델을 사용할 수 있는 단계로 접어든다. 그런 의미에서 다음 단계는 매우 중요한데 모델 객체를 나중에 복원하고 역직렬화할 수 있게 파일로 저장한다. 파이토치는 이를 위해 두 가지 방법을 제공한다.

- 별로 권하고 싶지 않은 방식이지만 다음처럼 전체 모델 객체를 저장하는 방법이 있다.

```
torch.save(model, PATH_TO_MODEL)
```

그런 다음 저장된 모델을 이후에 다음과 같이 읽어들일 수 있다.

```
model = torch.load(PATH_TO_MODEL)
```

이 방식이 가장 간단해 보이지만 경우에 따라 문제가 될 수 있다. 이는 모델 매개변수뿐 아니라 소스 코드에 사용된 모델 클래스, 디렉터리 구조까지 저장하기 때문이다. 나중에 클래스 시그니처 또는 디렉터리 구조가 변경되면 모델 로딩에 실패하게 되고 해결이 불가능할 수도 있다.

- 좀 더 나은 방법으로 다음처럼 모델 매개변수만 저장할 수 있다.

```
torch.save(model.state_dict(), PATH_TO_MODEL)
```

나중에 모델을 복원해야 할 때 먼저 빈 모델 객체를 하나 인스턴스화하고 다음과 같이 그 모델 객체에 모델 매개변수를 로딩한다.

```
model = ConvNet()
model.load_state_dict(torch.load(PATH_TO_MODEL))
```

다음 코드에서 보여주듯이 좀 더 권장할 만한 방법으로 모델을 저장하겠다.

```
PATH_TO_MODEL = "./convnet.pth"
torch.save(model.state_dict(), PATH_TO_MODEL)
```

convnet.pth 파일은 모델 매개변수를 포함한 피클 파일이다.

이 시점에서 작업하던 노트북을 안전하게 닫고 다른 노트북을 열자. run_inference.ipynb에서 확인하면 된다.

1. 첫 단계로는 라이브러리를 임포트해야 한다.

```
import torch
```

2. 다음으로 다시 한번 빈 CNN 모델을 인스턴스화해야 한다. 이상적으로는 1단계에서 해야 할 모델 정의는 파이썬 스크립트로 작성되고(cnn_model.py라 하자) 그런 다음 이 코드를 작성해야 한다.

```
from cnn_model import ConvNet
model = ConvNet()
```

그렇지만 이 실습에서는 주피터 노트북으로 작업하므로 모델 정의를 다시 쓰고 다음과 같이 인스턴스화하겠다.

```
class ConvNet(nn.Module):
    def __init__(self):
```

```
        ...
    def forward(self, x):
        ...
model = ConvNet()
```

3. 이제 다음과 같이 저장된 모델 매개변수를 이 인스턴스화된 모델 객체로 가져와 복원하면 된다.

```
PATH_TO_MODEL = "./convnet.pth"
model.load_state_dict(torch.load(PATH_TO_MODEL, map_location="cpu"))
```

결과는 다음과 같을 것이다.

```
<All keys matched successfully>
```

이 메시지는 매개변수 로딩에 성공했다는 뜻이다. 즉, 우리가 인스턴스화한 모델이 매개변수를 저장했다가 지금 복원한 모델과 동일한 구조를 갖는다는 말이다. 여기서는 모델을 GPU(CUDA)가 아닌 CPU 장치에 로딩하도록 지정한다.

4. 마지막으로, 로딩된 모델의 매개변수 값을 업데이트 또는 변경하지 않겠다고 지정한다. 다음 코드 한 줄이면 된다.

```
model.eval()
```

결과는 다음과 같다.

```
ConvNet(
  (cn1): Conv2d(1, 16, kernel_size=(3, 3), stride=(1, 1))
  (cn2): Conv2d(16, 32, kernel_size=(3, 3), stride=(1, 1))
  (dp1): Dropout2d(p=0.1, inplace=False)
  (dp2): Dropout2d(p=0.25, inplace=False)
  (fc1): Linear(in_features=4608, out_features=64, bias=True)
  (fc2): Linear(in_features=64, out_features=10, bias=True)
)
```

이로써 우리가 훈련시켰던 것과 동일한 모델(아키텍처)로 작업하고 있음을 다시 확인한다.

추론 파이프라인 구축

이전 절에서 새로운 환경(노트북)에 사전 훈련된 모델을 로딩하는 데 성공했으니 이제 모델 추론 파이프라인을 구축하고 이를 사용해 모델 예측을 실행하자.

1. 현재는 사전에 훈련시켰던 모델 객체를 완전히 복원했다. 이제 다음 코드로 모델 예측을 실행할 수 있는 이미지를 로딩해야 한다.

```
image = Image.open("./digit_image.jpg")
```

이미지 파일은 실습 폴더에 위치해야 하고 그 모습은 다음과 같다.

그림 10.1 모델 추론에 사용할 입력 이미지

실습에서 꼭 이 이미지를 쓸 필요는 없다. 원한다면 모델이 어떻게 반응하는지 확인하기 위해 어떤 이미지로도 바꿀 수 있다.

2. 모든 추론 파이프라인에는 그 핵심에 3 가지 주요 구성요소가 있는데 (a) 데이터 전처리 (b) 모델 추론(신경망이면 순전파) (c) 후처리 단계가 이에 해당한다.

첫 번째 부분으로 이미지를 가져와서 모델에 입력으로 공급할 수 있는 텐서로 변환하겠다.

```
def image_to_tensor(image):
    gray_image = transforms.functional.to_grayscale(image)
    resized_image = transforms.functional.resize(gray_image, (28, 28))
    input_image_tensor = transforms.functional.to_tensor(resized_image)
    input_image_tensor_norm = transforms.functional.normalize(
        input_image_tensor, (0.1302,), (0.3069,)
    )
    return input_image_tensor_norm
```

이 코드는 다음의 단계로 볼 수 있다.

• 먼저 RGB 이미지를 흑백 이미지로 변환한다.

• 이미지 크기를 모델이 훈련할 때 사용했던 이미지 크기인 28×28로 조정한다.

• 그런 다음 이미지 배열을 파이토치 텐서로 변환한다.

• 마지막으로, 텐서의 픽셀 값을 모델 훈련 때 사용했던 것과 동일한 평균과 표준편차를 갖도록 정규화한다.

이 함수를 정의했으니 로딩한 이미지를 텐서로 변환하기 위해 이 함수를 호출한다.

```
input_tensor = image_to_tensor(image)
```

3. 다음으로 모델 추론 기능을 정의한다. 여기에서 모델은 텐서를 입력으로 가져와 예측을 출력한다. 이 경우, 예측은 0 과 9 사이의 숫자가 되고, 입력 텐서는 입력 이미지를 텐서로 변환한 형태가 된다.

```
def run_model(input_tensor):
    model_input = input_tensor.unsqueeze(0)
    with torch.no_grad():
        model_output = model(model_input)[0]
    model_prediction = model_output.detach().numpy().argmax()
    return model_prediction
```

model_output에는 모델의 원시 예측이 포함돼 있으며 여기에는 각 이미지에 대한 예측 리스트가 포함된다. 단 하나의 이미지만 입력받으므로 이 예측 리스트에도 단 하나의 요소가 인덱스 0에 있다. 인덱스 0에 있는 원시 예측은 0, 1, 2, …, 9의 순서로 각 숫자에 대한 확률값을 갖는 텐서다. 이 텐서는 numpy 배열로 변환되고, 우리는 가장 높은 확률을 갖는 숫자를 선택한다.

4. 이제 이 함수로 모델 예측을 생성하면 된다. 다음 코드는 3단계의 모델 추론 함수 run_model을 사용해 주어진 입력 데이터 input_tensor에 대해 모델 예측을 생성한다.

```
output = run_model(input_tensor)
print(output)
print(type(output))
```

[실행 결과]

```
2
<class 'numpy.int64'>
```

결과에서 볼 수 있듯이 모델은 numpy 정수를 출력한다. 그림 10.1에서 보여준 이미지로 보면 모델 추론 결과는 정확한 것 같다.

5. 모델 예측을 출력하는 것 외에 다음 코드에서 보듯이 원시 예측 확률 같은 지표를 자세히 분석하는 디버깅 함수도 작성할 수 있다.

```
def debug_model(input_tensor):
    model_input = input_tensor.unsqueeze(0)
    with torch.no_grad():
        model_output = model(model_input)[0]
```

```
    model_prediction = model_output.detach().numpy()
    return np.exp(model_prediction)
```

이 함수는 각 숫자에 대한 확률이 담긴 원시 리스트를 반환한다는 점을 제외하면 run_model 함수와 정확히 일치한다. log_softmax 계층이 이 모델의 마지막 계층으로 사용되므로(이 실습의 2번째 단계 참조) 이 모델은 원래 소프트맥스 출력의 로그를 반환한다.

따라서 모델 예측 확률과 동일한 소프트맥스 출력을 반환하려면 이 숫자를 지수화해야 한다. 이 디버깅 함수를 사용하면 확률 분포가 평평한지 뚜렷한 정점이 있는지 같이 모델이 어떻게 수행되는지 더 자세히 볼 수 있다.

```
print(debug_model(input_tensor))
```

결과는 다음과 같다.

```
[8.69212745e-05 5.61913612e-06 9.97763395e-01 1.33050999e-04
 5.43686365e-05 1.59305739e-06 1.17863165e-04 5.08185963e-07
 1.83202932e-03 4.63086781e-06]
```

리스트에서 세 번째 확률이 가장 높고 그것이 숫자 2에 해당함을 볼 수 있다.

6. 모델 예측을 다른 애플리케이션에서 사용할 수 있게 후처리한다. 여기서는 모델이 예측한 숫자를 정수 타입에서 문자열 타입으로 변환만 할 것이다.

   음성 인식 같은 다른 시나리오에서는 후처리 단계가 더 복잡할 수도 있다. 그 경우에는 평활화, 이상치 제거 등을 통해 출력 파형을 처리해야 할 것이다.

```
def post_process(output):
    return str(output)
```

문자열은 직렬화가 가능한 형식이므로 모델 예측을 서버와 애플리케이션 간에 쉽게 전달할 수 있다. 후처리가 끝난 최종 데이터가 예상대로인지 확인할 수 있다.

```
final_output = post_process(output)
print(final_output)
print(type(final_output))
```

이 코드를 실행하면 다음과 같이 출력된다.

```
2
<class 'str'>
```

예상대로 이제 출력 type은 문자열이다.

이로써 저장된 모델 아키텍처를 로딩하고 훈련된 가중치를 복원하고 로딩한 모델을 사용해 샘플 입력 데이터(이미지)에 대한 예측을 생성하는 실습을 마치겠다. 샘플 이미지를 로딩하고 파이토치 텐서로 변환하는 전처리 과정을 거쳐 모델에 입력으로 전달해 모델 예측을 얻고 이 예측을 후처리해 최종 출력을 만든다.

이로써 명확하게 정의된 입출력 인터페이스를 갖춘 훈련된 모델을 서빙하는 방향으로 한 발 더 나아갔다. 이 실습에서 입력은 외부에서 제공한 이미지 파일이고 출력은 0과 9 사이의 숫자를 포함하는 생성된 문자열이다. 이러한 시스템은 필기체 숫자를 디지털화하는 기능이 필요한 애플리케이션에 제공되는 코드를 복사해 넣어 임베딩시킬 수 있다.

다음 절에서는 모델 서빙에 대해 한 단계 더 깊이 들어가서, 코드를 복사하지 않고도 디지털화 기능을 사용할 수 있게 모든 애플리케이션과 상호작용할 수 있는 시스템을 구축하겠다.

기본적인 모델 서버 구축

지금까지 사전 훈련된 모델에서 독립적으로 예측을 수행하는 데 필요한 코드를 모두 갖춘 모델 추론 파이프라인을 구축했다. 여기서는 최초의 모델 서버를 구축할 것이다. 이 서버는 모델 추론 파이프라인을 제공하고 인터페이스를 통해 들어오는 입력 데이터를 능동적으로 수신하고 어떤 입력 데이터에 대해서라도 추론한 결과를 인터페이스를 통해 출력한다.

플라스크를 사용한 기초 앱 작성

서버 개발을 위해 파이썬 라이브러리인 플라스크(Flask)를 사용하겠다. 플라스크를 사용하면 코드 몇 줄로 모델 서버를 구축할 수 있다. 이 라이브러리에 대한 자세한 내용은 플라스크 웹사이트[1]에서 확인할 수 있다. 다음 코드는 이 라이브러리의 작동 방식을 잘 보여준다.

```
from flask import Flask
app = Flask(__name__)
@app.route('/')
def hello_world():
```

---

[1] https://flask.palletsprojects.com/en/1.1.x/

```
    return 'Hello, World!'
if __name__ == '__main__':
    app.run(host='localhost', port=8890)
```

이 파이썬 스크립트를 example.py로 저장했다면 터미널에서 실행해보자.

```
python example.py
```

그 결과는 터미널에 다음과 같이 보일 것이다.

```
* Serving Flask app "example" (lazy loading)
* Environment: production
  WARNING: This is a development server. Do not use it in a production deployment.
  Use a production WSGI server instead.
* Debug mode: off
* Running on http://localhost:8890/ (Press CTRL+C to quit)
```

이 코드는 **example**이라고 하는 앱을 서빙할 플라스크 서버를 런칭한다. 브라우저를 열어 다음 URL로 가보자.

http://localhost:8890/

브라우저에 다음 결과가 표시될 것이다.

그림 10.2 플라스크로 앱 테스트

플라스크 서버는 IP 주소 0.0.0.0(localhost)에 포트 번호 8890, 엔드포인트 /로 메시지를 수신한다. 브라우저의 주소 창에 localhost:8890/을 입력하고 엔터키를 치면 이 서버가 요청을 받게 된다. 그런 다음 서버는 hello_world 함수를 실행하고 그 결과로 example.py에서 제공하는 함수 정의대로 문자열 Hello, World!를 반환한다.

플라스크로 모델 서버 구축하기

이전 절에서 보여준 플라스크 서버를 실행하는 방식을 사용해 이제 앞에서 구축했던 모델 추론 파이프라인을 사용해 첫 모델 서버를 만들어 볼 것이다. 들어오는 요청(이미지 데이터 입력)을 리스닝하는 서버를 런칭하는 것으로 실습을 마칠 것이다.

또한 그림 10.1에서 보여준 샘플 이미지를 보내 이 서버에 요청할 파이썬 스크립트를 작성할 것이다. 플라스크 서버는 이 이미지에 대해 모델 추론을 실행하고 후처리된 예측을 출력한다.

이 실습의 전체 모드는 깃허브에서 찾을 수 있다. 플라스크 서버에 해당하는 코드는 깃허브에 있는 Chapter10 폴더의 server.py에서 확인할 수 있으며 요청을 생성하는 (클라이언트) 코드는 make_request.py에서 확인할 수 있다.

플라스크 서빙을 위한 모델 추론 설정하기

이 절에서는 사전 훈련된 모델을 로딩하고 모델 추론 파이프라인 코드를 작성할 것이다.

1. 먼저 플라스크 서버를 구축한다. 그리고 이를 위해, 필요한 라이브러리를 임포트하는 것부터 해야 한다.

```
from flask import Flask, request
import torch
```

numpy와 json 같은 기본 라이브러리 외에 flask와 torch는 이 작업에 반드시 필요한 라이브러리다.

2. 다음으로 모델 클래스(아키텍처)를 정의해야 한다.

```
class ConvNet(nn.Module):
    def __init__(self):
        ...
    def forward(self, x):
        ...
```

이상적으로는 이 코드는 이미 별도의 파이썬 스크립트(model.py라 하자)에 존재하고 그다음에 해야 할 일이라고는 from model import ConvNet이 전부여야 한다.

3. 빈 모델 클래스를 정의했으니 다음과 같이 모델 객체를 인스턴스화하고 이 모델 객체에 사전 훈련된 모델 매개변수를 로딩하면 된다.

```
model = ConvNet()
PATH_TO_MODEL = "./convnet.pth"
```

```
model.load_state_dict(torch.load(PATH_TO_MODEL, map_location="cpu"))
model.eval()
```

복원된 모델을 평가 모드로 설정해 모델 매개변수를 튜닝하지 않음을 표시한다.

4. 추론 파이프라인 구축 절의 3 단계에서 정의한 run_model 함수를 재사용하겠다.

```
def run_model(input_tensor):
    ...
    return model_prediction
```

되짚어보자면 이 함수는 텐서로 변환한 입력 이미지를 가져와 0과 9사이의 숫자인 모델 예측을 출력한다.

5. 다음으로 추론 파이프라인 구축 절의 6 단계에서 정의한 post_process 함수를 재사용하겠다.

```
def post_process(output):
    return str(output)
```

이 함수는 run_model 함수의 결과인 정수를 문자열로 변환한다.

모델을 서빙할 플라스크 앱 구축하기

이전 절에서 추론 파이프라인을 만들었으니 이제 플라스크 앱을 구축하고 이것을 사용해 로딩된 모델을 서빙하겠다.

1. 다음 코드 한 줄로 플라스크 앱을 인스턴스화한다.

```
app = Flask(__name__)
```

이 코드는 파이썬 스크립트와 동일한 이름으로 플라스크 앱을 만든다. 여기서는 이름이 server(.py)가 된다.

2. 가장 중요한 단계로, 여기에서는 플라스크 서버의 엔드포인트 기능을 정의한다. /test 엔드포인트를 노출시키고 다음과 같이 서버에 해당 엔드포인트에 POST 요청이 들어올 때 발생하는 일을 다음과 같이 정의한다.

```
@app.route("/test", methods=["POST"])
def test():
    data = request.files['data'].read()
    md = json.load(request.files['metadata'])
    input_array = np.frombuffer(data, dtype=np.float32)
    input_image_tensor = torch.from_numpy(input_array).view(md["dims"])
    output = run_model(input_image_tensor)
    final_output = post_process(output)
    return final_output
```

하나하나 단계별로 알아보자.

- 먼저 아래에 정의된 test 함수에 데코레이터를 추가한다. 이 데코레이터는 누군가 /test 엔드포인트에 POST 요청을 할 때마다 이 함수를 실행하도록 플라스크 앱에 지시한다.

- 다음으로 test 함수 내부에서 정확히 어떤 일이 발생하는지 정의한다. 먼저 POST 요청에서 데이터와 메타데이터를 읽는다. 데이터는 직렬화된 형태이므로 이것을 숫자 포맷으로 변환해야 한다. 여기서는 numpy 배열로 변환한다. numpy 배열로부터 신속하게 파이토치 텐서로 캐스팅한다.

- 다음으로 메타데이터에서 제공된 이미지 차원을 사용해 텐서를 재구성한다.

- 마지막으로 이 텐서를 사용해 앞서 로딩했던 모델에 순전파를 실행한다. 이렇게 하면 모델 예측이 제공되고 이 예측은 후처리를 거쳐 test 함수에 의해 반환된다.

3. 플라스크 앱을 런칭하는 데 필요한 내용은 모두 갖췄다. 이제 server.py 파이썬 스크립트에 이 마지막 두 줄을 추가하면 된다.

```
if __name__ == '__main__':
    app.run(host='0.0.0.0', port=8890)
```

이것은 플라스크 서버가 IP 주소 0.0.0.0(localhost)에 포트 번호 8890으로 호스팅됨을 알려준다. 이제 파이썬 스크립트를 저장하고 새로운 터미널 창에서 다음을 실행할 수 있다.

```
python server.py
```

이 명령어는 이전 단계에서 작성한 전체 스크립트를 실행하고 그 결과는 다음과 같이 출력된다.

```
* Serving Flask app "server" (lazy loading)
* Environment: production
  WARNING: This is a development server. Do not use it in a production deployment.
  Use a production WSGI server instead.
* Debug mode: off
* Running on http://localhost:8890/ (Press CTRL+C to quit)
```

이것은 '플라스크를 사용한 기초 앱 작성'에서 보여준 예제와 유사하다. 유일한 차이라면 앱 이름 정도다.

플라스크 서버로 예측 실행하기

요청을 능동적으로 리스닝하는 모델 서버를 런칭하는 데 성공했으니 이제 요청을 생성해보자.

1. 이 작업을 위해 다음 몇 단계에서는 별도의 파이썬 스크립트를 작성하겠다. 먼저 라이브러리부터 임포트하자.

```
import requests
from PIL import Image
from torchvision import transforms
```

requests 라이브러리를 사용하면 플라스크 서버에 POST 요청을 생성할 수 있다. Image는 샘플 입력 이미지 파일을 읽어 들이고 transforms는 입력 이미지 배열을 전처리할 때 사용된다.

2. 다음으로 이미지 파일을 읽어 들인다.

```
image = Image.open("./digit_image.jpg")
```

여기서 읽은 이미지는 RGB 이미지이고 어떤 차원이든 가질 수 있다(모델이 입력으로 기대하는 28×28일 필요는 없다).

3. 이제 읽어 들인 이미지를 모델이 읽을 수 있는 포맷으로 변환하는 전처리 함수를 정의한다.

```
def image_to_tensor(image):
    gray_image = transforms.functional.to_grayscale(image)
    resized_image = transforms.functional.resize(gray_image, (28, 28))
    input_image_tensor = transforms.functional.to_tensor(resized_image)
    input_image_tensor_norm = transforms.functional.normalize(
        input_image_tensor, (0.1302,), (0.3069,)
    )
    return input_image_tensor_norm
```

먼저 RGB 이미지를 흑백 이미지로 변환한다. 그다음 이 이미지를 28x28로 크기를 조정한다. 그런 다음 이미지를 배열에서 파이토치 텐서로 캐스팅한다. 마지막으로 28x28 픽셀값을 이전 실습에서 모델 훈련시킬 때 얻은 평균과 표준편차를 기반으로 정규화한다.

함수 정의가 끝났으니 실행시키자.

```
image_tensor = image_to_tensor(image)
```

image_tensor가 플라스크 서버에 입력 데이터로 전송해야 할 내용이다.

4. 이제 데이터를 한데 모아 전송해 보겠다. 수신측 플라스크 서버가 픽셀 값의 스트림을 이미지로 재구성하는 방법을 알 수 있게 이미지의 픽셀 값과 이미지 형태(28x28)를 모두 보내겠다.

```
dimensions = io.StringIO(json.dumps({'dims': list(image_tensor.shape)}))
data = io.BytesIO(bytearray(image_tensor.numpy()))
```

텐서의 형태를 문자열화하고 이미지 배열을 바이트로 변환해 모두 직렬화가 가능하게 만든다.

5. 드디어 요청을 생성하는 이 스크립트에서 가장 핵심 단계에 들어왔다. 여기에서 실제로 POST 요청을 생성한다.

```
r = requests.post('http://localhost:8890/test',
                  files={'metadata': dimensions, 'data' : data})
```

requests 라이브러리로 localhost:8890/test URL에 POST 요청을 생성한다. 이 URL에서 플라스크 서버는 요청을 리스닝한다. 실제 이미지 데이터(바이트로)와 메타데이터(문자열로)를 딕셔너리 형태로 전송한다.

6. 이전 코드에서 r 변수는 플라스크 서버에서 보내는 요청에 대한 응답을 수신한다. 이 응답에는 후처리된 모델 예측을 포함한다. 이제 그 출력을 읽어 들이자.

```
response = json.loads(r.content)
```

response 변수는 기본적으로 플라스크 서버의 출력을 포함한다. 이 출력은 0과 9 사이의 숫자를 문자열로 변환한 값이다.

7. 결과 확인을 위해 응답을 출력할 수 있다.

```
print("Predicted digit :", response)
```

이 시점에서 파이썬 스크립트를 make_request.py로 저장하고 터미널에서 다음 명령으로 실행할 수 있다.

```
python make_request.py
```

[실행 결과]

```
Predicted digit : 2
```

입력 이미지(그림 10.1 참조)를 기반으로 판단하자면 서버의 응답은 정확한 것 같다. 이것으로 이번 실습은 마치겠다.

이로써 필기체 숫자 이미지에 대한 예측을 렌더링할 수 있는 독립형 모델 서버 구축에 성공했다. 동일한 단계를 다른 머신러닝 모델로도 쉽게 확장할 수 있으므로 파이토치와 플라스크를 사용한 머신러닝 애플리케이션을 만드는 것과 관련해 무한한 가능성이 열렸다.

지금까지는 추론 함수를 작성하는 것에서 원격으로 호스팅할 수 있고 네트워크를 통해 예측을 렌더링할 수 있는 모델 서버를 만드는 것으로 넘어갔다. 다음에는 한 단계 더 나아간 모델 서빙을 구축하겠다. 이전 두 실습에서 따라가야 할 단계를 수행하려면 고려해야 할 고유한 종속성이 있음을 눈치챘을 것이다. 특정 라이브러리를 설치하고 특정 위치에 모델을 저장하고 로딩하고 이미지 데이터를 읽어 들이는 등의 작업이 필요하다. 이러한 단계들을 모두 수동으로 처리하면 모델 서버 개발 속도가 늦어진다.

다음으로 확장성을 위해 명령어 하나로 실행하고 여러 시스템에 복제할 수 있는 모델 마이크로서비스를 만드는 작업을 하겠다.

모델 마이크로서비스 생성

머신러닝 모델 훈련에 대해 아무것도 모르지만 파치토치 코드에 손도 대지 않고 이미 훈련된 모델을 사용하고 싶다고 하자. 여기서 머신러닝 모델 마이크로서비스 같은 패러다임이 등장한다.

머신러닝 모델 마이크로서비스는 입력 데이터를 전송하면 예측을 돌려주는 블랙박스라고 생각할수 있다. 게다가 코드 몇 줄로 주어진 시스템에서 이 블랙박스를 쉽게 회전시킬 수 있다. 가장 좋은 점은 쉽게 확장된다는 것이다. 더 큰 시스템(메모리, 처리능력 측면에서)을 사용해 수직적으로 마이크로서비스를 확장하고 여러 시스템에 마이크로서비스를 복제해 수평적으로 확장할 수 있다. 마이크로서비스에 대한 자세한 내용은 다음 주소에서 확인할 수 있다.

https://opensource.com/resources/what-are-microservices

머신러닝 모델을 어떻게 마이크로서비스로 배포할까? 이전 실습에서 플라스크와 파이토치로 수행한 작업 덕분에 이미 몇 걸음 앞서 있다. 이미 플라스크로 구축한 독립 실행형 모델 서버가 있기 때문이다.

이 절에서는 더 발전시켜 **도커**(Docker)로 독립실행형 모델 서빙 환경을 구축하겠다. 도커는 소프트웨어를 컨테이너화하는 데 도움이 된다. 즉, 소프트웨어 라이브러리, 설정 파일, 데이터 파일까지 전체 **운영체제**(OS)를 가상화하는 데 도움이 된다.

> 참고
> 도커는 그 자체로 거대한 토론 주제다. 그렇지만 이 책은 파이토치에 초점을 맞추므로 이 책의 목적에 맞게 도커의 기본 개념과 사용법만 다룰 것이다. 도커에 대해 더 자세히 읽고 싶다면 도커 웹사이트의 문서[2]를 참조하기 바란다.

지금까지 모델 서버를 구축하는 데 다음 라이브러리를 사용했다.

- 파이썬
- 파이토치

---

2 https://docs.docker.com/get-started/overview/

- Pillow(이미지 입출력)

- 플라스크

그리고 다음 데이터 파일을 사용했다.

- 사전 훈련된 모델 체크포인트 파일(convnet.pth)

지금까지 라이브러리를 설치하고 파일을 현재 작업 디렉터리로 옮겨 이러한 종속성을 수작업으로 관리해야 했다. 이 모든 일을 새로운 시스템에서 다시 해야 한다면 어떨까? 다시 한번 라이브러리를 수동으로 설치하고 파일을 복사해야 할 것이다. 예를 들어 서로 다른 시스템에 서로 다른 버전의 라이브러리를 설치하게 될 수 있어 이러한 작업 방식은 효율적이지도 않고 오류에 취약하다.

이 문제를 해결하기 위해 시스템 간에 일관되게 반복할 수 있는 OS 수준의 '설계도'에 해당하는 것을 만들고자 한다. 이때 도커가 유용하다. 도커를 사용하면 도커 이미지 형태로 도커파일(dockerfile)을 생성할 수 있다. 그러고 나면 이 이미지는 사전 설치된 파이썬 라이브러리 또는 이미 사용 가능한 모델에 대해 어떤 가정 없이 빈 시스템에 빌드할 수 있다.

실제로 숫자 분류 모델에 도커를 사용해 도커파일을 생성해보자. 실습으로 플라스크 기반의 독립 실행형 모델 서버에서 도커 기반의 모델 마이크로서비스로 이동한다. 실습에 들어가기 전에 도커를 설치해야 한다. OS와 시스템 설정에 따라 도커 설치 안내는 설치 문서[3]에서 확인할 수 있다.

1. 먼저 플라스크 모델 서버에서 필요한 파이썬 라이브러리 목록을 만들어야 한다. 라이브러리와 버전은 다음과 같다.

```
torch==1.5.0
torchvision==0.5.0
Pillow==6.2.2
Flask==1.1.1
```

   일반적인 방법대로 이 목록을 텍스트 파일(requirements.txt)로 저장하겠다. 이 파일은 깃허브의 Chapter10 폴더에 있다. 이 목록은 어떤 환경에서라도 일관되게 라이브러리를 설치하는 데 유용하다.

2. 도커파일은 지시 사항을 나열한 스크립트로, 도커파일이 실행되는 시스템은 파일 내 지시사항을 실행해야 한다. 그 결과 도커 이미지가 생성되고 이 프로세스를 이미지 빌드라고 한다.

---

3 https://docs.docker.com/engine/install/

여기에 있는 이미지는 시스템에 필요한 최소한의 하드웨어 자원이 있다면(예: 파이토치 1.5.0 하나 설치하는 데도 750MB 메모리 공간이 필요함) 모든 시스템에서 실행할 수 있는 시스템 스냅숏이다.

도커파일을 보고 단계별 수행 작업을 이해해보자. 전체 코드가 있는 파일의 이름은 Dockerfile이다.

a) FROM 키워드는 도커에 python 3.8이 포함된 표준 리눅스 OS를 가져오도록 지시한다.

```
FROM python:3.8-slim
```

이로써 파이썬이 설치된다.

b) 다음으로 명령줄을 통해 인터넷에서 자원을 다운로드하는 데 유용한 유닉스 명령어인 wget을 설치한다.

```
RUN apt-get -q update && apt-get -q install -y wget
```

&& 기호는 기호 전후에 위치한 명령어를 순차적으로 실행함을 나타낸다.

c) 여기에서는 로컬 개발 환경에 있는 두 개의 파일을 이 가상 환경으로 복사한다.

```
COPY ./server.py ./
COPY ./requirements.txt ./
```

1 단계에서 논의한 대로 요구사항 파일과 함께 이전 실습에서 작업했던 플라스크 모델 서버 코드를 복사한다.

d) 다음으로 사전 훈련된 파이토치 모델 체크포인트 파일을 다운로드한다.

```
RUN wget -q https://raw.githubusercontent.com/wikibook/mpytc/main/Chapter10/convnet.pth
```

이 장의 훈련된 모델 저장 및 로딩에서 저장했던 것과 동일한 모델 체크포인트 파일이다.

e) 여기서는 requirements.txt에 열거된 관련 라이브러리를 모두 설치한다.

```
RUN pip install --no-cache-dir -r requirements.txt
```

requirements.txt는 1단계에서 작성한 파일이다.

f) 다음은 도커 클라이언트에 루트 권한을 부여한다.

```
USER root
```

이 단계는 클라이언트가 디스크에 모델 추론 로그를 저장하는 등 우리를 대신해 필요한 모든 작업을 수행하기 위한 자격 증명을 갖도록 하므로 이 실습에서 중요하다.

참고
데이터 보안의 최소 권한 원칙에 따르면, 클라이언트에 루트 권한을 부여하는 것은 일반적으로 바람직하지 않다.[4]

g) 도커가 이전 단계를 모두 수행한 뒤 `python server.py` 명령어를 실행하게 지정한다.

```
ENTRYPOINT ["python", "server.py"]
```

이렇게 하면 가상 머신에서 플라스크 모델 서버가 런칭된다.

3. 이제 도커파일을 실행하자. 즉 2단계의 도커파일을 사용해 도커 이미지를 빌드하자. 명령줄에서 현재 작업 디렉터리에서 다음 명령어를 실행하면 된다.

```
docker build -t digit_recognizer .
```

도커 이미지에 `digit_recognizer`라는 이름의 태그를 할당했다. 그러면 다음을 출력할 것이다.

```
[+] Building 193.9s (12/12) FINISHED
 => [internal] load build definition from Dockerfile
0.0s
 => => transferring dockerfile: 436B
0.0s
 => [internal] load .dockerignore
0.0s
 => => transferring context: 2B
0.0s
 => [internal] load metadata for docker.io/library/python:3.8-slim
1.2s
 => [1/7] FROM docker.io/library/python:3.8-
slim@sha256:6d6416f148fc174f734a8218da3af2200d4f2079cf19e
0.0s
 => [internal] load build context
0.0s
 => => transferring context: 66B
0.0s
 => CACHED [2/7] RUN apt-get -q update && apt-get -q install -y wget
0.0s
 => CACHED [3/7] COPY ./server.py ./
0.0s
```

---

4 https://snyk.io/blog/10-docker-image-security-best-practices/

```
=> CACHED [4/7] COPY ./requirements.txt ./
0.0s
=> CACHED [5/7] RUN wget -q
https://raw.githubusercontent.com/wikibook/mpytc/main/Chapter10/convnet.
0.0s
=> CACHED [6/7] RUN wget -q
https://github.com/wikibook/mpytc/raw/main/Chapter10/digit_image.jpg
0.0s
=> [7/7] RUN pip install --no-cache-dir -r requirements.txt
172.7s
=> exporting to image
19.6s
=> => exporting layers
19.5s
=> => writing image sha256:4bbb54368603873f0272ba5672390d5d667d460514bb7e0b0ee302df7cba30da
0.0s
=> => naming to docker.io/library/digit_recognizer
0.0s

Use 'docker scan' to run Snyk tests against images to find vulnerabilities and learn how to fix
them
```

2 단계에서 언급했던 단계들을 순차적으로 실행하는 것을 볼 수 있다. 이 단계에서는 이미지를 빌드하기 위해 전체 파이토치 라이브러리를 다운로드하므로 인터넷 연결에 따라 실행하는 데 시간이 다소 걸린다.

4. 이 단계에서는 이미 digit_recognizer라는 이름의 도커 이미지가 생겼다. 이 이미지를 어떤 시스템에라도 배포할 준비가 됐다. 우선은 이 이미지를 로컬 시스템에 배포하기 위해 다음 명령을 실행하면 된다.

```
docker run -p 8890:8890 digit_recognizer
```

이 명령을 실행하면 digit_recognizer 도커 이미지를 사용해 시스템 내부의 가상 머신을 시작한다. 원래 만든 플라스크 모델 서버는 8890 포트를 리스닝하게 설계했으므로 -p 인수를 사용해 실제 시스템의 포트 8890을 가상 머신의 포트 8890으로 전달했다. 이 명령을 실행하면 다음이 출력된다.

```
* Serving Flask app "server" (lazy loading)
 * Environment: production
   WARNING: This is a development server. Do not use it in a production deployment.
   Use a production WSGI server instead.
 * Debug mode: off
```

```
* Running on all addresses.
  WARNING: This is a development server. Do not use it in a production deployment.
* Running on http://172.17.0.2:8890/ (Press CTRL+C to quit)
```

이전 실습에서 봤던 메시지와 상당히 유사하다. 도커 인스턴스가 이전 실습에서는 수작업으로 실행했던 것과 동일한 플라스크 모델 서버에서 실행되므로 그렇게 놀랄 일은 아니다.

5. 이제 도커로 구성한 플라스크 모델 서버(모델 마이크로서비스)가 모델 예측에 사용되어 예상대로 작동하는지 테스트할 수 있다. 이전 실습에서 사용했던 make_request.py 파일을 다시 한번 사용해 모델에 예측 요청을 보낸다. 현재 로컬 작업 디렉터리에서 다음 명령어를 실행하기만 하면 된다.

```
python make_request.py
```

이 명령을 실행하면 다음이 출력된다.

```
Predicted digit : 2
```

마이크로서비스가 작업을 수행하는 것 같으므로 파이썬, 파이토치, 플라스크, 도커로 각자만의 머신러닝 모델 마이크로서비스를 구축하고 테스트하는 데 성공했다.

6. 앞의 단계를 성공적으로 마무리했으니 4 단계에서 런칭한 도커 인스턴스를 Ctrl+C를 눌러 닫을 수 있다. 도커 인스턴스 실행이 멈추면 다음 명령어를 실행해 인스턴스를 삭제할 수 있다.

```
docker rm $(docker ps -a -q | head -1)
```

이 명령어는 마지막으로 비활성화된 도커 인스턴스(방금 중지한 것)를 삭제한다.

7. 이제 3 단계에서 빌드했던 도커 이미지도 다음 명령어를 실행해 삭제해도 된다.

```
docker rmi $(docker images -q "digit_recognizer")
```

이 명령어는 digit_recognizer 태그가 붙은 이미지를 삭제한다.

이로써 파이토치로 모델을 서빙하는 방법에 대한 절을 마친다. 먼저 로컬 모델 추론 시스템을 설계하는 것으로 시작해, 이 추론 시스템을 가져와 플라스크 기반의 모델 서버로 감싸서 독립 실행형 모델 서빙 시스템을 만들었다.

끝으로 도커 컨테이너 내부에서 플라스크 기반 모델 서버를 사용해 모델을 서빙하는 마이크로서비스를 만들었다. 이 절에서 논의했던 이론과 실습을 모두 사용해 다양한 사례, 시스템 설정, 환경에서 훈련된 모델을 호스팅/서빙할 수 있을 것이다.

다음 절에서는 파이토치 모델을 서빙할 목적으로 개발된 도구인 **토치서브**(TorchServe)를 알아보겠다. 또한 이 도구를 사용하는 방법을 간단한 실습을 통해 보여줄 것이다.

토치서브를 활용한 파이토치 모델 서빙

2020년 4월에 출시된 토치서브는 파이토치 모델에 한정해 서빙하는 프레임워크다. 토치서브에서 제공하는 기능을 사용하면 코딩이 많이 필요 없고, 예측이 나오는 데까지 시간이 많이 걸리지 않고도 동시에 여러 모델을 서빙할 수 있다. 또한 토치서브는 모델 버전 관리, 지표 모니터링, 데이터 전처리/후처리 같은 기능을 제공한다.

이 특징들 덕분에 토치서브가 이전 절에서 개발했던 모델 마이크로서비스보다 훨씬 더 발전된 모델 서빙 방식의 대안이 된다. 그렇지만 맞춤형 모델 마이크로서비스를 만드는 것은 복잡한 머신러닝 파이프라인(생각보다 더 일반적인 경우)을 위한 강력한 설루션이 될 수 있음을 입증했다.

이 절에서는 계속해서 필기체 숫자 분류 모델을 토치서브를 사용해 서빙하는 방법을 설명하겠다. 이 절을 읽고 나면 토치서브를 사용할 수 있게 되고, 나아가 전체 기능을 활용할 수 있을 것이다.

토치서브 설치

이 실습을 시작하기 전에 Java 11 SDK를 설치해야 한다. 리눅스 OS의 경우 다음을 실행한다.

```
sudo apt-get install openjdk-11-jdk
```

맥 OS를 쓰는 경우, 명령줄에서 다음 명령을 실행한다.

```
brew tap AdoptOpenJDK/openjdk
brew cask install adoptopenjdk11
```

그런 다음 아래 명령을 실행해 토치서브를 설치한다.

```
pip install torchserve torch-model-archiver
```

자세한 설치 방법은 토치서브 문서[5]를 참조하라.

torch-model-archiver라는 라이브러리도 설치했다. 이 압축 툴은 모델 매개변수와 모델 아키텍처 정의를 포함한 하나의 모델 파일을 독립형 직렬화된 포맷의 .mar 파일로 만드는 것을 목표로 한다. 이 툴에 대한 자세한 내용은 관련 문서[6]에서 확인할 수 있다.

토치서브 서버 실행 및 사용

필요한 S/W를 모두 설치했으니 이전 실습에서 구현한 코드에 조합해 토치서브를 사용해 모델을 서빙할 수 있다. 여기서는 실습의 형태로 여러 단계를 거친다.

1. 먼저 convnet.py로 저장된 모델 파일에 기존 모델 아키텍처를 포함시킨다.

```
========================convnet.py========================
import torch
import torch.nn as nn
import torch.nn.functional as F
class ConvNet(nn.Module):
    def __init__(self):
        ...
    def forward(self, x):
        ...
```

이 모델 파일은 통합된 하나의 .mar 파일을 만들기 위해 torch-model-archiver에 입력으로 제공돼야 한다. 전체 모델 파일은 convnet.pth에서 확인할 수 있다.

모델 추론 파이프라인을 구성하는 데이터 전처리, 모델 예측, 후처리의 세 부분을 설명했다. 토치서브는 보편적으로 사용되는 머신러닝 작업의 전처리와 후처리를 처리하는 핸들러(image_classifier, image_segmenter, object_detector, text_classifier)를 제공한다.

지금도 토치서브가 활발하게 개발되고 있으므로 핸들러가 앞으로 더 많아질 것이다.

2. 이 작업을 위해 기본 Image_classifier 핸들러에서 상속된 맞춤형 이미지 핸들러를 만든다. 컬러(RGB) 이미지를 처리하는 일반적인 이미지 분류 모델과 반대로 여기서 만들 모델은 특정 크기(28x28 픽셀)의 흑백 이미지를 처리하므로 맞춤형 핸들러를 만들기로 한다. 다음은 맞춤형 핸들러를 위한 코드로 convnet_handler.py에서도 확인할 수 있다.

---

5 https://github.com/pytorch/serve/blob/master/README.md#install-torchserve
6 https://github.com/pytorch/serve/tree/master/model-archiver#creating-a-model-archive

```
=====================convnet.py====================
from torchvision import transforms
from ts.torch_handler.image_classifier import ImageClassifier

class ConvNetClassifier(ImageClassifier):

    image_processing = transforms.Compose([
        transforms.Grayscale(),
        transforms.Resize((28, 28)),
        transforms.ToTensor(),
        transforms.Normalize((0.1302,), (0.3069,))
    ])

    def postprocess(self, output):
        return output.argmax(1).tolist()
```

먼저 기본 이미지 분류 파이프라인을 대부분 처리할 수 있는 기본 핸들러 image_classifer를 임포트한다. 다음으로 맞춤형 ConvNetClassifier 핸들러 클래스를 정의하기 위해 ImageClassifer 핸들러 클래스를 상속받는다.

이 맞춤 코드는 두 블록으로 구성된다.

- 데이터 전처리 단계로 데이터에 추론 파이프라인 구축의 3 단계에서 했던 것과 동일한 변환 과정을 적용한다.

- postprocess 메서드에서 정의한 후처리 단계는 모든 클래스의 예측 확률 리스트에서 예측한 클래스 레이블을 추출한다.

3. 이 장의 훈련된 모델 저장 및 로딩 절에서 모델 추론 파이프라인을 생성하면서 convnet.pth 파일을 이미 만들었다. convnet.py, convnet_handler.py, convnet.pth를 사용해 최종적으로 다음 명령어로 torch-model-archiver를 사용해 .mar 파일을 생성할 수 있다.

```
torch-model-archiver --model-name convnet --version 1.0
--model-file ./convnet.py --serialized-file ./convnet.pth
--handler ./convnet_handler.py
```

이 명령어를 실행하면 현재 작업 디렉터리에 convnet.mar 파일이 생긴다. 앞에서 이미 .mar 파일의 이름이 될 model_name 인수를 지정했다. 동시에 모델을 다양하게 변형하며 작업하는 동안 모델 버전 관리가 가능하게 version 인수를 지정했다.

model_file, serialzed_file, handler arguments 인수를 지정해 각각 convnet.py(모델 아키텍처), convnet.pth(모델 가중치), convnet_handler.py(전처리/후처리) 파일의 위치를 지정했다.

4. 다음으로 명령줄에서 다음을 실행해 현재 작업 디렉터리에 새 디렉터리를 생성하고 그 디렉터리에 3 단계에서 생성한 convent.mar 파일을 옮겨야 한다.

```
mkdir model_store
mv convnet.mar model_store/
```

이 작업은 토치서브 프레임워크의 설계 요건을 따르기 위해 필요하다.

5. 토치서브를 사용해 모델 서버를 런칭한다. 명령줄에서 다음을 실행하기만 하면 된다.

```
torchserve --start --ncs --model-store model_store --models convnet.mar
```

그 결과 모델 추론 서버를 조용히 기동하고 화면에 다음을 포함해 로그를 볼 수 있다.

```
Number of GPUs: 0
Number of CPUs: 8
Max heap size: 4096 M
Python executable: /Users/ashish.jha/opt/anaconda3/bin/python
Config file: N/A
Inference address: http://127.0.0.1:8080
Management address: http://127.0.0.1:8081
Metrics address: http://127.0.0.1:8082
```

보다시피 토치서브는 시스템에 사용 가능한 장치들을 확인한다. 여기서는 *추론*, *관리*, *지표* 모니터링을 위해 별도의 3개 URL을 할당한다. 실행된 서버가 모델을 서빙하는지 확인하기 위해 다음 명령어로 관리 서버에 핑을 보낸다.

```
curl http://localhost:8081/models
```

출력은 다음과 같다.

```
{
  "models": [
    {
      "modelName": "convnet",
      "modelUrl": "convnet.mar"
    }
  ]
}
```

이로써 토치서브 서버가 모델을 호스팅하는 것을 확인했다.

6. 추론 요청을 생성해 토치서브 모델 서버를 테스트해볼 수 있다. 이번에는 핸들러가 이미 어떤 입력 이미지 파일이라도 처리하므로 파이썬 스크립트를 따로 작성할 필요가 없다. 따라서 다음을 실행해 digit_image.jpg 샘플 이미지 파일을 사용해 직접 요청을 생성할 수 있다.

```
curl http://127.0.0.1:8080/predictions/convnet -T ./digit_image.jpg
```

그러면 터미널에 2를 출력한다. 그림 10.1에서 본 대로 정확히 예측했다.

7. 다음 명령으로 모델 서버를 중지할 수 있다.

```
torchserve --stop
```

이것으로 토치서브를 사용해 파이토치 모델 서버를 확장하고 모델을 사용해 예측을 수행하는 방법에 대한 실습을 마친다. 여기서는 모델 모니터링(지표), 로깅, 버전 관리, 벤치마킹 등 아직 설명하지 못한 부분이 많다. https://pytorch.org/serve/는 이러한 고급 주제를 자세히 살펴보기에 좋다.

이 절을 마치고 나면, 토치서브를 사용해 각자 모델을 서빙할 수 있다. 자신의 상황에 맞춰 핸들러를 작성해보고 다양한 토치서브 환경 설정을 해보고[7], 토치서브의 다양한 기능들을 써보기 바란다[8].

참고
> 토치서브는 이 책을 집필하는 시점에는 많은 약속과 함께 실험적 단계에 있었다. 이 분야의 빠른 변화를 주시하고 따라가는 것이 좋다.

다음 절에서는 다른 환경, 프로그램 언어, 딥러닝 라이브러리에서 사용될 수 있게 파이토치 모델을 내보내는 방법을 살펴보겠다.

토치스크립트와 ONNX를 활용해 범용 파이토치 모델 내보내기

이 장의 앞부분에서 파이토치 모델을 확장해 서빙하는 방법을 논의했다. 이것은 운영 시스템에서 파이토치 모델을 운영화하는 데 있어 가장 중요한 부분일 것이다. 이 절에서는 또 다른 중요한 부분인 파이토치 모델을 내보내는 방법을 살펴보겠다. 앞에서 이미 전형적인 파이썬 스크립트 환경에서 파이토치 모델을 저장하고 디스크에서 다시 로딩하는 방법을 배웠다. 그렇지만 파이토치 모델을 내보내는 다양한 방법이 필요하다. 왜일까?

---

7 https://pytorch.org/serve/configuration.html
8 https://pytorch.org/serve/server.html#advanced-features

우선 첫째로, 파이썬이 **전역 인터프리터 잠금**(global interpreter lock, **GIL**)을 사용하므로 한 번에 하나의 스레드(thread)만 실행할 수 있다. 이렇게 하면 연산을 병렬화할 수 없다. 둘째로, 파이썬은 우리가 모델을 실행하고자 하는 모든 시스템 또는 장치를 지원하지 않을 수 있다. 이러한 문제를 해결하기 위해 파이토치는 모델이 훈련된 환경과 다른 환경에서 실행될 수 있도록 효율적인 포맷과 플랫폼이나 언어에 구애받지 않는 방식으로 모델 내보내기를 지원한다.

먼저 직렬화되고 최적화된 파이토치 모델을 파이썬 독립 프로그램(예: C++ 프로그램)에서 실행할 수 있는 중간 표현으로 내보낼 수 있는 토치스크립트를 살펴보겠다.

다음으로 ONNX를 살펴보고 파이토치 모델을 다른 딥러닝 프레임워크와 다른 프로그래밍 언어에 로딩할 수 있는 범용 형식으로 저장하는 방법을 살펴보겠다.

토치스크립트의 유틸리티

파이토치 모델을 운영에 이관할 때 토치스크립트가 필수적인 도구인 데는 크게 두 가지 핵심 이유가 있다.

- 1장 '파이토치를 이용한 딥러닝 소개'에서 말했듯이 파이토치는 즉시실행 모드로 작동하므로 디버깅하기 쉽지만, 중간 결과를 메모리에 쓰고 읽으면서 단계/작업을 하나씩 실행하면 추론하는 데까지 대기 시간이 길어지고 전체 운영 최적화가 제한될 수 있다. 이 문제를 해결하기 위해 파이토치는 파이썬에서 파이토치를 중심으로 하는 부분을 기반으로 하는 자체 JIT(Just-In-Time) 컴파일러를 제공한다.

  JIT 컴파일러는 해석 대신 파이토치 모델을 컴파일한다. 이것은 모든 작업을 한 번에 확인해 전체 모델에 대해 하나의 복합 그래프를 만드는 것과 같다. JIT으로 컴파일된 코드는 정적 타입을 갖는 파이썬 하위 집합인 토치스크립트 코드다. 이 컴파일은 GIL을 제거해 멀티 스레드를 사용할 수 있는 등 몇 가지 성능 개선과 최적화로 이어진다.

- 파이토치는 파이썬 프로그래밍 언어로 구성됐다. 이 책의 거의 대부분도 파이썬을 사용했음을 기억할 것이다. 그렇지만 모델을 운영 이관하는 경우에는 C++처럼 파이썬보다 성능이 뛰어난(더 빠른) 언어가 있다. 또한 파이썬에서는 작동하지 않는 시스템이나 장치에 훈련된 모델을 배포해야 할 수도 있다.

여기에서 토치스크립트가 제 몫을 한다. 파이토치 코드를 파이토치 모델의 중간 표현인 토치스크립트 코드로 컴파일하자마자 토치스크립트 컴파일러를 사용해 이 표현을 C++ 친화적인 포맷으로 직렬화할 수 있다. 그런 다음 이 직렬화된 파일은 파이토치 C++ API인 LibTorch를 사용해 C++ 모델 추론 프로그램에서 읽을 수 있다.

이 절에서 파이토치 모델의 JIT 컴파일을 몇 차례 언급했다. 이제 파이토치 모델을 토치스크립트 형식으로 컴파일할 수 있는 두 가지 방식을 살펴보겠다.

토치스크립트로 모델 추적하기

파이토치 코드를 토치스크립트로 변환하는 한 가지 방법으로는 파이토치 모델을 추적(trace)하는 것이다. 이를 위해서는 모델에 더미 예제 입력과 함께 파이토치 모델 객체가 필요하다. 이름에서도 알 수 있듯이 추적 메커니즘은 모델(신경망)을 통해 이 더미 입력이 어떻게 흐르는지 추적하고 다양한 작업을 기록해 토치스크립트 코드뿐 아니라 그래프로 시각화할 수 있는 토치스크립트 **중간 표현**(Intermediate Representation, IR)을 렌더링한다.

이제 필기체 분류 모델을 사용해 파이토치 모델을 추적하는 단계를 하나씩 밟아나가자. 이 실습에 사용되는 전체 코드는 model_tracing.ipynb에서 확인할 수 있다.

이 실습의 처음 5단계는 모델 추론 파이프라인을 구축한 훈련된 모델 저장 및 로딩과 추론 파이프라인 구축 절과 같다.

1. 다음 코드를 실행해 라이브러리를 임포트한다.

```
import torch
...
```

2. 다음으로 model 객체를 정의하고 인스턴스화한다.

```
class ConvNet(nn.Module):
    def __init__(self):
        ...
    def forward(self, x):
        ...
model = ConvNet()
```

3. 다음 코드를 사용해 모델 가중치를 복원한다.

```
PATH_TO_MODEL = "./convnet.pth"
model.load_state_dict(torch.load(PATH_TO_MODEL, map_location="cpu"))
model.eval()
```

4. 그런 다음 샘플 이미지를 로딩한다.

```
image = Image.open("./digit_image.jpg")
```

5. 다음으로 데이터 전처리 함수를 정의한다.

```
def image_to_tensor(image):
    gray_image = transforms.functional.to_grayscale(image)
    resized_image = transforms.functional.resize(gray_image, (28, 28))
    input_image_tensor = transforms.functional.to_tensor(resized_image)
    input_image_tensor_norm = transforms.functional.normalize(
        input_image_tensor, (0.1302,), (0.3069,)
    )
    return input_image_tensor_norm
```

그런 다음 샘플 이미지에 전처리 함수를 적용한다.

```
input_tensor = image_to_tensor(image)
```

6. 3단계의 코드에 다음 코드를 추가해 실행한다.

```
for p in model.parameters():
    p.requires_grad_(False)
```

이렇게 하지 않으면 추적하고 있는 모델에 경사가 필요한 매개변수가 포함되며 torch.no_grad() 컨텍스트 내에 모델을 로딩해야 한다.

7. 사전 훈련된 가중치를 포함한 파이토치 모델 로딩이 끝났다. 이제 다음 코드에서 보듯이 더미 입력으로 모델을 추적할 준비가 됐다.

```
demo_input = torch.ones(1, 1, 28, 28)
traced_model = torch.jit.trace(model, demo_input)
```

더미 입력은 모든 픽셀값이 1인 이미지다.

8. 이제 다음 코드를 실행해 추적한 모델의 그래프를 볼 수 있다.

```
traced_model.graph
```

이 코드는 다음을 출력한다.

```
graph(%self.1 : __torch__.torch.nn.modules.module.___torch_mangle_6.Module,
      %input.1 : Float(1, 1, 28, 28)):
```

```
  %113 : __torch__.torch.nn.modules.module.___torch_mangle_5.Module = prim::GetAttr[name="fc2
"](%self.1)
  %110 : __torch__.torch.nn.modules.module.___torch_mangle_3.Module = prim::GetAttr[name="dp2
"](%self.1)
  %109 : __torch__.torch.nn.modules.module.___torch_mangle_4.Module = prim::GetAttr[name="fc1
"](%self.1)
  %106 : __torch__.torch.nn.modules.module.___torch_mangle_2.Module = prim::GetAttr[name="dp1
"](%self.1)
  %105 : __torch__.torch.nn.modules.module.___torch_mangle_1.Module = prim::GetAttr[name="cn2
"](%self.1)
  %102 : __torch__.torch.nn.modules.module.Module = prim::GetAttr[name="cn1"](%self.1)
  %120 : Tensor = prim::CallMethod[name="forward"](%102, %input.1)
  %input.3 : Float(1, 16, 26, 26) = aten::relu(%120) # /Users/ashish.jha/opt/anaconda3/lib/
python3.7/site-ppackages/torch/nn/functiona1.py:914:0
  %121 : Tensor = prim::CallMethod[name="forward"](%105, %input.3)
  %input.5 : Float(1, 32, 24, 24) = aten::re1u(%121) # /Users/ashish.jha/opt/anaconda3/lib/
python3.7/site-packages/torch/nn/functiona1.py:914:0

(생략)

  %input.9 : Float(1, 64) = aten::relu(%123) # /Users/ashish.jha/opt/anaconda3/1ib/python3.7/
site-packages/torch/nn/functional.py:914:0
  %124 : Tensor = prim::CallMethod[name="forward"](%110, %input.9)
  %125 : Tensor = prim::CallMethod[name="forward"](%113, %124)
  %91 : int = prim::Constant[value=1]() # /Users/ashish.jha/opt/anaconda3/lib/python3.7/site-
packages/torch/nn/functional.py:1317:0
  %92 : None = prim::Constant()
  %93 : Float(1, 10) = aten::log_softmax(%125, %91, %92) # /Users/ashish.jha/opt/anaconda3/
lib/python3.7/site-packages/torch/nn/functional.py:1317:0
  return (%93)
```

그래프의 처음 몇 줄은 cn1, cn2처럼 이 모델의 계층을 초기화하는 과정을 보여준다. 끝으로 가면 마지막 계층인 소프트맥스 계층이 보인다. 확실히 그래프는 정적 타입을 갖는 변수가 있는 저수준의 언어로 작성됐고 토치스크립트 언어와 매우 유사하다.

9. 그래프 외에도 다음 코드를 실행해 추적한 모델 뒤에 있는 정확한 토치스크립트 코드를 살펴볼 수 있다.

```
print(traced_model.code)
```

이 코드를 실행하면 모델의 순전파 방법을 정의한 파이썬과 유사한 코드가 출력된다.

```
def forward(self,
    input: Tensor) -> Tensor:
  _0 = self.fc2
  _1 = self.dp2
  _2 = self.fc1
  _3 = self.dpl
  _4 = self.cn2
  input0 = torch.relu((self.cn1).forward(input, ))
  input1 = torch.relu((_4).forward(input0, ))
  input2 = torch.max_pool2d(input1, [2, 2], annotate(List[int], []), [0, 0], [1, 1], False)
  input3 = torch.flatten((_3).forward(input2, ), 1, -1)
  input4 = torch.relu((_2).forward(input3, ))
  _5 = (_0).forward((_1).forward(input4, ), )
  return torch.log_softmax(_5, 1, None)
```

이는 2단계에서 파이토치로 작성했던 코드를 토치스크립트로 구현한 것과 정확히 일치한다.

10. 다음으로 추정한 모델을 내보내거나 저장한다.

```
torch.jit.save(traced_model, 'traced_convnet.pt')
```

11. 이제 저장된 모델을 로딩한다.

```
loaded_traced_model = torch.jit.load('traced_convnet.pt')
```

모델 아키텍처와 매개변수를 별개로 로딩할 필요가 없다.

12. 드디어 모델을 사용해 추론한다.

```
loaded_traced_model(input_tensor.unsqueeze(0))
```

[실행 결과]

```
tensor([[-9.3505e+00, -1.2089e+01, -2.2391e-03, -8.9248e+00, -9.8197e+00,
         -1.3350e+01, -9.0460e+00, -1.4492e+01, -6.3023e+00, -1.2283e+01]])
```

13. 원래 모델로 추론을 재실행해 이 결과를 확인할 수 있다.

```
model(input_tensor.unsqueeze(0))
```

그러면 동일한 결과를 만들어내는 것을 볼 수 있고 이로써 우리가 추적한 모델이 제대로 작동하고 있음을 입증했다.

원래의 파이토치 모델 객체 대신 이렇게 추적된 모델을 사용하면 토치스크립트가 GIL의 제한을 받지 않아 더 효율적인 플라스크 모델 서버와 도커로 배포된 모델 마이크로서비스를 구축할 수 있다. 모델을 추적하는 일은 파이토치 모델을 JIT 컴파일할 수 있어 좋지만 몇 가지 단점이 있다.

예를 들어 모델의 순전파가 if와 for 문 같은 제어 흐름으로 구성된다면 추적은 흐름상에서 여러 가능한 경로 중 하나만 렌더링한다. 그 경우 파이토치 코드를 토치스크립트 코드로 정확하게 옮기려면 스크립팅이라는 다른 컴파일 방식을 사용한다.

토치스크립트로 모델 스크립팅

이전 실습의 1~6단계를 수행하고 나서 다음 실습 단계를 따르자. 전체 코드는 model_scripting.ipynb에서 확인할 수 있다.

1. 스크립팅할 때는 모델에 더미 입력을 제공하지 않아도 되고 다음 코드로 파이토치 코드를 바로 토치스크립트 코드로 변환할 수 있다.

```
scripted_model = torch.jit.script(model)
```

2. 다음 코드를 실행해 스크립팅한 모델 그래프를 살펴보자.

```
scripted_model.graph
```

이 코드는 다음과 같이 추적한 모델 그래프와 비슷한 방식으로 스크립팅한 모델 그래프를 출력한다.

```
graph(%self : __torch__.ConvNet,
      %x.1 : Tensor):
  %51 : Function = prim::Constant[name="log_softmax"]()
  %49 : int = prim::Constant[value=3]()
  %33 : int = prim::Constant[value=-1]()
  %26 : Function = prim::Constant[name="_max_pool2d"]()
  %20 : int = prim::Constant[value=0]()
  %19 : None = prim::Constant()
  %7 : Function = prim::Constant[name="relu"]()
  %6 : bool = prim::Constant[value=0]()

(생략)

  %x.19 : Tensor = prim::CallFunction(%7, %x.17, %6) # <ipython-input-3—936a1c5cab85>:20:12
```

```
  %42 : __torch__.torch.nn.modules.dropout.___torch_mangle_1.Dropout2d = prim::GetAttr[name="
dp2"](%self)
  %x.21 : Tensor = prim::CallMethod[name="forward"](%42, %x.19) # <ipython-input-3-
936a1c5cab85>:21:12
  %45 : __torch__.torch.nn.modules.linear.___torch_mangle_2.Linear = prim::GetAttr[name="fc2"
](%self)
  %x.23 : Tensor = prim::CallMethod[name="forward"](%45, %x.21) # <ipython-input-3-
936a1c5cab85>:22:12
  %op.1 : Tensor = prim::CallFunction(%51, %x.23, %32, %49, %19) # <ipython—input—3—
936a1c5cab85>:23:13
  return (%op.1)
```

다시 한번 한 줄마다 그래프의 다양한 에지를 나열하는 장황한 저수준의 유사한 스크립트를 볼 수 있다. 여기서 본 그래프가 '토치스크립트로 모델 추적하기'의 8단계와 다른 것을 보면 스크립팅이 아닌 추적을 사용한 코드 컴파일 전략에서 차이가 있음을 알 수 있다.

3. 다음 코드를 실행해 동일한 토치스크립트 코드를 확인할 수도 있다.

```
print(scripted_model.code)
```

이 코드는 다음을 출력한다.

```
def forward(self,
    x: Tensor) -> Tensor:
  _0 = __torch__.totch.nn.functional.___torch_mungle_12.relu
  _1 = __torch__.torch.nn.functionn1._mnx_pool2d
  _2 = __torch__.torch.nn.functional.___torch_mangle_13.relu
  _3 = __torch__.torch.nn.functional.log_softmax
  x0 = (self.cn1).forward(x, )
  x1 = __torch__.torch.nn.functional.relu(x0, False, )
  x2 = (self.cn2).forward(x1, )
  x3 = _0(x2, False, )
  x4 = _1(x3, [2, 2], None, [0, 0], [1, 1], False, False, )
  x5 = (self.dp1).forward(x4, )
  x6 = torch.flatten(x5, 1, -1)
  x7 = (self.fc1).forward(x6, )
  x8 = _2(x7, False, )
  x9 = (self.dp2).forward(x8, )
  x10 = (self.fc2).forward(x9, )
  return _3(x10, 1, 3, None, )
```

'토치스크립트로 모델 추적하기'의 9단계와 유사한 흐름이지만 컴파일 전략의 차이로 인해 코드 시그니처가 살짝 다르다.

4. 다시 한번 말하지만 다음과 같은 방법으로 스크립팅한 모델을 내보내고 다시 로딩할 수 있다.

```
torch.jit.save(scripted_model, 'scripted_convnet.pt')
loaded_scripted_model = torch.jit.load('scripted_convnet.pt')
```

5. 마지막으로 다음 코드로 스크립팅한 모델을 사용해 추론한다.

```
loaded_scripted_model(input_tensor.unsqueeze(0))
```

이것은 '토치스크립트로 모델 추적하기'의 12단계와 동일한 결과를 얻는다. 이로써 스크립팅한 모델이 예상대로 작동하는지 확인할 수 있다.

추적 방식과 유사하게 스크립팅한 파이토치 모델은 GIL의 제약을 받지 않으므로 플라스크나 도커를 사용할 때 모델 서빙 성능을 개선할 수 있다. 표 10.1에서는 모델 추적과 스크립팅 방식을 간단히 비교했다.

표 10.1 추적과 스크립팅 방식 비교

추적	스크립팅
• 더미 입력이 필요함	• 더미 입력이 필요 없음
• 더미 입력을 모델에 전달해 정해진 일련의 수학 연산을 기록함	• 파이토치 코드 내부의 nn.Module 콘텐츠를 조사해 토치스크립트 코드/그래프를 생성함
• 모델 순전파 내에 여러 제어 흐름(if-else)을 처리할 수 없음	• 모든 종류의 제어 흐름을 처리하는 데 유용함
• 모델이 토치스크립트에서 지원하지 않는 파이토치 기능[9]을 포함하고 있어도 작동함	• 스크립팅은 파이토치 모델이 토치스크립트에서 지원하지 않는 기능을 포함하지 않을 때만 작동할 수 있음

지금까지 파이토치 모델을 토치스크립트 모델로 변환하고 직렬화하는 방법을 설명했다. 다음 절에서는 잠깐 파이썬을 완전히 지우고 C++를 사용해 토치스크립트로 직렬화한 모델을 로딩하는 방법을 설명하겠다.

C++에서 파이토치 모델 실행하기

파이썬은 때때로 파이토치로 훈련된 머신러닝 모델의 실행을 제한하거나 못하게 할 수 있다. 이 절에서는 이전 절에서 내보낸 직렬화된 토치스크립트 모델 객체(추적이나 스크립팅을 사용해)로 C++ 코드 내에서 모델 추론을 실행한다.

---

9 https://pytorch.org/docs/stable/jit_unsupported.html

이 실습에서는 `https://cmake.org/install/`에 있는 단계에 따라 C++ 코드를 빌드할 수 있게 CMake를
설치한다. 그런 다음 현재 작업 디렉터리에 `cpp_convnet`이라는 폴더를 만들고 해당 디렉터리에서 작업
한다.

1. 바로 모델 추론 파이프라인을 실행할 C++ 파일을 작성해보겠다. 전체 C++ 코드는 `cpp_convnet.cpp`에서 확인할
   수 있다.

```
#include <torch/script.h>
...
int main(int argc, char **argv) {
    Mat img = imread(argv[2], IMREAD_GRAYSCALE);
```

먼저 OpenCV 라이브러리로 .jpg 이미지 파일을 흑백 이미지로 읽어들인다. 다음 주소를 참조해 C++를 위한
OpenCV 라이브러리를 설치해야 한다.

- **맥**: `https://docs.opencv.org/master/d0/db2/tutorial_macos_install.html`
- **리눅스**: `https://docs.opencv.org/3.4/d7/d9f/tutorial_linux_install.html`
- **윈도우**: `https://docs.opencv.org/master/d3/d52/tutorial_windows_install.html`

2. 흑백 이미지 크기를 CNN 모델의 요건에 맞춰 28 × 28 픽셀로 변경한다.

```
resize(img, img, Size(28, 28));
```

3. 그런 다음 이미지 배열을 파이토치 텐서로 변환한다.

```
auto input_ = torch::from_blob(img.data, { img.rows, img.cols, img.channels() }, at::kByte);
```

이 단계에서와 같이 모든 torch 관련 작업에 대해 모든 torch C++ 관련 API의 홈인 libtorch 라이브러리를 사용
한다. 파이토치가 설치됐으면 LibTorch를 따로 설치할 필요가 없다.

4. OpenCV는 (28, 28, 1) 차원의 흑백 이미지를 읽으므로 파이토치 요건에 맞게 이 이미지를 (1, 28, 28)로 변환해야 한
   다. 그런 다음 텐서는 (1,1,28,28) 모양으로 변형된다. 여기서 첫 번째 1은 추론을 위한 배치 크기(batch_size)이고 두
   번째 1은 채널 수다(여기서는 흑백 이미지이므로 1이다).

```
    auto input = input_.permute({2,0,1}).unsqueeze_(0).reshape({1, 1, img.rows, img.cols}).toT
ype(c10::kFloat).div(255);
    input = (input - 0.1302) / 0.3069;
```

OpenCV는 0부터 255 사이의 픽셀 값을 갖는 이미지를 읽어 들이므로 이 값을 0과 1사이로 정규화한다. 그런 다음 이전 절에서 했던 대로(추론 파이프라인 구축의 2단계 참조) 이미지를 평균이 0.1302이고 표준편차가 0.3069인 이미지로 표준화한다.

5. 이 단계에서는 이전 실습에서 내보낸 JIT 컴파일된 토치스크립트 모델 객체를 로딩한다.

```
    auto module = torch::jit::load(argv[1]);
    std::vector<torch::jit::IValue> inputs;
    inputs.push_back(input);
```

다시 말하지만, 파이썬의 토치스크립트로 JIT 컴파일된 모델을 로딩하기 위해 LibTorch JIT API를 사용했다.

6. 로딩된 모델 객체를 사용해 제공된 입력 데이터(이 경우, 이미지)로 순전파해서 모델 예측을 만든다.

```
    auto output_ = module.forward(inputs).toTensor();
```

output_ 변수에는 각 클래스에 대한 확률 리스트가 포함돼 있다. 확률이 가장 높은 클래스 레이블을 추출해 출력하자.

```
    auto output = output_.argmax(1);
    cout << output << '\n';
```

마지막으로 C++ 루틴에서 성공적으로 빠져나온다.

```
        return 0;
    }
```

7. 1~6 단계는 C++의 다양한 부분과 관련이 있으면서 같은 작업 디렉터리에 CMakeLists.txt 파일도 작성해야 한다. 이 파일의 전체 내용은 깃허브 저장소에서 확인할 수 있다.

```
cmake_minimum_required(VERSION 3.0 FATAL_ERROR)
project(cpp_convnet)
find_package(Torch REQUIRED)
find_package(OpenCV REQUIRED)
add_executable(cpp_convnet cpp_convnet.cpp)
...
```

이 파일은 파이썬 프로젝트에서 setup.py와 유사한 라이브러리 설치 및 빌드 스크립트다. 이 코드 외에도 OpenCV_
DIR 환경 변수를 다음 코드와 같이 OpenCV 빌드 산출물이 생성되는 경로로 설정해야 한다.

```
export OpenCV_DIR=/Users/ashish.jha/code/personal/Mastering-PyTorch/tree/master/Chapter10/
cpp_convnet/build_opencv/
```

8. 다음으로 실제로 CMakeLists 파일을 실행해 빌드 아티팩트를 생성해야 한다. 그러려면 현재 작업 디렉터리에 새 디
렉터리를 생성하고 거기에서 빌드 프로세스를 실행한다. 명령줄에서 다음을 실행하기만 하면 된다.

```
mkdir build
cd build
cmake -DCMAKE_PREFIX_PATH=/Users/ashish.jha/opt/anaconda3/lib/python3.7/site-packages/torch/
share/cmake/..
cmake --build . --config Release
```

세번째 줄에서 LibTorch 경로를 제공한다. 이 경로는 파이썬을 열어 다음 코드를 실행하면 확인할 수 있다.

```
import torch; torch.__path__
```

필자의 경우에는 다음 메시지가 출력됐다.

```
['/Users/ashish.jha/opt/anaconda3/lib/python3.7/site-packages/torch']
```

세 번째 줄을 실행하면 다음을 출력한다.

```
-- The C compiler identification is AppleClang 10.0.1.10010046
-- The CXX compiler identification is AppleClang 10.0.1.10010046
-- Check for working C compiler: /Library/Developer/CommandLineTools/usr/bin/cc
-- Check for working C compiler: /Library/Developer/CommandLineTools/usr/bin/cc -- works
-- Detecting C compiler ABI info
-- Detecting C compiler ABI info - done
-- Detecting C compile features
-- Detecting C compile features - done
-- Check for working CXX compiler: /Library/Developer/CommandLineTools/usr/bin/c++
-- Check for working CXX compiler: /Library/Developer/CommandLineTools/usr/bin/c++ -- works
-- Detecting CXX compiler ABI info
-- Detecting CXX compiler ABI info - done
-- Detecting CXX compile features
-- Detecting CXX compile features - done
-- Looking for pthread.h
```

```
-- Looking for pthread.h - found
-- Performing Test CMAKE_HAVE_LIBC_PTHREAD
-- Performing Test CMAKE_HAVE_LIBC_PTHREAD - Success
-- Found Threads: TRUE
-- Found Torch: /Users/ashish.jha/opt/anaconda3/lib/python3.7/site-packages/torch/lib/
libtorch.dylib
-- Found OpenCV: /Users/ashish.jha/code/personal/Mastering-PyTorch/Chapter10/cpp_convnet/
build_opencv (found version "4.5.0")
-- Configuring done
-- Generating done
-- Build files have been written to: /Users/ashish.jha/code/personal/Mastering-PyTorch/
Chapter10/cpp_convnet/build
```

그리고 네 번째 줄은 다음을 출력한다.

```
Scanning dependencies of target cpp_convnet
[ 50%] Building CXX object CMakeFiles/cpp_convnet.dir/cpp_convnet.cpp.o
[100%] Linking CXX executable cpp_convnet
[100%] Built target cpp_convnet
```

9. 이전 단계를 성공적으로 실행했으면 cpp_convnet이라는 이름의 C++에서 컴파일된 바이너리 파일이 생성된다. 이 제 이 바이너리 프로그램을 실행한다. 즉, 추론을 위해 C++ 모델에 샘플 이미지를 제공하면 된다. 입력으로 스크립트된 모델을 사용해도 된다.

```
./cpp_convnet ../../scripted_convnet.pt ../../digit_image.jpg
```

다른 방법으로는 입력으로 추적된 모델을 사용해도 된다.

```
./cpp_convnet ../../traced_convnet.pt ../../digit_image.jpg
```

이 둘 중 무엇을 사용해도 결과는 다음과 같다.

```
 2
[ CPULongType{1} ]
```

그림 10.1을 보면 C++ 모델은 제대로 작동하는 것 같다. C++에서 파이썬과는 다른 이미지 처리 라이브러리(OpenCV)를 사용했으므로 픽셀 값이 약간 다르게 인코딩되어 예측 확률이 조금 달라지겠지만 정규화만 제대로 적용했다면 두 언어에서 모델의 최종 예측은 크게 다르지 않다.

이것으로 C++을 사용한 파이토치 모델 추론을 모두 알아봤다. 이 실습을 통해 파이토치로 작성하고 훈련한 딥러닝 모델을 C++ 환경으로 옮길 수 있게 됐다. 이로써 더 효율적으로 예측을 생성할 수 있을 뿐 아니라 파이썬이 아닌 환경(예를 들어 특정 임베디드 시스템, 드론 등)에서도 모델을 호스팅할 수 있게 됐다.

다음 절에서 토치스크립트에서 벗어나 딥러닝 프레임워크, 프로그래밍 언어, OS가 무엇이든 상관없이 모델을 사용할 수 있게 해주는 범용 신경망 모델링 포맷인 ONNX에 대해 알아보겠다. 추론을 위해 텐서플로에서 훈련된 파이토치 모델을 로딩할 것이다.

ONNX를 이용해 파이토치 모델 내보내기

운영 시스템에서는 텐서플로와 같이 고유의 정교한 모델 서빙 인프라를 갖춘 특정 딥러닝 라이브러리로 작성된 머신러닝 모델이 이미 배포된 경우가 있다. 어떤 모델이 파이토치로 작성됐다면 모델 서빙 전략을 따르기 위해 텐서플로를 사용해 실행되기를 바랄 것이다. 이럴 때 ONNX 같은 프레임워크가 유용하다.

ONNX는 다양한 딥러닝 라이브러리에서 다르게 작성된 행렬 곱셈, 활성화 등 딥러닝 모델의 핵심 연산을 표준화시키는 범용 포맷이다. ONNX를 사용하면 다양한 딥러닝 라이브러리, 프로그래밍 언어, 운영 환경을 서로 바꿔가며 동일한 딥러닝 모델을 실행할 수 있다.

여기에서 텐서플로에서 파이토치를 사용해 작성된 모델을 실행하는 방법을 보여주겠다. 먼저 파이토치 모델을 ONNX 포맷으로 내보낸 다음 텐서플로 코드 안에서 ONNX 모델을 로딩할 것이다.

ONNX는 제한된 버전의 텐서플로에서 작동하므로 `tensorflow==1.15.0`으로 작업한다. 실습을 위해 `onnx==1.7.0` 및 `onnx-tf==1.5.0` 라이브러리도 설치해야 한다. 이 실습의 전체 코드는 `onnx.ipynb`에서 얻을 수 있다. '토치스크립트로 모델 추적하기'의 1~11 단계를 수행한 다음 이 실습에서 보여주는 단계를 따라가자.

1. 모델 추정과 유사하게 더미 입력을 로딩된 모델에 통과시킨다.

```
demo_input = torch.ones(1, 1, 28, 28)
torch.onnx.export(model, demo_input, "convnet.onnx")
```

이렇게 하면 모델 onnx 파일을 저장한다. 내부적으로는 모델 추적에 사용했던 것과 동일한 메커니즘을 사용해 모델을 직렬화한다.

2. 다음으로 저장한 onnx 모델을 로딩해 텐서플로 모델로 변환한다.

```
import onnx
from onnx_tf.backend import prepare

model_onnx = onnx.load("./convnet.onnx")
tf_rep = prepare(model_onnx)
tf_rep.export_graph("./convnet.pb")
```

3. 다음으로 모델 그래프를 파싱하기 위해 직렬화된 텐서플로 모델을 로딩한다. 이로써 모델 아키텍처를 제대로 로딩했는지 확인하고 그래프의 입출력 노드를 식별할 수 있다.

```
with tf.gfile.GFile("./convnet.pb", "rb") as f:
    graph_definition = tf.GraphDef()
    graph_definition.ParseFromString(f.read())

with tf.Graph().as_default() as model_graph:
    tf.import_graph_def(graph_definition, name="")

for op in model_graph.get_operations():
    print(op.values())
```

결과는 다음과 같다.

```
(<tf.Tensor 'Const:0' shape=(16,) dtype=float32>,)
(<tf.Tensor 'Const_1:0' shape=(16, 1, 3, 3) dtype=float32>,)
(<tf.Tensor 'Const_2:0' shape=(32,) dtype=float32>,)
(<tf.Tensor 'Const_3:0' shape=(32, 16, 3, 3) dtype=float32>,)
(<tf.Tensor 'Const_4:0' shape=(64,) dtype=float32>,)
(<tf.Tensor 'Const_5:0' shape=(64, 4608) dtype=float32>,)
(<tf.Tensor 'Const_6:0' shape=(10,) dtype=float32>,)
(<tf.Tensor 'Const_7:0' shape=(10, 64) dtype=float32>,)
(<tf.Tensor 'input.1:0' shape=(1, 1, 28, 28) dtype=float32>,)
(<tf.Tensor 'transpose/perm:0' shape=(4,) dtype=int32>,)
(<tf.Tensor 'transpose:0' shape=(3, 3, 1, 16) dtype=float32>,)

(생략)

(<tf.Tensor 'mul_2/x:0' shape=() dtype=float32>,)
(<tf.Tensor 'mul_2:0' shape=(1, 10) dtype=float32>,)
```

```
(<tf.Tensor 'mul_3/x:0' shape=() dtype=float32>,)
(<tf.Tensor 'mul_3:0' shape=(10,) dtype=float32>,)
(<tf.Tensor 'add_3:0' shape=(1, 10) dtype=float32>,)
(<tf.Tensor '18:0' shape=(1, 10) dtype=float32>,)
```

그래프에 표시한 것처럼 입력과 출력 노드를 식별할 수 있다.

4. 이제 변수를 신경망 모델의 입력과 출력 노드에 할당하고 텐서플로 세션을 인스턴스화해서 그래프를 실행해 샘플 이미지에 대한 예측을 생성하면 된다.

```
model_output = model_graph.get_tensor_by_name('18:0')
model_input = model_graph.get_tensor_by_name('input.1:0')

sess = tf.Session(graph=model_graph)
output = sess.run(
    model_output, feed_dict={model_input: input_tensor.unsqueeze(0)}
)
print(output)
```

결과는 다음과 같다.

```
[[-9.35050774e+00 -1.20893326e+01 -2.23922171e-03 -8.92477798e+00
  -9.81972313e+00 -1.33498535e+01 -9.04598618e+00 -1.44924192e+01
  -6.30233145e+00 -1.22827682e+01]]
```

보다시피 '토치스크립트로 모델 추적하기'의 12단계와 비교해 예측이 모델의 텐서플로 버전에서나 파이토치 버전에서나 정확히 동일하다. 이로써 ONNX 프레임워크가 제대로 작동함을 검증했다. 텐서플로 모델을 더 자세히 분석하고 ONNX가 어떻게 모델 그래프의 기본 수학 연산을 활용해 다양한 딥러닝 라이브러리에서 정확히 동일한 모델을 재생성하는지 이해해 두는 것이 좋다.

파이토치 모델을 내보내는 다양한 방법을 살펴봤다. 여기서 다룬 기법들은 파이토치 모델을 운영 시스템에 배포하거나 다양한 플랫폼에서 사용할 때 유용하다. 딥러닝 라이브러리, 프로그래밍 언어, OS의 새로운 버전이 끊임없이 출시됨에 따라 자주 바뀌므로, 개발 상황을 주시하고 최신의 가장 효율적인 방법을 사용해 모델을 내보내고 운영 환경에 올리는 것이 좋다.

지금까지 파이토치 모델을 서빙하고 내보내는 일을 로컬 시스템에서 작업했다. 다음 절에서는 간단히 파이토치 모델을 AWS, 구글 클라우드, 마이크로소프트 애저 등 유명한 클라우드 플랫폼에서 서빙하는 방법을 간단하게 알아보겠다.

클라우드에서 파이토치 모델 서빙

딥러닝은 계산 비용이 많이 들어서 강력하고 정교한 연산 능력을 갖춘 하드웨어가 필요하다. 모든 사람이 합리적인 시간에 거대한 딥러닝 모델을 훈련시키기 충분한 CPU와 GPU를 갖춘 로컬 시스템이 있는 것은 아니다. 또한 추론을 위해 훈련된 모델을 서빙하는 로컬 시스템에 대해 100% 가용성을 보장할 수 없다. 이러한 이유로 클라우드 컴퓨팅 플랫폼은 딥러닝 모델을 훈련시키고 서빙하는 데 중요한 대안이 된다.

이 절에서는 가장 유명한 클라우드 플랫폼인 AWS, 구글 클라우드, 마이크로소프트 애저에서 파이토치를 사용하는 방법을 설명하겠다. 각 플랫폼에서 훈련된 파이토치 모델을 서빙하는 다양한 방법을 살펴보겠다. 앞 절에서 설명한 모델 서빙 실습은 로컬 시스템에서 실행됐다. 이 절에서는 비슷한 실습을 클라우드상의 **가상 머신**(VM)에서 수행하는 것이다.

AWS에서 파이토치 사용하기

AWS는 가장 오래되고 가장 유명한 클라우드 컴퓨팅 플랫폼이다. AWS는 파이토치와 긴밀하게 통합돼 있다. 우리는 이미 AWS와 페이스북이 공동으로 개발한 토치서브 형태의 예를 보았다.

이 절에서는 AWS를 사용해 파이토치 모델을 서빙하는 보편적인 방법을 살펴보겠다. 우선 파이토치 모델을 서빙하기 위해 로컬 시스템(랩톱) 대신 AWS 인스턴스를 사용하는 방법을 간단히 배워보겠다. 그런 다음, 전용 클라우드 머신러닝 플랫폼인 아마존 세이지메이커(Amazon SageMaker)를 간략히 알아보겠다. 그런 다음 모델 서빙에 토치서브와 세이지메이커를 함께 사용하는 방법을 살펴보겠다.

> 참고
> 이 절에서는 AWS에 대한 기본적인 지식이 있다고 가정한다. 따라서 AWS EC2 인스턴스가 무엇인지, AMI가 무엇인지, 인스턴스를 어떻게 생성하는지와 같은 주제는 자세히 설명하지 않는다. 이러한 주제에 관해서는 AWS 문서[10]를 참조하라. 대신 파이토치와 관련된 AWS 구성 요소에 초점을 맞춰 다루겠다.

---

10 https://aws.amazon.com/getting-started/

AWS 인스턴스로 파이토치 모델 서빙

이 절에서는 VM(이 경우, AWS 인스턴스) 내부에서 파이토치를 사용하는 방법을 설명하겠다. 이 절을 마치고 나면 10.1 절에서 논의했던 실습을 AWS 인스턴스 내부에서 실행할 수 있을 것이다.

먼저 AWS 계정이 없다면 계정부터 생성해야 한다. 계정을 생성하려면 이메일 주소와 지불 수단(신용카드)이 필요하다. 계정 생성에 관련한 자세한 사항은 고객지원 사이트[11]를 참조하라.

AWS 계정이 있으면 로그인해서 AWS 콘솔(https://aws.amazon.com/console/)로 들어가면 된다. 여기에서 파이토치를 사용해 모델을 훈련시키고 서빙하는 VM(AWS 인스턴스)을 인스턴스화해야 한다.

VM을 생성할 때는 두 가지를 결정해야 한다.

- **AWS 인스턴스 타입**이라고 하는 VM의 하드웨어 설정
- OS(우분투 또는 윈도우), 파이썬, 파이토치 등과 같은 필요 소프트웨어를 모두 수반하는 **아마존 머신 이미지** (Amazon Machine Image, AMI)

앞의 두 요소 간 관계에 대해 자세히 알아보고 싶다면 EC2 문서[12]를 참고하라. 일반적으로 'AWS 인스턴스'라고 하면 **EC2(Elastic Compute Cloud)** 인스턴스를 의미한다.

VM의 계산 요건(RAM, CPU, GPU)에 따라 AWS에서 제공하는 EC2 인스턴스 목록[13]에서 선택할 수 있다. 파이토치는 GPU 컴퓨팅 파워를 많이 활용하므로 일반적으로 CPU만 사용하는 인스턴스보다 비싸지만 GPU가 포함된 EC2 인스턴스를 사용하는 것이 좋다.

AMI와 관련해서는 AMI를 선택하는 데 두 가지 가능한 방식이 있다. 우분투(리눅스)와 같이 OS만 설치된 AMI를 사용할 수 있다. 이 경우 수동으로 파이썬[14]과 파이토치[15]를 설치할 수 있다.

그렇지만 파이토치가 이미 설치돼 있는, 사전에 구축된 AMI로 시작할 것을 더 추천한다. AWS는 딥러닝 AMI를 제공한다. 이를 사용하면 AWS에서 파이토치를 더 빨리 쉽게 시작할 수 있다. 딥러닝 AMI로 자신만의 AWS EC2 인스턴스를 어떻게 시작하면 되는지 잘 설명된 블로그[16]를 참조하라.

---

11 https://aws.amazon.com/premiumsupport/knowledge-center/create-and-activate-aws-account/
12 https://docs.aws.amazon.com/AWSEC2/latest/UserGuide/ec2-instances-and-amis.html
13 https://aws.amazon.com/ec2/instance-types/
14 https://docs.python-guide.org/starting/install3/linux/
15 https://pytorch.org/get-started/locally/#linux-prerequisites
16 https://aws.amazon.com/blogs/machine-learning/get-started-with-deep-learning-using-the-aws-deep-learning-ami/

제안한 방식 중 하나를 사용해 인스턴스를 성공적으로 런칭했으면 다양한 방식으로 인스턴스에 연결할 수 있다.[17]

SSH는 인스턴스에 연결하는 가장 일반적인 방법 중 하나다. 인스턴스 내부에 들어가면, 로컬 시스템에서 작업하는 것과 동일한 레이아웃을 갖게 된다. 첫 번째 논리적 단계 중 하나는 파이토치가 시스템 내부에서 작동하는지 테스트하는 것이다.

테스트를 위해 먼저 명령줄에 python을 쳐서 파이썬 세션을 연다. 그런 다음 아래 코드를 실행한다.

```
import torch
```

에러 없이 실행됐다면 시스템에 파이토치가 설치돼 있음을 뜻한다. 이 시점에서 모델 서빙에 대해 다룬 이 장의 앞에서 작성했던 코드를 모두 가져올 수 있다. 홈 디렉터리 내부의 명령줄에서 다음 명령어를 실행해 이 책의 깃허브 리포지토리를 복제한다.

```
git clone https://github.com/wikibook/mpytc.git
```

이전 절에서 작업했던 MNIST 모델을 서빙하기 위한 코드가 Chaper10 폴더에 모두 있을 것이다. 이제 로컬 컴퓨터 대신 AWS 인스턴스에서 이 실습을 모두 다시 실행할 수 있다.

AWS에서 파이토치로 작업하기 위해 수행해야 하는 단계를 검토해 보자.

1. AWS 계정을 생성한다.

2. AWS 콘솔에 로그인한다.

3. 콘솔에서 **가상 머신 시작**(Launch a virtual machine) 버튼을 클릭한다.

4. AMI를 선택한다. 예를 들어, Deep Learning AMI (Ubuntu)를 선택한다.

5. AWS 인스턴스 유형을 선택한다. 예를 들어, GPU를 포함하는 **p2.xlarge**를 선택한다.(인스턴스 유형에 따라 비용이 발생함에 유의한다.—엮은이)

6. **시작하기**(Launch)를 클릭한다.

7. **새 키 페어 생성**(Create a new key pair)을 클릭한다. 키 쌍에 이름을 지정하고 로컬 컴퓨터에 다운로드한다.

8. 명령줄에서 다음 명령어를 실행해 이 키 쌍의 권한을 조정한다.

---

17 https://docs.aws.amazon.com/AWSEC2/latest/UserGuide/AccessingInstances.html

```
chmod 400 downloaded-key-pair-file.pem
```

9. 콘솔에서 **인스턴스 보기(View Instances)**를 클릭해 시작한 인스턴스의 세부사항을 확인하고 특히 해당 인스턴스의 퍼블릭 IP 주소를 기록해둔다.

10. 명령줄에서 다음을 실행함으로써 SSH를 사용해 인스턴스에 연결한다.

```
ssh -i downloaded-key-pair-file.pem ubuntu@<Public IP address>
```

Public IP address 자리에 이전 단계에서 얻은 IP 주소를 입력한다.

11. 연결했으면 **python** 셸을 시작하고 셸에서 import torch를 실행해 파이토치가 인스턴스에 제대로 설치됐는지 확인한다.

12. 인스턴스의 명령줄에서 다음을 실행함으로써 이 책의 깃허브 리포지토리를 복제한다.

```
git clone https://github.com/wikibook/mpytc.git
```

13. 리포지토리에서 chapter10 폴더로 가서 이 장의 앞 절에서 다뤘던 다양한 모델 서빙 실습을 시작해보자.

원격 AWS 인스턴스에서 파이토치 작업을 실행하는 방법을 배웠다. 이 주제에 대한 자세한 내용은 파이토치 웹사이트[18]에서 읽을 수 있다. 다음으로 AWS에서 제공하는 전용 클라우드 머신러닝 플랫폼인 아마존 세이지메이커를 살펴보겠다.

아마존 세이지메이커로 토치서브 사용하기

이전 절에서 토치서브를 자세히 설명했다. 알다시피 토치서브는 AWS와 페이스북에서 개발한 파이토치 모델 서빙 라이브러리다. 직접 모델 추론 파이프라인, 모델 서빙 API, 마이크로서비스를 직접 정의하는 대신 이 모든 기능을 제공하는 토치서브를 사용할 수 있다.

반면 아마존 세이지메이커는 대규모 딥러닝 모델의 훈련은 물론 훈련된 모델을 맞춤형 인스턴스에 배포 및 호스팅하는 것과 같은 기능을 제공하는 클라우드 머신러닝 플랫폼이다. 세이지메이커로 작업할 때 할 일은 다음과 같다.

- 모델을 서빙하기 위해 사용할 AWS 인스턴스 타입과 개수를 지정한다.

- 사전 훈련된 모델 객체의 저장 위치를 제공한다.

---

[18] https://pytorch.org/get-started/cloud-partners/#aws-quick-start

직접 인스턴스에 연결하고 토치서브를 사용해 모델을 서빙할 필요가 없다. 세이지메이커가 이 모든 것을 처리한다. 세이지메이커와 토치서브를 사용해 몇 번의 클릭만으로 파이토치 모델을 대규모로 서빙하려면 아마존 머신러닝 블로그의 튜토리얼[19]을 참고하라. 또한 파이토치로 작업할 때 아마존 세이지메이커의 사례도 찾아볼 수도 있다.[20]

세이지메이커와 같은 도구는 모델 훈련과 서빙 측면에서 모두 확장성이 높아 매우 유용하다. 그렇지만 이처럼 클릭 한 번에 사용할 수 있는 도구를 사용하면 유연성과 디버깅 가능성을 잃게 된다. 따라서 각자의 사례에 가장 적합한 도구들을 결정하는 것은 본인의 몫이다. 이렇게 AWS에서 파이토치로 작업하는 것에 대한 논의를 마치겠다. 다음으로는 또 다른 클라우드 플랫폼인 구글 클라우드를 살펴보겠다.

구글 클라우드에서 파이토치 모델 서빙

AWS와 마찬가지로 계정이 없다면 먼저 구글 계정(*@gmail.com)을 생성해야 한다. 또한 구글 클라우드 콘솔[21]에 로그인하려면 지불 방법(신용카드 상세정보)을 추가해야 한다.

> 참고--------
> 여기서 구글 클라우드의 기초를 다루지는 않는다. 대신 구글 클라우드를 사용해 파이토치 모델을 VM에서 서빙하는 데 초점을 맞출 것이다. 구글 클라우드의 기초를 검토하고 싶다면 다음 문서를 참조한다.
>
> https://console.cloud.google.com/getting-started

콘솔 내부에 들어갔으면 AWS와 유사한 단계를 따라 파이토치 모델을 서빙할 수 있는 VM을 시작해야 한다. 최소의 환경만 갖춘 VM으로 시작해 파이토치를 직접 설치할 수 있다. 그렇지만 여기서는 파이토치가 이미 설치된 구글의 딥러닝 VM 이미지[22]를 사용하겠다. 다음은 구글 클라우드 VM을 시작하고 이를 사용해 파이토치 모델을 서빙하는 단계를 보여준다.

1. 마켓플레이스에서 다음 링크를 방문해 구글 클라우드에서 딥러닝 VM 이미지를 시작한다. https://console.cloud.google.com/marketplace/product/click-to-deploy-images/deeplearning

2. 명령 창에 배포 이름을 입력한다. -vm으로 끝나는 이 이름은 런칭한 VM의 이름으로 사용된다. 이 VM 내부의 명령 프롬프트는 다음과 같이 보일 것이다.

```
<user>@<deployment-name>-vm:~/
```

여기에서 user는 VM에 연결하는 클라이언트이고 deployment-name은 이 단계에서 선택한 VM 이름이다.

3. 다음 명령 창에 Framework로 PyTorch를 선택한다. 이는 플랫폼에 VM에 파이토치를 미리 설치할 것을 지시한다.

4. 이 시스템의 영역(zone)을 선택한다. 가급적이면 지리적으로 가장 가까운 영역을 선택한다. 또한 영역마다 제공하는 하드웨어(VM 구성)가 약간 달라서 특정 시스템 설정에 대해서는 특정 영역을 선택하는 것이 좋다.

5. 3단계에서 지정한 소프트웨어 요건에 따라 이제 하드웨어 요건을 지정한다. 명령창의 GPU 부분에 GPU 유형을 지정하고 이후에 포함될 GPU 수를 지정해야 한다.

   구글 클라우드에서 사용할 수 있는 GPU 유형은 https://cloud.google.com/compute/docs/gpus에서 확인할 수 있다. 또한 딥러닝에서 GPU를 활용하려면 필요한 NVIDIA 드라이버를 자동으로 설치하는 옵션 체크박스를 선택한다.

6. 이와 유사하게 CPU 부분에서 시스템 유형을 제공해야 한다. 구글 클라우드에서 제공하는 시스템 유형은 https://cloud.google.com/compute/docs/machine-types에서 확인할 수 있다. 5단계, 6단계와 관련해 영역이 달라지면 제공하는 시스템, GPU 유형뿐 아니라 GPU 유형과 GPU 수의 조합도 달라진다는 점에 유의하기 바란다.

7. **Deploy** 버튼을 클릭하면 VM이 시작되고, 로컬 컴퓨터에서 VM에 연결할 때 필요한 지시사항을 모두 안내하는 페이지가 보일 것이다.

8. 이 시점에 VM에 연결해 파이썬 셸에서 파이토치를 임포트해 봄으로써 파이토치가 제대로 설치됐는지 확인할 수 있다. 확인됐으면 이 책의 깃허브 리포지토리를 복제한다. Chapter10 폴더로 가서 이 VM 내부에서 모델 서빙 실습을 시작한다.

파이토치 딥러닝 VM을 생성하는 것에 대해 더 자세히 알고 싶다면 아래 문서를 참조한다.

```
https://cloud.google.com/deep-learning-vm/docs/pytorch_start_instance
```

이로써 구글 클라우드를 클라우드 플랫폼으로 사용해 파이토치 모델 서빙에 대한 설명을 마치겠다. 눈치 챘겠지만 이 프로세스는 AWS의 프로세스와 매우 유사하다. 다음 절에서는 마이크로소프트의 클라우드 플랫폼인 애저를 사용해 파이토치로 작업하는 방법을 간략하게 살펴보겠다.

애저에서 파이토치 모델 서빙

AWS, 구글 클라우드와 마찬가지로 애저도 등록을 위해 마이크로소프트 이메일 ID와 유효한 지불 수단이 필요하다.

참고

이 절에서는 마이크로 애저 클라우드 플랫폼에 대한 기본적 이해를 갖췄다고 가정한다. 애저의 기본 사항을 검토하려면 https://azure.microsoft.com/ko-kr/get-started/를 참조하라.

애저 포털(https://portal.azure.com/)에 접속했으면 애저에서 파이토치를 사용할 수 있는 방법은 크게 두 가지가 있다.

- 데이터사이언스 가상 머신(DSVM: Data Science Virtual Machine)

- 애저 머신러닝

이제 이 두 가지 방식에 대해 간단히 설명하겠다.

애저 데이터사이언스 가상 머신 사용

구글 클라우드의 딥러닝 VM 이미지와 비슷하게 애저는 딥러닝을 포함해 데이터 사이언스와 머신러닝을 위한 전용 VM 이미지인 DSVM 이미지[23]를 제공한다.

이 이미지들은 윈도우와 리눅스/우분투에서 사용할 수 있다. 머신 이미지 링크는 이 장 마지막의 참고 문헌 절을 참고하라.

이 이미지를 사용해 DSVM 인스턴스를 생성하는 단계는 구글 클라우드에서 다뤘던 단계와 상당히 비슷하다. 참고 문헌 절에서 제공하는 해당 링크를 따라 리눅스나 윈도우 DSVM을 생성하는 단계를 수행할 수 있다.

DSVM을 생성했으면 파이썬 셸을 시작해 파이토치 라이브러리를 임포트해봄으로 파이토치가 제대로 설치됐는지 확인할 수 있다. 리눅스 및 윈도우용으로 잘 작성된 글(링크는 참고 문헌 절에서 확인)에서 제공하는 단계에 따라 이 DSVM에서 사용할 수 있는 기능을 추가로 테스트할 수 있다.

마지막으로 이 책의 깃허브 리포지토리를 DSVM 인스턴스 내부에 복제하고 Chapter10 폴더의 코드를 사용해 이 장에서 설명한 파이토치 모델 서빙 실습을 해볼 수 있다.

---

23 https://azure.microsoft.com/ko-kr/services/virtual-machines/data-science-virtual-machines/

애저 머신러닝 서비스

앞서 출시된 아마존 세이지메이커와 비슷한 애저는 단대단(end-to-end) 클라우드 머신러닝 플랫폼을 제공한다. 애저 머신러닝 서비스(Azure Machine Learnin Service, AMLS)는 다음으로 구성된다(몇 가지만 들자면).

- 애저 머신러닝 VM
- 노트북
- 가상 환경
- 데이터스토어
- 머신러닝 실험 추적
- 데이터 레이블링

AMLS VM과 DSVM의 주요 차이점은 AMLS VM은 완전히 관리(fully managed)된다는 점이다. 예를 들어, 모델 훈련이나 서빙 요구사항에 따라 스케일업 혹은 스케일다운할 수 있다. 애저 머신러닝 VM과 DSVM과의 차이점이 궁금하다면 애저 웹사이트의 문서[24]를 참조하기 바란다.

세이지메이커와 마찬가지로 애저 머신러닝은 대규모 모델을 훈련시키거나 그 모델을 배포 및 서빙하는 데 모두 유용하다. 애저 웹사이트에는 AMLS에서 파이토치 모델을 훈련시키고 배포하는 일을 자세히 안내한 튜토리얼이 있다. 이 튜토리얼에 대한 링크는 참고 문헌 절에서 확인할 수 있다.

애저 머신러닝은 모든 머신러닝 작업에 대해 사용자에게 원클릭 인터페이스를 제공하는 것을 목표로 한다. 따라서 유연성이 떨어질 수밖에 없음을 기억하는 것이 중요하다. 여기에서 애저 머신러닝에 대한 자세한 내용을 모두 다루지는 않았지만 애저 웹사이트의 문서[25]에 자세히 설명돼 있다.

이로써 애저가 파이토치로 작업하기 위해 클라우드 플랫폼으로 무엇을 제공해야 하는지에 대한 논의를 마치겠다. 애저에서 파이토치로 작업하는 것에 대한 자세한 내용은 Azure의 파이토치 문서[26]에서 확인할 수 있다.

---

24 https://docs.microsoft.com/ko-kr/azure/machine-learning/data-science-virtual-machine/overview
25 https://docs.microsoft.com/ko-kr/azure/machine-learning/overview-what-is-azure-machine-learning
26 https://azure.microsoft.com/ko-kr/develop/pytorch/

이것으로 파이토치를 사용해 클라우드에서 모델을 서빙하는 것에 대한 논의도 마친다. 이 절에서는 AWS, 구글 클라우드, 마이크로소프트 애저에 대해 논의했다. 클라우드 플랫폼은 더 많지만 서비스 특정과 해당 플랫폼 내에서 파이토치를 사용하는 방법은 지금까지 논의한 내용과 유사하다. 이 절은 클라우드의 VM에서 파이토치 프로젝트를 수행하는 데 도움이 될 것이다.

요약

이 장에서는 훈련된 파이토치 딥러닝 모델을 운영 시스템에 배포하는 것에 대해 알아봤다. 몇 줄짜리 파이썬 코드로 사전 훈련된 모델을 사용해 예측할 수 있도록 로컬 시스템에서 모델 추론 파이프라인을 구축하는 것으로 시작했다. 그런 다음 이 파이프라인의 모델 추론 논리를 활용해 파이썬의 플라스크 라이브러리를 사용해 자체 모델 서버를 구축했다. 나아가 이 모델 서버를 사용해 명령어 한 줄로 배포 및 확장이 가능한 도커를 사용해 독립형 모델 마이크로서비스를 구축했다.

다음으로 최근에 개발된 파이토치 전용 모델 서빙 프레임워크인 토치서브를 살펴봤다. 이 도구를 사용해 코드 몇 줄로 파이토치 모델을 서빙하는 방법을 배웠고, 모델 버전 관리 및 지표 모니터링 같은 고급 기능을 논의했다. 이후 파이토치 모델을 내보내는 방법을 자세히 설명했다.

그 방법으로 먼저 토치스크립트를 사용해 추적하는 방법과 스크립팅하는 두 가지 다른 방법을 배웠다. 또한 토치스크립트를 사용해 내보낸 모델을 사용해 C++ 코드 내에서 예측하는 방법도 보여줬다. 그런 다음 ONNX를 사용해 모델을 내보내는 방법을 살펴봤다. 파이토치 모델을 ONNX 포맷으로 내보내고 다시 텐서플로로 내보내 텐서플로 코드를 사용해 예측하는 방법을 보여줬다.

마지막 절에서는 파이토치 모델을 훈련시키고 서빙할 수 있는 다양한 클라우드 플랫폼을 살펴봤다. 특히 AWS, 구글 클라우드, 마이크로소프트 애저 클라우드 플랫폼을 살펴봤다.

이 장을 마치면 각자만의 모델 추론 파이프를 구축할 준비가 됐다. 모델 서빙 인프라를 개발할 가능성은 많고 최적의 설계를 선택하는 일은 모델의 특정 요구사항에 따라 달라진다. 어떤 모델은 추론할 때까지 시간 지연을 단축하기 위해 고도의 성능 최적화가 필요할 수 있다. 어떤 모델은 소프트웨어 옵션이 제한된 매우 정교한 환경에 배포해야 할 수 있다. 이 장에서 다룬 주제는 다양한 시나리오를 통해 합리적으로 생각하고 견고한 모델 서빙 시스템을 준비하는 데 확실히 도움이 될 것이다.

다음 장에서는 파이토치에서 모델 작업할 때 딥러닝 모델을 훈련하고 검증하는 동안 시간과 자원을 절약하는 데 크게 도움이 되는 분산 훈련을 살펴보겠다.

참고 문헌

- **애저 리눅스 / 우분투 이미지**: https://azuremarketplace.microsoft.com/ko-kr/marketplace/apps/microsoft-dsvm.ubuntu-1804?tab=Overview

- **애저 윈도우 이미지**: https://azuremarketplace.microsoft.com/ko-kr/marketplace/apps/microsoft-dsvm.dsvm-win-2019?tab=Overview

- **리눅스 DSVM 생성 단계**: https://docs.microsoft.com/ko-kr/azure/machine-learning/data-science-virtual-machine/dsvm-ubuntu-intro

- **윈도우 DSVM 생성 단계**: https://docs.microsoft.com/ko-kr/azure/machine-learning/data-science-virtual-machine/provision-vm

- **리눅스 DSVM에 대한 자세한 설명**: https://docs.microsoft.com/ko-kr/azure/machine-learning/data-science-virtual-machine/linux-dsvm-walkthrough

- **윈도우 DSVM에 대한 자세한 설명**: https://docs.microsoft.com/ko-kr/azure/machine-learning/data-science-virtual-machine/vm-do-ten-things

- **AMLS에서 파이토치 모델 훈련 튜토리얼**: https://docs.microsoft.com/ko-kr/azure/machine-learning/how-to-train-pytorch

- **AMLS에서 파이토치 모델 배포 튜토리얼**: https://docs.microsoft.com/ko-kr/azure/machine-learning/how-to-deploy-and-where?tabs=azcli

11

분산 훈련

이전 장에서 광범위하게 논의했던 사전 훈련된 머신러닝 모델을 서빙하기 전에 머신러닝 모델을 훈련시켜야 한다. 3장 '심층 CNN 아키텍처', 4장 '심층 순환 신경망 아키텍처', 5장 '하이브리드 고급 모델'에서 점점 더 복잡해지는 딥러닝 모델 아키텍처가 광활하게 펼쳐지는 것을 봤다.

그러한 거대한 모델에는 대체로 수백만, 심지어 수십억 개의 매개변수가 있다. 최근 **GPT3(Generative Pre-Trained Transformer 3)** 언어 모델에는 1,750억 개의 매개변수가 있다. 이 많은 매개변수를 역전파로 튜닝하려면 어마어마한 양의 메모리와 컴퓨팅 성능이 필요하다. 그리고 나서도 모델 훈련을 마치기까지 며칠이 걸릴 수 있다.

이 장에서는 훈련을 여러 시스템에 그리고 시스템 내 여러 프로세스에 분산시켜 모델 훈련 프로세스의 속도를 높이는 방법을 알아볼 것이다. 여기서는 분산 훈련을 쉬워보이게 만들어주는 파이토치에서 제공하는 분산 훈련 API인 **torch.distributed**, **torch.multiprocessing**, **torch.utils.data. distributed.DistributedSampler**에 대해 알아보겠다.

1장 '파이토치를 이용한 딥러닝 소개'의 필기체 숫자 분류 예제를 가지고 파이토치의 분산 훈련 도구를 사용해 CPU상에서 훈련 속도를 높이는 것을 보여주겠다. 그런 다음 GPU상에서 속도를 높이기 위한 비슷한 방법들에 대해 논의하겠다.

이 장을 마치면 모델 훈련을 위해 하드웨어를 원하는 대로 완전히 활용할 수 있게 될 것이다. 매우 큰 모델을 훈련시키기 위해서는 이 장에서 논의한 도구들이 필요하지 않더라도 매우 중요하다.

이 장에서는 다음 주제를 다루겠다.

- 파이토치를 이용한 분산 훈련
- CUDA로 GPU상에서 분산 훈련

준비 사항

여기 실습에서는 파이썬 스크립트를 사용할 것이다. 이 장에서 pip를 사용해 설치해야 할 파이썬 라이브러리 목록을 다음과 같다. 예를 들어 명령줄에서 pip install torch==1.4.0을 실행해 torch를 설치한다.

```
jupyter==1.0.0
torch==1.4.0
torchvision==0.5.0
```

이 장과 관련한 코드 파일은 모두 Chapter11 폴더에서 확인할 수 있다.

파이토치를 이용한 분산 훈련

이 책의 이전 실습까지 모델 훈련을 한 시스템에서, 그 시스템의 단일 파이썬 프로세스에서 일어난다고 암묵적으로 가정했다. 이 절에서는 1장 '파이토치를 이용한 딥러닝 소개'의 필기체 숫자 분류 모델 실습을 다시 살펴보고 모델 훈련 루틴을 일반 훈련에서 분산 훈련으로 변환한다. 그러는 동안 파이토치가 훈련 프로세스를 분산시켜 더 빠르고 하드웨어 측면에서 더 효율적으로 만들기 위해 제공하는 도구를 알아보겠다.

먼저 분산 훈련을 사용하지 않으면 MNIST 모델이 어떻게 훈련되는지 살펴보자. 그런 다음 파이토치 분산 훈련 파이프라인과 비교할 것이다.

일반 방식의 MNIST 모델 훈련

1장 '파이토치를 이용한 딥러닝 소개'에서 만든 필기체 숫자 분류 모델은 주피터 노트북 형태였다. 여기에서 노트북 코드를 단일 파이썬 스크립트 파일로 합칠 것이다. 전체 코드는 convnet_undistributed.py에서 확인할 수 있다.

다음 단계에서 모델 훈련 코드의 다양한 부분을 복습하겠다.

1. 파이썬 스크립트에서 관련 라이브러리를 임포트한다.

```
import torch
...
import argparse
```

2. 다음으로 CNN 모델 아키텍처를 정의해야 한다.

```
class ConvNet(nn.Module):
    def __init__(self): ...
    def forward(self, x): ...
```

3. 그런 다음 모델 훈련 루틴을 정의해야 한다. 전체 코드는 나중에 분산 훈련 모드와 비교할 수 있도록 의도적으로 작성됐다.

```
def train(args):
    torch.manual_seed(0)
    device = torch.device("cpu")
    train_dataloader = torch.utils.data.DataLoader(...)
    model = ConvNet()
    optimizer = optim.Adadelta(model.parameters(), lr=0.5)
    model.train()
```

함수의 전반부에서는 파이토치 훈련 데이터셋을 사용해 파이토치 훈련 dataloader를 정의한다. 그런 다음 ConvNet으로 알려진 딥러닝 모델을 인스턴스화하고 최적화 모듈도 정의한다. 후반부에는 다음 코드와 같이 정의된 수만큼의 세대 동안 실행되는 훈련 루프를 실행한다.

```
for epoch in range(args.epochs):
    for b_i, (X, y) in enumerate(train_dataloader):
        X, y = X.to(device), y.to(device)
        pred_prob = model(X)
        loss = F.nll_loss(pred_prob, y)
```

```
            optimizer.zero_grad()
            loss.backward()
            optimizer.step()
```

루프 내부에서 정의된 배치 크기(이 경우, 128)의 배치로 전체 훈련 데이터셋에 대해 실행한다. 128개의 훈련 데이터 포인트를 포함한 각 배치에 대해 모델을 통해 순전파를 실행해 예측 확률을 계산한다. 그런 다음 정답 레이블과 함께 예측을 사용해 배치 손실을 계산한다. 역전파를 사용해 모델 매개변수를 튜닝하기 위해 이 손실을 사용해 기울기를 계산한다.

4. 이제 필요한 요소는 모두 준비됐다. 이것을 모두 main() 함수에 넣으면 된다.

```
def main():
    parser = argparse.ArgumentParser()
    ...
    train(args)
```

여기서는 명령줄에서 파이썬 훈련 프로그램을 실행하는 동안 세대 수와 같은 초매개변수를 입력하는 데 도움이 되는 인수 파서를 사용한다. 또한 나중에 분산 훈련 루틴과 비교할 수 있게 훈련 루틴의 시간을 측정한다.

5. 파이썬 스크립트에서 마지막으로 해야 할 일은 명령줄에서 이 스크립트를 실행할 때 main() 함수가 실행되는지 확인하는 것이다.

```
if __name__ == '__main__':
    main()
```

6. 이제 명령줄에서 다음 명령어를 실행함으로써 파이썬 스크립트를 실행하면 된다.

```
python convnet_undistributed.py --epochs 1
```

여기서는 모델 정확도가 아니라 모델 훈련 시간이 중요하므로 단일 세대 동안만 훈련 데이터를 실행한다. 그 결과는 다음과 같다.

```
epoch: 0 [0/469 (0%)] training loss: 2.308408
epoch: 0 [10/469 (2%)] training loss: 1.772532
epoch: 0 [20/469 (4%)] training loss: 0.953913
epoch: 0 (30/469 (6%)] training loss: 0.694977
epoch: 0 [40/469 (9%)] training loss: 0.481864
epoch: 0 [50/469 (11%)] training loss: 0.394739

(생략)
```

```
epoch: 0 [438/469 (92K)] training 1055: 0.137537
epoch: 0 [448/469 (94%)] training loss: 0.088957
epoch: 0 [458/669 (96%)] training loss: 0.040298
epoch: 0 [468/469 (98%)] training loss: 0.136536
Finished training in 50.57237482070923 secs
```

각각 128개 데이터 포인트가 포함된 배치 469개에 해당하는 1 세대 동안 훈련하는 데 약 50초가 걸렸다. 유일한 예외는 마지막 배치인데 여느 배치보다 데이터 포인트가 32개 적다(전체 데이터 포인트가 6만 개임).

이 시점에 이 모델이 어떤 종류의 시스템에서 학습됐는지 아는 것이 중요하다. 예를 들어 다음은 맥북인 필자의 컴퓨터 시스템 사양을 보여준다.

```
Hardware Overview:

    Model Name: MacBook Pro
    Model Identifier: MacBookPro15,2
    Processor Name: Intel Core i5
    Processor Speed: 2.4 GHz
    Number of Processors: 1
    Total Number of Cores: 6
    L2 Cache (per Core): 256 KB
    L3 Cache: 6 MB
    Hyper-Threading Technology: Enabled
    Memory: 16 GB
```

이 정보는 맥 터미널에서 다음 명령어를 실행하면 얻을 수 있다.

```
/Volumes/Macintosh\ HD/usr/sbin/system_profiler SPHardwareDataType
```

컴퓨터의 CPU 코어 개수와 RAM 용량은 다음에 살펴볼 훈련 루틴을 병렬화할 때 유용한 정보다.

분산 방식의 MNIST 모델 훈련

이 절에서는 앞에서 살펴본 것보다 속도를 높여줄 분산 훈련이 가능하게 코드를 약간 수정하겠다. 이 분산 훈련 파이썬 스크립트의 전체 코드는 convnet_distributed.py에서 확인할 수 있다.

분산 훈련 루틴 정의

이 절에서는 분산 훈련을 용이하게 하는 데 중요한 추가 파이토치 라이브러리를 임포트한다. 그런 다음 모델 훈련 루틴을 재정의한다. 이번에는 단일 모델을 교육할 때 서로 다른 기계와 프로세스가 함께 작동할 수 있게 하겠다. 그럼 시작하자.

1. 늘 그렇듯이 필요한 라이브러리를 임포트하는 것으로 시작하자. 이번에는 몇 개 추가로 임포트할 것들이 있다.

```
import torch
import torch.multiprocessing as mp
import torch.distributed as dist
import argparse
```

Torch.multiprocessing은 시스템 내에서 여러 파이썬 프로세스를 생성하는 데 도움이 되고(일반적으로 시스템에 있는 CPU 코어 수만큼의 프로세스를 생성할 수 있음), torch.distributed는 모델을 훈련시키기 위해 함께 작동할 때 다른 시스템 간 통신할 수 있게 해준다.

그러면 **Gloo**와 같은 내장된 파이토치 통신 백엔드 프로그램 중 하나가 이러한 시스템 간 통신을 처리한다. 각 시스템 내에서 멀티프로세싱은 여러 프로세스에 걸쳐 훈련 작업을 병렬 처리한다. 멀티프로세싱[1]과 분산[2]에 대해 더 자세히 알아보고 싶다면 해당 문서를 읽어보기 바란다.

2. 모델 아키텍처 정의 단계는 당연히 아무것도 변경하지 않는다.

```
class ConvNet(nn.Module):
    def __init__(self): ...
    def forward(self, x): ...
```

3. 대부분의 마법이 펼쳐질 train() 함수를 정의한다. 다음에서 강조 표시된 코드가 분산 훈련을 용이하게 해주는 부분이다.

```
def train(cpu_num, args):
    rank = args.machine_id * args.num_processes + cpu_num
    dist.init_process_group(
        backend='gloo',
        init_method='env://',
        world_size=args.world_size,
        rank=rank
```

---

[1] https://pytorch.org/docs/stable/multiprocessing.html
[2] https://pytorch.org/docs/stable/distributed.html

```
    )
    torch.manual_seed(0)
    device = torch.device("cpu")
```

이와 같이 맨 처음에 두 문장을 추가했다. 먼저 전체 분산 시스템에서 프로세스의 순서를 나타내는 ID인 랭크(rank)를 구한다. 예를 들어 각각 4개의 cpu 코어가 있는 두 대의 컴퓨터를 사용한다고 할 때, 전체 하드웨어를 활용하려면 시스템 당 4개씩 총 8개 프로세스를 시작할 수 있다.

이 경우, 프로세스를 분간하기 위해 이 8개 프로세스에 레이블을 붙여야 한다. 두 시스템에 ID 0과 1을 할당하고, 각 시스템의 4개의 프로세스에 0~3의 ID를 할당해 레이블을 붙일 수 있다. n번째 시스템의 k번째 프로세스의 랭크를 구하는 식은 다음과 같다.

$$rank = n * 4 + k$$

두 번째 추가된 코드는 `torch.distributed` 모듈의 `init_process_group`을 사용하며 시작된 프로세스 각각에 대해 다음 항목을 지정한다.

- 시스템 간 통신을 위해 사용되는 백엔드(이 경우, Gloo)
- 분산 훈련에 사용되는 전체 프로세스 개수(`args.world_size`로 지정) 혹은 `world_size`라고 함
- 시작된 프로세스의 랭크
- `init_process_group` 메서드는 시스템 전체의 모든 프로세스가 이 메서드를 사용해 시작될 때까지 각 프로세스가 추가 작업을 수행하지 못하도록 차단한다.

백엔드와 관련해 파이토치는 분산 훈련을 위해 Gloo, NCL, MPI 백엔드를 제공한다. 간단히 말해, CPU에서 분산 훈련시킬 때는 Gloo를 사용하고 GPU의 경우 NCCL을 사용한다. 이 통신 백엔드에 대한 자세한 내용은 파이토치 튜토리얼[3]에서 확인할 수 있다.

코드는 다음과 같다.

```
    train_dataset = ...
    train_sampler = torch.utils.data.distributed.DistributedSampler(
        train_dataset,
        num_replicas=args.world_size,
        rank=rank
    )
    train_dataloader = torch.utils.data.DataLoader(
        dataset=train_dataset,
```

---

3 https://tutorials.pytorch.kr/intermediate/dist_tuto.html

```
        batch_size=args.batch_size,
        shuffle=False,
        num_workers=0,
        sampler=train_sampler)
model = ConvNet()
optimizer = optim.Adadelta(model.parameters(), lr=0.5)
model = nn.parallel.DistributedDataParallel(model)
model.train()
```

분산되지 않은 훈련 실습과 비교해 MNIST 데이터셋 인스턴스화를 데이터로더 인스턴스화와 분리했다. 이 두 단계 사이에 데이터 샘플러인 torch.utils.data.distributed.DistributedSampler를 삽입했다.

샘플러의 작업은 훈련 데이터셋을 world_size 수만큼의 파티션으로 분할해 분산 훈련 세션의 모든 프로세스가 똑같은 양의 데이터에서 작업하도록 하는 것이다. 데이터를 분산할 때 샘플러를 사용하므로 데이터로더를 인스턴스화할 때 셔플 옵션은 False로 설정했음을 유의하자.

코드에 추가된 또 다른 함수는 모델 객체에 적용되는 nn.parallel.DistributedDataParallel이다. DistributedDataParallel이 경사 하강 알고리즘이 분산 방식으로 작동하게 하는 핵심 구성요소/API이므로 이 코드에서 가장 중요한 부분일 것이다. 내부에서 발생하는 일을 정리하면 다음과 같다.

- 분산 환경에서 생성된 각 프로세스는 고유한 모델 복사본을 얻게 된다.
- 프로세스당 각 모델은 자체 옵티마이저를 유지하고 전역 이터레이션과 동기화되는 로컬 최적화 단계를 거친다.
- 각 분산 훈련 이터레이션에서 개별 손실 및 그에 따른 기울기가 각 프로세스에서 계산된다. 그런 다음 프로세스 전반에 걸쳐 기울기 평균을 구한다.
- 그런 다음 평균 기울기는 매개변수를 조정하는 각 모델 복사본에 전역으로 역전파된다.
- 전역 역전파 단계 때문에 모든 모델의 매개변수는 이터레이션마다 동일하며 이는 자동으로 동기화됨을 의미한다.

DistributedDataParallel을 사용하면 확실히 각 파이썬 프로세스는 독립적인 파이썬 인터프리터에서 실행된다. 이렇게 하면 여러 모델이 동일한 인터프리터 아래 여러 스레드에서 인스턴스화되는 경우 발생할 수 있는 GIL 제약이 사라진다. 이는 특히 집중적으로 파이썬 특화된 처리가 필요한 모델의 경우 성능을 더욱 향상시킨다.

```
for epoch in range(args.epochs):
    for b_i, (X, y) in enumerate(train_dataloader):
        X, y = X.to(device), y.to(device)
        pred_prob = model(X)
        ...
        if b_i % 10 == 0 and cpu_num==0:
            print(...)
```

훈련 루프는 앞 절과 거의 같다. 유일한 차이라면 랭크가 0인 프로세스만 로깅하도록 제한한다는 것이다. 랭크가 0인 시스템이 모든 통신을 설정하는 데 사용되므로, 랭크가 0인 프로세스를 레퍼런스로 삼아 모델의 훈련 성능을 추적한다. 이렇게 하지 않으면 모델 훈련 이터레이션마다 프로세스 개수만큼 로그가 생긴다.

여러 프로세스에서 분산 훈련 실행

이전 절에서 모델과 분산 훈련 루틴을 정의했다. 이 절에서는 복수의 하드웨어에서 훈련 루틴을 실행하고 분산 훈련이 모델 훈련 시간에 미치는 영향을 관찰하겠다. 그럼 시작하자.

1. main() 함수에 추가된 내용이 많은 것을 볼 수 있다.

```python
def main():
    parser = argparse.ArgumentParser()
    parser.add_argument('--num-machines', default=1, type=int,)
    parser.add_argument('--num-processes', default=1, type=int)
    parser.add_argument('--machine-id', default=0, type=int)
    parser.add_argument('--epochs', default=1, type=int)
    parser.add_argument('--batch-size', default=128, type=int)
    args = parser.parse_args()

    args.world_size = args.num_processes * args.num_machines
    os.environ['MASTER_ADDR'] = '127.0.0.1'
    os.environ['MASTER_PORT'] = '8892'
    start = time.time()
    mp.spawn(train, nprocs=args.num_processes, args=(args,))
    print(f"Finished training in {time.time()-start} secs")
```

우선 다음과 같이 추가된 인수를 볼 수 있다.

- num_machines: 이름에서 알 수 있듯이, 이 인수는 머신의 수를 지정한다.
- num_processes: 각 머신에서 생성될 프로세스 수.
- machine_id: 현재 머신을 가리키는 ID. 이 파이썬 스크립트는 각 머신마다 실행되어야 한다는 점을 기억하자.
- batch_size: 배치 내 데이터 포인트 개수. 왜 갑자기 이 값이 필요할까?

앞서 언급했듯이 이 값이 필요한 데는 두 가지 이유가 있다. 첫째로 모든 프로세스에는 각자만의 기울기가 있고 이터레이션마다 전체 기울기는 그 기울기를 평균하여 구한다. 따라서 모델 훈련 이터레이션이 한 번 돌 때마다 각 프로세스가 처리한 데이터 포인트 개수를 명시적으로 지정해야 한다. 둘째로 전체 훈련 데이터셋은 world_size 개수만큼의 개별 데이터셋으로 나뉜다.

따라서 이터레이션마다 전체 데이터 배치를 프로세스당 world_size 수만큼의 데이터 하위 배치로 나눠야 한다. 그리고 batch_size가 이제 world_size와 결합됐으므로 훈련 인터페이스를 쉽게 하기 위해 입력 인수로 제공한다. 따라서 예를 들어 world_size가 두 배인 경우 모든 머신과 프로세스에 걸쳐 데이터 포인트가 균등 분포가 되도록 batch_size를 반으로 줄여야 한다.

입력받은 인수들로부터 world_size를 계산하고 나서, 두 개의 중요한 환경 변수를 지정한다.

- MASTER_ADDR: 랭크가 0인 프로세를 실행하는 머신의 IP 주소
- MASTER_PORT: 랭크가 0인 프로세스를 실행하는 머신의 가용한 포트

앞에서 언급했듯이, 분산 훈련 루틴을 정의하면 랭크가 0인 머신이 모든 백엔드 통신을 설정하므로 전체 시스템이 언제나 호스팅 시스템을 찾을 수 있어야 한다. 이것이 IP 주소와 포트를 제공하는 이유다.

이 예제에서 훈련 프로세스는 단일 로컬 머신에서 실행되므로 로컬호스트 주소로 충분하다. 그렇지만 원격에 위치한 서버에서 다중 시스템 훈련을 실행할 때는 랭크가 0인 서버의 정확한 IP 주소와 포트 번호를 제공해야 한다.

마지막 변경 사항은 단일 훈련 프로세스를 실행하는 대신 멀티 프로세싱을 사용해 시스템 하나에 num_processes 수만큼의 프로세스를 생성하는 것이다. 분산 인수는 생성된 각 프로세스에 전달되어 모델 훈련 실행 중에 프로세스와 시스템이 서로 조정되게 한다.

2. 분산 훈련 코드의 끝부분은 이전과 같다.

```
if __name__ == '__main__':
    main()
```

3. 이제 분산 훈련 스크립트를 시작할 수 있게 됐다. 먼저 분산형 스크립트를 사용해 분산이 아닌 것처럼 실행해보자. 시스템 수와 프로세스 수를 1로 설정하면 된다.

```
python convnet_distributed.py --num-machines 1 --num-processes 1 --machine-id 0 --batch-size
128
```

> **주의**
> Gloo 백엔드는 리눅스와 맥 OS에서만 작동한다. 따라서 이 예제는 윈도우에서는 실행되지 않는다.

훈련에 하나의 프로세스만 사용되므로 batch_size는 이전 실습과는 다르게 바뀌지 않았다. 그 결과는 다음과 같다.

```
epoch: 0 [0/469 (0%)] training loss: 2.310592
epoch: 0 [10/469 (2%)] training loss: 1.276357
epoch: 0 [20/469 (4%)] training loss: 0.693506
epoch: 0 (30/469 (6%)] training loss: 0.666963
epoch: 0 [40/469 (9%)] training loss: 0.318174
```

```
epoch: 0 [50/469 (11%)] training loss: 0.567527
```

```
(생략)
```

```
epoch: 0 [430/469 (92%)] training loss: 0.084474
epoch: 0 [440/469 (94%)] training loss: 0.140898
epoch: 0 [450/669 (96%)] training loss: 0.154369
epoch: 0 [460/469 (98%)] training loss: 0.110312
Finished training in 44.398102045059204 secs
```

이 결과를 이전의 일반 방식 훈련과 비교하면 비슷한 패턴을 따르지만 훈련 시간이 약간 단축된 것을 볼 수 있다. 훈련 손실의 진화도 상당히 비슷하다.

4. 이제 프로세스 2개를 실행하는 진정한 분산 훈련 세션을 실행하겠다. 배치 크기는 128의 절반인 64로 줄인다.

```
python convnet_distributed.py --num-machines 1 --num-processes 2 --machine-id 0 --batch-size 64
```

[실행 결과]

```
epoch: 0 [0/469 (0%)] training loss: 2.309348
epoch: 0 [10/469 (2%)] training loss: 1.524053
epoch: 0 [20/469 (4%)] training loss: 0.993402
epoch: 0 [30/469 (6%)] training loss: 0.777355
epoch: 0 [40/469 (9%)] training loss: 0.407441
epoch: 0 [50/469 (11%)] training loss: 0.655984
```

```
(생략)
```

```
epoch: 0 [420/469 (90%)] training loss: 0.179646
epoch: 0 [430/469 (92%)] training loss: 0.059710
epoch: 0 [440/469 (94%)] training loss: 0.052976
epoch: 0 [450/469 (96%)] training loss: 0.039953
epoch: 0 [460/469 (98%)] training loss: 0.181595
Finished training in 30.58652114868164 secs
```

보다시피 훈련 시간이 **44**초에서 **30**초로 상당히 단축됐다. 다시 한번 훈련 손실의 진화는 영향을 받지 않은 것으로 보이며, 이는 분산 훈련이 모델 정확도는 유지한 채로 훈련 속도를 높일 수 있는 방법임을 보여 준다.

5. 이제 2개가 아닌 4개의 프로세스에서 분산 훈련을 시키자. 이 때문에 배치 크기는 64에서 32로 줄인다.

```
python convnet_distributed.py --num-machines 1 --num-processes 4 --machine-id 0 --batch-size 32
```

결과는 다음과 같다.

```
epoch: 0 [0/469 (0%)] training loss: 2.314901
epoch: 0 [10/469 (2%)] training loss: 1.642720
epoch: 0 [20/469 (4%)] training loss: 0.802527
epoch: 0 [30/469 (6%)] training loss: 0.679492
epoch: 0 [40/469 (9%)] training loss: 0.300678
epoch: 0 [50/469 (11%)] training loss: 1.030731

(생략)

epoch: 0 [430/469 (92%)] training loss: 0.100122
epoch: 0 [440/469 (94%)] training loss: 0.253491
epoch: 0 [450/469 (96%)] training loss: 0.027886
epoch: 0 [460/469 (98%)] training loss: 0.120182
Finished training in 32.70223307609558 secs
```

기대와는 반대로 훈련 시간은 더 단축되지 않는다. 사실 살짝 증가했다. 앞에서 살펴본 하드웨어 사양을 보면 시스템에 4개의 CPU 코어가 있고 모든 코어가 각각 하나의 프로세스에 의해 점유된다.

이 세션은 로컬 시스템에서 실행되므로 하나 이상의 분산 훈련 프로세스와 자원 경합을 벌일 다른 프로세스(구글 크롬 등)도 실행되고 있다.

실제로 분산 방식으로 모델을 훈련시키는 일은 모델 훈련만 수행하는 원격 시스템에서 이뤄진다. 그러한 시스템에서는 CPU 코어 수만큼 또는 그 이상의 프로세스를 사용하는 것이 좋다. 코어 수보다 더 많은 프로세스를 시작할 수 있지만 여러 프로세스가 자원(CPU 코어) 경합을 벌이게 되므로 훈련 시간이 크게 향상되지 않는다. 코어와 프로세스에 대한 자세한 내용은 다음 주소에서 확인할 수 있다.

https://www.guru99.com/cpu-core-multicore-thread.html

6. 마지막으로 이 실습에서는 하나의 시스템만 사용했으므로 훈련을 시작하기 위해 파이썬 스크립트를 하나만 실행하면 됐다. 그렇지만 여러 시스템에서 훈련하는 경우 4단계에서 말한 대로 MASTER_ADDR와 MASTER_PORT를 변경하는 것 외에 각 시스템에서 하나의 파이썬 스크립트를 시작해야 한다. 예를 들어, 두 대의 컴퓨터가 있다면 첫 번째 컴퓨터에서 다음 명령을 실행한다.

```
python convnet_distributed.py --num-machines 2 --num-processes 2 --machine-id 0 --batch-size 32
```

그런 다음 두 번째 컴퓨터에서 다음 명령을 실행한다.

```
python convnet_distributed.py --num-machines 2 --num-processes 2 --machine-id 1 --batch-size 32
```

분산 방식으로 파이토치를 사용해 CPU에서 딥러닝 모델을 훈련시키는 실습은 이것으로 마친다. 코드 몇 줄을 추가하면 일반 파이토치 모델 훈련 스크립트를 분한 훈련 환경으로 전환할 수 있다. 이 절에서 수행했던 실습은 간단한 합성곱 신경망을 사용했다. 그렇지만 모델 아키텍처 코드는 건드리지도 않았으므로 이 실습에서 이득은 보다 가시적이고 필요성이 느껴질 만큼 더 복잡한 학습 모델로 쉽게 확장할 수 있다는 점이다.

다음 절에서는 GPU에서 분산 훈련을 용이하게 하기 위해 이와 유사하게 코드를 변경하는 방법에 대해 간략하게 설명한다.

CUDA로 GPU상에서 분산 훈련

이 책의 다양한 실습을 통해 공통적으로 등장하는 파이토치 코드를 눈치챘을 것이다.

```
device = torch.device('cuda' if torch.cuda.is_available() else 'cpu')
```

이 코드는 사용 가능한 컴퓨팅 장치를 찾고 cpu보다 cuda(GPU를 사용)를 선호한다. 이런 기본 설정은 GPU가 병렬화를 통해 행렬 곱셈과 덧셈 같은 일반 신경망 작업에서 계산 속도를 높일 수 있기 때문이다.

이 절에서는 GPU에서 분산 훈련시켜 계산 속도를 더 높이는 방법을 배우겠다. 이전 실습에서 수행한 작업을 기반으로 하므로 코드는 대부분 같다. 다음 단계에서는 변경된 내용을 강조 표시하겠다. 스크립트 실행은 각자의 연습문제로 남기겠다. 전체 코드는 convnet_distributed_cuda.py에서 확인할 수 있다. 그럼 시작하자.

1. 임포트와 모델 아키텍처 정의 코드는 이전과 정확히 동일하지만 train() 함수에 몇 가지 변경할 내용이 있다.

```
def train(gpu_num, args):
    rank = args.machine_id * args.num_processes + gpu_num
        dist.init_process_group(
        backend='nccl',
        init_method='env://',
```

```
        world_size=args.world_size,
        rank=rank
)
torch.manual_seed(0)
model = ConvNet()
torch.cuda.set_device(gpu_num)
model.cuda(gpu_num)
criterion = nn.NLLLoss().cuda(gpu_num)
```

이전 절, 분산 훈련 루틴 정의의 3단계에서 논의한 바와 같이 NCCL은 GPU로 작업할 때 주로 사용되는 통신 백엔드다. 모델과 손실 함수 모두 GPU 장치에 위치해야 GPU가 제공하는 병렬화된 행렬 연산이 가능해지고 그에 따라 훈련 속도가 빨라진다.

```
train_dataset = ...
train_sampler = ...
train_dataloader = torch.utils.data.DataLoader(
        dataset=train_dataset,
        batch_size=args.batch_size,
        shuffle=False,
        num_workers=0,
        pin_memory=True,
        sampler=train_sampler)
optimizer = optim.Adadelta(model.parameters(), lr=0.5)
model = nn.parallel.DistributedDataParallel(model, device_ids=[gpu_num])
model.train()
```

DistributedDataParallel API는 device_ids라는 추가 매개변수를 가져오며, 이는 호출된 GPU 프로세스의 랭크를 가져온다. 또한 데이터로더 아래 추가 매개변수로 pin_memory가 있으며 True로 설정된다. 이렇게 하면 모델을 훈련시키는 동안 호스트(이 경우 데이터셋이 로딩된 CPU)에서 다양한 장치(GPU)로 데이터를 빠르게 전송할 수 있다.

이 매개변수는 데이터로더가 데이터를 CPU 메모리에 고정시킬 수 있게 해준다. 즉, 데이터 샘플을 CPU의 고정된 페이지-잠금 메모리 슬롯에 할당할 수 있다. 그런 다음 이러한 슬롯의 데이터는 훈련 중에 각 GPU에 복사된다. 고정 전략에 대한 자세한 내용은 NVIDIA 블로그[4]에서 확인할 수 있다. pin_memory=True 메커니즘은 다음 코드와 같이 non_blocking=True 인수와 함께 작동한다.

```
for epoch in range(args.epochs):
    for b_i, (X, y) in enumerate(train_dataloader):
```

---

4 https://developer.nvidia.com/blog/how-optimize-data-transfers-cuda-cc/

```
        X, y = X.cuda(non_blocking=True), y.cuda(non_blocking=True)
    pred_prob = model(X)
    ...
```

pin_memory와 non_blocking 매개변수를 호출해 다음 두 작업이 겹쳐서 일어나게 한다.

- CPU에서 GPU로 데이터(정답) 전송
- GPU 모델 훈련 컴퓨팅(또는 GPU 커널 실행)

이는 전체 GPU 훈련 프로세스를 더 효율적으로(더 빠르게) 만든다.

2. train( ) 함수 외에 main( ) 함수에서도 몇 줄 바꿔야 한다.

```
def main():
    parser.add_argument('--num-gpu-processes', default=1, type=int)
    args.world_size = args.num_gpu_processes * args.num_machines
    mp.spawn(train, nprocs=args.num_gpu_processes, args=(args,))
```

num_process 대신 num_gpu_processes를 사용한다. 코드 나머지 부분에서도 그에 맞춰 변경한다. GPU 코드의 나머지 부분은 앞에서와 같다. 이제 다음 명령어를 실행해 GPU에서 분산 훈련을 실행할 준비를 마쳤다.

```
python convnet_distributed_cuda.py --num-machines 1 --num-gpu-processes 2 --machine-id 0
--batch-size 64
```

이것으로 파이토치를 사용해 GPU에서 모델을 분산 훈련시키는 방법에 대한 설명을 마치겠다. 이전 절에서 언급했듯이 이전 예제에서 제안된 코드 변경 사항은 다른 딥러닝 모델로도 확장될 수 있다. 실제로 대부분의 최신 딥러닝 모델은 GPU에서 분산 훈련을 사용하는 방식으로 훈련된다. 이렇게 하면 GPU를 사용해 각자만의 모델을 훈련시킬 수 있게 된다.

요약

이 장에서는 머신러닝에서 중요한 실용적 측면인 모델 훈련 프로세스를 최적화하는 방법을 다뤘다. 파이토치를 사용해 분산 훈련을 어디까지 적용할 수 있는지 그 범위와 능력을 살펴봤다. 먼저 CPU에서 분산 훈련시키는 법을 설명했다. 1장 '파이토치를 이용한 딥러닝 소개'에서 학습한 모델을 분산 훈련 원칙을 사용해 다시 학습했다.

이 실습을 진행하는 동안 몇 가지 코드를 변경한 후 분산 훈련을 작동시키는 몇 가지 유용한 파이토치 API에 대해 배웠다. 끝으로 새로운 훈련 스크립트를 실행하고 여러 프로세스에 훈련을 분산시키면 훈련 속도가 상당히 향상됨을 관찰했다.

이 장 후반부에서는 파이토치를 사용해 GPU에서 분산 훈련시키는 방법을 간략하게 설명했다. 여러 GPU에서 분산 방식으로 모델을 훈련시키기 위해 필요한 기본 코드 변경사항을 짚어 설명했고 실제 실행은 각자의 실습으로 남겨두었다.

다음 장에서는 3장 '심층 CNN 아키텍처'와 5장 '하이브리드 고급 모델'에서 이미 다뤘던 응용 머신러닝의 또 다른 중요하고 유망한 주제인 **자동화된 머신러닝(AutoML)**을 위해 파이토치를 효과적으로 사용하는 방법을 배울 것이다. 이렇게 하면 AutoML을 사용해 머신러닝 모델을 자동으로, 즉 모델 아키텍처를 결정하고 정의할 필요 없이 훈련할 수 있다.

12

파이토치와
AutoML

AutoML(**자동화된 머신러닝**)은 최적의 신경망 아키텍처와 해당 신경망에서 최적의 초매개변수 설정을 구하는 방법을 제공한다. 신경망 아키텍처 검색에 대해서는 5장 '하이브리드 고급 모델'에서 `RandWireNN` 모델을 설명하면서 자세히 다뤘다.

이 장에서는 신경망 아키텍처 검색과 초매개변수 검색을 모두 수행하는 파이토치용 AutoML 도구인 Auto-PyTorch를 좀 더 광범위하게 살펴보겠다. 파이토치 모델에 대한 초매개변수 검색을 수행하는 Optuna라는 다른 AutoML 도구도 살펴보겠다.

이 장을 마칠 때면 비전문가도 도메인 경험이 거의 없이 머신러닝 모델을 설계할 수 있고, 전문가라면 모델 선택 과정에서 속도를 크게 높일 것이다.

이 장은 크게 다음 두 주제를 다룬다.

- AutoML로 최적의 신경망 아키텍처 찾기
- Optuna로 초매개변수 찾기

준비 사항

모든 실습에서 주피터 노트북을 사용하겠다. 다음은 이 장을 위해 pip를 사용해 설치(예를 들어, 명령줄에서 pip install torch==1.7.0을 실행)해야 할 파이썬 라이브러리 목록이다.

```
jupyter==1.0.0
torch==1.7.0
torchvision==0.8.1
torchviz==0.0.1
autoPyTorch==0.0.2
configspace==0.4.12
git+https://github.com/shukon/HpBandSter.git
optuna==2.2.0
```

> 참고
> Auto–PyTorch는 현재 리눅스와 macOS에서는 완벽하게 지원된다. 그렇지만 윈도우 사용자는 라이브러리를 설치하는 동안 문제가 발생할 수 있다. 따라서 Auto–PyTorch 작업에는 macOS나 리눅스를 사용하는 것이 좋다.

이 장과 관련한 코드 파일은 모두 Chapter12 폴더에서 확인할 수 있다.

AutoML로 최적의 신경망 아키텍처 찾기

머신러닝 알고리즘은 주어진 입력과 출력 간의 관계를 학습하는 프로세스를 자동화하는 것으로 볼 수도 있다. 전통적인 소프트웨어 엔지니어링에서는 입력을 받고 출력을 반환하는 함수의 형태로 이러한 관계를 명시적으로 작성/코딩해야 했다. 머신러닝 분야에서 머신러닝 모델이 그러한 함수를 찾아준다. 어느 정도 자동화했지만 여전히 할 일이 많이 남아 있다. 데이터 마이닝과 정제 외에도 이러한 함수를 얻기 위해 정례적으로 수행해야 할 작업이 몇 가지 있다.

- 머머신러닝 모델을 선택 (또는 모델군을 먼저 선택하고 모델을 선택)

- 모델 아키텍처 결정(특히 딥러닝의 경우)

- 초매개변수 선택

- 검증 셋 성능에 기반한 초매개변수 조정

- 다양한 모델(또는 모델군) 시도

이 작업들은 머신러닝 전문가가 필요한 정당한 이유가 되기도 한다. 이러한 단계 대부분은 수동으로 이뤄지고 시간이 너무 오래 걸리거나 필요한 시간을 줄이기 위해 고도의 전문 지식이 필요하다. 산업계와 학계에서 점점 더 인기를 얻고 그 가치와 유용성을 인정받는 머신러닝 모델을 생성하고 배포하는 데 머신러닝 전문가가 필요하지만 구인이 어렵다.

여기서 AutoML이 등장한다. AutoML은 앞에서 나열했던 단계 그 이상을 자동화하는 것을 목표로 하는 머신러닝의 한 분야가 됐다.

이 절에서는 파이토치와 함께 작동하게 만든 AutoML 도구인 Auto-PyTorch를 살펴보겠다. 실습으로 1장 '파이토치를 이용한 딥러닝 소개'에서 작업했던 필기체 숫자 분류를 수행하는 최적의 신경망과 함께 초매개변수를 함께 찾을 것이다.

1장과 다른 점은 이번에는 아키텍처나 초매개변수를 정하지 않아도 Auto-PyTorch가 알아서 해준다는 것이다. 먼저 데이터셋을 로딩하고 Auto-PyTorch 모델 검색 인스턴스를 정의한 다음, 최고의 성능을 내는 모델을 제공하는 모델 검색 루틴을 실행한다.

도구 참고 문헌

Auto-PyTorch (https://github.com/automl/Auto-PyTorch)

Auto-PyTorch Tabular: Multi-Fidelity MetaLearning for Efficient and Robust AutoDL, Lucas Zimmer, Marius Lindauer, and Frank Hutter https://arxiv.org/abs/2006.13799

Auto-PyTorch로 최적의 MNIST 모델 찾기

모델 검색을 주피터 노트북 형태로 실행하겠다. 책에서는 코드에서 중요한 부분만 보여줄 것이다. 전체 코드는 automl-pytorch.ipynb에서 확인할 수 있다.

MNIST 데이터셋 로딩

이제 데이터셋을 로딩하는 코드를 단계별로 알아보겠다.

1. 먼저 다음처럼 관련 라이브러리를 임포트한다.

```
import torch
from autoPyTorch import AutoNetClassification
```

마지막 줄은 Auto-PyTorch 모듈을 임포트한 것으로 매우 중요하다. 이 모듈을 사용하면 모델 검색 세션을 설정하고 실행하는 데 도움이 된다.

2. 다음으로 Torch API를 사용해 훈련 데이터셋과 테스트 데이터셋을 로딩한다.

```
train_ds = datasets.MNIST(...)
test_ds = datasets.MNIST(...)
```

3. 그런 다음 이 데이터셋 텐서를 훈련과 테스트 입력(X)과 출력(y) 배열로 변환한다.

```
X_train, X_test, y_train, y_test = (
    train_ds.data.numpy().reshape(-1, 28 * 28),
    test_ds.data.numpy().reshape(-1, 28 * 28),
    train_ds.targets.numpy(),
    test_ds.targets.numpy()
)
```

이미지를 크기가 784인 평면화된 벡터로 변형한다는 점에 유의하자. 다음 절에서는 평면화된 특징 벡터를 입력으로 받는 Auto-PyTorch 모델 검색기를 정의하므로 이렇게 입력의 형상을 변경한다.

Auto-PyTorch는 현재 `AutoNetClassification` 및 `AutoNetImageClassification` 형식의 특징 벡터 형태의 데이터와 이미지 데이터만 지원한다. 이 실습에서는 특징으로 추출된 데이터를 사용하고 이미지 데이터를 사용하는 것은 직접 해보기 바란다. 이를 위한 튜토리얼[1]을 참고하기 바란다.

Auto-PyTorch로 신경망 아키텍처 검색을 실행하기

이전 절에서 데이터셋을 로딩했으니 이제 Auto-PyTorch를 사용해 모델 검색 인스턴스를 정의하고 이를 활용해 신경망 아키텍처 검색과 초매개변수 검색 작업을 수행할 것이다.

1. autoPyTorch 모델 검색 인스턴스를 정의하는 단계로 이 실습에서 가장 중요한 단계다.

```
autoPyTorch = AutoNetClassification("tiny_cs",  # config preset
                                    log_level='info',
                                    max_runtime=2000,
                                    min_budget=100,
                                    max_budget=1500)
```

---

[1] https://github.com/automl/Auto-PyTorch/tree/master/examples

여기서 설정은 Auto-PyTorch 리포지토리[2]에서 제공하는 예제로부터 가져왔다. 그러나 일반적으로 하드웨어는 적게 사용하면서 검색 속도를 높이는 tiny_cs를 사용한다.

예산(budget) 인수는 Auto-PyTorch 프로세스의 자원 소비에 제한을 설정하는 것이다. 기본적으로 예산의 단위는 시간이다. 즉 모델 검색에 사용할 수 있는 **CPU/GPU** 타임이다.

2. Auto-PyTorch 모델 검색 인스턴스를 인스턴스화한 다음, 아래와 같이 훈련 데이터셋에 인스턴스를 피팅해 검색을 수행한다.

```
autoPyTorch.fit(X_train, y_train, validation_split=0.1)
```

내부적으로 Auto-PyTorch는 최초 논문[3]에서 언급한 기법에 기반해 다양한 모델 아키텍처와 초매개변수 설정을 여러 차례 시도한다.

매 시도(trial)를 10% 검증 데이터셋에 대해 벤치마킹하고, 그중 성능이 가장 높은 것을 출력으로 반환한다. 앞의 코드는 다음 결과를 출력한다.

```
{'optimized_hyperparameter_config': {'CreateDataLoader:batch_size': 125,
  'Imputation:strategy': 'median',
  'InitializationSelector:initialization_method': 'default',
  'InitializationSelector:initializer:initialize_bias': 'No',
  'LearningrateSchedulerSelector:lr_scheduler': 'cosine_annealing',
  'LossModuleSelector:loss_module': 'cross_entropy_weighted',
  'NetworkSelector:network': 'shapedresnet',
  'NormalizationStrategySelector:normalization_strategy': 'standardize',
  'OptimizerSelector:optimizer': 'sgd',
  'PreprocessorSelector:preprocessor': 'truncated_svd',
  'ResamplingStrategySelector:over_sampling_method': 'none',
  'ResamplingStrategySelector:target_size_strategy': 'none',
  'ResamplingStrategySelector:under_sampling_method': 'none',
  'TrainNode:batch_loss_computation_technique': 'standard',
  'LearningrateSchedulerSelector:cosine_annealing:T_max': 10,
  'LearningrateSchedulerSelector:cosine_annealing:eta_min': 2,
  'NetworkSelector:shapedresnet:activation': 'relu',
  'NetworkSelector:shapedresnet:blocks_per_group': 4,
  'NetworkSelector:shapedresnet:max_units': 13,
  'NetworkSelector:shapedresnet:num_groups': 2,
```

---

2 https://github.com/automl/Auto-PyTorch
3 https://arxiv.org/abs/2006.13799

```
'NetworkSelector:shapedresnet:resnet_shape': 'brick',
'NetworkSelector:shapedresnet:use_dropout': 0,
'NetworkSelector:shapedresnet:use_shake_drop': 0,
'NetworkSelector:shapedresnet:use_shake_shake': 0,
'OptimizerSelector:sgd:learning_rate': 0.06829146967649465,
'OptimizerSelector:sgd:momentum': 0.9343847098348538,
'OptimizerSelector:sgd:weight_decay': 0.0002425066735211845,
'PreprocessorSelector:truncated_svd:target_dim': 100},
'budget': 40.0,
'loss': -96.45,
'info': {'loss': 0.12337125303244502,
'model_parameters': 176110.0,
'train_accuracy': 96.28550185873605,
'lr_scheduler_converged': 0.0,
'lr': 0.06829146967649465,
'val_accuracy': 96.45}}
```

이 결과는 Auto-PyTorch가 주어진 작업에 대해 최적이라고 판단한 초매개변수 설정을 보여준다. 예를 들면 학습률은 0.068, 모멘텀은 0.934 등이다. 앞의 결과는 선택된 최적의 모델 구성에서 보여줄 훈련 및 검증셋에서의 정확도도 보여준다.

3. 최적으로 훈련된 모델로 수렴하면 이제 해당 모델을 사용해 테스트셋에 대해 다음처럼 예측할 수 있다.

```
y_pred = autoPyTorch.predict(X_test)
print("Accuracy score", np.mean(y_pred.reshape(-1) == y_test))
```

이 코드는 다음과 같은 결과를 출력한다.

```
Accuracy score 0.964
```

보다시피 96.4%의 괜찮은 테스트셋 성능을 보이는 모델을 얻었다. 이 작업에서 결과를 무작위로 선택한다면 성능은 대략 10% 정도 될 것이다. 이에 비하면 모델 아키텍처나 초매개변수를 정의하지 않고도 이만큼의 좋은 성능을 얻을 수 있었다. 예산을 더 높게 설정하면 더 광범위한 검색을 통해 더 나은 성능을 얻을 수 있다.

검색을 수행하는 하드웨어(시스템)에 따라서도 성능이 달라진다. 컴퓨팅 파워가 높고 메모리가 많은 하드웨어는 같은 시간에 더 많은 검색을 실행할 수 있어 더 높은 성능을 보인다.

최적의 AutoML 모델 시각화

이 절에서는 이전 절에서 모델 검색 루틴을 실행해 얻은 최고 성능을 보이는 모델을 살펴보겠다.

1. 이전 절에서 초매개변수를 이미 살펴봤으므로 다음과 같이 Auto-PyTorch가 고안한 최적의 모델 아키텍처를 살펴보자.

```
pytorch_model = autoPyTorch.get_pytorch_model()
print(pytorch_model)
```

그 결과는 다음과 같이 출력된다.

```
Sequential(
  (0): Linear(in_features=100, out_features=100, bias=True)
  (1): Sequential(
    (0): ResBlock(
      (layers): Sequential(
        (0): BatchNorm1d(100, eps=1e-05, momentum=0.1, affine=True, track_running_stats=True)
        (1): ReLU()
        (2): Linear(in_features=100, out_features=100, bias=True)
        (3): BatchNorm1d(100, eps=1e-05, momentum=0.1, affine=True, track_running_stats=True)
        (4): ReLU()
        (5): Linear(in_features=100, out_features=100, bias=True)
      )
    )
    (1): ResBlock(
      (layers): Sequential(
        (0): BatchNorm1d(100, eps=1e-05, momentum=0.1, affine=True, track_running_stats=True)
        (1): ReLU()
        (2): Linear(in_features=100, out_features=100, bias=True)
        (3): BatchNorm1d(100, eps=1e-05, momentum=0.1, affine=True, track_running_stats=True)
        (4): ReLU()
        (5): Linear(in_features=100, out_features=100, bias=True)
      )
    )
    (2): ResBlock(
      (layers): Sequential(
        (0): BatchNorm1d(100, eps=1e-05, momentum=0.1, affine=True, track_running_stats=True)
        (1): ReLU()
        (2): Linear(in_features=100, out_features=100, bias=True)
```

```
        (3): BatchNorm1d(100, eps=1e-05, momentum=0.1, affine=True, track_running_stats=True)
        (4): ReLU()
        (5): Linear(in_features=100, out_features=100, bias=True)
      )
    )
    (3): ResBlock(

(생략)

    (3): ResBlock(
      (layers): Sequential(
        (0): BatchNorm1d(100, eps=1e-05, momentum=0.1, affine=True, track_running_stats=True)
        (1): ReLU()
        (2): Linear(in_features=100, out_features=100, bias=True)
        (3): BatchNorm1d(100, eps=1e-05, momentum=0.1, affine=True, track_running_stats=True)
        (4): ReLU()
        (5): Linear(in_features=100, out_features=100, bias=True)
      )
    )
  )
  (3): BatchNorm1d(100, eps=1e-05, momentum=0.1, affine=True, track_running_stats=True)
  (4): ReLU()
  (5): Linear(in_features=100, out_features=10, bias=True)
)
```

이 모델은 완전 연결 계층, 배치 정규화 계층, ReLU 활성화를 포함하는 구조화된 잔차 블록으로 구성된다. 마지막에는 0부터 9까지 각 숫자에 대해 하나씩 10개의 출력이 있는 마지막 완전 연결 계층이 있다.

2. 그리고 다음 코드에서 보듯이 torchviz를 사용해 실제 모델 그래프를 시각화할 수도 있다.

```
x = torch.randn(1, pytorch_model[0].in_features)
y = pytorch_model(x)
arch = make_dot(y.mean(), params=dict(pytorch_model.named_parameters()))
arch.format="pdf"
arch.filename = "convnet_arch"
arch.render(view=False)
```

이 코드가 실행되면 현재 작업 디렉터리에 convnet_arch.pdf 파일을 저장하는데, 이 파일을 열면 다음과 같은 다이어그램을 볼 수 있다.

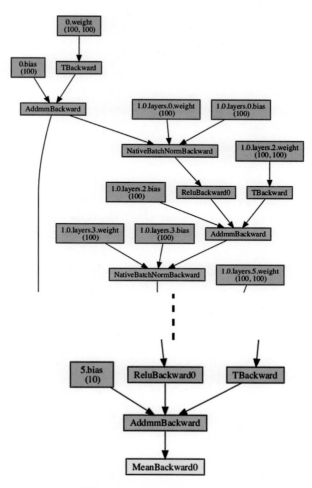

그림 12.1 Auto–PyTorch 모델 다이어그램

3. 모델이 어떻게 이 설루션으로 수렴됐는지 살펴보기 위해 다음 코드로 모델을 찾는 과정에 사용된 검색 공간을 볼 수 있다.

```
autoPyTorch.get_hyperparameter_search_space()
```

이 코드는 다음 결과를 출력한다.

```
Configuration space object:
  Hyperparameters:
    CreateDataLoader:batch_size, Type: Constant, Value: 125
    Imputation:strategy, Type: Categorical, Choices: {median}, Default: median
```

InitializationSelector:initialization_method, Type: Categorical, Choices: {default},
Default: default

InitializationSelector:initializer:initialize_bias, Type: Constant, Value: No

LearningrateSchedulerSelector:cosine_annealing:T_max, Type: Constant, Value: 10

LearningrateSchedulerSelector:cosine_annealing:eta_min, Type: Constant, Value: 2

LearningrateSchedulerSelector:lr_scheduler, Type: Categorical, Choices: {cosine_annealing},
Default: cosine_annealing

LossModuleSelector:loss_module, Type: Categorical, Choices: {cross_entropy_weighted},
Default: cross_entropy_weighted

NetworkSelector:network, Type: Categorical, Choices: {shapedresnet}, Default: shapedresnet

NetworkSelector:shapedresnet:activation, Type: Constant, Value: relu

NetworkSelector:shapedresnet:blocks_per_group, Type: UniformInteger, Range: [1, 4],
Default: 2

NetworkSelector:shapedresnet:max_units, Type: UniformInteger, Range: [10, 1024], Default:
101, on log-scale

NetworkSelector:shapedresnet:num_groups, Type: UniformInteger, Range: [1, 9], Default: 5

NetworkSelector:shapedresnet:resnet_shape, Type: Constant, Value: brick

NetworkSelector:shapedresnet:use_dropout, Type: Constant, Value: 0

NetworkSelector:shapedresnet:use_shake_drop, Type: Constant, Value: 0

NetworkSelector:shapedresnet:use_shake_shake, Type: Constant, Value: 0

NormalizationStrategySelector:normalization_strategy, Type: Categorical, Choices:
{standardize}, Default: standardize

OptimizerSelector:optimizer, Type: Categorical, Choices: {sgd}, Default: sgd

OptimizerSelector:sgd:learning_rate, Type: UniformFloat, Range: [0.0001, 0.1], Default:
0.0031622777, on log-scale

OptimizerSelector:sgd:momentum, Type: UniformFloat, Range: [0.1, 0.999], Default: 0.5495

OptimizerSelector:sgd:weight_decay, Type: UniformFloat, Range: [1e-05, 0.1], Default:
0.050005

PreprocessorSelector:preprocessor, Type: Categorical, Choices: {truncated_svd}, Default:
truncated_svd

PreprocessorSelector:truncated_svd:target_dim, Type: Constant, Value: 100

ResamplingStrategySelector:over_sampling_method, Type: Categorical, Choices: {none},
Default: none

ResamplingStrategySelector:target_size_strategy, Type: Categorical, Choices: {none},
Default: none

ResamplingStrategySelector:under_sampling_method, Type: Categorical, Choices: {none},
Default: none

TrainNode:batch_loss_computation_technique, Type: Categorical, Choices: {standard},

```
Default: standard
  Conditions:
    LearningrateSchedulerSelector:cosine_annealing:T_max | LearningrateSchedulerSelector:lr_sc
heduler == 'cosine_annealing'
    LearningrateSchedulerSelector:cosine_annealing:eta_min | LearningrateSchedulerSelector:lr_
scheduler == 'cosine_annealing'
    NetworkSelector:shapedresnet:activation | NetworkSelector:network == 'shapedresnet'
    NetworkSelector:shapedresnet:blocks_per_group | NetworkSelector:network == 'shapedresnet'
    NetworkSelector:shapedresnet:max_units | NetworkSelector:network == 'shapedresnet'
    NetworkSelector:shapedresnet:num_groups | NetworkSelector:network == 'shapedresnet'
    NetworkSelector:shapedresnet:resnet_shape | NetworkSelector:network == 'shapedresnet'
    NetworkSelector:shapedresnet:use_dropout | NetworkSelector:network == 'shapedresnet'
    NetworkSelector:shapedresnet:use_shake_drop | NetworkSelector:network == 'shapedresnet'
    NetworkSelector:shapedresnet:use_shake_shake | NetworkSelector:network == 'shapedresnet'
    OptimizerSelector:sgd:learning_rate | OptimizerSelector:optimizer == 'sgd'
    OptimizerSelector:sgd:momentum | OptimizerSelector:optimizer == 'sgd'
    OptimizerSelector:sgd:weight_decay | OptimizerSelector:optimizer == 'sgd'
    PreprocessorSelector:truncated_svd:target_dim | PreprocessorSelector:preprocessor ==
'truncated_svd'
```

이 검색 공간에는 모델을 구축하는 데 필요한 다양한 재료를 재료별로 할당된 범위와 함께 나열한다. 예를 들어 학습률은 0.0001~0.1의 범위로 할당되고 이 공간이 로그 스케일로(선형이 아니라 로그 샘플링) 샘플링된다.

Auto-PyTorch가 이 범위에서 주어진 작업에 대한 최적의 값으로 샘플링한 정확한 초매개변수 값을 앞에서 이미 확인했다. 또한 Auto-PyTorch 아래의 HyperparameterSearchSpaceUpdates 하위 모듈을 사용해 이 초매개변수의 범위를 수동으로 변경하거나 더 많은 초매개변수를 추가할 수도 있다. Auto-PyTorch 깃허브 설명서[4]에서 자세한 내용을 확인할 수 있다.

이것으로 파이토치용 AutoML 도구인 Auto-PyTorch에 대한 탐색을 마친다. 모델 아키텍처나 초매개변수를 지정하지 않고도 Auto-PyTorch를 사용해 MNIST 숫자 분류 모델을 성공적으로 구축했다. 이 실습은 이 도구와 다른 AutoML 도구를 사용해 자동화된 방식으로 파이토치 모델을 구축할 때 도움이 될 것이다. 이와 유사한 도구로는 다음과 같은 것들이 있다.

---

4 https://github.com/automl/Auto-PyTorch#configuration

- Hyperopt: https://github.com/hyperopt/hyperopt

- Tune: https://docs.ray.io/en/latest/tune/index.html

- Hypersearch: https://github.com/kevinzakka/hypersearch

- Skorch: https://github.com/skorch-dev/skorch

- BoTorch: https://botorch.org/

- Optuna: https://optuna.org/

이 장에서 이 도구들을 모두 다룰 수는 없지만 다음 절에서는 파이토치와 잘 작동하는 최적의 초매개변수 집합을 찾는 데만 초점을 맞춘 도구인 Optuna를 설명하겠다.

Optuna로 초매개변수 찾기

Optuna는 파이토치를 지원하는 초매개변수 검색 도구 중 하나다. TPE(Tree-Structured Parzen Estimation)와 CMA-ES(Covariance Matrix Adaptation Evolution Strategy) 등 이 도구가 사용하는 검색 전략에 대해 자세히 알고 싶다면 Optuna 논문[5]을 참고하기 바란다. 고급 초매개변수 검색 방법론 외에도 이 도구는 세련된 API를 제공하는데 잠시 후 이를 살펴보겠다.

> 도구 참고 문헌
>
> *Optuna: A Next-Generation Hyperparameter Optimization Framework.*
>
> *Takuya Akiba, Shotaro Sano, Toshihiko Yanase, Takeru Ohta, and Masanori Koyama (2019, in KDD).*

이 절에서는 MNIST 모델을 다시 한번 구축하고 훈련시키는데 이번에는 최적의 초매개변수 설정을 알아내기 위해 Optuna를 사용한다. 우리는 실습의 형태로 코드의 중요한 부분을 단계별로 논의할 것이다. 전체 코드는 optuna_pytorch.ipynb에서 확인할 수 있다.

모델 아키텍처 정의 및 데이터셋 로딩

먼저 Optuna 호환 모델 객체를 정의한다. Optuna 호환은 모델 초매개변수를 매개변수화할 수 있게 Optuna에서 제공하는 모델 정의 코드 내에 API를 추가하는 것을 의미한다. 이를 위해 다음과 같이 진행한다.

---

5 https://arxiv.org/pdf/1907.10902.pdf

1. 먼저 다음과 같이 필요한 라이브러리를 임포트한다.

```python
import torch
import optuna
```

optuna 라이브러리는 이 실습 전반에 걸쳐 초매개변수 탐색을 관리한다.

2. 다음으로 모델 아키텍처를 정의한다. 계층 수와 각 계층의 유닛 수 같은 일부 초매개변수를 유연하게 사용하기 원하므로 모델 정의 코드에 일부 로직을 포함해야 한다. 따라서 먼저 다음 코드에서 보여주듯이 이후에 1~4개의 합성곱 계층과 1~2개의 완전 연결 계층 사이에 위치하는 것이 필요하다고 선언했다.

```python
class ConvNet(nn.Module):
    def __init__(self, trial):
        super(ConvNet, self).__init__()
        num_conv_layers = trial.suggest_int("num_conv_layers", 1, 4)
        num_fc_layers = trial.suggest_int("num_fc_layers", 1, 2)
```

3. 그런 다음 합성곱 계층을 하나씩 차례로 추가한다. 각 합성곱 계층 바로 뒤에 ReLU 활성화 계층이 나오고 각 합성곱 계층에 대해 해당 계층의 깊이를 16~64 사이로 선언한다.

다음 코드에서 보여주듯이 스트라이드와 패딩은 각각 3과 True로 고정되고 전체 합성곱 블록 뒤에는 MaxPool 계층이 오고 그다음 Dropout 계층이 온다. 드롭아웃 확률은 0.1~0.4 사이의 값(또 다른 초매개변수)을 가진다.

```python
        self.layers = []
        input_depth = 1 # 그레이스케일 이미지
        for i in range(num_conv_layers):
            output_depth = trial.suggest_int(f"conv_depth_{i}", 16, 64)
            self.layers.append(nn.Conv2d(input_depth, output_depth, 3, 1))
            self.layers.append(nn.ReLU())
            input_depth = output_depth
        self.layers.append(nn.MaxPool2d(2))
        p = trial.suggest_float(f"conv_dropout_{i}", 0.1, 0.4)
        self.layers.append(nn.Dropout(p))
        self.layers.append(nn.Flatten())
```

4. 다음으로 평면화 계층을 추가해 완전 연결 계층이 뒤따라 나올 수 있게 해준다. 평면화 계층 출력의 모양을 구하기 위해 _get_flatten_shape 함수를 정의해야 한다. 그런 다음 유닛 수가 16~64로 선언된 완전 연결 계층을 연속적으로 추가한다. 각 완전 연결 계층 다음으로 Dropout 계층이 0.1~0.4 사이의 확률을 가지고 연결된다.

마지막으로 10개의 숫자(각 클래스/숫자 당 하나씩)를 출력하는 고정된 완전 연결 계층을 추가한 다음 LogSoftmax 계층을 추가한다. 모든 계층을 정의했으면 다음과 같이 모델 객체를 인스턴스화한다.

```
        input_feat = self._get_flatten_shape()
        for i in range(num_fc_layers):
            output_feat = trial.suggest_int(f"fc_output_feat_{i}", 16, 64)
            self.layers.append(nn.Linear(input_feat, output_feat))
            self.layers.append(nn.ReLU())
            p = trial.suggest_float(f"fc_dropout_{i}", 0.1, 0.4)
            self.layers.append(nn.Dropout(p))
            input_feat = output_feat
        self.layers.append(nn.Linear(input_feat, 10))
        self.layers.append(nn.LogSoftmax(dim=1))


        self.model = nn.Sequential(*self.layers)

    def _get_flatten_shape(self):
        conv_model = nn.Sequential(*self.layers)
        op_feat = conv_model(torch.rand(1, 1, 28, 28))
        n_size = op_feat.data.view(1, -1).size(1)
        return n_size
```

이 모델 초기화 함수는 trial 객체에 기반에 실행 조건이 부여되며 이에 따라 모델의 초매개변수 설정이 결정되고 Optuna가 이 과정을 쉽게 만들어준다. 다음 코드에서 보듯이 forward 메서드는 상당히 간단하다.

```
    def forward(self, x):
        return self.model(x)
```

모델 객체를 정의했으니 계속해서 데이터셋을 로딩하자.

5. 데이터셋을 로딩하는 코드는 1장 '파이토치를 이용한 딥러닝 소개'에 사용한 것과 같다.

```
train_dataloader = torch.utils.data.DataLoader(...)
test_dataloader = ...
```

이 절에서는 매개변수화된 모델 객체를 성공적으로 정의하고 데이터셋을 로딩했다. 이제 최적화 스케줄과 함께 모델 훈련 및 테스트 루틴을 정의한다.

모델 훈련 방식과 최적화 스케줄 정의

모델 훈련 자체에는 옵티마이저, 학습률 등의 초매개변수가 포함된다. 여기서는 Optuna의 매개변수화 기능을 활용하면서 모델 훈련 절차를 정의한다. 각 단계는 다음과 같다.

1. 먼저 훈련 루틴을 정의한다. 다시 말하지만 이 코드는 1장 '파이토치를 이용한 딥러닝 소개'의 실습에서 이 모델을 위해 만들었던 훈련 루틴과 같다. 코드를 다시 써보면 다음과 같다.

```python
def train(model, device, train_dataloader, optim, epoch):
    model.train()
    for b_i, (X, y) in enumerate(train_dataloader):
        ...
```

2. 모델 테스트 루틴은 약간 보완해야 한다. 다음 코드에서 보여주듯이, 테스트 루틴이 Optuna API 요건에 맞춰 작동하려면 모델 성능 지표(이 경우, 정확도)를 반환해 Optuna가 이 지표를 기반으로 다양한 초매개변수 설정을 비교할 수 있게 해줘야 한다.

```python
def test(model, device, test_dataloader):
    with torch.no_grad():
        for X, y in test_dataloader:
            ...
    accuracy = 100. * success / len(test_dataloader.dataset)
    return accuracy
```

3. 이전에는 학습률로 모델과 최적화 함수를 인스턴스화하고 함수 외부에서 훈련 루프를 시작했다. 하지만 Optuna API 요건을 따르려면 이 모든 일을 objective 함수에서 해야 한다. 이 목적 함수는 모델 객체의 __init__ 메서드에 공급된 인수와 동일한 trial 객체를 취한다.

다음 코드와 같이 학습률 값을 정하고 옵티마이저를 선택하는 것과 관련된 초매개변수가 있으므로 여기서도 trial 객체는 필요하다.

```python
def objective(trial):
    model = ConvNet(trial)
    opt_name = trial.suggest_categorical(
        "optimizer", ["Adam", "Adadelta", "RMSprop", "SGD"]
    )
    lr = trial.suggest_float("lr", 1e-1, 5e-1, log=True)
    optimizer = getattr(optim, opt_name)(model.parameters(), lr=lr)

    for epoch in range(1, 3):
        train(model, device, train_dataloader, optimizer, epoch)
        accuracy = test(model, device, test_dataloader)
        trial.report(accuracy, epoch)

        if trial.should_prune():
```

```
        raise optuna.exceptions.TrialPruned()

    return accuracy
```

각 세대에 대해 모델 테스트 루틴이 반환한 정확도를 기록한다. 또한 세대마다 이번 세대를 제거할지, 즉 건너뛸지 확인한다. 이것은 Optuna에서 제공하는 또 다른 기능으로 초매개변수 탐색 프로세스의 속도를 높여 열악한 초매개변수 설정에 시간을 낭비하지 않는다.

Optuna의 초매개변수 탐색 실행

이 실습의 끝부분에서 **Optuna study**라는 것을 인스턴스화하고 모델 정의와 훈련 루틴을 사용해 주어진 모델과 데이터셋에 대해 Optuna의 초매개변수 탐색 프로세스를 실행한다. 그 진행 과정은 다음과 같다.

1. 이전 절에서 필요한 모든 구성요소를 준비했으므로 Optuna 용어로 study라고 부르는 초매개변수 탐색 프로세스를 시작할 준비가 됐다. trial은 study에서 초매개변수 탐색 이터레이션 1회를 말한다. 코드는 다음과 같다.

```
study = optuna.create_study(study_name="mastering_pytorch", direction="maximize")
study.optimize(objective, n_trials=10, timeout=2000)
```

direction 인수는 Optuna가 다양한 초매개변수 설정을 비교하게 도와준다. 비교 지표가 정확도이므로 그 지표를 최대화(maximize)해야 한다. study에 최대 2000초 또는 서로 다른 탐색을 최대 10개 찾아내는 것 중 먼저 완료되는 것을 허용한다. 앞의 명령은 다음을 출력한다.

```
[I 2020-10-24 18:39:34,357] A new study created in memory with name: mastering_pytorch

epoch: 1 [0/60000 (0%)]  training loss: 2.314928
epoch: 1 [16000/60000 (27%)]    training loss: 2.339143
epoch: 1 [32000/60000 (53%)]    training loss: 2.554311
epoch: 1 [48000/60000 (80%)]    training loss: 2.392770

Test dataset: Overall Loss: 2.4598, Overall Accuracy: 974/10000 (10%)

epoch: 2 [0/60000 (0%)]  training loss: 2.352818
epoch: 2 [16000/60000 (27%)]    training loss: 2.425988
epoch: 2 [32000/60000 (53%)]    training loss: 2.432955
epoch: 2 [48000/60000 (80%)]    training loss: 2.497166
```

```
[I 2020-10-24 18:44:51,667] Trial 0 finished with value: 9.82 and parameters: {'num_conv_layers': 4, 'num_fc_layers':
2, 'conv_depth_0': 20, 'conv_depth_1': 18, 'conv_depth_2': 38, 'conv_depth_3': 27, 'conv_dropout_3': 0.18560304003563
005, 'fc_output_feat_0': 54, 'fc_dropout_0': 0.18233257074201586, 'fc_output_feat_1': 55, 'fc_dropout_1': 0.104182596
77735323, 'optimizer': 'RMSprop', 'lr': 0.49822431360836333}. Best is trial 0 with value: 9.82.
```

```
[I 2020-10-24 18:46:24,551] Trial 1 finished with value: 95.68 and parameters: {'num_conv_layers': 1, 'num_fc_layer
s': 2, 'conv_depth_0': 39, 'conv_dropout_0': 0.3950204757059781, 'fc_output_feat_0': 17, 'fc_dropout_0': 0.3760852329
345368, 'fc_output_feat_1': 40, 'fc_dropout_1': 0.29727560678671294, 'optimizer': 'Adadelta', 'lr': 0.254984294053231
25}. Best is trial 1 with value: 95.68.
```

```
[I 2020-10-24 18:51:37,575] Trial 2 finished with value: 98.77 and parameters: {'num_conv_layers': 3, 'num_fc_layer
s': 2, 'conv_depth_0': 27, 'conv_depth_1': 28, 'conv_depth_2': 46, 'conv_dropout_2': 0.3274565117338556, 'fc_output_f
eat_0': 57, 'fc_dropout_0': 0.12348496153785013, 'fc_output_feat_1': 54, 'fc_dropout_1': 0.36784682560478876, 'optimi
zer': 'Adadelta', 'lr': 0.4290610978292583}. Best is trial 2 with value: 98.77.
```

```
[I 2020-10-24 18:55:41,400] Trial 3 finished with value: 98.28 and parameters: {'num_conv_layers': 2, 'num_fc_layer
s': 1, 'conv_depth_0': 38, 'conv_depth_1': 40, 'conv_dropout_1': 0.3592746030824463, 'fc_output_feat_0': 20, 'fc_drop
out_0': 0.22476024022504099, 'optimizer': 'Adadelta', 'lr': 0.3167228174356792}. Best is trial 2 with value: 98.77.
```

```
[I 2020-10-24 18:59:54,755] Trial 4 finished with value: 10.28 and parameters: {'num_conv_layers': 2, 'num_fc_layer
s': 2, 'conv_depth_0': 50, 'conv_dropout_0': 0.30220610162727457, 'fc_output_feat_0': 42, 'fc_dro
pout_0': 0.1561741472895425, 'fc_output_feat_1': 33, 'fc_dropout_1': 0.31642189637209367, 'optimizer': 'RMSprop', 'l
r': 0.45189990541514835}. Best is trial 2 with value: 98.77.
```

```
[I 2020-10-24 19:02:39,390] Trial 5 finished with value: 98.12 and parameters: {'num_conv_layers': 2, 'num_fc_layer
s': 1, 'conv_depth_0': 31, 'conv_depth_1': 22, 'conv_dropout_1': 0.3612944916702828, 'fc_output_feat_0': 25, 'fc_drop
out_0': 0.2839369529837842, 'optimizer': 'SGD', 'lr': 0.11490140528643872}. Best is trial 2 with value: 98.77.
```

```
[I 2020-10-24 19:06:33,825] Trial 6 finished with value: 98.29 and parameters: {'num_conv_layers': 2, 'num_fc_layer
s': 2, 'conv_depth_0': 24, 'conv_depth_1': 55, 'conv_dropout_1': 0.34239043023224586, 'fc_output_feat_0': 35, 'fc_dro
pout_0': 0.17065510224232447, 'fc_output_feat_1': 46, 'fc_dropout_1': 0.19804499857448277, 'optimizer': 'Adadelta',
'lr': 0.42138811722164293}. Best is trial 2 with value: 98.77.
```

```
[I 2020-10-24 19:09:33,855] Trial 7 pruned.
```

```
[I 2020-10-24 19:10:33,804] Trial 8 pruned.
```

```
[I 2020-10-24 19:15:36,906] Trial 9 pruned.
```

그림 12.2 Optuna 로그

보다시피 세 번째 trial이 가장 최적의 시도로 테스트셋 정확도가 98.77%이고 마지막 세 개 trial은 제거된다. 로그에는 제거되지 않은 각 trial의 초매개변수도 표시된다. 예를 들어, 가장 최적의 trial을 위해 각각 27, 28, 46개 특징 맵이 있는 3개의 합성곱 계층이 있고 각각 57, 54개 유닛/뉴런을 포함하는 두 개의 완전 연결 계층이 있다.

2. 각 trial에는 완료(complete) 또는 제거(pruned) 상태가 주어진다. 다음 코드로 상태에 따른 시도를 구분할 수 있다.

```python
pruned_trials = [
    t for t in study.trials if t.state == optuna.trial.TrialState.PRUNED
]
complete_trials = [
    t for t in study.trials if t.state == optuna.trial.TrialState.COMPLETE
]

print("results: ")
print("num_trials_conducted: ", len(study.trials))
print("num_trials_pruned: ", len(pruned_trials))
print("num_trials_completed: ", len(complete_trials))
```

마지막으로 다음 코드로 가장 성공적인 trial의 초매개변수를 특별히 전부 살펴볼 수 있다.

```python
print("results from best trial:")
trial = study.best_trial
for key, value in trial.params.items():
    print("{}: {}".format(key, value))
```

이 코드를 실행하면 다음과 같은 결과를 보게될 것이다.

```
results:
num_trials_conducted:  10
num_trials_pruned:  3
num_trials_completed:  7
results from best trial:
accuracy:  98.77
hyperparameters:
num_conv_layers:  3
num_fc_layers:  2
conv_depth_0:  27
conv_depth_1:  28
conv_depth_2:  46
conv_dropout_2:  0.3274565117338556
fc_output_feat_0:  57
fc_dropout_0:  0.12348496153785013
fc_output_feat_1:  54
```

```
fc_dropout_1:  0.36784682560478876
optimizer:  Adadelta
lr:  0.4290610978292583
```

출력에는 총 trial 수와 성공적으로 수행된 trial 수를 보여준다. 또한 가장 성공적인 trial에서의 계층 수, 계층의 뉴런 수, 학습률, 최적화 스케줄 등의 초매개변수를 보여준다.

이것으로 실습을 마친다. Optuna를 사용해 필기체 숫자 분류 모델에 대한 다양한 종류의 초매개변수가 갖게 될 값의 범위를 정의했다. Optuna의 초매개변수 탐색 알고리즘을 사용해 10개의 다른 trial을 실행했고 그 trial 중 하나에서 98.77%라는 가장 높은 정확도를 얻었다. 가장 성공적인 trial에서 모델(아키텍처와 초매개변수)은 더 큰 데이터셋으로 훈련할 때 사용될 수 있으므로 운영 시스템에서 서빙에 사용할 수 있다.

이 절에서 배운 내용을 사용해 파이토치로 작성된 신경망 모델에 대한 최적의 초매개변수를 Optuna를 사용해 찾아낼 수 있다. 모델이 매우 크거나 튜닝할 초매개변수가 너무 많은 경우 Optuna를 분산 방식으로 사용할 수도 있다. 분산 튜닝에 대해 더 알고 싶다면 튜토리얼[6]에서 확인할 수 있다.

마지막으로 Optuna는 파이토치뿐 아니라 텐서플로, SKlearn, MXNet 등 다른 인기 있는 머신러닝 라이브러리도 지원한다.

요약

이 장에서는 모델 선택과 초매개변수 최적화를 위한 방법을 제공하는 것을 목표로 하는 AutoML을 살펴봤다. AutoML은 모델에 넣을 계층 수, 사용할 옵티마이저 등에 대한 결정을 내릴 전문 지식이 거의 없는 초보자에게 유용하다. Auto ML은 또한 모델 훈련 프로세스의 속도를 높이고 수동으로 계산하는 것이 거의 불가능한 작업에 대해 우수한 모델 아키텍처를 발견하는 데 유용하다.

파이토치와 함께 사용할 수 있는 두 가지 AutoML 도구를 살펴봤다. 먼저 최적의 신경망 아키텍처를 찾고 완벽한 초매개변수 설정을 찾는 작업을 모두 수행하는 Auto-PyTorch를 설명했다. 1장 '파이토치를 이용한 딥러닝 소개'의 MNIST 필기체 숫자 분류 작업을 가지고 Auto-PyTorch를 사용해 가장 적합한 모델을 찾았다. 이때 가장 높은 정확도는 96.4%였다.

---

6 https://optuna.readthedocs.io/en/stable/tutorial/10_key_features/004_distributed.html

다음으로 초매개변수 검색을 자동화하는 또 다른 AutoML 도구인 Optuna를 살펴봤다. 이 도구를 동일한 작업에 사용했다. Auto-PyTorch와 다른 점은 고수준(계층 유형)에서 아키텍처를 수동으로 정의해야 한다는 점이다. 그렇지만 저수준의 세부사항(계층과 유닛 수)은 초매개변수로 받으면 된다. Optuna는 98.77%의 정확도로 최고의 성능을 보이는 모델을 제공했다.

두 실습 모두 모델 아키텍처나 초매개변수 값을 정의하지 않고도 성능이 우수한 파이토치 모델을 찾고 훈련하고 배포할 수 있음을 증명한다. 이렇게 하면 많은 가능성이 열리므로 머신러닝 프로젝트 중 하나에서 수동으로 모델을 정의하는 대신 AutoML을 사용해 자동으로 모델을 찾도록 해보는 것이 좋다. 이렇게 하면 예를 들어 일반적으로 다양한 모델 아키텍처를 실험하는 데 걸리는 며칠의 시간을 절약할 수 있다.

다음 장에서는 머신러닝, 특히 딥러닝에서 더 중요해지고 있는 또 다른 분야를 공부하겠다. 파이토치 모델이 생성한 출력을 해석하는 방법(모델 해석 가능성 혹은 설명 가능성으로 널리 알려진 분야)을 자세히 살펴보겠다.

13

파이토치와
설명 가능한 AI

이 책을 통해 우리는 다양한 종류의 작업을 수행할 수 있는 몇 가지 딥러닝 모델을 구축했다. 예를 들어 필기체 숫자 분류기, 이미지 캡션 생성기, 감정 분류기 등이 있다. 파이토치를 사용해 이러한 모델을 훈련하고 평가하는 방법을 확실히 익혔지만 예측을 수행하는 동안 이러한 모델 내부에서 정확히 무슨 일이 일어나는지 알지 못한다. 모델 해석 가능성(interpretability) 또는 설명 가능성(explainability)은 우리가 하고자 하는 질문에 답하는 것을 목표로 하는 머신러닝 분야다. 모델이 그렇게 예측한 이유는 무엇일까? 더 자세히 말하면, 모델은 특정 예측을 하기 위해 입력 데이터에서 무엇을 보았는가?

이 장에서는 1장 '파이토치를 이용한 딥러닝 소개'의 필기체 숫자 분류 모델을 가지고 모델의 내부 작동을 이해하고 모델이 주어진 입력에 대해 왜 그런 예측을 했는지 설명한다. 먼저 파이토치 코드만 사용해 모델을 분석한다. 그런 다음 Captum이라는 특수한 모델 해석 도구를 사용해 모델 내부에서 무슨 일이 일어나는지 자세히 조사한다. Captum은 이미지 및 텍스트 기반의 모델을 포함해 딥러닝 모델을 위한 모델 해석 도구를 제공하는 파이토치 전용 서드파티 라이브러리다.

이 장에서는 딥러닝 모델의 내부를 밝히는 데 필요한 기술들을 제공한다. 이런 방식으로 모델 내부를 들여다보면 모델의 예측 행동을 추론하는 데 도움이 될 수 있다. 이 장을 마치게 되면 파이토치와 Captum을 사용해 자신만의 딥러닝 모델 해석을 하는 데 실습 경험을 적용할 수 있다.

이 장은 다음 두 가지 주제를 다룬다.

- 파이토치에서 모델 해석 가능성

- Captum을 이용한 모델 해석

준비 사항

이 장의 모든 실습은 주피터 노트북을 사용한다. 다음은 이 장을 위해 pip를 사용해 설치해야 할 파이썬 라이브러리 목록이다. 예를 들어 명령줄에 `pip install torch==1.4.0`을 실행하면 된다.

```
jupyter==1.0.0
torch==1.4.0
torchvision==0.5.0
matplotlib==3.1.2
captum==0.2.0
```

이 장에 관련한 모든 코드 파일은 Chapter13 폴더에 있다.

파이토치에서 모델 해석 가능성

이 절에서는 실습 형태로 파이토치를 사용해 훈련된 필기체 숫자 분류 모델을 분석한다. 더 정확하게는 필기체 숫자 이미지에서 모델이 학습하는 시각적 특징을 이해하기 위해 훈련된 필기체 숫자 분류 모델의 합성곱 계층의 세부 사항을 살펴보겠다. 합성곱 필터/커널과 이 필터에 의해 생성된 특징 맵을 살펴보겠다.

이러한 세부 정보는 모델이 입력 이미지를 처리해 예측을 만드는 방법을 이해하는 데 도움이 된다. 실습에 쓰인 전체 코드는 pytorch_interpretability.ipynb에서 확인할 수 있다.

필기체 숫자 분류 모델 훈련 – 복습

필기체 숫자 분류 모델을 훈련시키는 과정을 간단하게 복습해보자.

1. 먼저 관련 라이브러리를 임포트한 다음 이 실습의 결과를 재현할 수 있게 랜덤 시드를 설정한다.

```
import torch
np.random.seed(123)
torch.manual_seed(123)
```

2. 다음으로 모델 아키텍처를 정의한다.

```
class ConvNet(nn.Module):
    def __init__(self): ...
    def forward(self, x): ...
```

3. 다음으로 모델 훈련과 테스트 루틴을 정의한다.

```
def train(model, device, train_dataloader, optim, epoch):
def test(model, device, test_dataloader):
```

4. 그런 다음 훈련 데이터셋과 테스트 데이터셋 로더를 정의한다.

```
train_dataloader = torch.utils.data.DataLoader(...)
test_dataloader = torch.utils.data.DataLoader(...)
```

5. 다음으로 모델을 인스턴스화하고 최적화 스케줄을 정의한다.

```
device = torch.device("cpu")
model = ConvNet()
optimizer = optim.Adadelta(model.parameters(), lr=0.5)
```

6. 20 세대 동안 모델을 훈련시킬 모델 훈련 루프를 작성한다.

```
for epoch in range(1, 20):
    train(model, device, train_dataloader, optimizer, epoch)
    test(model, device, test_dataloader)
```

그 결과는 다음과 같이 출력된다.

```
epoch: 1 [0/60000 (0%)]  training loss: 2.324445
epoch: 1 [320/60000 (1%)]      training loss: 1.727462
epoch: 1 [640/60000 (1%)]      training loss: 1.428922
epoch: 1 [960/60000 (2%)]      training loss: 0.717944
epoch: 1 [1280/60000 (2%)]     training loss: 0.572199
```

(생략)

```
epoch: 19 [58880/60000 (98%)]      training loss: 0.016509
epoch: 19 [59200/60000 (99%)]      training loss: 0.118218
epoch: 19 [59520/60000 (99%)]      training loss: 0.000097
epoch: 19 [59840/60000 (100%)]     training loss: 0.000271


Test dataset: Overall Loss: 0.0387, Overall Accuracy: 9910/10000 (99%)
```

7. 이제 샘플 테스트 이미지에 훈련된 모델을 테스트할 수 있다. 샘플 테스트 이미지는 다음과 같이 로딩한다.

```
test_samples = enumerate(test_dataloader)
b_i, (sample_data, sample_targets) = next(test_samples)
plt.imshow(sample_data[0][0], cmap='gray', interpolation='none')
plt.show()
```

그 결과는 다음과 같이 출력된다.

그림 13.1 필기체 이미지 예제

8. 그런 다음 이 샘플 테스트 이미지를 사용해 모델 예측을 다음과 같이 수행한다.

```
print(f"Model prediction is : {model(sample_data).data.max(1)[1][0]}")
print(f"Ground truth is : {sample_targets[0]}")
```

[실행 결과]

```
Model prediction is : 9
Ground truth is : 9
```

따라서 필기체 숫자 분류 모델을 훈련하고 이 모델을 사용해 샘플 이미지에 추론을 수행했다. 이제 훈련된 모델의 내부를 살펴보겠다. 또한 어떤 합성곱 필터가 이 모델에 의해 학습됐는지 조사할 것이다.

모델의 합성곱 필터 시각화

이 절에서는 훈련된 모델의 합성곱 계층을 살펴보고 모델이 훈련하는 동안 학습한 필터를 살펴보겠다. 합성곱 계층이 입력 이미지에서 어떻게 작동하는지, 어떤 종류의 특징이 추출되는지를 알 수 있을 것이다.

1. 먼저 다음과 같이 모델의 모든 계층의 리스트를 얻어야 한다.

```
model_children_list = list(model.children())
convolutional_layers = []
model_parameters = []
model_children_list
```

[실행 결과]

```
[Conv2d(1, 16, kernel_size=(3, 3), stride=(1, 1)),
 Conv2d(16, 32, kernel_size=(3, 3), stride=(1, 1)),
 Dropout2d(p=0.1, inplace=False),
 Dropout2d(p=0.25, inplace=False),
 Linear(in_features=4608, out_features=64, bias=True),
 Linear(in_features=64, out_features=10, bias=True)]
```

보다시피 크기가 3×3인 필터를 가진 2개의 합성곱 계층이 있다. 첫 번째 합성곱 계층은 이런 필터를 16개 사용하는 반면 두 번째 합성곱 계층은 32개를 사용한다. 시각적으로 보여주는 것이 더 직관적이므로 이 실습에서는 합성곱 계층을 시각화하는 데 초점을 맞추겠다. 그렇지만 학습된 가중치를 시각화함으로써 선형 계층 같은 다른 계층도 이와 비슷하게 탐색할 수 있다.

2. 다음으로 모델에서 합성곱 계층만 선택해 별도 리스트로 저장한다.

```
for i in range(len(model_children_list)):
    if type(model_children_list[i]) == nn.Conv2d:
        model_parameters.append(model_children_list[i].weight)
        convolutional_layers.append(model_children_list[i])
```

이 과정에서 각 합성곱 계층에서 학습했던 매개변수나 가중치도 저장해야 한다.

3. 이제 합성곱 계층의 학습된 필터를 시각화할 준비가 됐다. 먼저 크기가 3×3인 16개 필터가 있는 첫 번째 계층부터 시작한다. 다음 코드는 이러한 필터를 시각화한다.

```
plt.figure(figsize=(5, 4))
for i, flt in enumerate(model_parameters[0]):
```

```
    plt.subplot(4, 4, i+1)
    plt.imshow(flt[0, :, :].detach(), cmap='gray')
    plt.axis('off')
plt.show()
```

이 코드는 다음과 같은 결과를 출력한다.

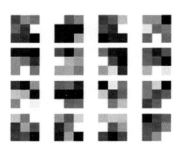

그림 13.2 첫 번째 합성곱 계층의 필터

먼저 학습된 필터가 모두 서로 약간 다르다는 것을 알 수 있다. 이는 좋은 신호. 일반적으로 이러한 필터는 일반적으로 내부에 대조 값을 가지고 있어서 이미지 주위에 적용할 때 일부 유형의 기울기를 추출할 수 있다. 모델이 추론하는 동안 이 16개 필터 각각은 흑백 입력 이미지에 독립적으로 작동하고 16개의 서로 다른 특징 맵을 생성한다. 다음 절에서 이를 시각화할 것이다.

4. 마찬가지로 이전 단계와 동일한 코드에서 다음 부분만 변경하면, 두 번째 합성곱 계층에서 학습된 32개의 필터를 시각화할 수 있다.

```
plt.figure(figsize=(5, 8))
for i, flt in enumerate(model_parameters[1]):
    ...
plt.show()
```

그 결과는 다음과 같다.

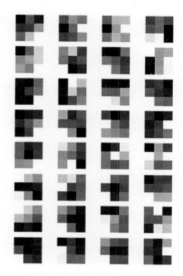

그림 13.3 두 번째 합성곱 계층 필터

다시 한번 말하지만, 이미지에서 경사를 추출하기 위한 대조 값을 가진 32개의 서로 다른 필터/커널이 있다. 이 필터는 이미 첫 번째 합성곱 계층의 출력에 적용되어 더 높은 수준의 출력 특징 맵을 생성한다. 합성곱 계층을 여러 개 갖춘 CNN 모델의 일반적인 목표는 얼굴의 코, 도로의 신호등과 같이 복잡한 시각적 요소를 나타낼 수 있는 점점 더 복잡하거나 더 높은 수준의 특징을 계속 생성하는 것이다.

다음으로 이러한 필터가 주어진 입력에서 작동/적용할 때 이러한 합성곱 계층에서 무엇이 나오는지 살펴보겠다.

모델의 특징 맵 시각화

이 절에서는 샘플 필기체 이미지를 합성곱 계층을 통과시켜 이 계층의 출력을 시각화하겠다.

1. 먼저 모든 합성곱 계층의 결과를 리스트 형태로 모아야 한다.

```
per_layer_results = [convolutional_layers[0](sample_data)]
for i in range(1, len(convolutional_layers)):
    per_layer_results.append(convolutional_layers[i](per_layer_results[-1]))
```

n번째 합성곱 계층이 $(n-1)$번째 합성곱 계층의 출력을 입력으로 받지만 각 합성곱 계층에 대한 순전파는 개별적으로 호출한다.

2. 이제 두 개의 합성곱 계층이 만든 특징 맵을 시각화할 수 있다. 다음 코드를 실행시켜 첫 번째 계층부터 시각화하자.

```python
plt.figure(figsize=(5, 4))
layer_visualisation = per_layer_results[0][0, :, :, :]
layer_visualisation = layer_visualisation.data
print(layer_visualisation.size())
for i, flt in enumerate(layer_visualisation):
    plt.subplot(4, 4, i + 1)
    plt.imshow(flt, cmap='gray')
    plt.axis("off")
plt.show()
```

그 결과는 다음과 같다.

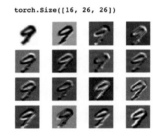

그림 13.4 첫 번째 합성곱 계층의 특징 맵

숫자 (16, 26, 26)은 첫 번째 합성곱 계층의 출력 차원을 나타낸다. 샘플 이미지 크기는 (28, 28)이고 필터 크기는 (3,3)이며 패딩은 적용하지 않는다. 따라서 결과로 얻게 될 특징 맵 크기는 (26, 26)이다. 16개 필터에서 생성된 16개의 특징 맵이 있으므로(그림 13.2) 전체 출력 차원은 (16, 26, 26)이 된다.

보다시피 각 필터는 입력 이미지에서 특징 맵을 생성한다. 추가적으로 각 특징 맵은 이미지의 서로 다른 시각적 특징을 나타낸다. 예를 들어, 왼쪽 상단의 특징 맵은 이미지의 픽셀 값을 반전시키지만(그림 13.1) 오른쪽 하단의 특징 맵은 일종의 테두리 탐지를 나타낸다.

그런 다음 이 16개의 특징 맵은 두 번째 합성곱 계층으로 전달되며, 여기서는 또 다른 32개 필터가 이 16개 특징 맵에 개별적으로 적용되어 32개의 새로운 특징 맵을 생성한다. 이에 대해서는 다음에 살펴보겠다.

3. 다음 코드에서 강조한 대로 이전 코드를 약간 변경해 다음 합성곱 계층에서 생성된 32개 특징 맵을 시각화할 수 있다.

```python
plt.figure(figsize=(5, 8))
layer_visualisation = per_layer_results[1][0, :, :, :]
```

```
...
for i, flt in enumerate(layer_visualisation):
    plt.subplot(8, 4, i + 1)
...
plt.show()
```

그 결과는 다음과 같다.

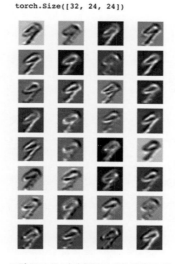

그림 13.5 두 번째 합성곱 계층의 특징 맵

앞에서 본 16개 특징 맵과 비교해볼 때 이 32개 특징 맵은 확실히 더 복잡하다. 테두리 탐지 외에도 여러 가지 일을 하는 것으로 보이는데, 이는 원시 입력 이미지 대신 첫 번째 합성곱 계층의 출력으로 작업하기 때문이다.

이 모델에서 2개의 합성곱 계층 다음에는 2개의 선형 계층이 나온다. 이 선형 계층에는 각각 $(4,608 \times 64)$와 (64×10) 개의 매개변수가 있다. 선형 계층 가중치도 시각화에 유용하지만 매개변수의 수만 $(4,608 \times 64)$이라 시각적으로 이를 이해하기에는 매개변수가 너무 많다. 따라서 이 절에서는 합성곱 가중치만 가지고 시각적 분석을 진행하겠다.

그리고 고맙게도 우리는 그렇게 많은 매개변수를 볼 필요 없이 모델 예측을 해석하는 정교한 방법을 가지고 있다. 다음 절에서는 파이토치와 함께 작동하고 코드 몇 줄로 모델 결정을 설명하는 데 도움이 되는 머신러닝 모델 해석 도구인 Captum을 살펴보겠다.

Captum을 이용한 모델 해석

Captum(https://captum.ai/)은 파이토치 기반으로 페이스북에서 구축한 오픈소스 모델 해석 라이브러리로 현재 활발히 개발 중이다. 이 절에서는 이전 절에서 훈련시켰던 필기체 숫자 분류 모델을 사용한다. 또한 Captum에서 제공하는 일부 모델 해석 도구를 사용해 이 모델이 만든 예측을 설명하겠다. 실습의 전체 코드는 captum_interpretability.ipynb에서 확인할 수 있다.

Captum 설정

모델 훈련 코드는 필기체 숫자 분류 모델 훈련 – 복습 절에서 봤던 코드와 비슷하다. 다음 단계에서는 훈련된 모델과 샘플 이미지를 사용해 주어진 이미지에 대해 모델이 예측을 수행하는 동안 모델 내부에서 무슨 일이 일어나는지 알아보자.

1. Captum에 내장된 모델 해석 기능을 사용하기 위해서는 Captum과 관련된 임포트를 추가적으로 수행해야 한다.

```python
from captum.attr import IntegratedGradients
from captum.attr import Saliency
from captum.attr import DeepLift
from captum.attr import visualization as viz
```

2. 입력 이미지로 모델 순전파를 실행하려면 입력 이미지를 모델 입력 크기에 맞춰 모양을 변경해야 한다.

```python
captum_input = sample_data[0].unsqueeze(0)
captum_input.requires_grad = True
```

Captum의 요구사항에 따라 입력 텐서(이미지)는 기울기 계산에 포함돼야 한다. 따라서 입력에 대한 requires_grad 플래그를 True로 설정한다.

3. 다음으로 모델 해석 기법에서 처리할 샘플 이미지를 준비한다.

```python
orig_image = np.tile(
    np.transpose((sample_data[0].cpu().detach().numpy() / 2) + 0.5, (1, 2, 0)),
    (1,1,3)
)
_ = viz.visualize_image_attr(
    None, orig_image, cmap='gray', method="original_image", title="Original Image"
)
```

그 결과는 다음과 같다.

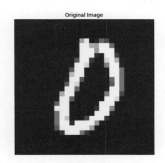

그림 13.6 첫 번째 합성곱 계층의 특징 맵

3채널 이미지를 받는 Captum 메서드에서 소비할 수 있게 흑백 이미지를 깊이 차원으로 타일링했다.

다음으로 사전 훈련된 필기체 숫자 분류 모델을 통해 준비된 흑백 이미지를 순전파하는 데 Captum의 해석 메서드 중 일부를 실제로 적용한다.

Captum의 해석 도구

이 절에서는 Captum에서 제공하는 모델 해석 메서드 중 일부를 살펴보겠다.

모델 결과를 해석하는 가장 기본적인 방법은 입력(입력 이미지 픽셀)에 대한 출력(이 예에서는 클래스 0)의 기울기를 나타내는 돌출성을 확인하는 것이다. 특정 입력에 대한 기울기가 클수록 그 입력이 더 중요하다. 최초 돌출성을 다룬 논문[1]에서 이러한 기울기가 정확히 어떻게 계산되는지 자세히 알아볼 수 있다. Captum은 이 돌출성 기법의 구현을 제공한다.

1. 다음 코드에서 Captum의 Saliency 모듈을 사용해 기울기를 계산한다.

```
saliency = Saliency(model)
gradients = saliency.attribute(captum_input, target=sample_targets[0].item())
gradients = np.reshape(gradients.squeeze().cpu().detach().numpy(), (28, 28, 1))
_ = viz.visualize_image_attr(
    gradients,
    orig_image,
    method="blended_heat_map",
```

---

1 https://arxiv.org/pdf/1312.6034.pdf

```
    sign="absolute_value",
    show_colorbar=True,
    title="Overlayed Gradients"
)
```

이는 다음을 출력한다.

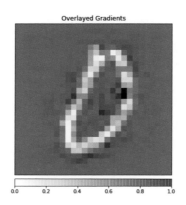

그림 13.7 원본 이미지에 겹쳐 표현한 기울기

앞의 코드에서는 위 다이어그램에서 보듯이 기울기를 원본 이미지에 겹치기 위해 기울기를 크기 (28,28,1)로 모양을 바꿨다. Captum의 viz 모듈은 시각화를 처리한다. 다음 코드를 사용하면 원본 이미지 없이 기울기만 더 시각화할 수 있다.

```
plt.imshow(np.tile(gradients/(np.max(gradients)), (1,1,3)));
```

그러면 다음과 같은 출력을 얻게 된다.

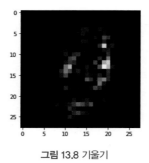

그림 13.8 기울기

보다시피 기울기는 숫자 0을 포함할 가능성이 있는 이미지의 픽셀 영역에 걸쳐 퍼져 있다.

2. 다음으로 유사한 코딩 방식을 사용해 다른 해석 기법인 통합 그라디언트(integrated gradient)를 살펴보겠다. 이 방법을 사용해 특징 기여도 또는 특징 중요도를 구한다. 즉 예측할 때 어떤 픽셀을 사용하는 것이 중요한지 찾을 것이다. 통합 그라디언트 기술에서는 입력 이미지와 별도로 기준 이미지도 지정해야 한다. 이 기준 이미지는 일반적으로 모든 픽셀 값이 0으로 설정된 이미지를 사용한다.

그런 다음 기준 이미지에서 입력 이미지까지 경로를 따라 입력 이미지에 대해 그라디언트의 적분을 계산한다. 통합 그라디언트 기술 구현에 대한 자세한 내용은 최초 논문[2]에서 찾아볼 수 있다. 다음 코드는 IntegratedGradients 모듈을 사용해 각 입력 이미지 픽셀의 중요도를 산출한다.

```
integ_grads = IntegratedGradients(model)
attributed_ig, delta = integ_grads.attribute(
    captum_input,
    target=sample_targets[0].item(),
    baselines=captum_input * 0,
    return_convergence_delta=True
)
attributed_ig = np.reshape(
    attributed_ig.squeeze().cpu().detach().numpy(), (28, 28, 1)
)
_ = viz.visualize_image_attr(
    attributed_ig,
    orig_image,
    method="blended_heat_map",
    sign="all",
    show_colorbar=True,
    title="Overlayed Integrated Gradients"
)
```

이는 다음을 출력한다.

그림 13.9 원본 이미지에 겹쳐본 통합 그라디언트

예상대로 숫자 0을 포함한 픽셀 영역의 그라디언트가 높다.

3. 마지막으로 딥리프트(deeplift)라고 하는 또 다른 그라디언트 기반 기여도 분석 기법을 살펴보겠다. 딥리프트는 입력 이미지 외에 기준 이미지도 필요하다. 다시 말하지만 기준 이미지의 경우 픽셀 값이 모두 0으로 설정된 이미지를 사용한다. 딥리프트는 기준 이미지에서 입력 이미지로(그림 13.6)의 입력 변화와 관련해 비선형 활성화 출력의 변화를 계산한다. 다음 코드는 Captum에서 제공하는 DeepLift 모듈을 사용해 그라디언트를 계산하고 이 그라디언트를 원본 입력 이미지에 겹쳐 표시한다.

```python
deep_lift = DeepLift(model)
attributed_dl = deep_lift.attribute(
    captum_input,
    target=sample_targets[0].item(),
    baselines=captum_input * 0,
    return_convergence_delta=False
)
attributed_dl = np.reshape(
    attributed_dl.squeeze(0).cpu().detach().numpy(), (28, 28, 1)
)
_ = viz.visualize_image_attr(
    attributed_dl,
    orig_image,
    method="blended_heat_map",
    sign="all",
    show_colorbar=True,
    title="Overlayed DeepLift"
)
```

그러면 다음과 같은 출력을 보게 될 것이다.

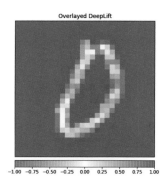

그림 13.10 원본 이미지에 겹쳐본 딥리프트

다시 말하지만 그라디언트 값은 숫자 0을 포함하는 픽셀 주변에서는 극단적이다.

이것으로 이 절과 실습을 마치겠다. *LayerConductance*, *GradCAM*, *SHAP* 등 Captum에서 제공하는 모델 해석 기법은 더 많다.[3] 모델 해석 가능성에 관한 연구가 활발하므로 Captum 같은 라이브러리는 빠르게 발전할 가능성이 있다. 가까운 미래에 그러한 라이브러리가 더 많이 개발될 것이므로 모델 해석 가능성이 머신러닝 생애 주기의 표준 구성요소로 자리 잡게 될 것이다.

요약

이 장에서는 파이토치를 사용해 딥러닝 모델이 내린 결정을 설명하거나 해석하는 방법을 간단히 살펴봤다. 필기체 숫자 분류 모델을 예로 사용해 CNN 모델의 합성곱 계층의 내부 작동 방식을 먼저 밝혔다. 합성곱 필터와 합성곱 계층에서 생성된 특징 맵을 시각화하는 방법을 보여줬다.

그런 다음 Captum이라는 파이토치를 기반으로 구축된 전용 서드파티 모델 해석 라이브러리를 사용했다. 돌출성(saliency), 통합 그라디언트, 딥리프트 같은 특징 기여도 분석 기법을 위해 Captum에서 제공하는 구현물을 사용했다. 이러한 기법을 사용해 모델이 예측을 수행하기 위해 입력을 어떻게 사용하는지 그리고 모델이 예측을 수행하는 데 입력의 어느 부분이 더 중요한지 보여줬다.

다음 장은 마지막 장으로 다양한 머신러닝 아이디어를 빠르게 반복하는 데 유용한 기술인 파이토치에서 머신러닝 모델을 빠르게 훈련하고 테스트하는 방법을 배울 것이다. 또한 파이토치로 빠르게 프로토타이핑할 수 있는 딥러닝 라이브러리와 프레임워크 몇 가지를 논의하겠다.

---

3 https://captum.ai/docs/algorithms

14

파이토치로 빠르게
프로토타이핑하기

지금까지 파이썬 라이브러리로서 파이토치의 여러 측면을 살펴봤다. 또한 비전 및 텍스트 모델 훈련에 파이토치를 사용하는 것을 봤다. 데이터셋을 로딩하고 처리하기 위한 광범위한 **API**에 대해서도 배웠다. 파이토치가 지원하는 모델 추론도 살펴봤다. 또한 프로그래밍 언어(예: C++)와 기타 딥러닝 라이브러리(예: 텐서플로)에서 파이토치의 상호 운용성을 확인했다.

이 모든 기능을 수용하기 위해 파이토치는 풍부하고 광범위한 API를 제공함으로써 역대 최고의 딥러닝 라이브러리로 자리 잡게 됐다. 그렇지만 이러한 기능의 확장은 파이토치를 무겁게 만들기도 하고 이는 때때로 사용자가 간결하고 간단하게 모델을 훈련시키고 테스트하는 것을 어렵게 만들 수도 있다.

이 장에서는 파이토치 위에 개발되어, 코드 몇 줄로 빠르게 모델 훈련과 테스트 파이프라인을 구축할 수 있는 직관적이면서도 사용하기 쉬운 API를 제공하는 것을 목표로 하는 라이브러리 몇 가지를 소개하고자 한다. 먼저 가장 인기 있는 고수준 딥러닝 라이브러리인 fast.ai에 대해 설명하겠다.

여기서는 어떻게 fast.ai가 딥러닝 연구 프로세스의 속도를 높이고 모든 수준의 전문 지식이 딥러닝에 접근할 수 있게 하는지 보여줄 것이다. 마지막으로 CPU, GPU, TPU(텐서 처리 장치) 등 어떤 하드웨어 구성에서도 동일한 코드로 모델을 훈련시킬 수 있게 해주는 파이토치 라이트닝을 살펴보겠다.

비슷한 목표를 달성하기 위한 PyTorch Ignite, Poutyne 등의 라이브러리도 있지만 여기서 다루지는 않겠다. 이 장을 통해 딥러닝 모델을 신속하게 프로토타이핑하는 데 매우 유용한 고급 딥러닝 라이브러리에 익숙해질 것이다.

이 장이 끝나면 자신만의 딥러닝 프로젝트에서 fast.ai와 파이토치 라이트닝을 사용할 수 있고 모델 훈련과 테스트에 소요되는 시간을 크게 줄일 수 있다.

이 장에서는 다음 주제를 다룬다.

- fast.ai를 이용해 몇 분 안에 모델 훈련 설정하기
- 파이토치 라이트닝을 이용한 모델 훈련

준비 사항

이 장의 실습은 모두 주피터 노트북을 사용한다. 다음은 이 장을 위해 pip를 사용해 설치해야 할 파이썬 라이브러리 목록이다. 예를 들어, 명령줄에서 pip install torch==1.4.0을 실행해 설치한다.

```
jupyter==1.0.0
torch==1.4.0
torchvision==0.5.0
matplotlib==3.1.2
pytorch-lightning==1.0.5
fast.ai==2.1.8
```

이 장과 관련한 모든 코드 파일은 Chapter14 폴더에서 확인할 수 있다.

fast.ai를 이용해 몇 분 안에 모델 훈련 설정하기

이 절에서는 실습으로 fast.ai 라이브러리를 사용해 10줄도 안 되는 코드로 필기체 숫자 분류 모델을 훈련시키고 평가하겠다. 또한 fast.ai의 Interpretation 모듈을 사용해, 훈련된 모델이 어디에서 성능이 떨어지는지 이해한다. 이 실습의 전체 코드는 fastai.ipynb에서 확인할 수 있다.

fast.ai를 설정하고 데이터 로딩하기

이 절에서는 먼저 fast.ai 라이브러리를 임포트하고 MNIST 데이터셋을 로딩하고 마지막으로 모델 훈련을 위해 데이터를 전처리한다.

1. 먼저 다음과 같이 권장하는 방식으로 fast.ai를 임포트한다.

```
import os
from fastai.vision.all import *
```

import *는 파이썬에서 라이브러리를 임포트할 때 권장하는 방법은 아니지만 fast.ai가 사용되게 설계된 REPL(read-eval-print loop) 환경 때문에 fast.ai 문서[1]에서 이 형식을 제안한다.

이 코드는 fast.ai 라이브러리에서 일반적으로 필요한 핵심 모듈 일부를 임포트하며, 사용자가 모델을 훈련시키고 평가하기에 충분하다. 암묵적으로 임포트된 모듈 목록은 https://fastai1.fast.ai/imports.html에서 찾을 수 있다.

2. 다음으로 fast.ai의 즉시 사용 가능한 데이터 모듈을 사용해 fast.ai 라이브러리에서 제공하는 데이터셋 리스트 중 하나인 MNIST 데이터셋을 로딩한다.

```
path = untar_data(URLs.MNIST)
print(path)
```

fast.ai에서 제공하는 데이터셋 목록은 https://docs.fast.ai/data.external에서 확인할 수 있다. 앞의 코드는 다음을 출력한다.

```
/Users/ashish.jha/.fastai/data/mnist_png
```

향후를 위해 참고로 말하자면 여기가 데이터셋이 저장된 위치다.

3. 이제 데이터셋이 어떻게 설계됐는지 이해하기 위해 저장된 데이터셋의 샘플 이미지 경로를 살펴본다.

```
files = get_image_files(path/"training")
print(len(files))
print(files[0])
```

[실행 결과]

```
60000
/Users/ashish.jha/.fastai/data/mnist_png/training/9/36655.png
```

---

[1] https://www.fast.ai/2020/02/13/fastai-A-Layered-API-for-Deep-Learning/

훈련 데이터셋에는 총 6만 개의 이미지가 있다. 보다시피 training 폴더 아래에 9라는 이름의 하위 폴더가 있고 그 안에 숫자 9에 해당하는 이미지가 들어 있다.

4. 이전 단계에서 수집한 정보를 사용해 MNIST 데이터셋을 위한 레이블을 생성할 수 있다. 먼저 이미지 경로를 취해 상위 폴더명을 사용해 이미지가 속한 숫자(클래스)를 파생시키는 함수를 선언한다. 이 함수와 MNIST 데이터셋 경로를 사용해 다음 코드처럼 DataLoader를 인스턴스화한다.

```
def label_func(f): return f.parent.name
dls = ImageDataLoaders.from_path_func(
    path, fnames=files, label_func=label_func, num_workers=0
)
dls.show_batch()
```

이를 실행하면 다음과 비슷하게 보이는 결과를 얻게 될 것이다.

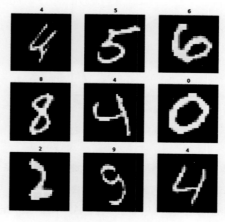

그림 14.1 fast.ai 배치 표시

보다시피 데이터로더가 제대로 설정됐고 이제 다음 절에서 할 모델 훈련으로 넘어갈 준비가 됐다.

fast.ai를 이용한 MNIST 모델 훈련

앞에서 생성한 DataLoader를 사용해 fast.ai 코드 세 줄만으로 모델을 훈련시킬 것이다.

1. 먼저 fast.ai의 cnn_learner 모듈을 사용해 모델을 인스턴스화한다. 모델 아키텍처를 처음부터 정의하는 대신 기본 아키텍처로 resnet18을 사용한다. 컴퓨터 비전 작업에 사용할 수 있는 기본 아키텍처 목록은 다음 주소에서 확인할 수 있다.

https://docs.fast.ai/vision.models.xresnet.html

또한 3장 '심층 CNN 아키텍처'에서 제공하는 모델 아키텍처의 자세한 내용을 자유롭게 검토하기 바란다.

2. 다음으로 모델 훈련 로그가 포함해야 할 지표를 정의한다. 실제로 모델을 훈련시키기 전에 fast.ai의 학습률 파인더 (Learning Rate Finder)[2]를 사용해 이 모델 아키텍처와 데이터셋 조합에 대해 적합한 학습률을 제안한다. 이 단계 의 코드는 다음과 같다.

```
learn = cnn_learner(dls, arch=resnet18, metrics=accuracy)
learn.lr_find()
```

이 코드는 다음과 비슷한 결과를 출력할 것이다.

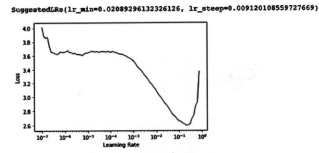

그림 14.2 학습률 파인더 출력

학습률 파인더는 이터레이션마다 학습률을 낮은 값에서 시작해서 높은 값으로 변경하면서 모델을 훈련시킨다. 그 런 다음 각 이터레이션마다 그에 해당하는 학습률 값에 대한 손실을 표시한다. 이 플롯에서 볼 수 있듯이 학습률이 0.0209인 지점에서 손실이 가장 작다. 따라서 이 값을 모델 훈련을 위한 기준 학습률 값으로 선택하겠다.

3. 이제 모델을 훈련시킬 준비를 마쳤다. Learn.fit을 사용해 모델을 처음부터 훈련시킬 수 있지만 더 나은 성능을 목 표로 Learn.fine_tune 메서드를 사용해 사전 훈련된 resnet18 모델을 미세 조정할 것이다.

```
learn.fine_tune(epochs=2, base_lr=0.0209, freeze_epochs=1)
```

여기에서 freeze_epochs는 초기에 마지막 계층만 고정시키지 않은 고정 네트워크로 모델이 훈련되는 세대 수를 나 타낸다. epochs는 이후에 전체 resnet18 네트워크를 고정하지 않고 모델을 훈련시키는 세대 수를 나타낸다. 이 코드 는 다음과 같은 결과를 출력한다.

---

2 https://docs.fast.ai/callback.schedule.html#LRFinder

epoch	train_loss	valid_loss	accuracy	time
0	0.281835	0.199095	0.946417	08:30

epoch	train_loss	valid_loss	accuracy	time
0	0.122436	0.080322	0.982583	10:24
1	0.033702	0.027708	0.991833	08:32

그림 14.3 Fast.ai 훈련 로그

보다시피 고정된 네트워크에서 훈련시킨 첫 번째 세대가 있고 그다음으로 고정되지 않은 네트워크로 훈련시킨 2 세대가 있다. 또한 2단계에서 지표로 선언한 정확도 지표를 로그에서 확인할 수 있다. 훈련 로그는 합리적으로 보이고 모델이 실제로 작업을 학습하는 것처럼 보인다. 이 실습의 다음 부분에서는 일부 샘플에서 이 모델의 성능을 살펴보고 어디에서 실패하는지 이해하려고 한다.

fast.ai를 이용한 모델 평가 및 해석

먼저 훈련된 모델이 샘플 이미지에서 어떻게 수행되는지 살펴보고 마지막으로 개선 범위를 이해하기 위해 모델이 저지른 주요 실수를 살펴보겠다.

1. 훈련된 모델을 사용하면 show_resulsts 메서드를 사용해 모델 예측의 일부를 볼 수 있다.

```
learn.show_results()
```

그러면 다음과 같은 결과가 출력된다.

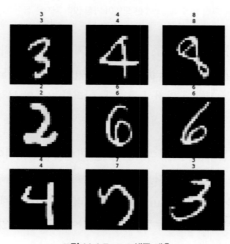

그림 14.4 Fast.ai 샘플 예측

모델이 **9개 이미지** 전부를 제대로 맞혔음을 알 수 있다. 훈련된 모델의 정확도가 이미 99%이므로 잘못된 예측을 보려면 100개의 이미지가 필요하다. 대신 다음 단계에서 모델이 저지른 실수만 살펴보겠다.

2. 13장 '파이토치와 설명 가능한 AI'에서 **모델 해석 가능성**에 대해 배웠다. 훈련된 모델이 어떻게 작동하는지 이해하는 방법 중 하나는 가장 많이 실패하는 부분을 살펴보는 것이다. fast.ai의 Interpretation 모듈을 사용하면 다음처럼 코드 두 줄로 이를 수행할 수 있다.

```
interp = Interpretation.from_learner(learn)
interp.plot_top_losses(9, figsize=(15,10))
```

이것은 다음과 같은 결과를 출력한다.

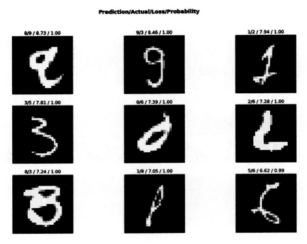

그림 14.5 fast.ai로 본 모델이 가장 많이 저지른 실수

그림 14.5에서 각 이미지 제목에 예측, 정답, 교차 엔트로피 손실, 예측 확률을 포함하고 있다. 위의 예의 대부분은 사람에게도 어렵거나 틀릴 수 있으므로 모델이 실수하는 것도 허용된다. 그렇지만 오른쪽 하단에 있는 이미지의 경우에는 모델이 완전히 틀렸다. 이러한 유형의 분석은 이전 장에서 했던 것처럼 흥미로운 경우에는 모델을 추가로 해부하는 일로 이어질 수 있다.

이로써 fast.ai에 대한 실습과 논의를 마치겠다. fast.ai는 머신러닝 엔지니어와 연구원에게, 또는 초보자나 고급 사용자 모두에게 많은 것을 제공한다. 이 실습을 통해 fast.ai의 속도와 사용 편의성을 확인할 수 있었다. 이 절에서 배운 내용을 응용해 fast.ai로 다른 머신러닝 작업도 수행할 수 있다. fast.ai는 내부적으로 파이토치 기능을 사용하므로 항상 이 두 프레임워크 간에 전환할 수 있다.

다음 절에서는 사용자가 단 코드 몇 줄로 모델을 훈련시키고 하드웨어에 구애받지 않고 렌더링할 수 있게 해주는 또 다른 파이토치 기반 라이브러리를 살펴보겠다.

파이토치 라이트닝을 이용한 모델 훈련

파이토치 라이트닝(PyTorch Lightning)[3]은 모델 훈련과 평가에 필요한 상용구(boilerplate) 코드를 추상화하기 위해 파이토치 위에 구축한 또 다른 라이브러리다. 이 라이브러리의 특별한 기능이라면 파이토치 라이트닝을 사용해 작성된 모델 훈련 코드는 다중 CPU, 다중 GPU, 다중 TPU처럼 어떤 하드웨어 구성에도 코드를 변경하지 않고 실행할 수 있다는 것이다.

다음 실습에서는 CPU에서 파이토치 라이트닝을 사용해 필기체 숫자 분류 모델을 훈련시키고 평가한다. GPU나 TPU에서 훈련시킬 때도 동일한 코드를 사용할 수 있다. 다음 실습의 전체 코드는 pytorch_lightning.ipynb에서 확인할 수 있다.

파이토치 라이트닝에서 모델 구성 요소 정의

여기서는 파이토치 라이트닝에서 모델 클래스를 초기화하는 방법을 보여준다. 이 라이브러리는 자기 완결형 모델 시스템의 철학에 따라 작동한다. 즉, 모델 클래스에는 모델 아키텍처 정의뿐 아니라 옵티마이저 정의, 데이터셋 로더, 훈련, 검증, 테스트셋 성능 계산 함수 등이 모두 한 곳에 포함돼 있다.

1. 먼저 관련된 모듈을 임포트해야 한다.

```
import torch
import torch.nn as nn
from torch.nn import functional as F
from torch.utils.data import DataLoader
from torchvision.datasets import MNIST
from torchvision import transforms
import pytorch_lightning as pl
```

보다시피 파이토치 라이트닝을 여전히 모델 클래스를 정의하는 데 기본 파이토치 모듈을 많이 사용한다. 또한 필기체 숫자 분류기를 훈련시키기 위해 MNIST 데이터셋을 torchvision.datasets 모듈에서 바로 가져왔다.

---

2. 다음으로 파이토치 라이트닝 모델 클래스를 정의한다. 이 클래스는 모델을 훈련시키고 평가하는 데 필요한 모든 것을 포함한다. 먼저 클래스에서 모델 아키텍처와 관련한 메서드부터 살펴보자.

```python
class ConvNet(pl.LightningModule):
    def __init__(self):
        super(ConvNet, self).__init__()
        self.cn1 = nn.Conv2d(1, 16, 3, 1)
        ...
        self.fc2 = nn.Linear(64, 10)

    def forward(self, x):
        x = self.cn1(x)
        ...
        op = F.log_softmax(x, dim=1)
        return op
```

이 두 메서드 __init__과 __forward__는 기본 파이토치 코드와 동일한 방식으로 작동한다.

3. 다음으로 모델 클래스의 다른 메서드들도 살펴보자.

```python
    def training_step(self, batch, batch_num):
        ...
    def validation_step(self, batch, batch_num):
        ...
    def validation_epoch_end(self, outputs):
        ...
    def test_step(self, batch, batch_num):
        ...
    def test_epoch_end(self, outputs):
        ...
    def configure_optimizers(self):
        ...
    def train_dataloader(self):
        ...
    def val_dataloader(self):
        ...
    def test_dataloader(self):
        ...
```

training_step, validation_step, test_step 메서드는 훈련, 검증, 테스트셋에서 이터레이션마다 성능을 평가하고, validation_epoch_end와 test_epoch_end 메서드는 세대마다 성능을 계산한다. 훈련, 검증, 테스트 셋을 위한 메서드(이름이 _dataloader로 끝나는 것들)도 있다. 끝으로 모델을 훈련시킬 때 사용할 옵티마이저를 정의하는 configure_optimizer 메서드가 있다.

파이토치 라이트닝을 이용한 모델 훈련 및 평가

모델 클래스를 설정했으면 이제 모델을 훈련시킨다. 그런 다음 테스트셋에서 훈련된 모델의 성능을 평가한다.

1. **모델 객체 인스턴스화:** 앞에서 정의한 모델 클래스를 사용해 모델 객체를 인스턴스화한다. 그런 다음 파이토치 라이트닝의 Trainer 모듈을 사용해 trainer 객체를 정의한다.

   여기서는 모델을 훈련시킬 때 CPU에 의존하지만 GPU나 TPU로도 쉽게 전환할 수 있다. 파이토치 라이트닝의 장점은 하드웨어 구성에 따라 trainer를 정의하는 코드에 gpus=8 또는 tpus=2와 같은 인수를 추가할 수 있고 전체 코드는 별도의 수정 없이 실행된다는 점에 있다.

   다음 코드로 모델 훈련 프로세스를 시작한다.

```
model = ConvNet()


trainer = pl.Trainer(progress_bar_refresh_rate=20, max_epochs=10)
trainer.fit(model)
```

   그 결과는 다음과 같다.

그림 14.6 파이토치 라이트닝 훈련 로그

먼저 trainer 객체는 사용 가능한 하드웨어를 평가한 다음 훈련시킬 모델 아키텍처와 아키텍처의 계층별 매개변수 개수를 로깅한다. 이후, 세대별로 모델 훈련을 시작한다. trainer 객체를 정의하는 동안 max_epochs 인수를 사용해 지정한 대로 10 세대까지 훈련시킨다. 또한 훈련과 검증 손실이 모든 세대에서 로깅되고 있음을 알 수 있다.

2. **모델 테스트**: 모델을 10 세대 동안 훈련시켰으니 이제 테스트해보자. .test 메서드를 사용해 1단계에서 정의한 trainer 객체에 테스트셋 추론을 실행할 것을 요청한다.

```
trainer.test()
```

결과는 다음과 같이 출력된다.

그림 14.7 파이토치 라이트닝 테스트 로그

모델이 훈련된 모델을 사용해 훈련 손실, 검증 손실, 테스트 손실을 출력함을 알 수 있다.

3. **훈련된 모델 탐색**: 파이토치 라이트닝은 원래 텐서플로를 위해 만들어진 훌륭한 시각화 툴킷인 텐서보드[4]와의 간결한 인터페이스를 제공한다. 다음 코드를 실행하면 훈련된 모델의 훈련, 검증, 테스트셋 성능을 웹앱에서 대화식으로 살펴볼 수 있다.

```
%reload_ext tensorboard
%tensorboard --logdir lightning_logs/
```

[실행 결과]

Reusing TensorBoard on port 6007 (pid 21690), started 22:03:23 ago. (Use '!kill 21690' to kill it.)

출력 프롬프트의 안내대로 웹 브라우저에서 http://localhost:6007/로 이동하면 다음과 같이 텐서보드 세션이 열린다.

---

4 https://www.tensorflow.org/tensorboard

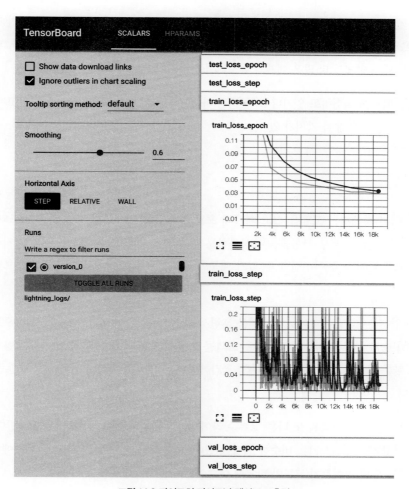

그림 14.8 파이토치 라이트닝 텐서보드 출력

이 대화형 시각화 툴킷 내에서 손실, 정확도 등 다양한 지표 측면에서 세대별 모델 훈련 진행 상황을 확인할 수 있다. 이것은 몇 줄 안 되는 코드로 풍부한 모델 평가 및 디버깅 경험을 제공하는 파이토치 라이트닝의 깔끔한 기능 중 하나다.

> 참고
>
> 일반적인 파이토치 코드로도 텐서보드와 인터페이스 할 수 있지만 코드를 더 많이 작성해야 한다. 자세한 사항은 텐서보드 문서[5]를 참고하라.

---

5 https://pytorch.org/docs/stable/tensorboard.html

이것으로 이 절의 실습을 마친다. 파이토치 라이트닝 라이브러리에 대해 간략히 설명했지만 라이브러리, 작동 방식, 프로젝트에서 어떻게 활용될 수 있는지에 대한 아이디어를 얻기에는 충분하다. 파이토치 라이트닝의 문서 페이지[6]에서 더 많은 예제와 튜토리얼을 볼 수 있다.

다양한 모델을 빠르게 실험하고 있거나 모델 훈련 파이프라인에서 스캐폴딩 코드를 줄이고자 한다면 파이토치 라이트닝을 사용해 볼 가치가 있다.

요약

마지막 장인 이번 장에서는 모델을 쉽고 빠르게 프로토타이핑할 수 있게 모델 훈련 코드와 핵심 구성요소와 관련된 지저분한 세부 사항들을 추상화하는 데 초점을 맞췄다. 파이토치 코드는 지저분한 세부 코드 구성요소로 인해 종종 어수선할 수 있기 때문에 파이토치 위에 구축된 고수준 라이브러리를 살펴봤다.

먼저 10줄도 안 되는 코드로 파이토치 모델을 훈련시킬 수 있는 fast.ai를 알아봤다. 실습으로 fast.ai를 사용해 필기체 숫자 분류 모델을 훈련시키는 효과를 보여줬다. fast.ai 모듈 중 하나를 사용해 데이터셋을 로딩하고 다른 모듈을 사용해 모델을 훈련, 평가하고, 마지막으로 다른 모듈을 사용해 훈련된 모델 동작을 해석한다.

다음으로 파이토치 위에 구축된 또 다른 고수준 라이브러리인 파이토치 라이트닝을 살펴봤다. 여기서도 필기체 숫자 분류기를 훈련시키는 비슷한 실습을 했다. 일반적인 파이토치 라이트닝 세션에서 사용되는 코드 레이아웃과 일반 파이토치 코드와 비교해 어수선함을 줄이는 방법을 보여줬다.

파이토치 라이트닝이 다양한 하드웨어 구성에서 정확히 동일한 모델 훈련 코드를 사용할 수 있게 해주는 방법을 보여줬다. 마지막으로 파이토치 라이트닝이 텐서보드와 관련해 제공하는 모델 평가 인터페이스도 살펴봤다.

여기서는 이 두 라이브러리만 논의했지만 PyTorch Ignite와 Poutyne처럼 더 많은 라이브러리를 사용할 수 있다. 파이토치가 계속 진화하고 확장함에 따라 이러한 고수준 라이브러리는 파이토치 사용자 사이에 점점 더 널리 퍼질 것이다. 따라서 13장 '파이토치와 설명 가능한 AI'의 해석 가능성과 12장 '파이토치와 AutoML'의 자동화된 머신러닝같이 이전 장에서 논의한 파이토치의 다른 많은 측면과 마찬가지로 이 영역에 대한 관심도 꾸준히 가져야 할 것이다.

---

6 https://pytorch-lightning.readthedocs.io/en/stable/

이제 모두 끝났다. 이 책에서 다뤘던 여러 주제가 딥러닝을 위해 파이토치를 효과적이면서도 효율적으로 사용하는 데 도움이 되기 바란다. 파이토치에서 다양한 딥러닝 아키텍처와 흥미로운 애플리케이션을 작성하는 것 외에도, 모델 배포, 분산 처리, 프로토타이핑과 같은 실용적인 개념을 살펴봤다. 따라서 이 책은 파이토치 작업을 하다가 어떤 부분에서 확신이 서지 않을 때마다 가이드 역할을 할 수도 있다.

이제 이 책에서 익힌 파이토치 기술을 자신만의 딥러닝 프로젝트에 적용할 차례다. 이 책을 읽어주셔서 감사드리며, 계속 배우기 바란다.

ㅇ - ㅊ